Über die Wandlungsfähigkeit des Grundgesetzes am Beispiel gleichgeschlechtlich orientierter Personen und Paare

Mannheimer Beiträge zum Öffentlichen Recht,
Regulierungsrecht und Steuerrecht

Herausgegeben von Thomas Fetzer

Band 33

PL ACADEMIC RESEARCH

Franziska Kramer

Über die Wandlungsfähigkeit des Grundgesetzes am Beispiel gleichgeschlechtlich orientierter Personen und Paare

PL ACADEMIC RESEARCH

Bibliografische Information der Deutschen Nationalbibliothek
Die Deutsche Nationalbibliothek verzeichnet diese Publikation in der Deutschen Nationalbibliografie; detaillierte bibliografische Daten sind im Internet über http://dnb.d-nb.de abrufbar.

Zugl.: Mannheim, Univ., Diss., 2017

D 180
ISSN 0944-7659
ISBN 978-3-631-73758-3 (Print)
E-ISBN 978-3-631-73759-0 (E-PDF)
E-ISBN 978-3-631-73760-6 (EPUB)
E-ISBN 978-3-631-73761-3 (MOBI)
DOI 10.3726/b12301

PL Academic Research ist ein Imprint der Peter Lang GmbH.

Peter Lang – Frankfurt am Main · Bern · Bruxelles · New York · Oxford · Warszawa · Wien

Diese Publikation wurde begutachtet.

www.peterlang.com

Vorwort

Die vorliegende Arbeit wurde im Herbstsemester 2017 von der Abteilung Rechtswissenschaft der Universität Mannheim als Dissertation angenommen.

Das Werk befindet sich auf dem Rechtsstand August 2017. Nicht mehr berücksichtigt werden konnte das Gesetz zur Einführung des Rechts auf Eheschließung für Personen gleichen Geschlechts vom 20.07.2017, das am 01.10.2017 in Kraft treten soll. Da es nach den Ergebnissen dieser Arbeit für den verfassungskonformen Erlass eines solchen Gesetzes indes einer vorherigen Änderung von Art. 6 Abs. 1 Grundgesetz bedurft hätte, haben die möglichen Rechtswirkungen des Gesetzes auf die in diesem Werk getroffenen Schlussfolgerungen zunächst keine Auswirkungen.

Bedanken möchte ich mich bei meinem Betreuer und Erstgutachter Herrn Prof. Dr. Thomas Fetzer für die Betreuung der Arbeit und die Aufnahme in seine herausgeberbetreute Schriftenreihe. Mein Dank gilt außerdem meinem Zweitgutachter, Herrn Prof. Dr. Hans-Joachim Cremer, der meine Arbeit mit seinen inhaltlichen Beiträgen maßgebend geprägt hat.

Schließlich gilt ein besonderer Dank meiner Familie, meinen Freunden und Kollegen und meinem Ehemann, die das Entstehen dieses Werks stets begleitet und mir mit Rat und Tat zur Seite gestanden haben. Ohne ihre Unterstützung in den letzten vier Jahren wäre mir diese Arbeit nicht in der vorliegenden Weise gelungen.

Franziska Kramer
Mannheim, im August 2017

Inhaltsverzeichnis

Abkürzungsverzeichnis

a.A.	andere Ansicht
a.F.	alte Fassung
Abs.	Absatz
AEUV	Vertrag über die Arbeitsweise der Europäischen Union
AIDS	Erworbenes Immundefektsyndrom (Acquired immunodeficiency syndrome)
AG	Amtsgericht
AGG	Allgemeines Gleichbehandlungsgesetz
ALR	Allgemeines Preußisches Landrecht
Anm.	Anmerkung
AöR	Archiv des öffentlichen Rechts
ARSP	Archiv für Rechts- und Sozialphilosophie
Art.	Artikel
Artt.	Artikel (plural)
Aufl.	Auflage
BAG	Bundesarbeitsgericht
BAGE	Entscheidungssammlung des Bundesarbeitsgerichts
BbesG	Bundesbesoldungsgesetz
Bd.	Band
BeurkG	Beurkundungsgesetz
BFH	Bundesfinanzgerichtshof
BGB	Bürgerliches Gesetzbuch
BGBl.	Bundesgesetzblatt
BGH	Bundesgerichtshof
BGHSt	Entscheidungssammlung des Bundesgerichtshofs in Strafsachen
BGHZ	Entscheidungssammlung des Bundesgerichtshofs in Zivilsachen
BRD	Westdeutsche Bundesrepublik Deutschland (bis zur Wiedervereinigung 1990)
BT-Drs.	Bundestag Drucksache
Buchst.	Buchstabe
BVerfG	Bundesverfassungsgericht
BVerfGE	Entscheidungssammlung des Bundesverfassungsgerichts
BVerwG	Bundesverwaltungsgericht
BVerwGE	Entscheidungssammlung des Bundesverwaltungsgerichts
bzw.	beziehungsweise
CMLR	Common Market Law Reports
DDR	Deutsche Demokratische Republik
Ders.	Derselbe

DEuFamR	Deutsches und Europäisches Familienrecht
Dies.	Dieselbe(n)
DJZ	Deutsche Juristen-Zeitung
DöV	Die öffentliche Verwaltung
DRZ	Deutsche Rechts-Zeitschrift
E62	Regierungsentwurf zur Reform des Strafrechts aus dem Jahr 1962
EG Vertrag/EGV	Vertrag zur Gründung der Europäischen Gemeinschaft
EG	Europäische Gemeinschaft
EGMR	Europäischer Gerichtshof für Menschenrechte
EGMR-E	Entscheidungen des Europäischen Gerichtshofs für Menschenrechte
EMRK	Europäische Menschenrechtskonvention
EStG	Einkommenssteuergesetz
etc.	et cetera (und weitere)
EU Vertrag/EUV	Vertrag über die Europäische Union
EU	Europäische Union
EuGH	Europäischer Gerichtshof
EuGRZ	Europäische Grundrechte Zeitschrift
EuR	Zeitschrift Europarecht
EuZW	Europäische Zeitschrift für Wirtschaftsrecht
f./ff.	folgende/fortfolgende
FamFR	Familienrecht und Familienverfahrensrecht
FamRZ	Zeitschrift für das Gesamte Familienrecht
FDP	Freie Demokratische Partei
FG	Festgabe
FGG	Gesetz über die Angelegenheiten der freiwilligen Gerichtsbarkeit
Fn.	Fußnote
FPR	Familie Partnerschaft Recht
FS	Festschrift
GA	Goltdammer's Archiv für Strafrecht
GRCh	Grundrechtecharta der EU
ICD	Internationale statistische Klassifikation der Krankheiten und verwandter Gesundheitsprobleme (International Statistical Classification of Diseases and Related Health Problems)
i.E.	im Ergebnis
i.V.m.	in Verbindung mit
IGH	Internationaler Gerichtshof
InfAuslR	Informationsbrief Ausländerrecht
JBl	Juristische Blätter
JöR	Jahrbuch des öffentlichen Rechts
JR	Juristische Rundschau
JW	Juristische Wochenschrift

JZ	Juristen Zeitung
LPartDisBG	Gesetz zur Beendigung der Diskriminierung gleichgeschlechtlicher Gemeinschaften: Lebenspartnerschaften
LPartG	Lebenspartnerschaftsgesetz
LPartGErgG	Gesetz zur Ergänzung des Lebenspartnerschaftsgesetzes und anderer Gesetze
LPartRÜG	Gesetz zur Überarbeitung des Lebenspartnerschaftsrechts
m.w.N.	mit weiteren Nachweisen
MDR	Monatsschrift für Deutsches Recht
MSM	Männer, die Sexualverkehr mit Männern haben
MüKo	Münchener Kommentar
n.F.	neue Fassung
NJ	Neue Justiz
NJW	Neue Juristische Wochenschrift
NJW-RR	NJW-Rechtsprechungs-Report
Nr.	Nummer
NSDAP	Nationalsozialistische Deutsche Arbeiterpartei
NVwZ	Neue Zeitschrift für Verwaltungsrecht
o.g.	oben genannt[e/er/es]
OLG	Oberlandesgericht
RG	Reichsgericht
RGHSt	Entscheidungssammlung des Reichsgerichts
Rn.	Randnummer
RV	Reichsverfassung des Deutschen Kaiserreichs von 1871
S.	Seite
SA	Sturmabteilung
SGB X	Zehntes Buch Sozialgesetzbuch
SJZ	Schweizerische Juristen-Zeitung
Slg [Jahr] I	Gerichtshof der Europäischen Gemeinschaften. Teil I: Rechtsprechung des Gerichtshofs
SoA	Sonderausschuss für die Strafrechtsreform
Sp.	Spalte
SPD	Sozialdemokratische Partei Deutschlands
SprengG	Sprengstoffgesetz
SS	Schutzstaffel
StAZ	Das Standesamt
StGB.	Strafgesetzbuch
StPO	Strafprozessordnung
TFG	Transfusionsgesetz
TSG	Transsexuellengesetz
USA	Vereinigte Staaten von Amerika (United States of America)
Verf.	Verfasser, Verfasserin
VersG	Versammlungsgesetz
VG	Verwaltungsgericht

vgl.	vergleiche
VVDStRL	Veröffentlichungen der Vereinigung der Deutschen Staatsrechtslehrer
WHO	Weltgesundheitsorganisation (World Health Organization)
WRV	Weimarer Reichsverfassung
ZEuS	Zeitschrift für Europarechtliche Studien
ZfP	Zeitschrift für Politik
ZfRSoz	Zeitschrift für Rechtssoziologie
ZNR	Zeitschrift für Neuere Rechtsgeschichte
ZPO	Zivilprozessordnung
ZRP	Zeitschrift für Rechtspolitik
ZStW	Zeitschrift für die gesamte Strafrechtswissenschaft
ZVG	Gesetz über die Zwangsversteigerung und die Zwangsverwaltung

Einleitung

Am 10.05.1957 hat das BVerfG entschieden, dass die Strafbarkeit männlicher Homosexualität nach § 175 f. StGB a.F. verfassungsgemäß sei, da die *„gleichgeschlechtliche Betätigung eindeutig gegen das Sittengesetz [verstößt]“*.[1] Am 17.07.2002 hingegen hat es entschieden, dass das am 01.08.2001 in Kraft getretene Gesetz zur Beendigung der Diskriminierung gleichgeschlechtlicher Gemeinschaften: Lebenspartnerschaften (LPartDisBG), mit dem für gleichgeschlechtliche Lebensgemeinschaften ein Institut geschaffen wurde, dass es diesen ermöglicht, eine der Ehe ähnliche rechtliche Bindung einzugehen, mit dem Grundgesetz vereinbar ist.[2] Zur Begründung der materiellen Verfassungsmäßigkeit hat das BVerfG insbesondere angeführt, dass das neue Institut nicht gegen Art. 6 Abs. 1 GG verstoße, weil aus der Norm kein Abstandsgebot der Ehe zu anderen, vergleichbar ausgestalteten Partnerschaftsformen folge und dieser keine Einbußen durch ein Institut drohen würden, das sich an einen anderen Personenkreis wende.[3] Ein möglicher Verstoß der gleichgeschlechtlichen Lebenspartnerschaft gegen das Sittengesetz wurde in dem Urteil an keiner Stelle mehr erwähnt.

In der Folgezeit hat das BVerfG sukzessive die anfangs bestehenden Ungleichbehandlungen zwischen der Ehe und der eingetragenen Lebenspartnerschaft für verfassungswidrig – weil gegen den Gleichheitssatz nach Art. 3 Abs. 1 GG verstoßend – erklärt.[4] Zur Begründung führte es jeweils an, dass die bloße Verweisung auf das Schutzgebot der Ehe eine Benachteiligung anderer Lebensformen nicht rechtfertige, wenn diese nach dem geregelten Lebenssachverhalt und den mit der Normierung verfolgten Zielen der Ehe vergleichbar seien. Mit Urteil vom 19.02.2013 hat das BVerfG die gleichgeschlechtliche Partnerschaft, in der Kinder leben, sogar als nach Art. 6 Abs. 1 GG geschützte Familie anerkannt,[5] so dass inzwischen lediglich im Bereich der gemeinschaftlichen Fremdadoption noch eine Ungleichbehandlung der eingetragenen Lebenspartnerschaft mit der Ehe vorliegt.

---

1 BVerfG vom 10.5.1957 – 1 BvR 550/52 Rn. 167, BVerfGE 6, 389, 433.

2 BVerfG vom 17.7.2002 – 1 BvF 1/01,1 BvF 2/01, BVerfGE 105, 313.

3 Ebd., Rn. 94, 101, BVerfGE 105, 313, 347.

4 So zum Beispiel in: BVerfG vom 7.7.2009 – 1 BvR 1164/07, BVerfGE 124, 199 zur Hinterbliebenenversorgung; BVerfG vom BVerfG vom 21.7.2010 – 1 BvR 611/07, 1 BvR 2464/07, BVerfGE 126, 400 zum Erbschafts- und Schenkungssteuerrecht; BVerfG vom 19.6.2012 – 2 BvR 1397/09, BVerfGE 131, 239 zum Familienzuschlag; BVerfG vom 7.5.2013 – 2 BvR 909/06, 2 BvR 1981/06, 2 BvR 288/07, BVerfGE 133, 377 zum Ehegattensplitting.

5 BVerfG vom 19.2.2013 – 1 BvL 1/11, 1 BvR 3247/09, BVerfGE 133, 59.

I. Problemstellung

Vor diesem Hintergrund stellt sich die Frage, wie ein solcher Wandel in der Rechtsprechung des BVerfG, von der verfassungsrechtlichen Bestätigung der Strafbarkeit (männlicher) homosexueller Betätigung hin zur Anerkennung eines eigenen Rechtsinstituts für homosexuelle Paare unter Ablehnung eines Abstandsgebots zur Ehe unter Geltung desselben Grundgesetzes – mit in diesem Bereich unveränderten Grundrechtsgarantien – vonstattengehen konnte.

Im Umgang mit der Homosexualität hat sich in den letzten Jahrzehnten ein gewaltiger gesellschaftlicher Wandel vollzogen. Während noch in den fünfziger und sechziger Jahren des letzten Jahrhunderts die Unsittlichkeit und krankhafte Andersartigkeit homosexueller Betätigung gesellschaftlicher Konsens war, änderte sich dieses Bild in Deutschland in den siebziger und achtziger Jahren des letzten Jahrhunderts nach Abschaffung der Strafbarkeit homosexueller Kontakte zwischen erwachsenen Männern im Jahr 1969 zunehmend im Rahmen allgemeiner sexueller Liberalisierungstendenzen. Im Jahr 1994 wurde schließlich mit Aufhebung des noch bestehenden Rumpfs von § 175 StGB a.F., der seit seiner Änderung im Jahr 1969 nur qualifizierte homosexuelle Handlungen unter Strafe stellte, jeglicher Homosexualitätsbezug aus dem Strafrecht gestrichen. Seit dem Jahr 1992 taucht die Homosexualität auch nicht mehr im Krankheitskatalog der Weltgesundheitsorganisation (WHO) auf. Damit hat die Homosexualität ihre Einstufung als Krankheit bzw. behandelbare psychische Störung verloren und wird inzwischen im Allgemeinen als angeborene oder zumindest bereits im Frühkindesalter festgelegte sexuelle Ausrichtung – gleichwertig zur heterosexuellen Ausrichtung – anerkannt.

Es stellt sich daher die Frage, inwieweit diese Änderungen im Rahmen der gesellschaftlichen Verhältnisse zu der eingangs beschriebenen Rechtsprechungsänderung des BVerfG beigetragen haben und wie es möglich sein konnte, dass das BVerfG den grundgesetzlichen Garantien ohne textliche Änderung im Hinblick auf die Rechtsstellung Homosexueller und gleichgeschlechtlicher Paare heutzutage eine derart abweichende Bedeutung entnimmt.

In der juristischen Literatur wird die Möglichkeit der Veränderung des normativen Gehalts der Verfassung ohne Änderung ihres Wortlauts unter dem Begriff des Verfassungswandels diskutiert. Die Möglichkeit einer solchen Wandlung der Verfassung ohne Textänderung wird überwiegend anerkannt, wenn auch in unterschiedlicher Reichweite und mit teils abweichender Begriffsbestimmung. Auch das BVerfG geht von der Möglichkeit eines „*Bedeutungswandels*“ innerhalb der Verfassungsnormen aus.[6]

Im Rahmen dieser Arbeit soll daher untersucht werden, ob sich im Hinblick auf die Rechtsstellung Homosexueller, gleichgeschlechtlicher Lebensgemeinschaften und eingetragener Lebenspartnerschaften unter dem Grundgesetz über die Zeit ein Verfassungswandel vollzogen hat, welche grundrechtlichen Gewährleistungen

---

6 Erstmals BVerfG vom 1.07.1953 – 1 BvL 23/51 Rn 73, BVerfGE 2, 380, 401.

hiervon betroffen sind und ob in Zukunft mit weiteren Wandlungen der Verfassung in diesem Bereich zu rechnen ist.

II. Stand der Forschung

Neben einer ganzen Bandbreite von Autoren, die sich seit Inkrafttreten des Grundgesetzes mit dem Verfassungswandel im Allgemeinen auseinandergesetzt haben,[7] gibt es auch einige Autoren, die sich speziell mit der Frage nach einem Verfassungswandel im Bereich des Ehe- und Familienrechts beschäftigt haben,[8] da dieses seit Inkrafttreten des Grundgesetzes wohl den umfangreichsten gesellschaftlichen und gesetzgeberischen Änderungen unterzogen war, ohne dass die Verfassung ausdrücklich an diese Veränderungen angepasst worden wäre. Insbesondere nach der Staatsrechtslehrertagung im Jahr 1986, die das Thema „*Verfassungsgarantie und sozialer Wandel – Das Beispiel von Ehe und Familie*" gewählt hatte, wurde diese Frage in der Literatur verstärkt behandelt.[9]

Die Frage nach einem Verfassungswandel im Rahmen des verfassungsrechtlichen Schutzes Homosexueller, gleichgeschlechtlicher Lebensgemeinschaften und eingetragener Lebenspartnerschaften mit und ohne Kinder hingegen wird – soweit ersichtlich – lediglich beiläufig von einzelnen Autoren ohne vertiefte Beschäftigung mit den dogmatischen Grundlagen und der möglichen Reichweite eines solchen Verfassungswandels behandelt.[10] Daher erscheint eine umfassende Aufarbeitung der Thematik erforderlich, um die bestehende Forschungslücke zu schließen.

III. Gang der Untersuchung

Im ersten Teil dieser Arbeit stehen die verfassungsrechtlichen Grundlagen, die für die im weiteren Verlauf durchzuführende Untersuchung der verfassungsrechtlichen Stellung Homosexueller, gleichgeschlechtlicher Lebensgemeinschaften und eingetragener Lebenspartnerschaften wesentlich sind – insbesondere die Herkunft und die Bedeutung des Begriffs des Verfassungswandels – im Fokus. Dieser Begriff, der bereits unter Geltung der Reichsverfassung des Deutschen Kaiserreichs von 1871

---

7 Hierzu ausführlich: 1. Kapitel, E. II. 2. Verfassungswandel und Verfassungskonkretisierung.

8 Siehe hierzu nur die Dissertationen von *Müller-Manger,* Artikel 6 Grundgesetz und *Pätzold,* Die gemeinschaftliche Adoption Minderjähriger.

9 So unter anderen *Zuleeg,* NVwZ 1986, S. 800; *Friauf,* NJW 1986, S. 2595; *Zippelius,* DÖV 1986, S. 805.

10 So *Schüffner,* Eheschutz und Lebenspartnerschaft, S. 185 ff.; *Sickert,* Die lebenspartnerschaftliche Familie, S. 122 ff. Eine Ausnahme hierzu bildet lediglich die Doktorarbeit von *Rijsbergen* zum besonderen Schutz von Ehe und Familie aus dem Jahr 2005. Da ihre Arbeit jedoch bei einer Überprüfung im Jahr 2012 als teilweise plagiiert bewertet wurde und ihr der Doktortitel daraufhin aberkannt wurde, kann diese Arbeit hier keine Berücksichtigung finden.

entstanden ist, enthielt zwar bereits damals den noch heute gültigen Bedeutungskern der Änderung einer Verfassungsnorm ohne Textänderung, er beschrieb aber wesentlich andere Phänomene der Abweichung vom Verfassungstext als dies heutzutage der Fall ist. Daher sollen diese Unterschiede in einem ersten Schritt herausgearbeitet werden, bevor der Begriff für die heutige Zeit definiert und von anderen Arten der Konkretisierung und Fortbildung der Verfassung abgegrenzt wird. Die auf diese Weise bestimmten Voraussetzungen, Akteure, Verfahren und Grenzen eines Verfassungswandels bilden die Grundlage für den weiteren Gang der Untersuchung.

Um die verfassungsrechtliche Stellung Homosexueller, gleichgeschlechtlicher Lebensgemeinschaften und eingetragener Lebenspartnerschaften heutzutage und in früheren Zeiten bestimmen zu können, bedarf es des Weiteren einiger historischer Hintergründe. Daher werden im zweiten Teil dieser Arbeit im Rahmen einer rechtshistorischen Betrachtung die Rechtstellung der zu untersuchenden Personengruppen in vergangenen Zeiten sowie deren soziologische Ursachen dargestellt. Um einen umfassenden Einblick in die enormen Veränderungen, die sich in den letzten zwanzig bis dreißig Jahren in diesem Bereich ergeben haben, zu erlangen und um diese Veränderungen in ihrer gesamten Bedeutung begreifen zu können, soll dafür nicht nur die Rechtsstellung dieser Personengruppen seit Inkrafttreten des Grundgesetzes beleuchtet werden, sondern auch deren Rechtsstellung in den vorangegangenen Jahrhunderten.

Der durch diese Darstellung geschaffene Überblick über die Entwicklungen, die sich im Rahmen der Rechtsstellung Homosexueller und gleichgeschlechtlicher Paare über die Jahrhunderte und Jahrzehnte ergeben haben, sowie deren historische, religiöse, gesellschaftliche, (euro-)politische und rechtliche Grundlagen, kann dann als Grundlage für die im dritten Teil dieser Arbeit durchzuführende Prüfung verwendet werden.

In diesem, sich anschließenden dritten Teil wird die verfassungsrechtliche Stellung der zu untersuchenden Personengruppen umfassend unter allen möglichen, für deren verfassungsrechtlichen Schutz maßgeblichen Grundrechtsgarantien untersucht. Dabei wird zunächst der inzwischen erreichte Schutzstand herausgearbeitet, bevor dieser unter dem Blickwinkel des Verfassungswandels mit der Stellung dieser Personengruppen in den Anfangszeiten des Grundgesetzes verglichen wird. Daneben sollen auch in diesem Bereich in Zukunft noch mögliche Verfassungswandlungen – und deren Grenzen – beleuchtet sowie die Bedeutung der Grundrechtsgarantien auf europäischer Ebene und der europäischen Gerichtsbarkeit für das Entwicklungspotential des Grundgesetzes dargestellt werden.

Nach einer im vierten Teil dieser Arbeit vorzunehmenden Zusammenfassung und Bewertung der gefundenen Ergebnisse, werden diese dann in einem letzten Teil einer rechtspolitischen Beurteilung im Rahmen der Frage unterzogen, inwieweit der festgestellte, heutige verfassungsrechtliche Schutzstand der untersuchten Personengruppen einer ausdrücklichen Festschreibung in der Verfassung bedarf, um vor gegenteiligen Entwicklungen in der Zukunft geschützt zu sein. Als Abschluss dieser Arbeit werden dann die zur Festschreibung dieses Schutzes vorgeschlagenen Änderungen des Grundgesetzes dargestellt.

1. Kapitel: Verfassungsrechtliche Grundlagen

Für die im weiteren Verlauf dieser Arbeit vorzunehmende Prüfung der verfassungsrechtlichen Stellung von Ehe und Familie sowie von homosexuellen Personen und gleichgeschlechtlichen Lebensgemeinschaften und deren Entwicklung seit Inkrafttreten des Grundgesetzes im Hinblick auf mögliche Verfassungswandlungen sollen in diesem ersten Teil die Grundlagen für diese verfassungsrechtliche Fragestellung geschaffen werden.

Dabei kommt es insbesondere darauf an, welcher Stellenwert der Verfassung und den grundrechtlichen Gewährleistungen in der Bundesrepublik Deutschland zukommt, wie sich diese innerhalb der letzten achtundsechzig Jahre seit Geltung des Grundgesetzes durch ausdrückliche Verfassungsänderungen und durch implizite Fortentwicklungen verändert haben und welche Mittel und Akteure hierfür in Frage kommen.

Daher sollen zunächst in einem verfassungsrechtsgeschichtlichen Abriss die wesentlichen Unterschiede der früheren deutschen Verfassungen zum Grundgesetz aufgezeigt werden. Die Reichsverfassung des Deutschen Kaiserreichs von 1871 hatte – ebenso wie die Weimarer Reichsverfassung – einen wesentlich anderen Stellenwert als das Grundgesetz und ihre verfassungsrechtlichen Gewährleistungen wichen in ihrer Bindungskraft in maßgeblichen Teilen von derjenigen des Grundgesetzes ab. Da der Begriff der Verfassungswandlung bereits unter Geltung dieser frühen deutschen Verfassungen – die folglich in fundamentalen Bereichen anders ausgestaltet waren als das Grundgesetz – entstanden ist, kann dieser Begriff für die heutige Zeit nur verstanden werden, wenn er zunächst vor seinem verfassungsgeschichtlichen Hintergrund erläutert wird. Dafür sollen in einem ersten Schritt die wesentlichen Inhalte dieser beiden deutschen Verfassungen sowie die zeitgenössische staatsrechtliche Diskussion um deren Geltung und Rang dargestellt werden. Beides ist vorgreiflich für die Frage nach der damaligen Zulässigkeit von Wandlungen der Verfassung außerhalb des für Verfassungsänderungen vorgesehenen Verfahrens. Im weiteren Verlauf wird dann – nach der Darstellung der wesentlichen Unterschiede zwischen den verschiedenen deutschen Verfassungen – der Transfer zu leisten sein, wie sich die Regelungen des Grundgesetzes in Abgrenzung zu früher geltenden Regelungen auf die Zulässigkeit und das Vorkommen von Verfassungswandlungen auswirken.

Anschließend sollen Inhalt und Bedeutung des Grundgesetzes sowie dessen bisherige Entwicklung dargestellt werden. Betrachtet man die stattliche Anzahl von insgesamt sechzig Verfassungsänderungen bis zum heutigen Zeitpunkt,[11] stellt sich

---

11 Stand 31.07.2017. Eine Auflistung aller Änderungsgesetze findet sich unter http://www.bundestag.de/dokumente/datenhandbuch/13. Das letzte Änderungsgesetz vom 23.12.2014 (BGBl. 2014 I, 2438) ist darin allerdings noch nicht enthalten.

unweigerlich die Frage, wieso neben diesen ausdrücklichen Verfassungsänderungen und der Auslegung der Verfassung insbesondere durch das BVerfG implizite Wandlungen dieser anerkannt werden sollen und was mit diesem Begriff heutzutage in Abgrenzung zur Auslegung gemeint ist. Zwar ist eine gewisse Dynamik innerhalb einer Verfassung notwendig, um auf geänderte gesellschaftliche Verhältnisse reagieren zu können, das Phänomen des Verfassungswandels, der sich „still" und am Verfassungstext sowie an den formalen Anforderungen des Art. 79 GG vorbei vollzieht, ist aber dennoch begründungsbedürftig.

Schließlich gilt es, Formen, Voraussetzungen und Grenzen des Verfassungswandels in der heutigen Zeit zu definieren und die Bedeutung des BVerfG ebenso wie der Gesellschaft und anderer Akteure in diesem Prozess darzustellen. Hierbei soll die Analyse von unter Geltung des Grundgesetzes bereits erfolgter Verfassungswandlungen helfen, um im Ergebnis sinnvolle Maßstäbe herauszuarbeiten, anhand derer die verschiedenen verfassungsrechtlichen Entwicklungen im Bereich von Ehe, Familie und gleichgeschlechtlichen Partnerschaften im weiteren Verlauf der Untersuchung eingeordnet werden können.

A. Entstehung moderner Verfassungen

Begriff und Stellenwert der Verfassung haben sich seit dem Entstehen „moderner" Verfassungen in der frühen Neuzeit bis zu deren Festigung im Zeitalter der Aufklärung und innerhalb der verschiedenen deutschen Verfassungen stark verändert. Daher soll zunächst auf diese Entwicklung eingegangen werden.

Von Interesse für diese Arbeit ist vor allem der Begriff der normativen Verfassung, also *„der Gedanke eines allen politischen Verhältnissen zugrunde liegenden Staatsgrundgesetzes"*.[12] Maßgebend für diesen Verfassungsbegriff ist, dass nicht nur der Staat Gesetze schafft, die den Einzelnen binden, sondern der Staat selbst durch normative Grundlagen, die ihm vom Souverän vorgegeben werden, gebunden ist.[13]

Vom Begriff der normativen Verfassung ist der Begriff der empirischen Verfassung zu unterscheiden. Während der letzte Begriff die *„Beschaffenheit eines Landes bezogen auf seine politischen Verhältnisse"*[14] meint und daher so alt ist, wie es territorial begrenzte politische Verhältnisse gibt, wurde der Begriff der normativen Verfassung erst im Rahmen der Amerikanischen und Französischen Revolutionen im 18. Jahrhundert geprägt.[15]

Die Vorreiterrolle normativer Verfassungen nahmen die Verfassung der Vereinigten Staaten von Amerika vom 17.09.1787 und die Verfassung Frankreichs aus dem Jahr 1791, der die am 26.08.1789 von der Nationalversammlung verkündete Erklärung der Menschen- und Bürgerrechte (*Déclaration des Droits de l'Homme*

12 *Willoweit,* Deutsche Verfassungsgeschichte, § 1 Rn. 1.
13 Ausführlich hierzu: *Stern*, Staatsrecht, Bd. I, 2. Aufl., S. 63, 69 ff.
14 *Grimm,* in: Isensee, Handbuch des Staatsrechts, Bd. 1, § 1 Rn. 1.
15 Siehe hierzu ausführlich: Ebd., § 1 Rn 1 ff.

et du Citoyen) vorangestellt wurde, ein.[16] Die amerikanische Verfassung wurde im Jahr 1789 vom Kongress um die *Bill of Rights* ergänzt, deren Vorbild die *Bill of Rights* von Virginia aus dem Jahr der Unabhängigkeitserklärung (1776) war. Die *Bill of Rights* enthielt unveräußerliche Grundrechte für den Einzelnen und schuf eine Verfassungsgerichtsbarkeit zur Überprüfung der Einhaltung der grundrechtlichen Gewährleistungen durch den Staat.[17] Letzteres sollte für die nächsten einhundert Jahre ein rein amerikanisches Phänomen bleiben, was ein Grund der anfänglichen Schwäche der anderen sich entwickelnden Verfassungen war.[18] Diese Verfassungen sollten zwar ebenfalls gegenüber dem einfachen Gesetzesrecht höherrangig sein, ihre Einhaltung war allerdings nicht gerichtlich überprüfbar und Verstöße dagegen blieben damit sanktionslos.

B. Die Verfassungen der deutschen Geschichte bis 1949

Auf deutschem Territorium kam es erstmals im Jahr 1849 nach der sogenannten „Märzrevolution" des Jahres 1848 zur Verabschiedung einer gesamtdeutschen, normativen Verfassung. Die aus dieser Revolution hervorgehende „Paulskirchenverfassung" wurde am 28.03.1849 von der Nationalversammlung, die im Jahr 1848 mit der Verfassungsgebung beauftragt worden war, verabschiedet.[19] Sie trat jedoch nie in Kraft, da sich die Befürworter eines demokratischen deutschen Nationalstaats nicht behaupten konnten und den Gegnern dieser Bestrebungen – angeführt von Preußen und seinen Truppen – im Verlauf des Jahres 1849 unterlagen.[20] Daher kam es erst im Rahmen der Reichsgründung im Jahr 1867 im Norddeutschen Bund und im Jahr 1871 im Deutschen Reich zu einer wirksamen Verfassung für das gesamte Reich. Diese Verfassung blieb allerdings, wie sogleich darzustellen ist, weit hinter dem Konzept der Paulskirchenverfassung zurück. Dennoch bildeten die in der Paulskirchenverfassung getroffenen Regelungen das Vorbild für alle nachfolgenden deutschen Verfassungen.[21]

I. Reichsverfassung des Deutschen Kaiserreichs von 1871

Die Verfassung des Deutschen Reiches trat nach der Reichsgründung vom 18.01.1871 am 04.05.1871 in Kraft. Diese erste, im gesamten Deutschen Reich gültige Verfassung brachte einen gewaltigen Fortschritt für den bürgerlichen Nationalstaat, auch wenn sie von den einzelnen Reichsstaaten beschlossen und nicht im Rahmen

16 Hierzu und zur Entstehung von Grundrechten in anderen Staaten: *Stier-Somlo*, Die Verfassung des Deutschen Reiches vom 11. August 1919, S. 74 f; *Stern*, Staatsrecht, Bd. I, 2. Aufl., S. 64 ff.

17 *Grimm*, in: Isensee, Handbuch des Staatsrechts, Bd. 1, § 1 Rn. 31, 35.

18 Ebd., Rn. 34 f.

19 *Stern*, Staatsrecht, Bd. I, 2. Aufl., S. 67 f.

20 *Willoweit*, Deutsche Verfassungsgeschichte, § 31 Rn. 20.

21 Zum Inhalt: *Wahl*, in: Isensee, Handbuch des Staatsrechts, Bd. 1, § 2 Rn. 32 ff.

einer Revolution vom Volkssouverän errungen wurde. So wurde in Deutschland durch diese eine konstitutionelle Monarchie innerhalb eines einheitlichen deutschen Staates geschaffen. Dem Reichstag als Parlament, bestehend aus frei und geheim gewählten Mitgliedern, die an Aufträge und Instruktionen nicht gebunden waren (Artt. 20, 29 RV), sowie dem Bundesrat als Vertretung der einzelnen Bundesländer kamen weitgehende Mitbestimmungsrechte zu (siehe vor allem Artt. 5, 69, 73 RV). Der Kaiser behielt zwar alle exekutiven Befugnisse, seine Anordnungen bedurften allerdings der Gegenzeichnung durch den Reichskanzler, der damit vor allem dem Reichstag gegenüber die Verantwortung zu übernehmen hatte (Art. 17 S. 2 RV). Des Weiteren konnte sich der Kaiser nicht über den Willen des Reichstages hinwegsetzen. Die Auflösung des Reichstages (Art. 24 S. 2 RV) mit anschließenden Neuwahlen war seine einzige Möglichkeit, den parlamentarischen Willen zu verändern. Einen besonderen Einfluss hatten Reichstag und Bundesrat durch ihr Budgetrecht (Art. 69 RV).

Ein Nachteil gegenüber der Paulskirchenverfassung war insbesondere die Tatsache, dass es sich bei der Verfassung des Deutschen Reichs um eine rein organisatorische Verfassung ohne Grundrechtsteil und Einrichtung einer Verfassungsgerichtsbarkeit handelte. Teilweise wird die Einräumung von Menschenrechten als notwendiger Bestandteil einer Verfassung angesehen, so dass bei seinem Fehlen tatsächlich nicht von einer Verfassung gesprochen werden könne.[22] Zumindest aus heutiger Sicht wird man die Unvollständigkeit der Verfassung des Deutschen Reichs im Gegensatz zu den sich in anderen europäischen Staaten bildenden Verfassungen, die eine Erklärung über unveräußerliche Menschenrechte enthielten, konstatieren müssen. In der zeitgenössischen Staatsrechtslehre hingegen wurde dies nicht durchweg als ein Mangel der Reichsverfassung angesehen, da sich solche allgemein gehaltenen Grundrechte zur unmittelbaren praktischen Anwendung ohnehin nicht eignen würden, sondern zu ihrer Durchführung besonderer Ausführungsgesetze bedürften und in Ermangelung dieser *„völlig wertlos“* seien.[23] Dies habe die Erfahrung in den deutschen Einzelstaaten gezeigt.[24] Die deutsche Reichsverfassung habe daher mit Recht von einer solchen Zusicherung von Grundrechten *„gänzlich abgesehen“*.[25] Einige individuelle Freiheitsrechte seien den Reichsangehörigen schließlich auch durch besondere Reichsgesetze eingeräumt worden.[26] Die Gewährung von Grundrechten an die Reichsangehörigen wurde also gerade wegen der nicht unmittelbaren Anwendbarkeit solcher Rechte nicht für notwendig erachtet.

Hauptproblem der Verfassung des Deutschen Reichs war allerdings nicht ihre Struktur oder das Fehlen eines eigenen Grundrechtsteils, sondern dass die

---

22 *Arndt*, Verfassung des Deutschen Reiches, Art. 78, Anm. 2; *Wedekind*, Rechte des Menschen und Bürgers, S. 69; wohl auch *Anschütz*, Die Verfassung des Deutschen Reiches, 13. Aufl., Einleitung zweiter Hauptteil, Anm. 1.

23 *Meyer*, Lehrbuch des Deutschen Staatsrechts, 6. Aufl., § 217, S. 801.

24 Ebd.

25 Ebd.

26 Ebd.

Verfassung insgesamt nicht als höherrangiges und über der Staatsgewalt stehendes Gesetz angesehen, sondern in ihrer Wertung mit einfachem Gesetzesrecht gleichgestellt wurde.[27] So heißt es in Art. 78 RV:

> *„Veränderungen der Verfassung erfolgen im Wege der Gesetzgebung. Sie gelten als abgelehnt, wenn sie im Bundesrathe 14 Stimmen gegen sich haben.*
>
> *Diejenigen Vorschriften der Reichsverfassung, durch welche bestimmte Rechte einzelner Bundesstaaten in deren Verhältnis zur Gesamtheit festgestellt sind, können nur mit Zustimmung des berechtigten Bundeslandes abgeändert werden."*

Folglich konnte die Verfassung im Gesetzeswege mit einfacher Mehrheit des Reichstages geändert werden, wenn nicht mindestens 14 Stimmen im Bundesrat dagegen waren, wodurch der Reichsgesetzgeber unter anderem auch in der Lage war, seine eigenen Zuständigkeiten auszuweiten.[28] Das die Verfassung abändernde Gesetz musste nicht als solches bezeichnet werden, ihm musste weder selbst Verfassungsrang zukommen, noch galten für die Änderung dieses Gesetzes die Vorgaben des Art. 78 RV.[29] Ob die erforderliche Mehrheit im Bundesrat erzielt worden war, war weder gerichtlich noch durch den Reichstag überprüfbar.[30]

Aber selbst kritische Stimmen in der Lehre wie *Held* hielten *„das Ungeklärte, Unausgegorene in den sie bestimmt habenden Verhältnissen [für] die natürliche unvermeidliche Ursache der fortwährenden Bewegung des Zustandes des Reichsrechtes und der Kämpfe über dasselbe, sowie es auch die kämpfenden Theile selbst und ihre Thätigkeit charakterisiert. Was die Reichsverfassung von einem diesen Verhältnissen keine Rechnung tragenden Standpunkt aus als ein höchst unvollkommenes Werk und die fortwährende Gesetzgebungsthätigkeit des Reiches manchmal bekritteln lässt, das muss vom richtigen Standpunkte aus, für den Moment wenigstens, die Reichsverfassung als ein geniales Werk und die nie rastende Gesetzgebungsthätigkeit des Reiches als die natürliche Folge des Bedürfnisses, mit den fortschreitenden Verhältnissen gleichen Schritt zu halten und den Anforderungen der Abklärungen zu entsprechen, charakterisieren."*[31]

Hieran zeigt sich recht deutlich, dass das Verfassungsrecht zwar als Grundlage des neugeschaffenen Reiches dienen sollte, diese Grundlage aber – ebenso wie jedes andere Gesetzesrecht auch – den Veränderungen der Zeit unterworfen sein sollte und gerade keine höherrangige Ordnung darstellte, die nur unter besonderen Voraussetzungen abgeändert werden können sollte.

---

27 Siehe hierzu: *Grimm*, Verfassung, S. 133 f.

28 Hierzu *Arndt*, Verfassung des Deutschen Reiches, Art. 78, Anm. 1 und 2. *Held*, Die Verfassung des Deutschen Reiches, S. 155; *Schulze*, Lehrbuch des Deutschen Staatsrechts, S. 116; *Meyer*, Lehrbuch des Deutschen Staatsrechts, 6. Aufl., § 217, S. 600 f.

29 *Arndt*, Verfassung des Deutschen Reiches, Art. 78, Anm. 2; *Meyer*, Lehrbuch des Deutschen Staatsrechts, 6. Aufl., § 217, S. 587, der die stetige Praxis zur stillschweigenden Abänderung von Verfassungsrecht gewohnheitsrechtlich anerkennen will.

30 *Arndt*, ebd.; *Bornhak*, Grundriß des Deutschen Staatsrechts, S. 166.

31 *Held*, Die Verfassung des Deutschen Reiches, S. 21 f.

Bemerkenswert ist in diesem Zusammenhang auch Art. 78 Abs. 2 RV, nach dem ein Bundesstaat bei einer Änderung der Verfassung, die seine Rechte betrifft, zustimmen musste. Die Zustimmung war an keine besondere Form gebunden.[32] Somit konnten den Bundessaaten ohne ihren Willen keine Rechte entzogen werden. Interessanterweise finden sich in der staatsrechtlichen Literatur – wenn überhaupt – in diesem Zusammenhang Ausführungen zu Grenzen der Befugnis der Reichsgesetzgebung zu Verfassungsänderungen. Da Grundlage der Verfassung völkerrechtliche Verträge gewesen seien und den Staaten aus der Verfassung verfassungsmäßige Rechte entstanden seien, bedürfe die Aufhebung derselben die Zustimmung des beteiligten Einzelstaates.[33] Auch dies belegt, dass die Reichsverfassung eine rein organisatorische Verfassung war, die vor allem das Verhältnis zwischen dem neugeschaffenen Reich und den Einzelstaaten festlegen sollte, nicht aber als höherrangiges und von Interessen untergeordneter Ebenen unabhängiges statisches Recht dienen sollte.

II. Weimarer Reichsverfassung

Nachdem die konstitutionelle Monarchie am Ende des Ersten Weltkriegs gescheitert war, wurde Deutschland in der Weimarer Republik zu einem demokratischen, parlamentarischen und republikanischen Bundesstaat, was auch auf Verfassungsebene zu weitreichenden Neuerungen führte.

Die Weimarer Reichsverfassung vom 11.08.1919 konstituierte ein gegenüber der Reichsverfassung von 1871 in vielerlei Hinsicht erweitertes parlamentarisches System und enthielt erstmals im Verfassungstext verankerte *„Grundrechte und Grundpflichten der Deutschen"* (Art. 109 bis Art. 165 WRV). Außerdem wurde ein Staatsgerichtshof eingerichtet, der allerdings nicht die umfassenden Aufgaben eines Verfassungsgerichts erfüllen sollte, also insbesondere keine Kompetenzen im Rahmen von Streitigkeiten innerhalb der Reichsorgane (außer eines Anklageverfahrens wegen Verletzung der Reichsverfassung, Art. 59 WRV), der abstrakten oder konkreten Normenkontrolle und der Verfassungsbeschwerde hatte, sondern hauptsächlich über föderale Streitigkeiten zu entscheiden hatte (vgl. Art. 19 WRV).[34]

---

32 *Arndt*, Verfassung des Deutschen Reiches, Art. 78, Anm. 2 und 3; zu solchen *„Reservatsrechten"* auch *Held*, Die Verfassung des Deutschen Reiches, S. 9 ff.

33 *Meyer*, Lehrbuch des Deutschen Staatsrechts, 6. Aufl., § 217, S. 589.

34 *Wintrich/Lechner*, in: Bettermann/Nipperdey/Scheuner, Die Grundrechte, Bd. III/2 S. 656; *Friesenhahn*, in: Anschütz/Thoma, Handbuch des Deutschen Staatsrechts, Bd. 2 S. 529 f.; zu den wichtigsten Entscheidungen des Staatsgerichtshofs siehe *Thoma*, Die Staatsgerichtsbarkeit des Deutschen Reiches, in: Die Reichsgerichtspraxis im deutschen Rechtsleben, S. 179 ff.; für die Erweiterung der Kompetenzen des Staatsgerichtshofs: *C. Schmitt*, Das Reichsgericht als Hüter der Verfassung, in: Die Reichsgerichtspraxis im deutschen Rechtsleben, S. 154 ff.

1. *Wesentlicher Inhalt der Weimarer Reichsverfassung*

Hauptgesetzgebungsorgan sollte nach der Weimarer Reichsverfassung der nach Verhältniswahlrecht gewählte Reichstag sein (Art. 68 f. WRV), der außerdem über den Reichshaushalt und Kreditermächtigungen zu beschließen hatte (Artt. 85, 87 WRV) und die Reichsregierung kontrollieren sollte. Dazu hatte er das Recht, dem Reichskanzler und jedem Reichsminister das Vertrauen zu entziehen ohne zugleich eine neue Person für das Amt vorschlagen zu müssen, was den Rücktritt der betreffenden Person nach sich zog (Art. 54 WRV).

Dem Reichsrat als Vertretung der Länder kamen weitaus geringere Rechte als zu Zeiten der Reichsverfassung von 1871 zu. So sollte er keine zweite Gesetzgebungskammer mehr sein, sondern hatte lediglich ein Einspruchsrecht gegen die vom Reichstag beschlossene Gesetze, das allerdings mit einer Zweidrittelmehrheit im Reichstag überstimmt werden konnte (Art. 74 WRV) und er nahm bestimmte Verwaltungsaufgaben wahr.

Eine weitere Neuerung lag darin, dass die Reichsregierung nicht mehr allein aus dem Kanzler, sondern einem Kollegium aus Reichskanzler und Reichsministern bestand, bei dem allerdings dem Reichskanzler die Richtlinienbestimmung zukam (Art. 56 WRV).

Neu geschaffen wurde auch das Amt des Reichspräsidenten, der vom Volk auf sieben Jahre gewählt wurde (Artt. 41, 43 WRV) und dem umfangreiche Befugnisse zukamen, weshalb teilweise auch vom Reichspräsidenten als „*Ersatzkaiser*“[35] gesprochen wird. Zu seinen wichtigsten Aufgaben gehörten die Ernennung und Entlassung des Reichskanzlers und auf dessen Vorschlag der Reichsminister (Art. 53 WRV), der militärische Oberbefehl (Art. 47 WRV), die Anordnung der Reichsexekution gegen ein Land und der Erlass sogenannter „*Notverordnungen*“ (Art. 48 WRV). Letzteres Recht ermächtigte den Reichspräsidenten „*wenn im Deutschen Reiche die öffentliche Sicherheit und Ordnung erheblich gestört oder gefährdet wird, die zur Wiederherstellung der öffentlichen Sicherheit und Ordnung nötigen Maßnahmen [zu] treffen, erforderlichenfalls mit Hilfe der bewaffneten Macht ein[zu]schreiten.*“ Zu diesem Zwecke war es ihm ebenfalls gestattet, vorübergehend bestimmte Grundrechte außer Kraft zu setzen. Der Reichstag hatte zwar das Recht, die Aufhebung solcher Notstandsmaßnahmen zu verlangen, jedoch konnte der Reichspräsident darauf mit Auflösung des Reichstages reagieren, wofür es keines sachlichen Grundes bedurfte (Art. 25 WRV).

35 So *Frotscher/Pieroth*, Verfassungsgeschichte, Rn. 534.

2. Geltung und Rang der Weimarer Reichsverfassung

a) Geltung und Rang im Vergleich zur Reichsverfassung von 1871

Da die Reichsverfassung von 1871, wie oben dargestellt,[36] nach Art. 78 RV im normalen Gesetzgebungsverfahren geändert werden konnte und keine gegenüber einfachem Gesetzesrecht höherrangige Ordnung mit erschwerten Änderungsvoraussetzungen bildete, stellt sich die Frage ob und inwieweit Geltung und Rang der Weimarer Reichsverfassung hiervon abwichen und welche Bindungskraft insbesondere dem neugeschaffenen Grundrechtsteil (hierzu im nächsten Abschnitt) zukam.

Die Nachfolgevorschrift von Art. 78 RV war Art. 76 WRV. Dieser lautete:

> *„Die Verfassung kann im Wege der Gesetzgebung geändert werden. Jedoch kommen Beschlüsse des Reichstags auf Abänderung der Verfassung nur zustande, wenn zwei Drittel der gesetzlichen Mitgliederzahl anwesend sind und wenigstens zwei Drittel der Anwesenden zustimmen. Auch Beschlüsse des Reichsrats auf Abänderung der Verfassung bedürfen einer Mehrheit von zwei Dritteln der abgegebenen Stimmen. Soll auf Volksbegehren durch Volksentscheid eine Verfassungsänderung beschlossen werden, so ist die Zustimmung der Mehrheit der Stimmberechtigten erforderlich.*
>
> *Hat der Reichstag entgegen dem Einspruch des Reichsrats eine Verfassungsänderung beschlossen, so darf der Reichspräsident dieses Gesetz nicht verkünden, wenn der Reichsrat binnen zwei Wochen den Volksentscheid verlangt.“*

Danach war also weiterhin eine Änderung der Verfassung im Rahmen des normalen Gesetzgebungsverfahrens möglich. Dies wurde auch in der zeitgenössischen Staatsrechtslehre so gesehen. *Anschütz* schreibt hierzu: *„Er [der Verfassungssatz] bedeutet, daß Verfassungsgesetz und einfaches Gesetz Willensäußerungen einer und derselben Gewalt, der g e s e t z g e b e n d e n G e w a l t darstellen [...]. Der Gedanke einer besonderen, von der gesetzgebenden Gewalt verschiedenen und ihr übergeordneten v e r f a s s u n g s g e b e n d e n Gewalt ist, im Gegensatz zu Nordamerika [...], dem deutschen Staatsrecht nach wie vor fremd. Die Verf[assung] steht nicht über der Legislative, sondern zur Disposition derselben“.*[37]

Neu gegenüber der Vorschrift des Art. 78 RV war lediglich, dass die Legislative zur Änderung der Verfassung bestimmte Formen zu wahren hatte, nämlich in Reichstag und Reichsrat eine Zweidrittelmehrheit erforderlich war.[38] Möglich war eine Verfassungsänderung durch den Reichstag auch gegen den Einspruch

---

36 B. I. Reichsverfassung des Deutschen Kaiserreichs von 1871.

37 *Anschütz*, Die Verfassung des Deutschen Reiches, 13. Aufl., Art. 76, Anm. 1; ebenso *Jellinek*, in: Anschütz/Thoma, Handbuch des Staatsrechts, Bd. 2, § 73 Einleitung; a.A. *Preuß*, DJZ 1924, Sp. 651.

38 Hierzu *Anschütz*, ebd.; *C. Schmitt*, Verfassungslehre, 5. Aufl., § 2 III. Nr. 2; *Jacobi*, Reichsverfassungsänderung, in: Die Reichsgerichtspraxis im deutschen Rechtsleben, S. 235 f.

des Reichsrats.[39] Hinzugekommen war daneben die Möglichkeit einer Verfassungsänderung auf Volksbegehren durch Volksentscheid. Hier galt das Erfordernis der Zustimmung der Mehrheit der Stimmberechtigten.

Wie schon zu Zeiten der Reichsverfassung von 1871 war für die Wirksamkeit der Verfassungsänderung nach höchstrichterlicher Rechtsprechung nicht erforderlich, dass das die Verfassung ändernde Gesetz als solches bezeichnet oder selbst in die Verfassung aufgenommen wurde.[40] Ebenfalls weiterhin anerkannt war, dass eine Verfassungsänderung nicht nur ausdrücklich, sondern auch stillschweigend – im Sinne von der Verfassung widersprechendem einfachem Gesetzesrecht – erfolgen konnte.[41] Solche stillschweigenden Verfassungsänderungen mussten nur den Formerfordernissen des Art. 76 WRV entsprechen und *„sollten"* dadurch gekennzeichnet werden, dass die Wahrung dieser Formerfordernisse in der Begründungsformel des die Verfassung ändernden Gesetzes bescheinigt wurde.[42] Das die Verfassung ändernde Gesetz konnte dann allerdings – da gerade nicht selbst Teil der Verfassung – ohne die Beachtung der Formerfordernisse des Art. 76 WRV wieder geändert oder aufgehoben werden.[43] Damit kam es zu einer Unterscheidung von

---

39 Zu den Einzelheiten dieses Verfahrens und den erforderlichen Mehrheiten siehe *Anschütz*, ebd., Anm. 6.

40 RG vom 25.3.197 – 307/26 III., JW 1927, S. 2198, 2199; zustimmend *Anschütz*, JW 1927, S. 2692; Beispiele für solche Gesetze bei *Arnold*, Begriff und Verfahren der Verfassungsänderung, S. 43; *Jacobi*, in: Die Reichsgerichtspraxis im deutschen Rechtsleben, S. 259.

41 *Anschütz*, Die Verfassung des Deutschen Reiches, 13. Aufl., Art. 76, Anm. 2; *Jacobi*, in: Die Reichsgerichtspraxis im deutschen Rechtsleben, S. 260; *ders.*, in: Anschütz/Thoma, Handbuch des Staatsrechts, Bd. 2, § 73 II. 1. d); *Thoma*, in: Anschütz/Thoma, Handbuch des Staatsrechts, Bd. 2, § 71 II. D.; *Dohna*, Verhandlungen des 33. Deutschen Juristentages, S. 31, 37; *Triepel*, Verhandlungen des 33. Deutschen Juristentages, S. 45, 47, der diesen *„stillschweigenden Verfassungsänderungen"* zwar ablehnend gegenübersteht, aber nur *de lege ferenda* für ausdrückliche, die Verfassungsurkunde ändernde Verfassungsänderungen eintritt (S. 49 ff.).

42 *Anschütz*, Die Verfassung des Deutschen Reiches, 14. Aufl., Art. 76, Anm. 2 mit Beispielen zur Begründungsformel in Fn. 3 auf S. 402. Interessant ist in diesem Zusammenhang die geänderte Wortwahl von *Anschütz* gegenüber der Vorauflage des Kommentars. Hier heißt es noch, dass solche stillschweigenden Verfassungsänderungen dadurch gekennzeichnet *„werden"*, nicht nur *„sollen"* (*Anschütz*, Die Verfassung des Deutschen Reiches, 13. Aufl., Art. 76, Anm. 2). Zur Bedeutung der Ausgestaltung als Sollvorschrift siehe auch *Jacobi*, in: Anschütz/Thoma, Handbuch des Staatsrechts, Bd. 2, § 73 II. 1. d). Die Vorschrift wurde aufgrund der Vorschläge des 33. Deutschen Juristentags aufgenommen, hierzu *Triepel*, Verhandlungen des 33. Deutschen Juristentages, S. 45.

43 *Jacobi*, in: Die Reichsgerichtspraxis im deutschen Rechtsleben, S. 260; *ders.*, in: Anschütz/Thoma, Handbuch des Staatsrechts, Bd. 2, § 73 II. 1. d); *Triepel*, Verhandlungen des 33. Deutschen Juristentages, S. 45, 52; differenzierend: *Dohna*, Verhandlungen des 33. Deutschen Juristentages, S. 31, 39.

formell und bloß materiell verfassungsändernden Gesetzen, wobei erstere die Verfassungsurkunde ausdrücklich änderten, während letztere lediglich mit dem Inhalt der Verfassungsurkunde in Widerspruch standen ohne diese zu ändern.[44]

Im Laufe der Zeit kam in Verbindung mit solchen stillschweigenden Verfassungsänderungen dann in der staatsrechtlichen Lehre auch der Begriff der „*Verfassungsdurchbrechungen*“ und die Frage nach deren Zulässigkeit auf.[45]

b) Die Zulässigkeit von Verfassungsdurchbrechungen

Erstmalig wurde der Begriff von *Erwin Jacobi* auf der Staatsrechtslehrertagung im Jahr 1924 im Rahmen seines Berichtes über „*Die Diktatur des Reichspräsidenten nach Art. 48 der Reichsverfassung*“ geprägt.[46] *Jacobi* umschreibt das Phänomen der Verfassungsdurchbrechung damit, dass ein „*Widerspruch eines Rechtssatzes zu einem Verfassungsartikel außerhalb des Art. 48 [...] darin bestehen [kann], daß sein Inhalt dem betreffenden Verfassungsrechtssatz zuwiderläuft, daß aber der Verfassungsrechtssatz selbst im übrigen nach wie vor in Geltung bleiben soll.*“[47] Damit meint er die Verletzung verfassungsrechtlicher Bestimmungen durch Erlass eines Gesetzes, das den Formerfordernissen des Art. 76 WRV genügt,[48] für bestimmte Einzelfälle im Rahmen einer Ausnahme, ohne die durchbrochenen Verfassungsbestimmungen auf Dauer aufzuheben, zu ändern oder zeitweilig außer Kraft zu setzen.[49] Hiervon grenzt er ausdrücklich solche verfassungsändernden Gesetze ab, die einen in der Verfassungsurkunde niedergelegten Rechtssatz dauerhaft aufheben oder abändern, ohne dass eine entsprechende Änderung des Wortlauts der Verfassungsurkunde verfügt wird (sogenannte „*rechtssatzmäßige Verfassungsänderungen*“ bzw. stillschweigende Verfassungsänderungen).[50] Den Erlass von rechtssatzmäßigen Verfassungsänderungen

---

44 *Jacobi*, ebd.; ebenso: *Dohna*, ebd., S. 33.

45 Siehe dazu *Anschütz*, der den Begriff erstmals ausdrücklich in *Anschütz*, Die Verfassung des Deutschen Reiches, 14. Aufl., Art. 76, Anm. 2 verwendet und auf die hierzu in der Staatsrechtslehre geführten Diskussionen verweist (Fn. 1 und 2 auf S. 402). Noch in der Vorauflage spricht er lediglich davon, dass „*gesetzliche Vorschriften erlassen werden, die [...] sie [die Verfassung] für Einzelfälle durchbrechen*“ (*Anschütz*, Die Verfassung des Deutschen Reiches, 13. Aufl., Art. 76, Anm. 2) ohne aber den Begriff der Verfassungsdurchbrechung ausdrücklich zu nennen, was dafür spricht, dass die Diskussion hierzu erst am Ende der Weimarer Republik verstärkt geführt wurde.

46 *Jacobi*, VVDStRL 1, S. 105, 109.

47 Ebd., S. 109.

48 Die andere Alternative wäre eine Durchbrechung der Verfassung aufgrund von Art. 48 WRV, hier ist kein Gesetz erforderlich, das den Formerfordernissen des Art. 76 WRV genügt.

49 *C. Schmitt*, Verfassungslehre, 5. Aufl., § 11 Nr. 4; *Jacobi*, in: Die Reichsgerichtspraxis im deutschen Rechtsleben, S. 261 mit Beispielen solcher Verfassungsdurchbrechungen auf S. 267 f.

50 *Jacobi*, ebd., S. 264.

hält *Jacobi* als *lex posterior* mangels entgegenstehender Bestimmungen in der Verfassung für allgemein zulässig, Verfassungsdurchbrechungen für den Einzelfall hingegen qualifiziert er als unzulässig und will weder in der Weimarer Verfassung noch im Gewohnheitsrecht eine genügende Grundlage für deren Anerkennung sehen.[51] Die Widersinnigkeit von Verfassungsdurchbrechungen im Gegensatz zu dauerhaften (wenn auch stillschweigenden) Verfassungsänderungen illustriert er sehr treffend mit folgendem Satz:

> *„Bei der Verfassungsdurchbrechung ist eine rechtssatzmäßige Änderung des Verfassungsrechtssatzes gerade nicht gewollt, sondern der Verfassungsrechtssatz soll gewissermaßen für einen Augenblick aufgehoben werden, in diesem Augenblick soll das in Widerspruch zu ihm stehende Gesetz ergehen, und nun soll sofort wieder der alte Verfassungsrechtssatz in Geltung treten."*[52]

Noch deutlicher äußerte sich *Preuß*, indem er alle verfassungsändernden Gesetze, die nicht in der Form des Art. 76 WRV ergangen waren und die Verfassungsurkunde ausdrücklich änderten, für verfassungswidrig und daher nichtig hielt.[53]

Auf dem 33. Deutschen Juristentag des Jahres 1924 wurde die Thematik ebenfalls kontrovers diskutiert. Während der erste Berichterstatter *Dohna* Verfassungsdurchbrechungen unter Umständen sogar für sachlich durchaus indiziert hielt, da allzu häufige Änderungen der Verfassung deren Wert mindern würden, und diese daher nur dann zu verbieten seien, wenn sie Verfassungsätze auf Dauer außer Kraft setzten,[54] missbilligte der zweite Berichterstatter *Triepel* eben dieses Vorgehen der Einzelfalldurchbrechung als unehrlich. Denn auch bei Durchbrechungen der Verfassung für den Einzelfall müsse man sich eingestehen, dass der durchbrochene Grundsatz der Verfassung gerade nicht ausnahmslos gelten solle und müsse dies daher in der Verfassung selbst zum Ausdruck bringen.[55] Um das Verfahren der ausdrücklichen Verfassungsänderung für die Zukunft verbindlich festzuschreiben, hielt *Triepel* indes eine Änderung von Art. 76 WRV für notwendig.[56] Daraus folgt, dass er Verfassungsdurchbrechungen *de lege lata* für zulässig hielt.

Bei *C. Schmitt* wird eine differenzierte Ansicht zur Zulässigkeit von Verfassungsdurchbrechungen deutlich: Auch er stand diesen kritisch gegenüber und sprach ihnen den Normcharakter ab, ging aber dennoch davon aus, dass sich diese gewohnheitsrechtlich durchgesetzt hätten und daher *„Maßnahmen"* darstellen würden, deren Notwendigkeit sich aus der besonderen Lage des Einzelfalles ergäbe.[57] Gegen diese Ansicht spricht indes bereits, dass die von *C. Schmitt* so bezeichneten *„Maßnahmen"*, mit denen eine Verfassungsdurchbrechung bewirkt wurde, in der

---

51 Ebd., S. 264 und 272 ff.
52 Ebd., S. 271.
53 *Preuß*, DJZ 1924, Sp. 653 f.
54 *Dohna*, Verhandlungen des 33. Deutschen Juristentages, S. 31, 36.
55 *Triepel*, ebd., S. 45, 53.
56 *Triepel*, ebd., S. 45, 57.
57 *C. Schmitt*, Verfassungslehre, 5. Aufl., § 11 II. 2. c).

Form eines den Anforderungen des Art. 76 WRV entsprechenden Gesetzes erlassen werden mussten, weshalb nicht einsichtig ist, wieso ihnen kein Normcharakter zukommen sollte. Einen Befürworter fand *C. Schmitt* in *Thoma*, der vor allem die auch von dieser Lehre gezogenen Grenzen der Verfassungsdurchbrechung bei einem „*offensichtlichem Missbrauch*“ im Sinne einer Kompetenzüberschreitung der einzelnen Gewalten und die Notwendigkeit einer Kontrolle hiervor durch die „*Hüter der Verfassung*“ (Reichspräsident und Gerichte) betonte.[58]

Im Ergebnis zeigt die Diskussion, dass die sogenannten stillschweigenden Verfassungsänderungen (teilweise auch als materielles Verfassungsrecht bezeichnet), also der Verfassung widersprechendes einfaches Gesetzesrecht, dass unter den Formerfordernissen des Art. 76 WRV erging und die Verfassung dauerhaft änderte, von der herrschenden juristischen Lehre allgemein als *de lege lata* zulässig angesehen wurden, während Verfassungsdurchbrechungen weitaus kritischer betrachtet wurden. Denn zwar wurde auch mit Verfassungsdurchbrechungen die Verfassung stillschweigend geändert, dies aber nicht allgemein und dauerhaft, sondern nur für den in dem betreffenden Gesetz geregelten Einzelfall, während die Verfassung grundsätzlich in ihrem bisherigen Inhalt so weitergelten sollte wie bisher. Verfassungsdurchbrechungen sind damit in der Tat qualitativ anders zu bewerten als stillschweigende Verfassungsänderungen. Letztere sollten eine dauerhafte Änderung der Verfassung bewirken und ihr Erlass als einfache Reichsgesetze war in der Verfassung so vorgesehen – oder zumindest nicht ausdrücklich ausgeschlossen – Verfassungsdurchbrechungen aber stellten die verfassungsrechtlichen Regelungen vollends zur Disposition des Gesetzgebers. Er konnte die Verfassung beachten, musste es aber nicht, und wenn ihm bei einem Gesetzesvorhaben bestimmte Verfassungsnormen hinderlich waren, konnte er mit einer Art. 76 WRV genügenden Mehrheit beschließen, dass diese für diesen Fall nicht gelten sollten, machte sich aber nicht die Mühe, die Verfassungsnorm, gegen die er verstoßen wollte, vorher abzuändern, denn dann hätte er sie nach Erlass des Gesetzes direkt wieder ändern müssen. Dieses Vorgehen hat *Triepel* zu Recht als „*unehrlich*“ bezeichnet.[59] Im Rahmen solcher stillschweigenden Verfassungsänderungen und Verfassungsdurchbrechungen kam es dann auch erstmals zur Auseinandersetzung mit dem Begriff der Verfassungswandlung.[60]

c) Die Zulässigkeit von Verfassungsänderungen jeglichen Inhalts

Ebenfalls gegen Ende der Weimarer Republik entstand in der Staatsrechtslehre die mit der Zulässigkeit von Verfassungsdurchbrechungen zumindest verwandte Diskussion über die Frage, ob nach Art. 76 WRV Verfassungsänderungen jeglichen

58 *Thoma*, in: Anschütz/Thoma, Handbuch des Staatsrechts, Bd. 2, § 71 D. Der Begriff der „*Hüter der Verfassung*“ ist ebenfalls an *C. Schmitt* angelehnt, siehe hierzu dessen Monografie Hüter der Verfassung.

59 *Triepel*, Verhandlungen des 33. Deutschen Juristentages, S. 45, 53.

60 Ausführlich unten: E. I. 1. Entstehung durch Laband.

Ausmaßes zulässig sein können oder ob prinzipielle Änderungen der Verfassung, die das Verfassungssystem an sich betreffen, nicht durch das Volk selbst vorgenommen werden müssten.[61]

Letztere Ansicht wurde insbesondere von *Triepel*, *Bilfinger*, *Arnold* und *C. Schmitt* vertreten. *Triepel* wendete sich vor allem allgemein gegen die vorherrschende Auffassung, ein Gesetz jeglichen Inhalts sei zulässig, so lange nur die Form gewahrt sei.[62] Für *C. Schmitt* ging es besonders um die Unterscheidung zwischen „*Verfassungsgebung*" und „*Verfassungsänderung*", da die Befugnis des Gesetzgebers zur Verfassungsänderung nicht bedeute, dass „*die grundlegenden politischen Entscheidungen, welche die Substanz der Verfassung ausmachen, vom Parlament jederzeit beseitigt und durch irgendwelche anderen ersetzt werden*" könnten.[63] „*Das Deutsche Reich kann nicht durch Zweidrittel-Mehrheitsbeschluß des Reichstages in eine absolute Monarchie oder in eine Sowjet-Republik verwandelt werden.*"[64]

Nach *Bilfinger* gab die Vorschrift des Art. 76 WRV „*keinen Freibrief für die Legislative, durch qualifizierte Mehrheitsbeschlüsse das Verfassungssystem zu stören oder auf den Kopf zu stellen: Der Einbruch in die Identität des Verfassungssystems ist kein Ändern der Verfassung mehr.*"[65] Änderungen, die über die Schranken des Verfassungssystems hinaus erfolgten, sah *Bilfinger* als verfassungswidrig und als „*Wandlung des Verfassungsrechts*" an, da sich die „*Wandlung*" notwendigerweise nicht an das Verfassungssystem halte.[66] Obwohl diese Wandlungen also verfassungswidrig seien, müsse man auch diese in Kauf nehmen, da sie einen rein tatsächlichen, keinen rechtlichen Charakter hätten, aber aufgrund der „*normativen Kraft des Faktischen*", wie es *Bilfinger* nennt, dennoch Recht erzeugen und Teil des Verfassungsrechts würden, und dann auch so behandelt werden müssten.[67] Im Unterschied zu Verfassungsänderungen (unabhängig davon, in welchem Umfang diese zulässig sein sollen) beschrieb der Begriff der Verfassungswandlung nach *Bilfinger* also eine Veränderung der Verfassung im Bereich des Faktischen außerhalb des für Verfassungsänderungen vorgesehenen Verfahrens.[68]

---

61 Hierzu *Anschütz*, Die Verfassung des Deutschen Reiches, 14. Aufl., Art. 76, Anm. 3 mit gegenüber der Vorauflage erweiterten Nachweisen zu Befürwortern o.g. Ansicht.

62 Anlässlich des Abrosselungsgesetzes, mit dem die Zulässigkeit von Volksentscheiden eingegrenzt werden sollte, *Triepel*, DJZ 31 (1926), Sp. 849 f.

63 *C. Schmitt*, Verfassungslehre, 5. Aufl., § 3, II. 2. a).

64 Ebd.; ähnlich *ders.*, Hüter der Verfassung, S. 113.

65 *Bilfinger*, Der Reichssparkommissar, S. 17.

66 Ebd., S. 18.

67 Ebd. Die Lehre von der normativen Kraft des Faktischen, die auf *G. Jellinek* zurück geht (Allgemeine Staatslehre, 3. Aufl., S. 332 ff.), trennt ausdrücklich zwischen der Rechtmäßigkeit und der Rechtwirksamkeit von Staatshandlungen, so dass auch rechts- oder verfassungswidriges Handeln zu Recht wird, wenn es nur durch fortdauernde Übung normative Geltung erlangt hat.

68 Hierzu ausführlich noch unter E. I. Herkunft des Begriffs Verfassungswandel.

Letztlich war auch *Arnold* der Ansicht, dass „*das Wort ‚ändern' nach dem Sprachgebrauch eher dahin aufzufassen [ist], daß ein Kern bestehen bleiben soll, daß es ein Umstürzen von Grundlagen nicht zuläßt.*"[69] Er begründete seine Ansicht vor allem mit der verfassungsgebenden Gewalt, die die Nation im Rahmen ihres Auftrags an die Nationalversammlung zur Formulierung einer Verfassung gerade nicht an diese übertragen habe, so dass diese nur im Rahmen ihres Auftrags handeln konnte, wobei *Arnold* aber eingestand, dass die allgemein herrschende Lehre der gegenteiligen Auffassung sei, nämlich, dass Eingriffe jeglichen Umfangs in Verfassungsnormen zulässig sein sollten.[70]

Thoma, als Anhänger der letztgenannten Auffassung stellte sich dann auch gegen das Argument von *Arnold* indem er meinte, dass gerade das in Art. 76 WRV zum Ausdruck kommende doppelte *pouvoir constituant* dazu führe, dass die in Art. 76 WRV vom Volk übertragene Gesetzgebungsbefugnis als schrankenlose anzusehen sei und alle auf diese Weise legal zustande gekommenen Gesetze Ausdruck der demokratischen Selbstbestimmung des Volkes seien, selbst wenn diese „*die Grundsäulen der gegenwärtigen Verfassung um[stürzten]*".[71]

Als weitere Argumente wurden von dieser Ansicht der entgegenstehende Wortlaut des Art. 76 WRV, die gefestigte und bereits unter der Reichsverfassung von 1871 zu Art. 78 RV bestehende Rechtstradition im Hinblick auf Verfassungsänderungen sowie der entgegenstehende Wille der verfassungsgebenden Gewalt genannt. Die verfassungsgebende Gewalt habe sich im Rahmen ihrer Beratungen ausdrücklich zu der herrschenden Auffassung, nach der die Verfassung auch in ihren grundlegenden Bestimmungen nicht über der Legislative, sondern gerade zu deren Disposition stehe, bekannt.[72] Im Übrigen wurde auch die praktische Durchführbarkeit einer Eingrenzung bezweifelt, da sich kaum objektive Kriterien dafür finden lassen würden, wann eine Änderung das Verfassungssystem berühre und wann nicht.[73]

Anhand dieser Diskussion wird das mit der Zeit gesteigerte Problembewusstsein der Staatsrechtslehre über die textliche Weite des Art. 76 WRV und dort fehlender Einschränkungen für den Gesetzgeber zu Art und Umfang von Änderungen der Verfassung deutlich. Dass von vielen Autoren bis zuletzt am weiten Wortlaut des Art. 76 WRV festgehalten wurde und die fehlende Einschränkung von zulässigen Veränderungen zwar als *de lege ferenda* bedenklich, aber *de lege lata* als von der

---

69 *Arnold*, Begriff und Verfahren der Verfassungsänderung, S. 13.

70 Ebd., S. 13 ff.

71 *Thoma*, in: Anschütz/Thoma, Handbuch des Staatsrechts, Bd. 1, § 16, S. 193 f.

72 Hierzu und zum vorstehenden Satz: *Anschütz*, Die Verfassung des Deutschen Reiches, 14. Aufl., Art. 76, Anm. 3.; *Thoma*, in: Anschütz/Thoma, Handbuch des Staatsrechts, Bd. 1, § 15, S. 182 ff., § 16, S. 193 f; *W. Jellinek*, Grenzen der Verfassungsgesetzgebung, S. 4 ff., der zwar davon ausgeht, dass es durchaus heteronome, autonome und absolute Schranken für den Verfassungsrechtsgeber geben kann, auch diese aber nicht für unüberwindbar hält.

73 *Anschütz*, ebd.

Verfassung vorgegeben angesehen wurde,[74] hängt auch mit dem positivistischen Rechtsverständnis der Zeit zusammen.[75] Dieses Verständnis wird besonders in der oben dargestellten Ansicht von *Thoma* deutlich, wenn er davon ausgeht, dass eine einmal normativ geschaffene Ermächtigung schrankenlos gelte und den Erlass von Gesetzen jedweden Inhalts erlaube solange nur die jeweiligen Formerfordernisse gewahrt seien.[76] Auch *Bilfinger*, der sich für eine Begrenzung von zulässigen Verfassungsänderungen aussprach, erkannte wie gezeigt an, dass auch durch Rechtsbruch Recht entstehen könne und dann als solches zu beachten sei und früheres (rechtmäßiges) Recht aufhebe.[77]

Selbst die Gegner der grenzenlosen Zulässigkeit von Verfassungsänderungen wendeten sich also nicht durchweg gegen dieses positivistische Gesetzesverständnis. Ihnen allen trotzend schrieb *Triepel* hierzu eindrucksvoll:

> *„Es ist die Herrschaft des Wahns, daß die Form alles, der Inhalt nichts bedeute, daß die Form des Gesetzes jeden Gesetzesinhalt heilige, daß der Gesetzgeber durch Anwendung einer Form jeder Gefahr eines Rechtsbruchs entgehen könne.“*[78]

3. *Bindungskraft der Grundrechte der Weimarer Reichsverfassung*

Der Grundrechtsteil befand sich im zweiten Hauptteil der Weimarer Reichsverfassung in den Artt. 109 ff. („*Grundrechte und Grundpflichten der Deutschen*“). Er war in fünf Abschnitte über die Einzelperson, das Gemeinschaftsleben, Religion und Religionsgesellschaften, Bildung und Schule sowie das Wirtschaftsleben unterteilt. Der Umfang der grundrechtlichen Gewährleistungen ging damit bei weitem über das hinaus, was in anderen europäischen und außereuropäischen Verfassungen an Rechten festgelegt war.[79] Im Verfassungsausschuss hatte man sich nach umfangreicher

---

74 *Anschütz*, Die Verfassung des Deutschen Reiches, 13. Aufl., Art. 76, Anm. 2; *Triepel*, Verhandlungen des 33. Deutschen Juristentages, S. 45, 47, 49.

75 Siehe hierzu vor allem die Ausführungen von *Bergbohm*, Jurisprudenz und Rechtsphilosophie, einem der entschiedensten Vertreter des rechtsphilosophischen Positivismus und Gegner des Naturrechts, nach dem es keine „*angeborenen*“ Rechtsideen geben könne, sondern nur die den in den Rechtserscheinungen innewohnenden (S. 476 f.). Für ihn kann es in Beziehung auf das rechtlich angeordnete Leben der Wirklichkeit kein nichtpositives Recht geben, das nicht eine Verletzung von positivem Recht darstellen würde (S. 478); allgemein über den Rechtspositivismus auch *Müller*, Juristische Methodik, 8. Aufl., Rn. 77 ff.

76 *Thoma*, in: Anschütz/Thoma, Handbuch des Staatsrechts, Bd. 1, § 16, S. 193 f.

77 *Bilfinger*, Der Reichssparkommissar, S. 18; so auch *Somló*, Juristische Grundlehre, S. 308 f., der es auch als „*unumstößliche*“ Wahrheit bezeichnet, dass die Rechtsmacht jeden beliebigen Rechtssatz setzen kann; ähnliche Ausführungen bei *Smend*, Verfassung und Verfassungsrecht, S. 75 f.

78 *Triepel*, DJZ 31 (1926), Sp. 849.

79 *Stier-Somlo*, Die Verfassung des Deutschen Reiches vom 11. August 1919, S. 77; die früheren Verfassungsurkunden auf deutschem Territorium kannten indes durchaus

Diskussion über zwei verschiedene Modelle für einen Grundrechtsteil – kurz und nur fundamentale Rechtssätze enthaltend oder als umfassendes Programm künftiger Rechtsentwicklung ausgestaltet – mehrheitlich für letzteres Modell entschieden.[80]

Insbesondere hinsichtlich der Grundrechte, die nicht als *„herkömmlich"* oder *„überliefert"* qualifiziert wurden, sondern die durch die Weimarer Reichsverfassung erstmals neu geschaffen wurden, bestand in der Staatsrechtslehre Unsicherheit über deren Bindungskraft.[81] Als *„herkömmlich"* wurden beispielsweise die Freizügigkeit inner- und außerhalb des Reichsgebiets (Art. 111, 112 WRV), die Freiheit der Person (Art. 114 WRV), die Unverletzlichkeit der Wohnung (Art. 115 WRV), das Briefgeheimnis (Art. 117 WRV), die Meinungsfreiheit (Art. 118 WRV), die Versammlungs- und Vereinigungsfreiheit (Art. 113, 124 WRV), die Religionsfreiheit (Art. 135, 136 WRV) sowie die Wissenschaftsfreiheit (Art. 142 WRV) angesehen.[82] Hingegen wurden als neu geschaffene Garantien zum Beispiel die Regelungen über Beamte als Diener der Gesamtheit (Art. 130 WRV), über das Schulwesen (Art. 144 WRV) sowie über das Nichtbestehen einer Staatskirche (Art. 137 WRV) angesehen.[83] Auch Schutzvorschriften zugunsten von Einrichtungen wie der von Ehe und Familie (Art. 119 WRV), eines Standes (Beamte, Art. 128 ff. WRV, Angehörige der Wehrmacht, Art. 140 WRV, Arbeiter, Art. 160, 162 WRV) oder andere Institutsgarantien wurden als neu geschaffene Rechte qualifiziert.[84]

Gerade hinsichtlich dieser neu geschaffenen Garantien wurde in der Lehre vielfach die Meinung vertreten, dass diese dem Staatsbürger nur mittelbar dienen würden und daher eher programmatische Sätze bzw. Richtlinien für den Gesetzgeber[85] enthielten und kein unmittelbar geltendes Recht darstellten.[86] Aber auch den Grundrechtsgarantien, die als reine Programmsätze angesehen wurden, wurde eine für die Verfassung eigene Bedeutung zugewiesen, da diese das mit der Verfassung konstituierte Kultur- und Wertsystem proklamieren sollten.[87]Selbst bei den

bereits solche umfassenderen Regelungswerke, vgl. *Anschütz*, Die Verfassung des Deutschen Reiches, 13. Aufl., Einleitung zweiter Hauptteil, Anm. 2.

80 Diskussion dargestellt bei *Anschütz*, ebd., Anm. 4; *Jellinek*, in: Anschütz/Thoma, Handbuch des Staatsrechts, Bd. 1, § 12 VII.

81 *Stier-Somlo*, Die Verfassung des Deutschen Reiches vom 11. August 1919, S. 79.

82 Vollständige Liste: *Stier-Somlo*, ebd., S. 79 f. Ähnliche Kategorisierung bei *C. Schmitt*, Verfassungslehre, 5. Aufl., § 14, III. 2.

83 *Stier-Somlo*, ebd.

84 Ebd., S. 80.

85 Die Bezeichnung erfolgt bei den verschiedenen Autoren nicht immer einheitlich.

86 *Stier-Somlo*, Die Verfassung des Deutschen Reiches vom 11. August 1919, S. 78 ff.; *Anschütz*, Die Verfassung des Deutschen Reiches, 13. Aufl., Einleitung zweiter Hauptteil, Anm. 5; *Buschke*, Die Grundrechte der Weimarer Verfassung, S. 50; ähnlich auch *C. Schmitt*, Verfassungslehre, 5. Aufl., § 14, III. und IV.; *Hensel*, in: Die Reichsgerichtspraxis im deutschen Rechtsleben, S. 1; *C. Schmitt*, Grundrechte und Grundpflichten, in: *ders.*, Verfassungsrechtliche Aufsätze, S. 217 ff.

87 *Smend*, Verfassung und Verfassungsrecht, S. 164.

„herkömmlichen" Grundrechten wurde oftmals zwischen solchen unterschieden, die lediglich Richtlinien für den Gesetzgeber bilden sollten, und solchen, die unmittelbar geltendes Recht waren, wobei eine Zuordnung meist durch Auslegung jedes einzelnen Grundrechts erfolgte.[88] Die Einordnung der unterschiedlichen Bindungskraft erfolgte dabei nicht einheitlich und war mitunter auch dadurch beeinflusst, ob die Grundrechte eine ausdrückliche Schrankenregelung enthielten oder nicht.

Verwiesen sei in diesem Zusammenhang auf das von *Thoma* entwickelte Stufensystem, nach dem es reichsverfassungskräftige Grundrechte ersten Grades (kein Gesetzesvorbehalt, auch nicht durch Art. 48 WRV suspendierbar), reichsverfassungskräftige Grundrechte zweiten Grades (kein Gesetzesvorbehalt, aber auch kein Hindernis für Diktaturmaßnahmen nach Art. 48 WRV), reichsgesetzkräftige Grundrechte (abänderbar durch einfaches Reichsgesetz) und landeskräftige Grundrechte (Gesetzesvorbehalt für jegliche, insbesondere auch die Landesgesetzgebung) gab, das wohl eine der ausdifferenziertesten Einordnungen zu den Bindungskräften der unterschiedlichen Grundrechtsgewährleistungen enthielt.[89]

Auch *C. Schmitt* versuchte in seiner Verfassungslehre eine Kategorisierung vorzunehmen, in dem er *„Grundrechte"* von anderen *„verfassungsgesetzlich gewährleisteten und geschützten Rechten"*, wie zum Beispiel den *„institutionellen Garantien"* unterschied.[90] Der *„Schutz gegen Abänderung durch einfaches Gesetz"* sollte nach ihm allein kein Indikator für das Vorliegen eines Grundrechts sein.[91] Die Grundrechte selbst trennte *C. Schmitt* in echte Grundrechte (diese wiederum in Freiheitsrechte des isolierten Einzelnen und Freiheitsrechte in Verbindung mit anderen Einzelnen), demokratische Staatsbürgerrechte und Rechte des Einzelnen auf positive Leistungen des Staates, für die jeweils eine abgestufte Schrankenregelung zu beachten war, da sie für die Entfaltung des Einzelnen von unterschiedlicher Bedeutung seien.[92]

Das Stufensystem von *Thoma* und die Kategorisierung von *C. Schmitt* machen deutlich, dass aufgrund der sehr unterschiedlichen Ausgestaltung der einzelnen Grundrechtsgarantien und ihrer Schrankenregelungen nicht nur deren Bindungskraft, sondern auch die Bindung der Gewalten auf Reichsebene sowie der Länder an die Grundrechtsgarantien nicht einheitlich beurteilt, sondern in der Regel mit Blick auf jedes Grundrecht einzeln untersucht werden musste. Im Hinblick auf Art. 109 Abs. 1 WRV (*„Alle Deutschen sind vor dem Gesetz gleich"*) beispielsweise

---

88 So zum Beispiel *Stier-Somlo*, Die Verfassung des Deutschen Reiches vom 11. August 1919, S. 81; *Anschütz*, Die Verfassung des Deutschen Reiches, 13. Aufl., Einleitung zweiter Hauptteil, Anm. 6 mit Beispielen zur Abgrenzung.

89 *Thoma*, Grundrechte und Polizeigewalt, in: FG für das Preußische OVG, S. 182–223; ähnlich, wenn auch nicht so ausdifferenziert *Buschke*, Die Grundrechte der Weimarer Verfassung, S. 49 ff.

90 *C. Schmitt*, Verfassungslehre, 5. Aufl., § 14, III. 1.; zu den institutionellen Garantien: § 14, IV.

91 Ebd.

92 Ebd., § 14, III. 1. bis 6.; zusammenfassende Übersicht auf S. 170; zum Schrankensystem § 14, VI.

wurde von der herrschenden Lehre angenommen, dass diesem gegenüber der gesetzgebenden Gewalt (des Reiches und der Länder!) keine bindende Kraft zukam, sondern er lediglich ein Willkürverbot gegenüber Maßnahmen der Exekutive und der Judikative darstellte.[93] Teilweise wurde sogar angenommen, dass die Grundrechte insgesamt (bzw. diejenigen, denen eine unmittelbare Anwendbarkeit zugesprochen wurde), nur durch die „*gesetzesanwenden*“ Behörden der Reichs- und Landesebene in Justiz und Verwaltung zu beachten seien.[94] Erst gegen Ende der Weimarer Republik wurden vermehrt Stimmen laut, die sich für eine Bindung auch der gesetzgebenden Gewalt nach Art. 109 Abs. 1 WRV aussprachen, da das Grundrecht der Rechtsgleichheit sonst nahezu bedeutungslos wäre.[95] Diese Ansicht wollte in Art. 109 WRV ein allgemeines, den Gesetzgeber beschränkendes Gerechtigkeitsprinzip sehen, das dem Reichs- und Landesgesetzgeber unsachliche Differenzierungen und Willkür verbieten sollte.[96] Bis zum Ende der Weimarer Republik konnte sich diese Ansicht allerdings – auch in der Rechtspraxis – nicht mehrheitlich durchsetzen.[97]

Im Ergebnis zeigt sich, dass die Gewährleistungen im Grundrechtsteil der Weimarer Reichsverfassung insbesondere folgende Schwachpunkte aufwiesen:

- Sie enthielten nicht nur überkommene Freiheitsrechte, sondern auch andere verfassungsrechtliche Rechte sowie erst durch den Gesetzgeber umzusetzende Programmsätze, denen nicht durchweg eine unmittelbare Bindung zugestanden wurde.
- Die Schrankenregelung war sehr unterschiedlich ausgestaltet, was dazu führte, dass selbst die Grundrechtsgewährleistungen, die unmittelbar anwendbar waren, teilweise durch einfache Reichs- oder Landesgesetze eingeschränkt werden konnten.
- Nicht alle Grundrechtsgewährleistungen banden nach herrschender Lehre alle drei Gewalten der Reichs- und der Landesebene.
- Es gab kein mit umfassenden Kompetenzen ausgestattetes Verfassungsgericht, das die Beachtung und Umsetzung der verfassungsrechtlichen Gewährleistungen für alle Gewalten bindend überprüfen bzw. anmahnen konnte.

---

93 *Anschütz,* Die Verfassung des Deutschen Reichs, 13. Aufl., Art. 109, Anm. 2; *Thoma*, in: Anschütz/Thoma, Handbuch des Staatsrechts, Bd. 2, § 71 II. B. 5; anders *Forsthoff*, in: FS Schmitt, S. 46.

94 *C. Schmitt*, Grundrechte und Grundpflichten, in: ders., Verfassungsrechtliche Aufsätze, S. 217 f.; im Gegensatz dazu geht beispielsweise *Gusy,* ZNR 1993, 163, 167, von einer „*allgemeinen Grundrechtsbindung der Legislative*“ aus, wobei er allerdings zwischen der Geltung der Grundrechte gegenüber der Legislative und der ihr gegenüber eintretenden Grundrechtswirkungen unterscheidet.

95 *Anschütz,* Die Verfassung des Deutschen Reichs, 13. Aufl., Art. 109, Anm. 2.

96 Hierzu *C. Schmitt*, Grundrechte und Grundpflichten, in: ders., Verfassungsrechtliche Aufsätze, S. 211.

97 Ebd.

4. *Weitere Entwicklung der Weimarer Republik*

Die soeben dargestellten und die weiteren, in der Weimarer Reichsverfassung angelegten Schwachpunkte führten in Verbindung mit den schwierigen gesellschaftlichen Verhältnissen am Ende des Ersten Weltkrieges und in der Folgezeit durch die Weltwirtschaftskrise Ende der zwanziger Jahre des zwanzigsten Jahrhunderts zu einer Verlagerung der Machtbefugnisse vom Parlament auf den Reichspräsidenten, die von der Verfassung so nicht vorgesehen war.

Innerhalb von zwölf Jahren – zwischen der ersten Wahl des Reichstages am 06.06.1920 und der Auflösung des letzten am 01.02.1933 – wurde dieser insgesamt sieben Mal gewählt, wobei kein Reichstag seine vierjährige Legislaturperiode überstanden hat. Grund hierfür war zum einen die aufgrund der zunehmenden Parteienzersplitterung äußerst schwierige Mehrheitsfindung im Parlament und bei der Regierungsbildung sowie zum anderen die Möglichkeit des Reichspräsidenten, den Reichstag aufzulösen, ohne dass er dafür an bestimmte Voraussetzungen gebunden gewesen wäre (Art. 25 WRV).

In diesen Zeiten, in denen der Reichstag seiner Gesetzgebungsaufgabe entweder aufgrund von fehlenden Mehrheitsverhältnissen oder wegen seiner erneuten Auflösung nicht nachgehen konnte, wurde diese Aufgabe vom Reichspräsidenten mithilfe des Erlasses von Notverordnungen (Art. 48 WRV) und von der Reichsregierung wahrgenommen. Teilweise beauftragte der Reichstag die Reichsregierung durch Ermächtigungsgesetze gar selbst, die zur Krisenbewältigung erforderlichen Maßnahmen zu treffen, zu denen er selbst nicht in der Lage war. So kam es, wie *Kröger* es nennt, zu einer *„politischen Gewichtsverlagerung“*, zu einem *„strukturellen Verfassungswandel“* von der parlamentarischen Demokratie hin zu einem *„autoritären Präsidialregime“*, in dem der Reichspräsident seine *„Diktaturbefugnisse“* für eine *„dauerhafte Begegnung eines durch die Mehrheitsunfähigkeit der Volksvertretung bedingten anormalen Zustandes“* nutzte.[98] Auch *Willoweit* bezeichnet die von der juristischen Praxis akzeptierte Tatsache, dass Notverordnungen *„neben dem Parlament als alternative Regierungsmöglichkeit durch den Reichspräsidenten“* und nicht nur, wie von der Verfassung vorgesehen, als vorübergehende Maßnahmen im Rahmen eines *„Ausnahmezustandes“* eingesetzt wurden, als Verfassungswandel.[99]

Auf lange Sicht gesehen mussten die dargestellten strukturellen Schwächen der Verfassung, also insbesondere die nicht ausreichende Bindungskraft einzelner Grundrechtsgarantien und die zumindest von der herrschenden Lehre anerkannte Zulässigkeit von stillschweigenden Verfassungsänderungen sowie von Verfassungsdurchbrechungen zu einem Bedeutungsschwund der in der Verfassung niedergelegten Grundsätze führen. Letztendlich trugen diese Insuffizienzen zusammen mit anderen Ursachen dann auch zum Scheitern der Weimarer Republik und zur Machtübernahme durch Hitler und die NSDAP bei. Damit war das Schicksal der ersten

98 *Kröger,* Einführung in die jüngere deutsche Verfassungsgeschichte, S. 160, 162.
99 *Willoweit,* Deutsche Verfassungsgeschichte, § 38 Rn. 8.

deutschen Verfassung, die sich das Volk selbst gegeben hatte und die – zumindest in der Theorie – viele Innovationen im Bereich der staatsbürgerlichen Rechte vorsah, besiegelt.

C. Inhalt und Rang des Grundgesetzes

Nach Ende des Zweiten Weltkrieges entschlossen sich die drei westlichen Besatzungsmächte, USA, Großbritannien und Frankreich, nachdem die Allianz der vier Siegermächte wegen der großen ideologischen Differenzen mit Russland und dessen Ostpolitik auseinandergebrochen und eine gemeinsame Lösung für Deutschland somit in weite Ferne gerückt war, einen deutschen Teilstaat zu errichten. Die Verfassung für diesen Staat sollte von einer verfassungsgebenden Versammlung erarbeitet werden. Da die zu erarbeitende Verfassung allerdings nur als provisorische bis zum Zeitpunkt einer möglichen Wiedervereinigung gedacht war, legten die mit dieser Aufgabe betrauten Ministerpräsidenten der deutschen Länder Wert darauf, Abstand von dem üblichen verfassungsgebenden System zu halten. So nannte sich das Gremium, das die Verfassung erarbeitete „Parlamentarischer Rat“, seine Vertreter wurden nicht direkt vom Volk gewählt, sondern von den Landtagen entsandt, und die Verfassung hieß „Grundgesetz“. Auch der fertige Verfassungsentwurf wurde nicht dem ganzen Volk, sondern lediglich den Landtagen zur Abstimmung vorgelegt.

Trotz dieser nicht gerade optimalen Ausgangslage für die Schaffung einer beständigen Verfassung und der anfänglichen Auslassung einiger Regelungsgebiete im Verfassungstext hat sich das Grundgesetz während seines inzwischen achtundsechzigjährigen Bestehens bewährt. Gerade durch seine Knappheit und *„juristische Nüchternheit“*[100] hat es sich als ausreichend anpassungsfähig an die sich wandelnden gesellschaftlichen Verhältnisse erwiesen und auf diese Weise sogar die Wiedervereinigung Deutschlands überdauert.

I. Wesentlicher Inhalt des Grundgesetzes

Die wichtigsten Neuerungen des Grundgesetzes gegenüber den bisherigen deutschen Verfassungen, die dessen Anwendung und Auslegung maßgeblich geprägt haben, sind die unmittelbare Bindung aller Staatsgewalt an die im Grundgesetz festgelegten Grundrechte (Art. 1 Abs. 3 GG) – damit und durch die Regelung in Art. 20 Abs. 3 GG sollte vor allem die in der Weimarer Republik nach der herrschenden Lehre fehlende Bindung der gesetzgebenden Gewalt an Art. 109 WRV beseitigt werden – und die Schaffung eines mit umfassenden Kompetenzen ausgestatteten Verfassungsgerichts, das die Einhaltung der grundrechtlichen Gewährleistungen durch die Staatsgewalt überprüfen kann. Es wurde bewusst auf reine Programmsätze im Grundrechtsteil verzichtet. Dieser ist somit zwar wesentlich kürzer als

100 So treffend *Mußgnug*, in: Isensee, Handbuch des Staatsrechts, Bd. 1, § 8 Rn. 49.

unter der Weimarer Reichsverfassung, enthält dafür aber ausschließlich konkrete Grundrechtsgarantien, aus denen der Einzelne unmittelbar Rechte für sich ableiten und sich gegen eine Verletzung dieser zur Wehr setzen kann.[101]

Der unter der Weimarer Reichsverfassung bestehenden Möglichkeit von stillschweigenden Verfassungsänderungen sowie von Verfassungsdurchbrechungen[102] wurde durch Art. 79 Abs. 1 GG der Boden entzogen, da für Verfassungsänderungen künftig eine ausdrückliche Änderung des Verfassungstextes notwendig sein sollte. Art. 79 Abs. 2 GG verlangt die Zustimmung von zwei Dritteln der Mitglieder des Bundestages und zwei Dritteln der Stimmen des Bundesrates zu einem die Verfassung ändernden Gesetz. Darüber hinaus wurde die inhaltliche Änderbarkeit der Verfassung im Hinblick auf die in Artt. 1 und 20 GG niedergelegten Grundsätze allgemein beschränkt, um die Unveränderbarkeit wesentlicher Strukturprinzipien des demokratischen, sozialen und rechtsstaatlichen Bundestaats und die Unverletzlichkeit der Menschenwürdegarantie sicherzustellen (Art. 79 Abs. 3 GG). Dies sollte den unter Geltung der Weimarer Reichsverfassung geführten Streit in der Lehre über die Frage, ob Verfassungsänderungen jeglichen Inhalts durch Art. 76 WRV gestattet sind oder ob die Zulässigkeit solcher Änderungen durch den Kern des Verfassungssystems beschränkt ist, zu Gunsten von letzterer Ansicht entscheiden und in der Verfassung verankern.[103] Die Sicherung des Wesensgehalts der Grundrechte erfolgte außerdem durch Art. 19 Abs. 2 GG. Durch Art. 19 Abs. 4 GG sollte gewährleistet werden, dass jedermann bei Verletzung seiner Rechte durch die öffentliche Gewalt der Rechtsweg offensteht.

Darüber hinaus wurden auch die Möglichkeiten gestärkt, sich gegen die Unterwanderung der Demokratie zur Wehr zu setzen und die *„freiheitliche demokratische Grundordnung“* zu schützen. So hat das BVerfG nach Art. 21 Abs. 2 GG das Recht, Parteien, die sich gegen diese Ordnung wenden, für verfassungswidrig zu erklären. Nach Art. 18 GG ist eine Grundrechtsverwirkung möglich, wenn diese Grundrechte zum Kampf gegen die freiheitliche demokratische Grundordnung eingesetzt werden. Im Jahr 1968 wurde in Art. 20 Abs. 4 GG darüber hinaus das Recht eines jeden Deutschen zum Widerstand gegen jeden, der diese Ordnung zu beseitigen sucht, eingeführt. Die Bundesrepublik wird daher zurecht im Gegensatz zur Weimarer Republik als *„wehrhafte Demokratie“*[104] bezeichnet.

Die weiteren Neuerungen, die das Grundgesetz im Gegensatz zur Weimarer Reichsverfassung zur Sicherung der Demokratie vorsah, sollen der Vollständigkeit halber ebenfalls erwähnt werden. Dies allerdings in aller Kürze, da sie für die weitere

---

101 Die Möglichkeit der Verfassungsbeschwerde wurde einfachgesetzlich 1952 im Bundesverfassungsgerichtsgesetz eingeführt und im Jahr 1969 auch in der Verfassung verankert.

102 Siehe oben: B. II. 2. b) Die Zulässigkeit von Verfassungsdurchbrechungen.

103 Hierzu oben: B. II. 2. c) Die Zulässigkeit von Verfassungsänderungen jeglichen Inhalts.

104 Siehe *Frotscher/Pieroth*, Verfassungsgeschichte, Rn. 818.

Untersuchung nicht unmittelbar relevant sind.[105] Zunächst wurde das Verhältniswahlrecht, das mit zur Parteienzersplitterung beigetragen hat, um eine 5%-Klausel ergänzt. Des Weiteren sollte es nur noch die Möglichkeit eines sogenannten konstruktiven Misstrauensvotums des Parlaments und ausschließlich gegenüber dem Kanzler – nicht mehr gegenüber jedem Minister – geben, das heißt der Kanzler sollte nur abgewählt werden können, wenn gleichzeitig mehrheitlich ein neuer gewählt wird (Art. 67 GG). Auch das Parlament sollte nicht mehr so leicht aufgelöst werden können, daher wurde die Auflösung an erhöhte Voraussetzungen geknüpft, bei denen Bundeskanzler, Bundespräsident und Parlament zusammenwirken müssen (vgl. Art. 68 GG). Außerdem wurde die Rolle des Bundespräsidenten zu einer hauptsächlich repräsentativen umgestaltet mit lediglich einzelnen formalen Rechten, während die Rolle von Bundeskanzler und Bundestag wesentlich gestärkt wurde. Ein Regieren der Exekutive mit Hilfe von Notverordnungen sollte nicht mehr möglich sein. Die Möglichkeiten, Volksbegehren und Volksentscheide durchzuführen, wurden erheblich eingeschränkt und sind im Wesentlichen nur noch bei Gebietsänderungen zulässig (Art. 29 GG).

II. Stellenwert des Grundgesetzes

Die dargestellten Veränderungen des Grundgesetzes gegenüber der Weimarer Reichsverfassung haben dazu geführt, dass das Grundgesetz seine Vorrangstellung gegenüber dem einfachen Gesetzesrecht beibehalten und verfestigen konnte. Als rechtliche Grundlage des deutschen Staates und des deutschen Volkes sind die Rechte, Pflichten und Verfahren, die darin statuiert sind, nach Artt. 1 Abs. 3 und 20 Abs. 3 GG bei jeder Rechtssetzung und -ausübung zu beachten. Bei einer möglichen Verletzung der im Grundgesetz gewährten Grundrechte kann jedermann unter den Voraussetzungen des Art. 93 Abs. 1 Nr. 4a GG das BVerfG anrufen. Auch die Staatsorgane auf Bundes- und Landesebene können durch Anrufung des BVerfG eine behauptete Verletzung ihrer Rechte überprüfen lassen. Darüber hinaus kann das Grundgesetz nur unter den in Art. 79 Abs. 1 bis Abs. 3 GG vorgesehenen Bedingungen geändert werden, wobei die Kernstrukturen der Bundesrepublik Deutschland nicht angetastet werden dürfen. Es handelt sich folglich um eine *„rigide“*[106] Verfassung, die Schutzmechanismen gegen ihre schleichende Abschaffung oder völlige inhaltliche Umgestaltung enthält. Sollte das deutsche Volk irgendwann eine grundsätzlich neue Gesellschaftsordnung beschließen wollen, ist dies nur durch den Erlass einer neuen Verfassung möglich (vgl. Art. 146 GG). Auch das BVerfG, das die grundsätzliche Änderbarkeit auch *„elementarer Verfassungssätze“* für möglich hält,

105 Ausführlich hierzu: *Frotscher/Pieroth,* Verfassungsgeschichte, Rn 812 ff.; *Kröger,* Einführung in die Verfassungsgeschichte der BRD, S. 22 ff.; *Ipsen,* Der Staat der Mitte, S. 3 ff.; *Mußgnug,* in: Isensee, Handbuch des Staatsrechts, Bd. 1, § 8 Rn 52 ff.

106 Hierzu *Bryde,* Verfassungsentwicklung, S. 57 f; *Krüger,* DÖV 1961, 721.

will dies nur innerhalb einer *„systemimmanenten Modifizierung"* zulassen.[107] Das Grundgesetz hat somit – im Gegensatz zu den vorherigen deutschen Verfassungen – einen extrem hohen Stellenwert und Bindungsgrad erreicht.

Dieser Stellenwert war dem Grundgesetz – gerade in Abgrenzung zu den bisherigen deutschen Verfassungen und der Erfahrungen unter dem Hitler-Regime – bereits während seiner Entstehung angedacht worden.

Das zeigt sich zunächst in dem Bericht der Verfassungskommission über den Verfassungskonvent Herrenchiemsee, der den Mitgliedern des Parlamentarischen Rats als Grundlage für die Erarbeitung des Grundgesetzes diente. In dem Bericht wird ausdrücklich Abstand von der geschichtlichen Situation der Grundrechte genommen, in der diese, nachdem sie einmal in die Staatsverfassungen aufgenommen und damit Teil der staatlichen Rechtspflege geworden waren, im Rahmen des vorherrschenden Gesetzespositivismus schließlich auch durch beliebige Gesetze einschränkbar waren.[108] Im Grundgesetz wollte man wieder an eine Stellung der Grundrechte anknüpfen, nach der diese zwar nicht vollkommen unabänderlich sein sollten, aber zumindest als Institution nicht aufgehoben werden können sollten.[109] Daneben sollte im Grundgesetz selbst die unmittelbare Bindung aller staatlichen Organe des Bundesgebietes und aller seiner Bewohner an bestimmte, auf die wichtigsten Menschen- und Freiheitsrechte begrenzten Grundrechte festgeschrieben und nicht nur Grundrechtsanforderungen an die Landesverfassungen aufgenommen werden.[110] Dem sollte auch dadurch gedient werden, dass direkt an die Spitze der Grundrechte der Gedanke gestellt werden sollte, dass der Staat dem Menschen zu dienen habe und dessen Würde überall zu wahren sei.[111]

Auch die Diskussionen im Parlamentarischen Rat verdeutlichen den Willen, dem Grundgesetz einen wesentlich anderen Stellenwert zukommen zu lassen als ihn die Weimarer Reichsverfassung genoss. Im Ausschuss für Grundsatzfragen, der vor allem für die Erstellung von Präambel und Grundrechtsteil zuständig war, war man sich bereits in der zweiten Sitzung nach kurzer Diskussion des Für und Wider einig, dass nur echte bzw. klassische Grundrechte ins Grundgesetz gehörten, diese in ihrer Fassung von den übrigen Bestimmungen der Verfassung verhältnismäßig unabhängig sein und keine Deklaration, sondern unmittelbar anwendbares Recht darstellen sollten.[112] Auch war man bestrebt, so Ausschussmitglied *Zinn*, nach den

---

107 BVerfG vom 15.12.1970 – 2 BvF 1/69, 2 BvR 629/68, 2 BvR 308/69, Rn. 80, BVerfGE 30, 1, 24 f.

108 Bericht über den Verfassungskonvent, in: Der Parlamentarische Rat, Bd. 2, S. 511.

109 Ebd., S. 512.

110 Ebd., S. 512 f.

111 Ebd., S. 513.

112 So die Zusammenfassung von *Bergsträsser*, in: Der Parlamentarische Rat, Bd. 5/I, S. 15; vorangehende Diskussion auf S. 9 ff. Insbesondere *Zinn* warnte davor, auch andere als klassische Grundrechte aufzunehmen, da dies genau wie 1918 dazu führen würde, dass die Grundrechte einen höchst heterogenen Niederschlag verschiedener Parteiprogramme darstellen würden (S. 37).

gemachten Erfahrungen „*Verfassung und Verfassungswirklichkeit einigermaßen in Übereinstimmung zu bringen*".[113] Als Beispiel nannte *Zinn* Art. 114 WRV, der „*nur auf Grund von Gesetzen*" einschränkbar gewesen sei, womit eigentlich formelle Gesetze gemeint gewesen wären, für den sich aber die Auslegung durchgesetzt hätte, dass jede Verordnung (auf Reichs- und auf Landesebene) und auch das Gewohnheitsrecht als Gesetz ausreiche, weshalb man im Grundgesetz ausdrückliche Schutzmaßnahmen vor einer solchen Auslegung treffen sollte.[114] Auch die Diskussionen zu Art. 1 Abs. 3 GG führten zu dem Ergebnis, dass man in Abgrenzung zu früheren Zeiten eine unmittelbare Bindung aller drei Gewalten auf allen Ebenen des Staates erreichen wollte.[115]

Im Ausschuss für Organisation des Bundes, der unter anderem auch für den Abschnitt über die Gesetzgebung zuständig war, und im Hauptausschuss lassen sich sehr ähnliche Vorstellungen erkennen. Hier war man vor allem bestrebt, bei Verfassungsänderungen gegenüber der Regelung in Art. 76 WRV eine größere Sicherung gegen systemverschiebende Gesetze und inzidente Verfassungsänderungen einzubauen.[116] Nach längeren Diskussionen in den Ausschüssen sollte dies dadurch erreicht werden, dass in Art. 79 Abs. 1 GG (im Entwurfsstadium noch Art. 106 Abs. 1) eine „*ausdrückliche*" Änderung des Verfassungstextes vorgeschrieben wurde und in Art. 79 Abs. 3 GG (im Entwurfsstadium noch Art. 108) die in den Artt. 1 und 20 GG (im Entwurfsstadium noch Artt. 1 und 21) niedergelegten Grundsätze einer Verfassungsänderung grundsätzlich entzogen sein sollten.[117]

---

113 *Zinn*, ebd., S. 37.

114 *Zinn*, ebd., S. 37 f.

115 Diskussion in der vierten Sitzung, in: Der Parlamentarische Rat, Bd. 5/I, S. 63 ff.

116 Vom Verfassungskonvent Herrenchiemsee war zunächst eine Aufteilung in normale Gesetze, systemverschiebende Gesetze, verfassungsändernde Gesetze, Gesetze, die die bundesstaatliche Grundordnung ändern und Gesetze, die die freiheitliche und demokratische Grundordnung beseitigen angedacht. Diese Aufteilung wurde vom Ausschuss zwar als inhaltlich richtig, aber zu kompliziert in der Ausgestaltung angesehen und daher eine Vereinfachung versucht, siehe 13. Sitzung des Kombinierten Ausschusses (für Organisation des Bundes und Verfassungsgerichtshof und Rechtspflege), in: Der Parlamentarische Rat, Bd. 13/I, S. 532 ff. Die Diskussion über inzidente Verfassungsänderungen wurde von *Dr. Katz* angestoßen (in: Der Parlamentarische Rat, Bd. 13/I, S. 536).

117 Der Vorschlag zur Aufnahme der Unabänderlichkeit der Artt. 1 und 21 kam vom Redaktionsausschuss und wurde von *Dr. Dehler* in der 29. Sitzung des Ausschusses für Organisation des Bundes vorgetragen (in: Der Parlamentarische Rat, Bd. 13/II, S. 1016). Während der Ausschusses für Organisation des Bundes die Aufnahme noch mehrheitlich ablehnte (in: Der Parlamentarische Rat, Bd. 13/II, S. 1018), wurde sie später vom Hauptausschuss wieder aufgenommen (in: Der Parlamentarische Rat, Bd. 14/II, S. 1585). Zur Diskussion über Art. 106 Abs. 1 und die Bedeutung des Wortes „*ausdrücklich*" sei vor allem auf die 12. Sitzung des Hauptausschusses verwiesen (in: Der Parlamentarische Rat, Bd. 14/I, S. 362).

D. Entwicklung des Grundgesetzes seit seinem Inkrafttreten im Jahr 1949

I. Grundgesetzänderungen

Seit seinem Inkrafttreten am 24.05.1949 wurde das Grundgesetz sechzig[118] Mal geändert. Gerade in den ersten Jahren seines Bestehens kam es häufig zu Änderungen, die durch dessen anfängliche Unvollständigkeit bedingt waren. Zum einen war das Grundgesetz zunächst nur als Provisorium gedacht, zum anderen war eine Regelung in manchen Bereichen wegen des Zustimmungserfordernisses durch die Besatzungsmächte nicht möglich.

Im Rahmen der Westintegration der Bundesrepublik, der Wiedereinführung der Wehrpflicht und der Schaffung der Bundeswehr im Jahr 1956 kam es zur ersten größeren Änderung der Verfassung, mit der die sogenannte Wehrverfassung implementiert wurde.[119] Eine weitere große Reform erfolgte im Jahr 1968 durch die politisch umstrittene Notstandsverfassung,[120] mit der Möglichkeiten zum Ergreifen von außerordentlichen Maßnahmen in einem Ausnahmezustand, Verteidigungs-, Spannungs- und Katastrophenfall in die Verfassung eingeführt wurden. Im Jahr 1969 erfolgte die Reform der Finanzverfassung,[121] mit der der noch heute geltende große Steuerverbund aus Einkommens- und Körperschaftsteuer sowie der Umsatzsteuer geschaffen wurde. Im Rahmen dessen kam es auch zu einer Neuverteilung der Kompetenzen zwischen Bund und Ländern. Während zu dieser Zeit die Tendenz eher zu einem *„unitarischen und kooperativen Föderalismus“*[122] ging, wurde mit den Föderalismusreformen I und II in den Jahren 2006 und 2009 der entgegengesetzte Weg hin zu einer stärkeren Trennung der Aufgaben und Finanzausstattung eingeschlagen. Weitreichende Änderungen des Grundgesetzes erfolgten auch im Rahmen der Bildung und Fortentwicklung der Europäischen Union (EU) sowie der Übertragung von Hoheitsrechten nach Art. 24 Abs. 1 und später Art. 23 GG, wobei sich wegen des Anwendungsvorrangs des EU Rechts[123] nicht alle Entwicklungen im nationalen Verfassungstext widerspiegeln. Teilweise folgen diese Entwicklungen aus einer geänderten Auslegung der Verfassung im Hinblick auf europarechtliche Vorgaben.[124]

118 Siehe hierzu Fn. 11.

119 Unter anderem Art. 12a, 17a, 45a-c, 65a, 87a-c GG.

120 Insbesondere Art. 115a bis Art. 115l GG.

121 Art. 104a bis Art. 115 GG.

122 *Würtenberger,* in Verfassungsänderung, Verfassungswandel, Verfassungsinterpretation, S. 51.

123 Entwickelt vom BVerfG in seiner sogenannten *Solange*-Rechtsprechung; hierzu noch unten E. V. 4. a) EuGH.

124 So zum Beispiel in Bezug auf Art. 6 Abs. 1 GG Spanier-Entscheidung, BVerfG vom 4.5.1971 – 1 BvR 636/68, BVerfGE 31, 58; in Bezug auf die Auslegung von Art. 2 Abs. 2 und 3 GG BVerfG vom 14.11.1990 – 2 BvR 1462/87, BVerfGE 83, 119;

Mit der Wiedervereinigung im Jahr 1990 galt das Grundgesetz dann wie in der Präambel und der Schlussbestimmung in Art. 146 GG angeführt für das „*gesamte deutsche Volk*". Damit verlor es endgültig seinen provisorischen Charakter und erhielt die für die Wiedervereinigung notwendigen Änderungen.[125]

Seit der Wiedervereinigung wurde das Grundgesetz vierundzwanzig Mal[126] geändert. Teilweise werden gerade diese häufigen Änderungen in den letzten siebenundzwanzig Jahren „*mit Eingriffen von teils beträchtlichem Umfang und Tiefgang*", bei denen nur wenige Abschnitte des Grundgesetztes „*ungeschoren davon kamen*", als Indiz für eine weitläufige Veränderung im Umgang mit der Verfassung gesehen, die den „*Eindruck ständiger und sofortiger Verfügbarkeit des Verfassungstextes – bis an die Grenzen von Art. 79 Abs. 3 GG*" hinterlasse.[127] Wenn man sich allerdings die enormen gesellschaftlichen, europäischen und globalen Veränderungen seit Ende des Ost-West Konflikts vor Augen hält, durch die im Gegensatz zu den eher konstanten Verhältnissen in den vorherigen zwei Jahrzehnten innerstaatlich wichtige Reformen angestoßen wurden, wird deutlich, dass die seit der Wiedervereinigung gehäuften Verfassungsänderungen keinen Bedeutungsverlust einläuten, sondern das Grundgesetz lediglich an die sich wandelnden Umstände angepasst haben. Dies war notwendig, um sicherzustellen, dass die Verfassung auch in Zukunft gelebte Grundlage des Staates und der Gesellschaft ist und nicht nur überholte Vorstellungen widerspiegelt.

II. Grundgesetzentwicklung außerhalb der Textänderung

Von der ausdrücklichen Änderung der Verfassung, für die es nach Art. 79 Abs. 2 GG einer Zweidrittelmehrheit in Bundestag und Bundesrat bedarf, ist die Verfassungsentwicklung außerhalb der Textänderung des Grundgesetzes zu unterscheiden. Diese erfolgt in letzter Instanz und damit hauptsächlich durch das BVerfG. Im Gegensatz zum Staatsgerichtshof der Weimarer Republik wurde dem BVerfG diese Aufgabe durch den umfangreichen Aufgabenkatalog in Art. 93 GG auch ausdrücklich zugewiesen. Bereits im Parlamentarischen Rat war man sich der Tragweite dieser Aufgabenzuweisung und dem politischen Charakter, der dem BVerfG damit zukommen würde, bewusst.[128] Dies belegt vor allem folgende Aussage von *Zinn* im zuständigen Ausschuss des Parlamentarischen Rats:

---

zur mittelbaren Anwendungserweiterung der Deutschengrundrechte auf EU-Ausländer BVerfG vom 10.5.1988 – 1 BvR 482/84, 1 BvR 1166/85, BVerfGE 78, 179 und für juristische Personen BVerfG vom 19.7.2011 – 1 BvR 1916/09, Rn. 74 ff., BVerfGE 129, 78, 96 f.

125 Insbesondere Art. 51 Abs. 2 GG.

126 Siehe hierzu Fn. 11.

127 So *Bauer,* in: Isensee, Handbuch des Staatsrechts, Bd. 1, § 14 Rn. 52.

128 Siehe hierzu die Diskussion in der fünften Sitzung des Kombinierten Ausschusses (für Organisation des Bundes und Verfassungsgerichtshof und Rechtspflege), in: Der Parlamentarische Rat, Bd. 13/I, S. 144 ff.

„Man kann das Bundesverfassungsgericht nicht schlechthin als dritte Gewalt bezeichnen. Die dritte Gewalt ist die Justiz, die normale Rechtspflege. Die Bundesverfassungsgerichtsbarkeit hat meines Erachtens ähnliche Aufgaben wie der Präsident; sie ist in gewisser Hinsicht eine pouvoir neutre und hat für den Ausgleich zwischen den einzelnen Gewalten zu sorgen. Ein Staatsgerichtshof muß unter Umständen über dem Parlament stehen. Wenn die meisten Verfassungen vorsehen, daß Entscheidungen des Staatsgerichtshofs Gesetzeskraft haben, so heißt das, daß sie den Charakter von Verfassungsgesetzen haben. Insoweit steht der Staatsgerichtshof über dem Gesetzgeber."[129]

Das BVerfG hat von der ihm zugewiesenen Aufgabe auch umfassend Gebrauch gemacht und sich von Anfang an nicht nur auf die Auslegung des in der Verfassung niedergeschriebenen Textes beschränkt, sondern die Verfassung darüber hinaus in vielfältiger Weise fortgebildet.

So hat das BVerfG unter anderem schon sehr früh in den Grundrechten nicht nur Abwehrrechte des Einzelnen gesehen, sondern ebenfalls eine objektive Wertordnung, die auf das gesamte Recht ausstrahlt[130] und die Möglichkeit bejaht, dass aus einzelnen Grundrechten Schutz- und Leistungspflichten für den Staat erwachsen können.[131]

Des Weiteren hat sich das BVerfG entschlossen, den Anwendungsbereich von Art. 2 Abs. 1 GG weit auszulegen und als allgemeine Handlungsfreiheit zu verstehen,[132] was ihm ermöglichte – teilweise unter Bezugnahme auf die Menschenwürdegarantie des Art. 1 Abs. 1 GG – auf neue Grundrechtsgefährdungslagen durch Schaffung weiterer Grundrechtsgarantien als Ausprägung von Art. 2 Abs. 1 i.V.m. Art. 1 Abs. 1 GG – dem sogenannten allgemeinen Persönlichkeitsrecht[133] – zu reagieren. Prominenteste Beispiele hierfür sind das Recht auf informationelle Selbstbestimmung[134] und das Grundrecht auf Gewährleistung der Vertraulichkeit und Integrität informationstechnischer Systeme, das sogenannte Computergrundrecht.[135]

Auch die im Grundgesetz angelegte unterschiedliche Schrankenregelung der einzelnen Grundrechte wurde vom BVerfG konkretisiert. Das gilt sowohl für die Frage, was unter allgemeine Gesetze[136] in Art. 5 Abs. 2 GG bzw. unter verfassungsmäßiger

---

129 Ebd., S. 144.

130 *Lüth*-Urteil, BVerfG vom 15.1.1958 – 1 BvR 400/51, Rn. 26, BVerfGE 7, 198, 204 f.

131 Zu letzterem: Entwickelt zu Art. 2 Abs. 2 GG im Hinblick auf Schwangerschaftsabbrüche, BVerfGE vom 25.2.1975 – 1 BvF 1/74-6/74, Rn. 153, BVerfGE 39, 1, 42.

132 So erstmals im *Elfes*-Urteil, BVerfG vom 16.1.1957 – 1 BvR 253/56, Rn. 14, BVerfGE 6, 32, 36 f.

133 Grundlegend BGH vom 25.5.1954 – I ZR 211/53, Rn. 21, BGHZ 13, 334, 338, bestätigt durch das BVerfG im *Soraya*-Urteil vom 14.2.1973 – 1 BvR 112/65, Rn. 27, BVerfGE 34, 269, 281 f.

134 Volkszählungsurteil, BVerfG vom 15.12.1983 – 1 BvR 209/83, 1 BvR 269/83, 1 BvR 362/83, 1 BvR 420/83, 1 BvR 440/83, 1 BvR 484/83, Rn. 148 ff., BVerfGE 65, 1, 42 f.

135 Zu letzterem: BVerfG vom 27.2.2008 – BvR 370/07, 1 BvR 595/07, Rn. 166, BVerfGE 120, 274, 302.

136 *Lüth*-Urteil, BVerfG vom 15.1.1958 – 1 BvR 400/51 Rn. 35, BVerfGE 7, 198, 209 f.

Ordnung[137] in Art. 2 Abs. 1 GG zu verstehen ist, wie auch für die Entwicklung der sogenannten „Drei-Stufen-Theorie"[138] im Rahmen von Art. 12 Abs. 1 GG und der unterschiedlichen Grenzen für den Gesetzgeber bei einer Ungleichbehandlung nach Art. 3 Abs. 1 GG, die von einem bloßen Willkürverbot bis zu einer strengen Bindung an Verhältnismäßigkeitserfordernisse reichen können,[139] um nur einige Beispiele zu nennen.

Auch viele der im Rahmen der Einschränkung von Grundrechten zu beachtenden Prinzipien wurden vom BVerfG entwickelt, wie die Wesentlichkeitstheorie,[140] der Verhältnismäßigkeitsgrundsatz[141] und der Grundsatz der Rechtssicherheit, der aus dem Rechtsstaatsprinzip des Art. 20 Abs. 3 GG entnommen wird,[142] und insbesondere den Vertrauensschutzgrundsatz,[143] den Grundsatz der Rechtsklarheit[144] sowie die eingeschränkte Zulässigkeit rückwirkender Gesetze umfasst.[145]

Auf die Frage, wie diese vielfältigen Auslegungen und Weiterentwicklungen der Verfassung durch das BVerfG – gerade im Bereich der Grundrechte, auf die hier nur ein Ausblick gegeben werden konnte – verfassungsdogmatisch zu qualifizieren sind, wird im folgenden Abschnitt einzugehen sein.

E. Verfassungsentwicklung durch Verfassungswandel

Um untersuchen zu können, inwieweit die soeben festgestellten Entwicklungen des Grundgesetzes außerhalb des für Verfassungsänderungen vorgesehenen Verfahrens als Verfassungswandel zu qualifizieren sind und wann im Gegensatz dazu eine Fortbildung der Verfassung ohne Wandel vorliegt, soll im Folgenden zuerst die Herkunft und Entwicklung des Begriffs Verfassungswandel dargestellt werden. Da dieser aus einer Zeit vor Geltung des Grundgesetzes stammt, als stillschweigende Verfassungsänderungen und Verfassungsdurchbrechungen von der herrschenden Staatsrechtslehre, wie dargestellt, noch als zulässige Mittel zur Änderung der Verfassung an ihrem Text vorbei angesehen wurden, muss der Begriff zunächst vor diesem verfassungsgeschichtlichen Hintergrund erschlossen und sodann in die heutige Zeit transferiert werden. In welchen Formen der Verfassungswandel unter

---

137 *Elfes*-Urteil, BVerfG vom 16.1.1957 – 1 BvR 253/56, Rn. 32 ff., BVerfGE 6, 32, 40 f.

138 Entwickelt im Apothekenurteil, BVerfG vom 11.6.1958 – 1 BvR 596/56, Rn. 75 ff., BVerfGE 7, 377, 404 ff.

139 *Transsexuellen*-Urteil, BVerfG vom 26.1.1993 – 1 BvL 38/92, 1 BvL 40/92, 1 BvL 43/92 Rn. 34, BVerfGE 88, 87, 96.

140 BVerfG vom 21.12.1977 – 1 BvL 1/75, 1 BvR 147/75 Rn. 90, BVerfGE 47, 46, 78.

141 BVerfG vom 7.4.1964 – 1 BvL 12/63 Rn. 27, BVerfGE 17, 306, 313 f.

142 BVerfG vom 24.7.1957 – 1 BvL 23/52 Rn. 16, BVerfGE 7, 89, 92 f.

143 BVerfG vom 19.12.1961 – 2 BvL 6/59 Rn. 49, BVerfGE 13, 261, 271.

144 BVerfG vom 30.5.1956 – 1 BvF 3/53 Rn. 16, BVerfGE 5, 25, 31.

145 Zu letzterem: Entwicklung unter anderem in BVerfG vom 30.4.1952 – 1 BvR 14/52, 1 BvR 25/52, 1 BvR 167/52, BVerfGE 1, 264; BVerfG vom 30.5.1956 – 1 BvF 3/53, BVerfGE 5, 25 und BVerfG vom 24.7.1957 – 1 BvL 23/52, BVerfGE 7, 89.

dem Grundgesetz vorkommen kann und welchen Verfahren und Grenzen er dabei unterliegt, soll im Anschluss dargestellt werden.

I. Herkunft des Begriffs Verfassungswandel

Der Begriff der Verfassungswandlung taucht schon unter Geltung der Reichsverfassung von 1871 auf und wird in der Folgezeit von diversen Autoren in unterschiedlicher Ausführlichkeit behandelt.[146] Im Rahmen dieser Untersuchung sollen allerdings nur die drei für die Entwicklung dieses Begriffs bedeutendsten Autoren eingehender dargestellt werden.

1. Entstehung durch Laband

Der Begriff „*Verfassungswandlung*" wurde von *Paul Laband* in einem von ihm am 16.03.1895 gehaltenen Vortrag geprägt.[147] In seinem Vortrag beschreibt *Laband* das von ihm bei der Reichsverfassung von 1871 beobachtete Phänomen des „*Gegensatzes zwischen dem Verfassungszustand und dem Verfassungsgesetz*".[148] Nach *Laband* war die ursprüngliche Intention der Verfassung in Teilen eine völlig andere, als ihr im Laufe der Zeit durch verschiedene einfache Reichsgesetze und die Rechtspraxis – ohne den Text der Verfassung zu ändern – gegeben wurde. Er nennt als Beispiele[149] dafür insbesondere die Entwicklung der Stellung des Reichskanzlers, der zunächst nur eine Art „*Präsidialgesandter*" sein sollte und keine andere Funktion als den „*Vorsitz und die Geschäftsleitung des Bundesrates*" innehaben und Akte des Kaisers gegenzeichnen sollte.[150] Durch verschiedene Reichsgesetze wurde er aber mit umfassenden Befugnissen ausgestattet und ihm ein ganzer Stab von Staatsministern, die ihre Ressorts eigenverantwortlich leiteten, als Stellvertreter zur Seite gestellt.[151] Als weitere Beispiele führt *Laband* die Entwicklung des Finanzwesens auf Reichsebene[152] und den Aufbau des Behördenorganismus des Reiches auf,[153] da es nach der Verfassung keine solche umfassende Behördenstruktur auf Bundesebene geben, sondern die Verwaltung des Bundes von preußischen Behörden mit übernommen werden sollte. Auch die Aufnahme Elsass-Lothringens in den Reichsverband sowie dessen eigenartiges Verhältnis zum Reich, der Eintritt Hamburgs und Bremens in

---

146 Unter anderen: *Hildesheimer*, in: Über die Revision moderner Staatsverfassung S. 11 ff.; *Hatschek*, JöR 1909, 1 ff.; *Triepel*, in: Die Reichsaufsicht, S. 296 ff.; *Smend*, in: Verfassung und Verfassungsrecht, S. 79, 137; *Bornhak*, AöR 1910, 373 ff.; *Bilfinger*, AöR 1926, 163 ff.

147 *Laband*, Wandlungen der deutschen Reichsverfassung, S. 1 ff.

148 Ebd., S. 3.

149 Weitere Beispiele finden sich auch bei *Stier-Somlo*, Reichs- und Landesstaatsrecht, § 31.

150 *Laband*, Wandlungen der deutschen Reichsverfassung, S. 9 ff.

151 Ebd.

152 Ebd., S. 21 ff.

153 Ebd., S. 3, 14 f., 19 ff.

die Zoll- und Steuergemeinschaft sowie der Eintritt der süddeutschen Staaten in die Branntweinsteuergemeinschaft, die Errichtung eines Rechnungshofes sowie reichseigener Gerichte und der Erwerb und Verlust der Reichsangehörigkeit waren nach *Laband* in der Verfassung nicht ausreichend abgebildet.[154]

Diese Beispiele bringen *Laband* zu der Erkenntnis, dass *„zwischen dem wirklichen Verfassungszustand eines Staates und den in der Verfassungsurkunde formulierten Regeln oft ein so großer Unterschied [besteht], dass der erstere die größten Umwandlungen erfahren kann, ohne dass der Wortlaut des Verfassungsgesetzes abgeändert zu werden braucht"*, folglich der *„wirkliche Rechtszustand eines Staates die eingreifendsten und bedeutungsvollsten Veränderungen erfahren kann, ohne dass dies in der Verfassungsurkunde zum Ausdruck gebracht wird"*.[155]

Als Hintergrund für diese Entwicklung sieht *Laband* vor allem an, dass die Verfassungsurkunde des Deutschen Reiches von 1871 – ebenso wie deren Vorgängerin im Norddeutschen Bund von 1867 – von Anfang an lückenhaft konzipiert war und die Folgen der Bildung eines einheitlichen Reiches – vor allem in verwaltungsrechtlicher Hinsicht – nicht in ihrer vollen Tragweite vorhergesehen und aufgenommen hat, da ursprünglich die Weitergeltung der Vormachtstellung Preußens (vor allem von diesem selbst) gewollt war.[156] Die Entwicklung des Deutschen Reiches hin zu einem immer mehr unitarisch ausgerichteten Staat mit eigenem Verwaltungsapparat erfolgte nach *Laband* aber nicht nur durch einfachgesetzliche Ergänzungen der Verfassung, sondern auch durch sie *„durchbrechendes"*, sie *„umstoßendes"*, ihr mithin ausdrücklich widersprechendem Gesetzesrecht.[157] Teilweise lagen diese Ergänzungen der Verfassung nach *Laband* nicht einmal in Form von reichsgesetzlich festgelegten Rechtssätzen vor, sondern beruhten lediglich auf einem *„modus vivendi"*.[158]

Diese Beschreibung von *Laband*, in der er nicht an einer einzigen Stelle die Frage nach der Zulässigkeit solcher Änderungen, Ergänzungen und Durchbrechungen der Verfassungsurkunde stellt, erhärtet den bereits weiter oben gemachten Befund, dass die Reichsverfassung von 1871 kein höherrangiges und von Interessen untergeordneter Ebenen unabhängiges, statisches Recht bilden sollte, sondern sie vielmehr lediglich den zum Zeitpunkt der Reichseinigung geltenden Rechtszustand abbildete.[159] Da nach Art. 78 RV Veränderungen der Verfassung im Wege der normalen Gesetzgebung erfolgen konnten und man zur damaligen Zeit keine Notwendigkeit sah, diese Veränderungen auch in die Verfassungsurkunde selbst aufzunehmen, verwundert es nicht, dass *Laband* fünfzehn Jahre nach Inkrafttreten der Verfassung und einem stetig weiter voranschreitenden Vereinheitlichungsprozess einen *„Gegensatz*

---

154 Ebd., S. 4, zur Entwicklung der Reichsgerichtsbarkeit S. 33 f., weitere Beispiele auf S. 36 f.

155 Ebd. S. 2.

156 Ebd., S. 5 ff., zur mangelnden Bildung eines einheitlichen Verwaltungsapparats S. 8.

157 Ebd., S. 17, 18, 30.

158 Ebd., S. 37.

159 Siehe hierzu B. I. Reichsverfassung des Deutschen Kaiserreichs von 1871.

zwischen dem Verfassungszustand und dem Verfassungsgesetz“[160] feststellen konnte. Vor diesem Hintergrund wird auch verständlich wie *Laband* am Ende seines Vortrags ohne Empörung feststellen kann, dass *„die im Jahre 1867 geschaffene, 1871 erweiterte Verfassung [...] dem Schicksal aller menschlichen Einrichtungen nicht entgehen und dereinst dahinsinken [wird] in den Staub der Zeiten*“.[161]

Mit dem Begriff der Verfassungswandlung meint *Laband* damit im Ergebnis nicht allein das oben dargestellte, sowohl unter der Reichsverfassung von 1871 als auch der Weimarer Reichsverfassung als zulässig anerkannte Phänomen der stillschweigenden Verfassungsänderungen durch Erlass der Verfassung widersprechender einfacher Reichsgesetze oder von Verfassungsdurchbrechungen.[162] In seinem Begriffsverständnis geht er vielmehr offensichtlich davon aus, dass diese einzelnen Maßnahmen erst über eine gewisse Zeit hinweg und in Summe eine Wandlung der Verfassung herbeiführen.

2. *Weiterentwicklung durch Jellinek*

Weiterentwickelt wurden diese Gedanken zu solchen aus dem Text der Verfassung nicht ersichtlichen Umwandlungen derselben von *Georg Jellinek*.[163] Er definiert Verfassungswandlung als *„diejenige Änderung [...], die diese [Verfassungs]Texte formell unverändert bestehen lässt und durch Tatsachen hervorgerufen wird, die nicht von der Absicht oder dem Bewusstsein einer solchen Änderung begleitet sein müssen*“.[164] Als Träger solcher Verfassungswandlungen sieht er Gesetzgeber, Rechtsprechung und Verwaltung im Rahmen ihrer Funktion zur Interpretation der Verfassung an.[165] Nach *Jellinek* kann das, *„was einer Zeit als verfassungswidrig erscheint, [...] sich der folgenden Epoche als verfassungsmäßig dar[stellen] und so [...] die Verfassung durch Wandlung ihrer Interpretation selbst eine Wandlung [erleiden].*“[166]

Somit ist nach *Jellinek* eine Möglichkeit der Verfassungswandlung die Interpretationsänderung. Die Interpretation der Verfassung erfolgt nach ihm durch den Gesetzgeber bei Erlass von Ausführungsgesetzen, die den oft *„unklar[en] und dehnbar[en]*“ Verfassungssätzen erst ihren festen Sinn geben, durch die Rechtsprechung im Rahmen der Auslegung von Gesetzen, wobei diese *„bei gleichbleibenden Gesetzestexten den wandelnden Anschauungen und Bedürfnissen der Menschen*“ unterliegen, und letztlich durch die Praxis der Parlamente sowie der Regierungs- und Gerichtsbehörden bei Anwendung der Gesetze und Verfassungsgesetze.[167]

---

160 *Laband*, Wandlungen der deutschen Reichsverfassung, S. 3.

161 Ebd., S. 37.

162 Siehe hierzu B. I. Reichsverfassung des Deutschen Kaiserreichs von 1871 und II. 2. b) Die Zulässigkeit von Verfassungsdurchbrechungen.

163 *Jellinek*, Verfassungsänderung und Verfassungswandlung, S. 1 ff.

164 Ebd., S. 3.

165 Ebd., S. 9.

166 Ebd.

167 Ebd.

Eine Verfassungswandlung durch den Gesetzgeber kann nach *Jellinek* erfolgen, wenn Beschlüsse des Gesetzgebers eine Abweichung von der Verfassung enthielten.[168] Da solche Beschlüsse beim Fehlen eines richterlichen Prüfungsrechts von keiner Instanz überprüft und eine Abweichung von der Verfassung somit nicht verhindert werden könne, könnte auch aus verfassungswidrigem Handeln bei konstanter Ausübung eine Wandlung der Verfassung folgen.[169] Dies macht *Jellinek* am Beispiel des Erlasses *„parlamentarischer Geschäftsordnungen"* und *„legislatorischer Beschlüsse"* deutlich.[170] In diesen Beispielen sind die unter der Reichsverfassung von 1871 zulässigen stillschweigenden Verfassungsänderungen und Verfassungsdurchbrechungen angesprochen.

Innerhalb von Verwaltungsbehörden könne nach *Jellinek* vor allem *„ein Wechsel der Anschauungen über die Zulässigkeit einer bisher geübten verfassungsmäßigen Befugnis"* einen Wandel der Verfassung bewirken.[171] Zwar seien Entscheidungen von Verwaltungsbehörden durch die Einführung der Verwaltungsgerichtsbarkeit grundsätzlich überprüfbar geworden, in vielen Fällen – gerade bei Anwendung von Verwaltungsgrundsätzen, die nirgendwo niedergeschrieben seien – sei eine Rechtskontrolle aber weiterhin ausgeschlossen.[172]

Die Verfassungswandlung durch Rechtsprechung erklärt *Jellinek* am Beispiel des amerikanischen Verfassungsgerichts, da in Deutschland und in anderen europäischen Staaten eine solche Institution zur Beurteilung der materiellen Verfassungsmäßigkeit von Gesetzen in dieser Form bislang nicht existiere.[173] Der Richter habe zwar den Nachteil, dass er nur bei seiner Anrufung die Möglichkeit zur Prüfung der Verfassungsmäßigkeit eines Gesetzes erhalte und seine Entscheidungen immer nur die Parteien, nicht aber die anderen Staatsgewalten binden würden, dafür sei er aber relativ frei in dem, was er aus der Verfassung heraus- bzw. in diese hineinlese und könnte dadurch Wandlungen derselben hervorrufen.[174]

Als weitere Möglichkeiten der Verfassungswandlung neben der Interpretationsänderung nennt *Jellinek* die *„politische Notwendigkeit"*[175] und die *„konstitutionelle Praxis"*.[176]

Für ersteres führt *Jellinek* Beispiele innerhalb der Reichsverfassung von 1871 an, insbesondere die Entwicklung des Bundesrates zu einer ständigen Versammlung sowie die Entwicklung der Stellung des Reichskanzlers und seiner Stellvertreter, die von der Verfassung jeweils so nicht vorgesehen gewesen und mit dieser unvereinbar seien.[177]

168 Ebd., S. 9 f.
169 Ebd., S. 10 ff.
170 Ebd., S. 9 ff.
171 Ebd., S. 14.
172 Ebd.
173 Ebd., S. 16 ff.
174 Ebd., S. 17, 19 f.
175 Ebd., S. 21 ff.
176 Zu letzterem: Ebd., S. 27 ff.
177 Ebd.; 22 ff.

Die Verfassungswandlung durch *„konstitutionelle Praxis“* betrifft nach *Jellinek* die Frage, ob neues Recht dadurch entstehen könne, dass Machtbefugnisse über eine lange Zeitspanne in einer bestimmten Weise ausgeübt würden.[178] Dies untersucht *Jellinek* am Beispiel von England, da dort die Verfassung in weiten Teilen nicht aus geschriebenem Recht bestehe, sondern sich im Rahmen von *„konventionellen Verfassungsregeln“* gebildet habe, und an anderen Staaten, in denen sich verfassungsrechtliche Befugnisse am geschriebenen Recht vorbei entwickelt hätten.[179] *Jellinek* kommt zu dem Ergebnis, dass durch diese Rechtsausübung zwar *„dispositives Staatsrecht“* bzw. *„nachgiebiges Verfassungsrecht“* entstanden sei, sich dieses aber, da es gerade kein geschriebenes Recht sei, ununterbrochen wandeln könne und damit auch eine Möglichkeit des Verfassungswandels darstelle.[180]

Zuletzt untersucht *Jellinek* die *„Wandlung der Verfassung durch Nichtausübung staatlicher Machtbefugnisse“*, bei der er jedoch nach Untersuchung anhand der Beispiele des Umgangs mit dem Vetorecht des Souveräns und der Ministerverantwortlichkeit in verschiedenen Staaten zu dem Schluss kommt, dass allein aus der noch so langen Nichtausübung solcher Machtbefugnisse noch nicht geschlossen werden könne, solche Befugnisse seien obsolet geworden.[181] Den Schluss, dass mithin die Nichtausübung staatlicher Machtbefugnisse keine Möglichkeit der Verfassungswandlung darstellt, zieht *Jellinek* allerdings nicht ausdrücklich.

Daneben beschreibt *Jellinek* auch noch solche Verfassungswandlungen, *„welche ohne jede plötzliche Erschütterung des Staates selbst völlige Zerstörung der gegebenen Staatsordnung und völligen Neubau des Staates als letztes Resultat aufweisen“*.[182] Da sich dieses Phänomen allerdings nicht innerhalb einer Verfassung, sondern im Übergang von einer Verfassungsform zur anderen zeigt, erschiene es sprachlich eindeutiger, hier von Revolution und von Verfassungsgebung, nicht von Verfassungswandlung zu sprechen.

Im Ergebnis lehnt *Jellinek* die Zulässigkeit von Verfassungswandlungen nicht ab, sondern erkennt vielmehr ihre Notwendigkeit im Rahmen sich wandelnder gesellschaftlicher Verhältnisse neben dem Mittel der Verfassungsänderung ausdrücklich an.[183] Er nimmt auch bereits dogmatische Einordnungen vor, wenn er die

---

178 Ebd., S. 28.

179 Ebd., S. 28 ff.

180 Ebd., S. 30, 34. Gegen das Entstehen von Rechtsnormen in diesen Fällen spricht sich allerdings unter Bezugnahme auf die Untersuchung von *Jellinek Hatschek* aus (JöR 1909, Bd. III, 1, 4 ff., 34 ff.). Nach ihm gelten diese Normen ausschließlich kraft *„empirischer Faktizität“* und stellen lediglich ein *„Vorstadium des Rechts“* dar.

181 *Jellinek* ebd., S. 34 ff., Ergebnisse S. 40.

182 Ebd., S. 44.

183 Ebd., auf S. 2 heißt es hierzu: *„Die Grundgesetze, wie alle anderen, sind mit unentrinnbarer Notwendigkeit, mag dies zugegeben werden oder nicht, in den Fluß des historischen Geschehens gestellt. Darum ist es von höchstem Interesse dem Problem näher zu treten, auf welchen Wegen unsere geschriebenen Verfassungen geändert werden können.“*

Verfassungswandlung durch Interpretationsänderung, durch politische Notwendigkeit, durch konstitutionelle Praxis und durch Nichtausübung staatlicher Befugnisse unterscheidet. Vor allem die Beispiele zu Verfassungswandlungen durch politische Notwendigkeit und durch konstitutionelle Praxis ähneln den Ausführungen von *Laband*. Im Gegensatz zu *Laband* sieht *Jellinek* allerdings durchaus das Problem, dass sich durch solche Änderungen der Verfassung ohne Textänderung aus der Verfassung mit der Zeit kein zutreffendes Bild der Grundlagen eines Staates mehr ergibt.[184] Vor allem im Hinblick auf die Möglichkeiten des Gesetzgebers zur Verfassungswandlung durch verfassungswidriges Handeln sieht er die Schwierigkeit, dass dieses Handeln nicht überprüfbar sei und es daher keine Möglichkeit gebe, den Vorschriften der Verfassung Geltung zu verschaffen.[185] Daraus und aus seinen Ausführungen zum amerikanischen Verfassungsgericht lässt sich der Wunsch *Jellineks* nach einem Verfassungsgericht als *„Schutzmittel der Verfassungen"* auch für das Deutsche Reich folgern, auch wenn er anerkennt, dass dem Richter damit eine sehr große Macht ähnlich dem des Verfassungsgebers hinsichtlich der Frage zukomme, was aus Verfassung heraus- bzw. in diese hineinzulesen sei.[186] In diesen Ausführungen klingt auch erstmals an, dass Verfassungen durchaus als höherrangige und statische Ordnung angesehen werden sollten, von denen nicht beliebig abgewichen werden können sollte.

3. Dogmatisierung durch Dau-Lin

Ein gesamtes Werk widmet *Hsü Dau-Lin* im Jahr 1932, also kurz vor Ende der Weimarer Republik und unter den Eindrücken des gescheiterten Parlamentarismus dieser ersten deutschen Republik dem Thema der Verfassungswandlung.[187] Gewidmet ist das Werk seinem Lehrer *Rudolf Smend*, der sich ebenfalls unter Geltung der Weimarer Reichsverfassung mit dieser Thematik auseinandergesetzt hat.[188] Während *Smend* die Verfassungswandlung, die sich nach ihm außerhalb des Verfassungslebens durch gesellschaftliche Veränderungen wie auch im Rahmen materieller Verfassungsänderungen ergeben kann, ohne Ziehung weiterer Schlussfolgerungen schlicht als *„immanente[n] und selbstverständliche[n] Sinn"* einer Verfassung und diese selbst als gesellschaftliches *„Integrationssystem"* versteht,[189] geht *Dau-Lin* bei der Behandlung dieser Fragestellung systematischer vor.

---

184 Ebd., S. 6.
185 Ebd., S. 10.
186 Ebd., S. 16, 19 f.
187 *Dau-Lin*, Die Verfassungswandlung.
188 So zum Beispiel in seinem Staatsrechtsbuch Verfassung und Verfassungsrecht im Rahmen der von ihm verfolgten Integrationslehre, S. 79 f., 137.
189 *Smend*, Verfassung und Verfassungsrecht, S. 79, 137; näher zur Integrationslehre *Smends* noch unten unter E. II. 1. b) Auslegungsmethoden der heutigen Staatsrechtslehre.

Zunächst unterscheidet *Dau-Lin* vier Arten der Verfassungswandlung, nämlich:

1. Verfassungswandlung durch eine formal die Verfassung nicht verletzende Staatspraxis,
2. Verfassungswandlung durch die Unmöglichkeit der Ausübung gewisser verfassungsgesetzlich statuierter Rechte,
3. Verfassungswandlung durch eine der Verfassung widersprechende Staatspraxis und
4. Verfassungswandlung durch Verfassungsinterpretation.[190]

Diese Unterscheidungen gehen auf die von *Jellinek* umschriebenen Möglichkeiten einer Verfassungswandlung zurück. Auch die Beispiele, die *Dau-Lin* zur Illustration der von ihm definierten vier Arten verwendet, sind meist aus den Abhandlungen von *Laband* und *Jellinek* bereits bekannt.

Mit der ersten Variante meint *Dau-Lin* eine Staatspraxis, die zwar nicht ausdrücklich der Verfassung widerspricht, weil diese durch keine Verfassungsbestimmung ausdrücklich geregelt ist, aber mit der Intention der Verfassung nicht übereinstimmt.[191] Als Beispiel nennt er unter anderem die Einführung dauernder Stellvertreter des Reichskanzlers unter Geltung der Reichsverfassung von 1871, die ihre Ressorts eigenverantwortlich leiteten.

Die zweite von *Dau-Lin* angesprochene Variante beschreibt solche Fälle, in denen entweder Verfassungsbestimmungen aufgrund sehr langer Nichtausübung oder Rechte aufgrund geänderter Interpretation der Verfassung obsolet werden.[192] Im Gegensatz zu *Jellinek* geht er ausdrücklich von der Möglichkeit aus, dass ein Recht untergegangen sein kann, auch wenn es formal noch besteht. Sollte dieses Recht durch wiederum geänderte Praxis zu *„neuem Leben"* erweckt werden, entspricht dies nach *Dau-Lin* einer Neuentstehung dieses Rechtssatzes ähnlich dem Entstehen von Gewohnheitsrecht.[193]

Eine Verfassungswandlung durch eine der Verfassung ausdrücklich widersprechende Praxis (dritte Variante) könne nach *Dau-Lin* durch materielle Verfassungsänderung (gemeint sind damit die oben beschriebenen stillschweigenden Verfassungsänderungen und Verfassungsdurchbrechungen, die der Form des Art. 76 WRV genügen), durch einfache Gesetzgebung, durch die Geschäftsordnung der obersten Staatsorgane oder deren tatsächliche Praxis eintreten.[194] Gerade eine materielle Verfassungsänderung wird von *Dau-Lin* in Übereinstimmung mit der überwiegenden Meinung in der juristischen Lehre als zulässig erachtet.[195] In Bezug

---

190 *Dau-Lin*, Die Verfassungswandlung, S. 19.

191 Ebd., S. 21 f.

192 Ebd., 25 f.

193 Ebd., S. 66.

194 Ebd., S. 29, zur Unterscheidung zwischen rechtssatzmäßigen Verfassungsänderungen und Verfassungsdurchbrechungen, S. 68 f.

195 Ebd., S. 74, zur Zulässigkeit stiller Verfassungsänderungen nach der herrschenden Lehre siehe oben: B. II. 2 a) Geltung und Rang im Vergleich zur Reichsverfassung von 1871.

auf Verfassungswandlungen durch einfaches Gesetz gibt er zu bedenken, dass diese nur entstehen könnten, wo das im Widerspruch zur Verfassung stehende Recht mangels Prüfungsrechts besonderer Instanzen hinsichtlich der Verfassungsmäßigkeit dieser Gesetze nicht angefochten werden könnte.[196]

Eine Verfassungswandlung durch Interpretation (vierte Variante) beschreibt *Dau-Lin* folgendermaßen:

> *„[Sie] kann herbeigeführt werden, namentlich dann, wenn die Verfassungsvorschriften lediglich gemäß den jeweiligen Anschauungen und Bedürfnissen ausgelegt werden, ohne daß man sich besonders fest an den Wortlaut der Verfassung hält oder den Sinn beachtet, der den betreffenden Verfassungsnormen ursprünglich von den Verfassungsgesetzgebern beigelegt war. Die Verfassungsnorm bleibt dieselbe, aber die Verfassungspraxis, mit der man ihr zu folgen vorgibt, ist eine verschiedene. Was man zu einer Zeit als Recht aus der Verfassung herausgelesen hat, ist es zu einer anderen Zeit nicht mehr. Die Verfassung erfährt eine Wandlung, indem ihre Normen einen anderen Inhalt bekommen, indem ihre Sätze einen anderen Sachverhalt normieren, als ihnen zuerst angedacht war."*[197]

Die Beschreibung ähnelt sehr der von *Jellinek* gewählten Umschreibung für Verfassungswandlungen durch Interpretationsänderung und meint eine Änderung der Interpretation durch die hierfür zuständigen Organe.[198]

Als Beispiele für solche Verfassungswandlungen durch Interpretation führt auch er insbesondere solche der amerikanischen Verfassung in Folge ihrer Auslegung durch die Verfassungsrichter auf.[199] Er erkennt die Thematik solcher Verfassungswandlungen dort hauptsächlich wegen des schwierigen Verfahrens der Verfassungsänderung und des engeren Verhältnisses von Richtern und Verfassung als dies in anderen Staaten der Fall ist und ihrer Kompetenz zur Prüfung der Verfassungsmäßigkeit von Gesetzen an.[200] Im Gegensatz dazu hält er Verfassungswandlungen durch Interpretation in Deutschland und anderen Staaten für ein eher untergeordnetes Phänomen, das im Gegensatz zu den anderen Arten der Verfassungswandlung nur selten vorkomme und daher in seiner Arbeit auch nur eine untergeordnete Rolle spielt.[201] Als Grund hierfür nennt *Dau-Lin,* dass in Deutschland und anderen Staaten gerade eine vergleichbare, zur Verfassungsinterpretation zuständige Instanz fehle.[202]

Im Folgenden beschäftigt sich *Dau-Lin* mit der Frage nach dem Rechtscharakter von Verfassungswandlungen. Er prüft dabei, ob sie Gewohnheitsrecht, Konventionalregel oder schlicht eine Rechtsverletzung, ein Rechtsbruch seien.[203] Hierbei

---

196 Ebd., S. 31.
197 Ebd., S. 35.
198 Siehe oben E. I. 2. Weiterentwicklung durch Jellinek.
199 *Dau-Lin*, Die Verfassungswandlung, S. 86 ff.
200 Ebd., S. 81 ff.
201 Ebd., S. 96.
202 Ebd., S. 96.
203 Ebd., zum Gewohnheitsrecht und Konventionalregel, S. 101 ff., Rechtsverletzung, S. 143 ff.

kommt *Dau-Lin* zu der Erkenntnis, dass die Verfassungswandlung gerade kein Rechtsbruch, sondern Recht sei, deren Rechtsgrund *„in dem Werteinmaligen, im Verfassungsrecht, in dem sogenannten politisch Notwendigen, in den Vitalitätsanforderungen und -äußerungen des sich realisierenden, sich entwickelnden Staates“* liege.[204] Damit widerspricht er ausdrücklich der in der Staatsrechtslehre mitunter vertretenen Auffassung, wonach die durch Verfassungswandlungen bewirkten Änderungen im Verfassungssystem gerade keine rechtmäßigen seien, da sie über die Schranken des Verfassungssystems hinaus erfolgen würden und nur wegen der normativen Kraft des Faktischen Recht erzeugen könnten.[205] *Dau-Lin* will gerade nicht zwischen dem Wandlungsakt, der nach den Vertretern dieser Lehre durch eine rechtswidrige Handlung erfolgt, und der Wandlungsfolge, in der dann Recht entstehe, unterscheiden.[206] *Dau-Lin* sieht Verfassungswandlungen insgesamt als nicht rechtsverletzend an, nach ihm wohnen sie einer jeden Verfassung notwendigerweise inne, da diese immer nur als unvollständige konzipiert sei und eine gewisse Elastizität erfordere, um die Lebenswirklichkeit abbilden zu können.[207] Dies könne durch Verfassungsänderungen oder durch Verfassungswandlungen als gleichwertige Mittel geschehen und immer da, wo das Mittel der Verfassungsänderung nicht häufig angewendet werde, lasse sich die Verfassungswandlung in ihren verschiedenen Ausprägungen beobachten.[208] Dabei würde das Entstehen von Verfassungswandlungen (außerhalb der Interpretationsänderung) gerade bei der fehlenden Möglichkeit der Überprüfung solcher Verfassungswandlungen durch ein hierfür zuständiges Organ begünstigt.[209] Im Ergebnis sieht *Dau-Lin* also in dem von *Laband* beklagten Zustand des *„Gegensatzes zwischen dem Verfassungszustand und dem Verfassungsgesetz“*[210] nichts den Wert der Verfassung schmälerndes, sondern etwas ihr natürlich innewohnendes.

Die Anerkennung von Verfassungswandlungen als Recht führt *Dau-Lin* im Weiteren zu einem doppelten Begriff der Verfassungswandlung, zum einen in dem *„formellen Sinne einer Buchstabenwandlung“*, die gegeben sei *„bei einer Differenz zwischen dem geschriebenen und dem tatsächlich geltenden Verfassungsrecht“*, zum anderen im *„materiellen Sinne“*, einer *„System- oder Bedeutungswandlung“*, die vorliegen könne, *„wenn sich in der staatlichen Lebensrealität Rechtsverhältnisse entwickeln, die zu dem in der Verfassung verkörperten System in Widerspruch stehen“*.[211] Beide Arten der Verfassungswandlung, die formelle wie die materielle, sind nach *Dau-Lin* zulässig. Soweit sie das von der Verfassung vorgegebene Sinnsystem ergänzen und

---

204 Ebd., S. 164.
205 *Bilfinger*, Der Reichssparkommissar, S. 18; *Hildesheimer*, Über die Revision moderner Staatsverfassungen, S. 11. Hierzu auch schon oben unter B. II. 2. c) Die Zulässigkeit von Verfassungsänderungen jeglichen Inhalts.
206 *Dau-Lin*, Die Verfassungswandlung, S. 166.
207 Ebd., S. 159.
208 Ebd., S. 160.
209 Ebd., S. 163.
210 *Laband*, Wandlungen der deutschen Reichsverfassung, S. 3.
211 *Dau-Lin*, Die Verfassungswandlung, S. 167.

erweitern, seien sie „*erlaubt und gefordert*“, soweit sie es ändern, seien sie „*zwar nicht gewollt und gewünscht [...], [können] aber von der Verfassung weder verhindert oder unterdrückt werden*“.[212]

Dau-Lin beschäftigt sich damit in hoher dogmatischer Auflösung mit dem Phänomen der Verfassungswandlung. Nicht nur, dass er die von *Jellinek* bereits im Ansatz entwickelten verschiedenen Arten einer Verfassungswandlung weiter differenziert und untersucht, er beschäftigt sich darüber hinaus auch eingehend mit dem Rechtscharakter von Verfassungswandlungen und möglichen in der Verfassung oder außerhalb dieser liegenden Grenzen für solche Verfassungswandlungen. Allerdings geht er mit seiner These in Anlehnung an seinen Lehrer *Smend*, jede Verfassungswandlung sei zulässig, da von der Verfassung gewollt oder zumindest wegen ihres werteoffenen, elastischen Charakters nicht verhinderbar, zu weit. Eine Verfassung bildet als Grundlage des Staates dessen Kern und Struktur, so dass es widersinnig erscheint, anzunehmen, sie sei auf schrankenlose Änderung an den dafür vorgesehenen Verfahren vorbei geradezu angelegt und könne auf diese Weise Veränderungen jeglichen Inhalts erfahren. Zugutehalten muss man *Dau-Lin* dabei aber zumindest, dass er wohl davon ausgeht, dass diese schrankenlose Weite von Verfassungswandlungen auch durch das Fehlen eines Prüfungsrechts und einer zur Überprüfung der Verfassungsmäßigkeit von Gesetzen zuständigen Instanz begünstigt wird.[213]

Auch in der Staatsrechtslehre der Nachkriegszeit wird die Ansicht vertreten, dass *Dau-Lin* zwar wesentlich zur dogmatischen Ausgestaltung des Begriffs der Verfassungswandlung beigetragen habe, dessen Zulässigkeit aber in „Übersteigerung Smendscher Gedanken“ zu weit fasse und damit verkenne, dass die Verlässlichkeit der Verfassung selbst ein hoher Wert sei, weshalb sie nicht mit dem Verweis auf gewandelte Wertvorstellungen grenzenlos dynamisiert werden könne.[214] Auch *Dau-Lins* Einordnung der Verfassungswandlung als Recht und nicht als Rechtsbruch wird als zu weitgehend kritisiert, da er sich damit – auch wenn er dies gerade bestreite – praktisch der Lehre der normativen Kraft des Faktischen anschließe, die indes abzulehnen sei, da sie der Wirklichkeit die Herrschaft über die Entstehung von Recht gebe.[215]

---

212 Ebd., S. 175.

213 Das sehen auch *Rahe*, Begriff und Bedeutung der Staatspraxis, S. 61 f. und *Böckenförde*, in: FS Lerche, S. 5 ähnlich.

214 *Bryde*, Verfassungsentwicklung, S. 262; *Tomuschat*, Verfassungsgewohnheitsrecht, S. 149; *Wolff*, Ungeschriebenes Verfassungsrecht, S. 82 ff.; *Ehmke*, Grenzen der Verfassungsänderung, S. 64; *Rahe*, Begriff und Bedeutung der Staatspraxis, S. 61; *Hesse*, in: FS Scheuner, S. 131 ff. Da *Dau-Lin* seine Arbeit zur Verfassungswandlung erst am Ende der Weimarer Republik abschloss, finden sich vor deren Ende keine Kommentierungen zu seiner Arbeit in der zeitgenössischen Staatsrechtslehre.

215 *Wolff*, Ungeschriebenes Verfassungsrecht, S. 86; *Ehmke*, Grenzen der Verfassungsänderung, S. 65; *Rahe*, Begriff und Bedeutung der Staatspraxis, S. 61; *Hesse*, in: FS Scheuner, S. 133.

4. *Zusammenfassung und Bewertung*

An der Darstellung des Umgangs mit dem Begriff der Verfassungswandlung unter der Reichsverfassung von 1871 und der Weimarer Reichsverfassung zeigt sich zunächst, dass er in einer Zeit entstand, als die Verfassung die ihr ureigene Aufgabe der Festlegung der Grundlagen eines Staates nicht vollständig leisten konnte. Dies lag unter anderem darin begründet, dass sie in wesentlichen Regelungsbereichen des sich noch bildenden Reichsstaates Lücken aufwies und daher notwendig der Ergänzung bedurfte. Ähnliches galt in seinen Anfangszeiten zwar auch für das Grundgesetz, hier wurden die vorzunehmenden Ergänzungen aber wegen der Vorschrift des Art. 79 Abs. 1 GG ausdrücklich in die Verfassung aufgenommen und standen damit nicht neben ihr, sondern wurden ihr integraler Bestandteil.

Vor diesem Hintergrund wird auch erst die von *Jellinek* und *Dau-Lin* vorgenommene Kategorisierung der verschiedenen Arten von Verfassungswandlungen deutlich. Beide sehen die Verfassungswandlung durch Interpretationsänderung als eine eher selten vorkommende Variante an, wobei dieser bei *Jellinek* nur deshalb noch eine etwas größere Bedeutung zukommt, weil er hierunter nicht nur Interpretationsänderungen durch die Rechtsprechung, sondern auch durch den Gesetzgeber und die Verwaltung fasst. Diese Möglichkeiten behandelt *Dau-Lin* wiederum bei den Verfassungswandlungen durch formal die Verfassung verletzende und diese formal nicht verletzende Staatspraxis. Insgesamt zeigen die Kategorisierungen beider, dass der Verfassungswandlung durch der Verfassung widersprechendes Recht, sei es in Form von stillschweigenden Verfassungsänderungen, Verfassungsdurchbrechungen, einfachem Gesetzesrecht oder innerhalb der praktizierten Staatspraxis, mit Abstand die größte Bedeutung zukam. Im Rahmen solcher Widersprüche zwischen Verfassung und Verfassungswirklichkeit wurde der Begriff von *Laband* auch erstmals entwickelt und mit Beispielen aus der deutschen Verfassungspraxis belegt.

Die Untersuchung hat aber auch gezeigt, dass der Begriff der Verfassungswandlung nicht mit dem der stillschweigenden Verfassungsänderung oder der Verfassungsdurchbrechung gleichzusetzen ist. Während die beiden letzten in der Form eines den Erfordernissen des Art. 78 RV bzw. des Art. 76 WRV genügenden Gesetzes erfolgen müssen und die Verfassung entweder dauerhaft oder für einen bestimmten Einzelfall abändern, beschreibt die Verfassungswandlung das Ergebnis, dass durch solche stillschweigenden Verfassungsänderungen, Verfassungsdurchbrechungen oder andere der Verfassung widersprechende Praxis mit Wirkung für die Verfassung entstehen kann. Zwar will *Dau-Lin*, der in seinen Ausführungen am weitesten geht, der Verfassungswandlung selbst Rechtscharakter zuschreiben, damit meint er aber gerade kein Recht in der Form des Art. 76 WRV, sondern Recht im Sinne von rechtmäßig, da die Verfassungswandlung etwas „*verfassungsintentional Erlaubtes*“ sei.[216] Damit will er sich von den Vertretern der Lehre der normativen Kraft des Faktischen abgrenzen, die zwar ebenfalls davon ausgehen, dass Recht auch außerhalb der dafür

216 *Dau-Lin*, Die Verfassungswandlung, S. 164.

vorgesehenen Formen entstehen und beachtlich werden kann, dieses aber dennoch als rechtswidriges und gerade nicht als rechtmäßiges Recht ansehen.

Sowohl aus den Ausführungen von *Jellinek* als auch aus denen von *Dau-Lin* wird darüber hinaus deutlich, dass gerade die von ihnen am häufigsten beobachteten Verfassungswandlungen (die aufgrund einer die Verfassung verletzenden Staatspraxis) offensichtlich vor allem dadurch begünstigt wurden, dass kein Kontrollorgan vorhanden war, dass die Verfassungsmäßigkeit von Gesetzen und anderen Handlungen der obersten Staatsorgane prüfen und so der Verfassung widersprechendes Recht verhindern konnte. Bei Vorhandensein eines solchen Kontrollorgans – wie in den Vereinigten Staaten von Amerika – wird die Verfassungswandlung dann auch hauptsächlich im Bereich von Interpretationsänderungen dargestellt.

Der Begriff der Verfassungswandlung stammt folglich aus einer Zeit, als der Verfassung widersprechendes Recht Normalität war und durch die Verfassungswandlung juristisch erfasst und erklärt werden sollte. Zwar entsprach die Grunddefinition, nach der Verfassungswandlung eine Änderung der Verfassung ohne Textänderung ist, bereits der heute noch gängigen,[217] allerdings kann der Begriff unter der Geltung des alle Staatsgewalt bindenden Grundgesetzes, das in Art. 79 Abs. 1 bis 3 GG strikte Voraussetzungen für Verfassungsänderungen vorgibt, die eine Abweichung vom Grundgesetz ohne Textänderung ausschließen, und unter dem Gesetze, Gerichts- und Behördenentscheidungen von einer unabhängigen Verfassungsgerichtsbarkeit auf ihre Vereinbarkeit mit dem Grundgesetz überprüft werden können, nicht mehr denselben Inhalt haben wie damals. Das bedeutet zwar nicht, dass Verfassungsverletzungen ausgeschlossen wären, diese können aber vom BVerfG überprüft werden und führen daher nicht mehr zu einer Änderung des Inhalts der Verfassung.[218] Um in den von *Dau-Lin* aufgestellten Kategorien zu sprechen, ist somit zumindest einer der Verfassung ausdrücklich widersprechenden Staatspraxis (dritte Variante *Dau-Lins*) der Boden entzogen und eine der Intention der Verfassung widersprechende Staatspraxis (erste Variante *Dau-Lins*) wohl nur in begrenzten Ausnahmefällen denkbar, während eine Verfassungswandlung durch die Unmöglichkeit der Ausübung gewisser, verfassungsgesetzlich statuierter Rechte (zweite Variante *Dau-Lins*) – also das Obsolet-Werden einer Verfassungsnorm – nicht ausgeschlossen scheint und eine Verfassungswandlung durch Interpretation (vierte Variante *Dau-Lins*) durchaus möglich ist. Letztere gewinnt insbesondere durch Errichtung des BVerfG als zur Auslegung und Fortbildung der Verfassung zuständiges Organ ähnlich dem amerikanischen Verfassungsgericht erheblich an Bedeutung.

---

217 Siehe hierzu: E. II. 2. Verfassungswandel und Verfassungskonkretisierung.

218 Ebenso *Wolff*, Ungeschriebenes Verfassungsrecht, S. 90.

II. Heutiges Verständnis des Verfassungswandels und sein Vorkommen im Verfassungsrecht

Da eine Wandlung der Verfassung unter Geltung des Grundgesetzes also vor allem im Bereich einer Interpretationsänderung möglich erscheint, sind zunächst die verschiedenen Methoden darzustellen, mit denen die Verfassung ausgelegt und konkretisiert werden kann. Erst nach Entscheidung über die Methode, mit der der Inhalt einer Norm bestimmt werden soll und darüber, welche Faktoren außer deren Text hierfür maßgeblich sein sollen, kann untersucht werden, wann im Rahmen einer geänderten Auslegung vom Vorhandensein eines Verfassungswandels auszugehen ist und wann nicht. Darüber hinaus wird im Folgenden auch zu untersuchen sein, wo ein Verfassungswandel außerhalb von Interpretationsänderungen möglich erscheint.

1. *Zu den Regeln juristischer Hermeneutik*

a) Klassische Auslegungsmethode nach Savigny

Erstmals hat *Friedrich Carl von Savigny* juristische Auslegungsregeln formuliert. Diese sollten ausdrücklich aber nur für das Privatrecht, nicht auch für das öffentliche Recht gelten.[219] Nach ihm war jedes Gesetz dazu bestimmt, die Natur eines Rechtsverhältnisses festzustellen, um dieses gegen Irrtum und Willkür zu sichern.[220] Ziel der Auslegungsregeln sollte es daher sein, sich *„auf den Standpunkt des Gesetzgebers [zu] versetzen"*, um dadurch den *„dem Gesetze innewohnenden Gedanken"* zu rekonstruieren.[221] Dies wollte er durch Zerlegung des Gesetzes in seine grammatischen, logischen, historischen und systematischen Bestandteile erreichen.[222] Das grammatische Element der Auslegung sollte der Ermittlung des vom Gesetzgeber angewandten Sprachgesetzes – also dem möglichen Wortsinn – dienen, das logische Element die logischen Zusammenhänge, in denen die einzelnen Bestandteile des Gesetzes standen, untersuchen und das historische Element den für ein bestimmtes Rechtsverhältnis bestehenden Zustand zur Zeit des Erlasses des Gesetzes abbilden, auf den das Gesetz regelnd einwirken sollte – also den Regelungszweck des Gesetzes ermitteln.[223] Das systematische Element wiederum bezog sich nach *Savigny* *„auf den inneren Zusammenhang, welcher alle Rechtsinstitute und Rechtsregeln zu einer Einheit verknüpft"*, diente also ebenfalls der Ermittlung des Regelungszwecks innerhalb des gesamten Rechtssystems.[224] Nach *Savigny* trugen demnach alle vier Elemente zur einheitlichen Auslegung eines Gesetzes bei und konnten nur kumulativ zum richtigen Ergebnis führen. Der Regelungszweck oder die *„Kenntnis des*

---

219 *Savigny*, System des heutigen römischen Rechts, S. 39.
220 Ebd., S. 212.
221 Ebd., S. 213.
222 Ebd.
223 Ebd., S. 213 f.
224 Ebd., 214.

Gesetzesgrundes", wie es *Savigny* nennt,[225] sollte damit am Ende des Auslegungsprozesses stehen und nicht Teil desselben sein. Nur in Ausnahmefällen und nur mit größter Zurückhaltung hielt es *Savigny* für zulässig, den Regelungszweck zu einem Teil des Auslegungsprozesses zu machen.[226] Die heutzutage als Teil der klassischen Auslegungsmethode anerkannte teleologische Auslegung sollte nach *Savigny* also im Regelfall gerade nicht zu dieser gehören.[227]

b) Auslegungsmethoden der heutigen Staatsrechtslehre

Die von *Savigny* entwickelten Auslegungskanones wurden in der Lehre mit der Zeit immer weiter diversifiziert, um sie für das Verfassungsrecht fruchtbar zu machen, und teils zu objektivieren, teils zu subjektivieren versucht.[228] Auch in der heutigen Staatsrechtslehre gibt es noch eine ganze Fülle unterschiedlicher Meinungen über die richtige Methodik zur Auslegung der Verfassung. Alle dieser derzeit vertretenen Theorien können hier nicht angesprochen werden, im Folgenden sollen daher nur die hauptsächlich vertretenen Richtungen dargestellt werden. Diese drehen sich vor allem um die Frage, ob und wenn ja welche Elemente über die klassischen Auslegungskanones hinaus bei der Auslegung zu berücksichtigen sind und welche Rolle dabei der Wirklichkeit und der darin abgebildeten Lebensverhältnisse zukommen soll.

Die klassisch-hermeneutische Methode[229] zunächst, die vor allem von *Forsthoff* vertreten wird, spricht sich gegen die Anerkennung von *„außergesetzlich und außerjuristisch"* liegenden Vorstellungen und Werten bei der Verfassungsauslegung aus.[230] Nach *Forsthoff* vernichtet *„die Jurisprudenz [...] sich selbst, wenn sie nicht unbedingt daran festhält, daß die Gesetzesauslegung die Ermittlung der richtigen Subsumtion im Sinne des syllogistischen Schlusses ist"*.[231] Er plädiert dafür, auf dem Boden der herkömmlichen Interpretation zu verbleiben und an den Regeln der juristischen Auslegung alten Stils (gemeint sind die Auslegungskanones nach *Savigny*) festzuhalten.[232] Jede Einbeziehung von außerhalb der Verfassung liegenden Werten führt nach *Forsthoff* dazu, dass die Verfassung ihre Rationalität und ihre Evidenz

---

225 Ebd., S. 218.

226 Ebd., S. 220.

227 Ebenso: *Müller/Christensen*, Juristische Methodik, 8. Aufl., Rn. 92.

228 Zu den Begrifflichkeiten *Maunz/Zippelius*, Deutsches Staatsrecht, 28. Aufl., § 6 III. 1. a); die Entwicklung ist ausführlich dargestellt bei *Müller*, Normstruktur und Normativität, S. 18 ff. und *Müller/Christensen*, Juristische Methodik, 8. Aufl., Rn. 77 ff.; verkürzt auch bei *Riedel*, in: FS Schneider, S. 387 ff.

229 Die begriffliche Umschreibung der einzelnen, im Folgenden dargestellten Methoden sowie die Einordnung deren Vertreter geht zurück auf: *Böckenförde*, Staat, Verfassung, Demokratie, S. 55 f.

230 *Forsthoff*, in: FS Schmitt, S. 41.

231 Ebd.

232 Ebd., S. 45, 50; ausdrücklich zu *Savigny*: *Forsthoff*, in: Zur Problematik der Verfassungsauslegung, S. 39 f.

verliert, das habe gerade die jüngere Vergangenheit gezeigt.[233] Zwar erkennt *Forsthoff* durchaus an, dass der Verfassung gegenüber anderen Gesetzen eine gewisse Eigenart zukommt, dies führt nach ihm aber nicht dazu, dass die Methoden der juristischen Hermeneutik auf diese nicht anwendbar seien, da gerade wegen ihrer Ausgestaltung als Gesetz die Anwendung anderer als der herkömmlichen Interpretationsmethoden sie um diese rechtsstaatliche Errungenschaft bringe.[234]

Gegen diese Ansicht wird vor allem vorgebracht, dass sie trotz allem Bemühen, durch eine Rationalisierung und wertfreie Objektivierung der Verfassung Rechtssicherheit zu erlangen, nicht den richtigen Weg zur Stärkung der normativen Kraft der Verfassung verfolge.[235] Die Schwäche dieser Theorie liegt nach *Müller/Christensen* insbesondere darin begründet, dass die Verfassungskonkretisierung noch nie (auch vor dem Aufkommen der Frage nach zusätzlichen Auslegungskriterien) *„durch formallogische syllogistische Schlüsse methodisch ausreichend zu beherrschen“* gewesen wäre, was schlicht an der gegenüber anderen Gesetzen verschiedenen Funktion der Verfassung und der damit zusammenhängenden Struktur liege.[236] Diese mache die Ausfüllung und Konkretisierung der dort niedergelegten Prinzipien notwendig, für die die klassische Auslegungsmethode schlicht keine ausreichenden Mittel vorhalte.[237]

Diesem Defizit der klassischen Auslegungskanones versucht die topisch-problemorientierte Methode durch Einbezug des zu beurteilenden Sachverhalts in die Auslegung entgegenzutreten.[238] Grundlage dieser Lehre ist die Ansicht, dass das Verfassungsrechtsmaterial, dessen Werte, Rechtsgüter und Prinzipien keine Normen mit festem Inhalt, sondern nur Interpretationsgesichtspunkte darstellen, notwendigerweise der kontinuierlichen Rechtsfortbildung bedarf.[239] Maßgebend dafür ist nach *Ehmke* das *„verfassungstheoretische Vorverständnis“*, dessen Richtigkeit sich aus dem Konsens aller *„Vernünftig- und Gerecht-Denken“* (gemeint sind damit Richter und Rechtslehrer auf der einen und das ganze Gemeinwesen auf der anderen Seite) ergebe.[240] Die Verfassungsinterpretation erfolgt nach *Ehmke* anhand bestimmter Prinzipien (Topoi), die nicht auf die klassische Auslegungsmethode

---

233 *Forsthoff*, in: FS Schmitt, S. 55; *ders.*, in: Zur Problematik der Verfassungsauslegung, S. 26 ff.

234 *Forsthoff*, in: Zur Problematik der Verfassungsauslegung, S. 39 f.

235 *Hollerbach*, AöR 85 (1960), 241, 269 f.; ähnlich *Müller/Christensen*, Juristische Methodik, 8. Aufl., Rn. 89.

236 *Müller/Christensen*, Juristische Methodik, 8. Aufl., Rn. 90.

237 So zustimmend *Böckenförde*, Staat, Verfassung, Demokratie, S. 58 ff.; ähnlich *Riedel*, in: FS Schneider, S. 385 f.

238 *Ehmke*, VVDStRL 20 (1963), S. 57.

239 Ebd., S. 62; ähnlich *Scheuner* VVDStRL 22 (1965), S. 60 f.; *Häberle*, ZfP 1974, 127; *Esser* bezeichnet die Norm als *„Deutungsschema“*, in: Vorverständnis und Methodenwahl in der Rechtsfindung, S. 34 f.

240 *Ehmke*, ebd., S. 71 f.; zustimmend *Häberle*, ZfP 1974, 119; siehe zum Vorverständnis auch *Esser*, Vorverständnis und Methodenwahl in der Rechtsfindung, S. 133 ff.

beschränkt seien, sondern gerade am vorliegenden Problem durch das Vorverständnis entwickelt werden müssten und in Summe dann sachgerechte Regeln für die Problemlösung darstellen würden.[241] Einen ganzen Katalog möglicher Topoi der Auslegung hat *Struck* entwickelt.[242] Nach dieser Methode soll es also keine festgelegten Auslegungsregeln geben, die auf jeden Fall Anwendung finden, sondern die passenden Prinzipien müssen für jeden Fall erst gefunden werden. Diese könnten sich – ebenso wie das Vorverständnis –ändern und sollten dies mit der Zeit und sich wandelnden Verhältnissen gerade auch.[243] Ziel der Auslegung ist damit ein *„(zukunfts)offenes Verfassungsverständnis"*.[244]

Kritiker dieser Methode bemängeln vor allem, dass die Norm selbst nur als ein Topos unter anderen angesehen wird.[245] Während *Riedel* lediglich meint, dass hierdurch Dogmatik und Präjudizien keinen hinreichenden Stellenwert erreichen würden, halten *Müller/Christensen* die Vorstellung eines primär topischen Problembezugs wegen des verbindlichen Primats der Normbindung sogar für unzulässig.[246] *Böckenförde* kritisiert daneben auch den hohen Stellenwert des Vorverständnisses, das in zu weitem Maße eine Inhaltsbestimmung der Verfassung nach Maßgabe der jeweils herrschenden Vorstellungen ermögliche und der Verfassung damit den Charakter eines *„offenen Gefäßes"* gebe.[247]

Im Gegensatz zur topisch-problemorientierten Methode nimmt die wirklichkeitswissenschaftlich orientierte Verfassungsinterpretation nicht verschiedene Topoi in die Auslegung mit auf, sondern versucht die Wirklichkeit durch ein Systemdenken, das von ersterer gerade abgelehnt wird, einzubinden.[248] Sie geht auf *Smend* und seine Integrationslehre zurück. Danach ist die Verfassung in ihrer schematischen und fragmentarischen Art nicht in der Lage, die ganze Lebenswirklichkeit eines Staates zu erfassen und zu normieren.[249] Da diese Integration aber wegen der *„Totalität des*

---

241 *Ehmke*, ebd., S. 72 f.; zustimmend *Scheuner* VVDStRL 22 (1965), S. 38 f. Fn. 111, der sich vor allem gegen das Verständnis der Verfassung bzw. der Grundrechte als *„Systemeinheit"* wendet, da ein solches System nicht von vornherein feststehe, sondern sich vielmehr erst aus der Auslegung der Verfassung anhand von Problemen, Zusammenhängen und Prinzipien ergebe.

242 *Struck*, Topische Jurisprudenz, S. 20 ff.

243 So andeutungsweise ebd., S. 57; deutlicher: *Häberle*, ZfP 1974, S. 115 f., 120 f.

244 *Häberle*, ebd., S. 121.

245 Dies wird von *Riedel* (in: FS Schneider, S. 393) zum Beispiel in der Aussage von *Struck* gesehen, nach dem die *„Bindung an das Bestehende"*, der Grundsatz *„Recht ist Bewahrend"* der Topik zuzuordnen sei (Topische Jurisprudenz, S. 109).

246 *Riedel*, in: FS Schneider, S. 393; *Müller/Christensen*, Juristische Methodik, 8. Aufl., Rn. 114, 120; *Müller*, Normstruktur und Normativität, S. 57; ebenso *Böckenförde*, Staat, Verfassung, Demokratie, S. 65.

247 *Böckenförde*, Staat, Verfassung, Demokratie, S. 66.

248 *Smend* sieht den inhaltlichen Sinn eines Grundrechtskatalogs vor allem darin, ein geschlossenes Wert-, Güter- oder Kultursystem zu normieren, nach dem sich auch die Auslegung zu richten habe, in: Staatliche Abhandlungen, 3. Aufl., S. 264 f.

249 Ebd., S. 189 f.

Staates“ gewollt und gefordert sei, müsse die Verfassungsauslegung diese Integrationsaufgabe erfüllen.[250] Dies gelinge, da dem Verfassungssystem die Integration immanent sei und sich sein Sinn gerade in seiner Elastizität und Wandlungsfähigkeit zeige.[251] Die Wirklichkeit wirkt nach *Smend* durch das politische Leben und seine Organe fortwährend auf die Verfassung ein und ergänzt oder modifiziert diese entsprechend, ohne dass von *Smend* darin ein juristisches Problem gesehen wird.[252] In dieser Aussage zeigt sich auch seine oben bereits dargestellte Ansicht zur der Verfassung innewohnenden Notwendigkeit von Verfassungswandlungen.[253]

Gegen die Lehre *Smends* spricht sich vor allem *Böckenförde* aus. Nach ihm führt diese dazu, dass der Interpret nicht mehr „*Herr oder Kontrollinstanz*“ von Entwicklungen der Verfassung aufgrund der sich verändernden Wirklichkeit sei, sondern sie lediglich nachvollziehe und ihnen Ausdruck verleihe.[254] Damit kehre sich der Bezugspunkt der Interpretation faktisch um, da dieser nicht mehr in der Vereinbarung der Wirklichkeit mit normativen Größen liege, sondern in der Anpassung dieser an die Wirklichkeit und ihrer sich ständig ändernden Anforderungen.[255]

Diesem extensiven Einbezug der Wirklichkeit versucht die hermeneutisch-konkretisierende Verfassungsinterpretation durch eine Rationalisierung des Vorgangs zur Konkretisierung von Verfassungsnormen entgegenzuwirken. Die von *Friedrich Müller* entwickelte Lehre trennt Norm und Normtext. Danach gibt es keine fertige Norm, unter die der konkrete Fall schlicht subsumiert werden könnte, vielmehr muss die Norm durch Konkretisierung über die Auslegung ihres Normtextes hinaus anhand von Normprogramm und Normbereich erst entwickelt werden.[256] Dabei meint das Normprogramm die normativen Leitgedanken, den Rechtsbefehl einer Norm, der durch die Auslegung des Normtextes mit Hilfe aller methodisch anerkannten Mittel gefunden werden muss, und Normbereich die zur Entscheidung des konkreten Falls wesentlichen und damit „*mit-normativen*“ Tatsachen.[257] Die Wirklichkeit wird also nach der Lehre *Müllers* über den Normbereich in die Auslegung, besser in die Konkretisierung der Norm mit einbezogen und damit notwendiger Bestandteil derselben.[258] Der Einbezug der Wirklichkeit erfolgt aber nicht beliebig, sondern wird vom jeweiligen Normprogramm und dem Regelungsbereich,

250 Ebd.
251 Ebd., S. 191.
252 Ebd., S. 190.
253 E. I. 3. Dogmatisierung durch Dau-Lin.
254 *Böckenförde*, Staat, Verfassung, Demokratie, S. 72 f.
255 Ebd., S. 73.
256 *Müller*, Normstruktur und Normativität, S. 147 f., 150 f.; *ders./Christensen*, Juristische Methodik, 8. Aufl., Rn. 13 f.
257 Ebd., Normstruktur und Normativität, S. 162; Juristische Methodik, 8. Aufl., Rn. 16, 85. Nach *Müller* ist bei der Auslegung des Normtextes jeweils kritisch zu prüfen, inwieweit die Auslegungskanones von *Savigny* hierfür fruchtbar gemacht werden können (Juristische Methodik, 8. Aufl., Rn. 156).
258 Ebd., Normstruktur und Normativität, S. 188.

das dieses sich *„ausgesucht"* oder *„erschaffen"* hat, bestimmt.[259] Nach *Müller* entsteht erst durch den Vorgang der Konkretisierung die *„Entscheidungsnorm"* als verbindliche Bestimmung des einzelnen Falles und erst dieser *„erzeugten Rechtsnorm"* kommt Normativität zu.[260]

Der Lehre *Müllers* hat sich vor allem *Hesse* angeschlossen.[261] Besonders betont *Hesse* die Rolle des *„Vor-Verständnisses"* für die Konkretisierung einer Verfassungsnorm.[262] Da der Interpret die Norm immer nur aus der geschichtlichen Situation heraus erfassen könne, das *„Vor-Verständnis"* also maßgeblich deren Interpretation lenke, dürfe man das *„Vor-Verständnis"* nicht schlicht als gegebenen hinnehmen, sondern müsse sich dieses stets am konkreten Fall bewusst machen und überprüfen.[263] Damit verbindet er die Lehre *Müllers* ausdrücklich mit der topisch-problemorientierten Methode, begrenzt diese aber insofern, als nach ihm im konkreten Fall zur Bestimmung von Normprogramm und Normbereich nicht beliebige Topoi Beachtung finden können, sondern nur *„normativ gebundene"*, das heißt die im Hinblick auf die zu konkretisierende Norm, das *„Vor-Verständnis"* des Interpreten und das jeweils zu lösende konkrete Problem maßgeblichen.[264] Auf diese Weise gelange man bei der Verfassungsinterpretation zwar nicht zu absoluter Rationalität der zu treffenden Entscheidungen – eine solche könne es in der Rechtswissenschaft im Gegensatz zur Naturwissenschaft nicht geben – aber zu größtmöglicher.[265]

Gegen diese Lehre wird unter anderem vorgebracht, dass unklar bleibe, wie der als Normbereich in die Normverwirklichung einzubringende Ausschnitt aus der Wirklichkeit zu strukturieren sei.[266] Das liege nach *Schlink* vor allem daran, dass die Lehre keine Unterscheidung zwischen den für die Normkonkretisierung relevanten und den irrelevanten Folgen treffe.[267] Würden diese bei der Konkretisierung mit einbezogen, könnten nur die die relevanten Folgen betreffenden Fragen der sozialen Wirklichkeit zur Bestimmung des Normbereichs herangezogen werden und würden diesen so eingrenzen.[268]

Auch *Böckenförde* kritisiert, dass die Funktion des Konkretisierungsbegriffs unklar bleibe und die Rückbindung der *„topischen Argumentationsvielfalt"* an eine rationale und normgebundene Interpretation nicht gelinge.[269] Er sieht als Grund hierfür das Fehlen einer verbindlichen Verfassungstheorie dieser Lehre an, deren

259 *Müller/Christensen*, Juristische Methodik, 8. Aufl., Rn. 85.
260 Ebd., Rn. 16.
261 Zustimmend am Beispiel des Schweizer Rechts auch *Huber*, in: Friedrich, Verfassung, S. 315 ff.
262 Hesse, Grundzüge des Verfassungsrechts, 20. Aufl., Rn. 61 ff.
263 Ebd.
264 Ebd., Rn. 66 f.
265 Ebd., Rn. 76.
266 *Schlink*, Der Staat 19 (1980), S. 103.
267 Ebd.
268 Ebd.
269 *Böckenförde*, Staat, Verfassung, Demokratie, S. 78.

Entwicklung als *„systematisch orientierter Auffassung über den allgemeinen Charakter, die normative Zielrichtung und die inhaltliche Reichweite der Verfassung als solcher und ihrer Teile"* von ihm für notwendig gehalten wird.[270] *Böckenförde* will die durch die Auslegung gefundenen Ergebnisse noch einmal an der Verfassung selbst, ihren Grundentscheidungen und tragenden Prinzipien überprüfen und nicht durch außerhalb der Verfassung stehende Elemente aufladen.[271] Daneben bemängelt *Böckenförde* an der Lehre *Müllers* auch die Schließung des offenen Charakters der Verfassung durch die Konkretisierung, die den Gestaltungsspielraum des Gesetzgebers zunehmend aufhebe.[272]

c) Anwendungsorientierte Verfassungsauslegung nach Cremer

Wesentlich weiterentwickelt wurde die hermeneutisch-konkretisierende Verfassungsinterpretation durch *Cremer.* Auch *Cremer* hält eine Konkretisierung der Verfassungsnormen zur Auslegung dieser für erforderlich. Im Gegensatz zur Lehre *Müllers* steht bei ihm die konkretisierte Norm aber nicht am Ende des Interpretationsprozesses, sondern als *„fallspezifisch konkretisierte Normhypothese"* an deren Anfang.[273] Diese Umkehrung liegt darin begründet, dass *Cremer* in seiner Habilitationsschrift eine anwendungsorientierte Verfassungsauslegung entwickelt, mit deren Hilfe er verfassungsgerichtliche Entscheidungen in rechtlich nachvollziehbarer Weise überprüfen und kritisieren will.[274]

Nach *Cremer* ist jedes Suchen einer Auslegungsmethode für das Verfassungsrecht aus dem Verfassungsrecht selbst notwendig zirkulär, *„denn um methodische Regeln zur Verfassungsinterpretation aus dem Verfassungsrecht zu erschließen, bedarf es zuvor der Auslegung des Verfassungsrechts, die wiederum auf methodische Regeln angewiesen ist, die, wenn sie rechtlicher Natur sein müßten, nur dem Verfassungsrecht entnommen werden können, das wiederum auszulegen wäre, usw."*[275] Als Lösung schlägt er den *„Ausstieg aus dem Argumentationskreisel"* durch den Verzicht auf das Vorliegen methodischer Regeln in rechtlicher Form vor.[276] Um dennoch eine fest verortete Ausgangsbasis für seine theoretischen Überlegungen zu erhalten, bildet *Cremer* zunächst eine *„Modellsituation verfassungsgerichtlicher Entscheidungen"* mit

270 Ebd., S. 79, 83.

271 Ebd., S. 84. *Cremer* nennt dies eine *„Turboaufladung"* des Auslegungsvorgangs, die durch die *„Rückführung"* jeder Einzelauslegung über eine zusätzliche Gesamtschau der Verfassung dazu dienen könne, Unsicherheiten im Auslegungsvorgang zu beheben (in: Anwendungsorientierte Verfassungsauslegung, S. 624).

272 *Böckenförde*, ebd., S. 79.

273 *Cremer*, Anwendungsorientierte Verfassungsauslegung, S. 491.

274 Ebd., S. 50.

275 Ebd., S. 369; ähnlich, allerdings ohne Ziehen entsprechender Konsequenzen auch *Schlink*, Der Staat 19 (1980), S. 97.

276 *Cremer*, ebd., S. 370 f.

bestimmten Modellannahmen, um anhand dieser Modellsituation Regeln rechtlicher Entscheidungsfindung aufzuspüren.[277]

Das Durchspielen eines Schulfalls in der Modellsituation bringt *Cremer* zu folgenden Erkenntnissen:

- Bei einer konkreten Falllösung liegt zunächst stets eine subsumtionsfähige Normhypothese vor, deren Zutreffen sodann überprüft wird und die im Falle ihrer Falsifikation so lange erneuert werden muss, bis von ihrer Richtigkeit ausgegangen werden kann.[278] Der Verfassungsinterpret lässt sich dabei im Sinne von *Hesse* stets von einem *„Vorverständnis"* leiten, das ihm die Bildung von Normhypothesen erst ermöglicht.[279]
- Die Normen der Verfassung bringen zweigliedrige Problemlösungskonzepte zum Ausdruck. Die Problemlösungskonzepte bestehen aus der Definition der Problemlage und einer Verhaltensvorgabe, durch die die Normadressaten erkennen können, was sie tun oder unterlassen müssen, um sich verfassungskonform zu verhalten.[280]
- Um in einem konkreten Fall prüfen zu können, ob die normativ geregelte Problemlage einschlägig, das heißt der vorliegende Fall mit dieser *„merkmalsidentisch"* ist, muss die Verfassung anwendungsorientiert ausgelegt werden.[281] Das gleiche gilt für die Ermittlung des von der Norm vorgegebenen Verhaltens, um überprüfen zu können, ob das im Fall gezeigte Verhalten der normativen Vorgabe entspricht.[282] Die Prüfung dient im Ergebnis der Feststellung, ob die gestellte Normhypothese zutreffend ist oder nicht.
- Die anwendungsorientierte Verfassungsauslegung hat zunächst am Wortlaut des Verfassungstextes anzusetzen.[283] Da dieser aber oftmals vage und Sprache zeitgebunden ist, bedarf es für das aktuelle Verfassungsverständnis historischer Hilfskriterien, um textliche Unsicherheiten zu überwinden.[284] Solche Hilfskriterien sind vor allem die Entstehungsgeschichte und die verfassungsgeschichtliche Regelungstradition, bei denen jedoch stets kritisch überprüft werden muss, ob sich diese tatsächlich im Verfassungstext niedergeschlagen haben.[285]

---

277 Ebd., S. 371 ff., Modellannahmen zusammengefasst auf S. 385, Durchspielen der Modellsituation auf S. 389 ff.

278 Ebd., S. 501. Das bringt nach *Cremer* den erheblichen Vorteil, dass die abstrakten Verfassungsfragen stets mit Bezug zum Fall, also im Sinne von *Müller* und *Hesse* problemorientiert gestellt werden (S. 503), sichert damit also einen ausreichenden Wirklichkeitsbezug ohne diesen uferlos werden zu lassen.

279 Ebd.

280 Ebd., S. 537 ff.

281 Ebd., S. 546.

282 Ebd., S. 590.

283 Ebd., S. 553.

284 Ebd., S. 556.

285 Ebd., S. 557 ff., 565.

- Die systematische Auslegung ist, soweit sie nicht nur kontextuellem Verstehen dient, vor allem zur Abstimmung verschiedener Verhaltensvorgaben, die die Verfassung für die gleiche Problemlage macht, anhand von Spezialität und „*Reihenschaltung*" im Rahmen praktischer Konkordanz relevant.[286] Um zu vermeiden, in die Verfassung etwas „*hineinzulesen*", was erst aus ihr „*herausgelesen*" werden soll, dürfen systematische Zusammenhänge nur aus der Verfassung selbst heraus entwickelt werden, wie es *Böckenförde* vorschlägt, ihr aber nicht von außen im Sinne der Lehre *Smends* „*übergestülpt*" werden.[287]
- Der teleologischen Auslegung kommt beim Verständnis von Normen als zweigliedrigen Problemlösungskonzepten keine eigenständige Bedeutung mehr zu, da diese Kategorisierung anhand des Vorverständnisses selbst bereits teleologische Auslegung ist.[288]
- Durch die anwendungsorientierte Verfassungsauslegung lassen sich anhand festgelegter Kriterien Daten ermitteln, die dazu beitragen, die Unsicherheit über den Norminhalt so weit als möglich zu vermindern, eine gewisse Ergebnisunsicherheit bleibt am Ende aber immer und liegt in der Sachmaterie der normativen Ordnung begründet.[289]

Im Ergebnis kehrt *Cremer* also die Vorgehensweise der bisher dargestellten Auslegungsmethoden um, indem er gerade am anderen Ende der Auslegung ansetzt und dies damit begründet, dass „*der rechtlich Urteilende sich* ***vom Fall aus*** *über den hypothetischen Entwurf einer fallösenden Norm seinen Zugang zu den abstrakten rechtlichen Fragestellungen bahnt*" und dann „*nur in umgekehrter Richtung, […] die Ergebnisse, die er gewinnt, wieder auf den Ausgangspunkt seiner Normhypothese zurück [führt]*".[290] Dies bringt ihn zwar nicht zu anderen Auslegungsmethoden als die bisher dargestellten Lehren, lässt ihn diese aber im Rahmen der Ermittlung der von ihm in Problemlage und Verhaltensvorgabe unterschiedenen Normbestandteile anders gewichten. Besondere Bedeutung kommen dabei der historisch-genetischen Auslegung und der Beachtung der Regelungstradition zur Ermittlung des Inhalts eines Verfassungstextes zu. Die systematische Auslegung hat vor allem zur Auflösung festgestellter Kollisionen von verschiedenen Verhaltensvorgaben zu dienen, darf aber nicht zum Hineinlesen eines bestimmten Systems in die Verfassung missbraucht werden. Der teleologischen Auslegung hingegen kommt nach *Cremer* nach der Entwicklung von Problemlage und Verhaltensvorgabe keine eigenständige Bedeutung zu.

---

286 Ebd., S. 602 ff.
287 Ebd., S. 612, 624.
288 Ebd., S. 586 f.
289 Ebd., S. 588 f.
290 Ebd., S. 502 (Hervorhebungen im Original).

d) Methodik des BVerfG?

Das BVerfG lässt in seinen Entscheidungen keine eindeutige Methodik erkennen, was wohl vor allem der Tatsache geschuldet ist, dass sich darin meist nur punktuell Aussagen zu methodischen Gesichtspunkten finden und diese stark von den Besonderheiten des zu entscheidenden Einzelfalles geprägt sind.[291] Das BVerfG geht mithin zwar auch davon aus, dass Verfassungsnormen der Konkretisierung bedürfen und dass diese Konkretisierung nur im Rahmen der von der Verfassung vorgegebenen Wertungen, Grundentscheidungen und Grundsätze erfolgen kann, will sich aber gerade nicht fest an bestimmte Grundsätze der Auslegung binden, auch wenn es die herkömmlichen Interpretationsregeln wohl als Ausgangspunkt zu nehmen scheint.[292] Darüber hinaus bedient sich das BVerfG aber verschiedener Elemente der oben dargestellten Methoden. So erkennt es in Anlehnung an die hermeneutisch-konkretisierende Verfassungsinterpretation ausdrücklich die Notwendigkeit des Einbezugs der Wirklichkeit bei der Normkonkretisierung an,[293] nutzt zur Begründung seines Auslegungsergebnisses aber auch verschiedene Topoi[294] sowie die objektive Wertordnung des Grundgesetzes und das darin zum Vorschein kommende Wertsystem.[295] Da das BVerfG seine Aufgabe aber nicht nur in der

---

291 Siehe hierzu die ausführlichen Untersuchungen von *Müller/Christensen*, Juristische Methodik, 8. Aufl., Rn. 27 ff.; *Müller*, Normstruktur und Normativität, S. 114 ff.; *Cremer*, Anwendungsorientierte Verfassungsauslegung, S. 297 ff.; *Schlothauer*, Zur Krise der Verfassungsgerichtsbarkeit, S. 47 ff.

292 BVerfG vom 16.2.1983 – 2 BvE 1/83, 2 BvE 2/83, 2 BvE 3/83, 2 BvE 4/83, Rn. 109, 125, BVerfGE 62, 1, 45; anders sieht dies *Hesse*, der davon ausgeht, das BVerfG habe sich ausdrücklich zu den herkömmlichen Interpretationsregeln bekannt (in: Grundzüge des Verfassungsrechts, 20. Aufl., Rn. 54), dagegen: *Cremer*, Anwendungsorientierte Verfassungsauslegung, S. 297.

293 In BVerfG vom 16.6.1959 – 1 BvR 71/57, Rn. 33, BVerfGE 9, 338, 349 f. spricht das BVerfG von sogenannten *„Lebensbereichen"*, die im Rahmen von Art. 3 Abs. 1 GG berücksichtigt und gegeneinander abgegrenzt werden müssten. In BVerfG vom 1.07.1953 – 1 BvL 23/51 Rn. 73, BVerfGE 2, 380, 401 spricht es von der Möglichkeit eines Bedeutungswandels einer Norm, wenn in ihrem *„Bereich"* neue Tatbestände auftauchen. Beides spricht für eine Trennung von Normprogramm und Normbereich ähnlich der Lehre *Müllers*, auch wenn diese wohl zunächst nicht bewusst erfolgt ist und der Lebensbereich bzw. Bereich teilweise weiter gefasst wurde als der zur Konkretisierung einer Norm relevante Normbereich. Seit BVerfG vom 24.3.1987 – 1 BvR 147/86, 1 BvR 478/86, Rn. 132, BVerfGE 74, 297, 350 spricht das BVerfG ausdrücklich vom *„Normbereich"*, der zur Bestimmung von Inhalt und Tragweite verfassungsrechtlicher Begriffe und Bestimmungen zu beachten sei.

294 So zum Beispiel das *„Prinzip der Einheit der Verfassung"*: BVerfG vom 23.10.1951 – 2 BvG 1/51, Rn. 78, BVerfGE 1, 14, 32; die *„Natur der Sache"*: BVerfG vom 20.2.1952 – 1 BvF 2/51, Rn. 44, BVerfGE 1, 141, 156; der *„Grundsatz verfassungskonformer Gesetzesauslegung"*: BVerfG vom 7.5.1953 – 1 BvL 104/52, Rn. 40, BVerfGE 2, 266, 282.

295 In letzterem kommt das Systemdenken von *Smend* und seiner Interpretationslehre zum Vorschein. So zum Beispiel in BVerfG vom 15.1.1958 – 1 BvR 400/51, Rn. 26, BVerfGE 7, 198, 204 f.

Auslegung von Verfassungsnormen sieht, sondern ebenso in der *„schöpferischen Rechtsfindung"* wenn es um die Schließung von Lücken geht,[296] ist eine Festlegung auf eine einzige Methodik, mit der alle diese Aufgaben zu bewältigen wären, wohl auch kaum möglich.

Im Ergebnis zeigen sich die vom BVerfG zur Normkonkretisierung und Anwendung verwendeten Mittel in ihrer jeweiligen Ausprägung und Gewichtung somit in Gänze erst am konkreten Fall.

e) Abwägung der Vor- und Nachteile der verschiedenen Methoden im Hinblick auf die Untersuchung des Verfassungswandels

Die Darstellung der verschiedenen Methoden der Verfassungsauslegung hat gezeigt, dass eine Auslegung der Verfassung ausschließlich anhand der klassischen Auslegungskanones kaum ausreichend erscheint, um den Inhalt der oft sehr abstrakten Verfassungsnormen vollständig zu erschließen. Zu weit geht wiederum die Integrationslehre *Smends* und die darauf beruhende wirklichkeitswissenschaftlich orientierte Verfassungsinterpretation. Zwar überzeugt die Ansicht, dass die Verfassung offen für Veränderungen sein muss und ihre Interpretation nicht unabhängig von der Wirklichkeit erfolgen kann, allerdings ist *Böckenförde* zuzustimmen, dass eine Integration der Lebenswirklichkeit nicht grenzenlos erfolgen kann, da sich sonst der Bezugspunkt der Interpretation faktisch umkehrt und dem Interpreten nur noch die Aufgabe zukommt, Veränderungen der Lebenswirklichkeit nachzuvollziehen und in die Verfassung aufzunehmen.[297] Die übergroße Weite dieser Lehre hat sich bereits an der Definition der Verfassungswandlung durch *Dau-Lin*, dessen Theorien auf der Integrationslehre *Smends* beruhen, gezeigt und wurde daher abgelehnt.[298]

Da es, wie bereits dargelegt, das Ansinnen dieser Arbeit ist, zu untersuchen, inwieweit Änderungen auf der Ebene der gesellschaftlichen Verhältnisse also im Bereich der Wirklichkeit zu Rechtsprechungsänderungen des BVerfG im Rahmen der Rechte Homosexueller und gleichgeschlechtlicher Paare beigetragen haben und wie dies ohne Änderung des Verfassungstextes möglich sein konnte, erscheint ein gewisser Einbezug der Wirklichkeit in die Verfassungsauslegung – wie ihn auch das BVerfG bei seinen Entscheidungen vornimmt – indes zwingend. Nur auf diese Weise lässt sich nachvollziehen, wie Veränderungen auf der Ebene der Wirklichkeit Einfluss auf die Auslegung bestimmter Verfassungsnormen haben konnten. Um dabei nicht die Orientierung zu verlieren und nur diejenigen Veränderungen zu berücksichtigen, die für die Auslegung einer Norm relevant sind und sein dürfen, erscheint eine Unterscheidung von Normprogramm und Normbereich und die Berücksichtigung ausschließlich der Wirklichkeitsaspekte, die (aktuell) vom Normbereich erfasst sind, als guter Ausgangspunkt.

---

296 BVerfG vom 18.12.1953 – 1 BvL 106/53, Rn. 44, BVerfGE 3, 225, 243.
297 *Böckenförde*, Staat, Verfassung, Demokratie, S. 72 f.
298 E. I. 3. Dogmatisierung durch Dau-Lin.

Die Darstellung der verschiedenen Auslegungsmethoden hat auch deutlich gemacht, dass der Inhalt einer Norm nicht unabhängig vom konkreten Fall und dem Vorverständnis des Interpreten erschlossen werden kann. Ein Verfassungstext steht nicht zeitlos im Raum und hat zu jeder Zeit die gleiche Bedeutung. Das wäre nur möglich, wenn seine Aussagen so exakt und unumstößlich wären wie mathematische Gleichungen. Da die Rechtswissenschaft und gerade die Verfassungsrechtswissenschaft aber mit sehr abstrakt formulierten Texten zu arbeiten hat, die notwendigerweise zu ihrer Anwendung erst nach ihrer Aussage in Bezug auf den konkreten Fall befragt werden müssen, kann es in aller Regel nicht nur ein einziges in jeder Zeit und für jeden Fall richtiges Ergebnis geben, dass sich unabhängig vom Verständnis des Interpreten und seinem geschichtlichen Hintergrund finden ließe.[299] Dieses Verständnis kann, wie *Ehmke* richtigerweise sagt, mitunter auch zu falschen Ergebnissen führen und von Irrtümern behaftet sein, das liegt aber in der Natur der Sache begründet und wird sich nie vollständig ausschließen lassen.[300]

Damit erfolgt die Auslegung der Verfassung in der Tat, wie *Cremer* es formuliert hat, anwendungsorientiert. Die anwendungsorientierte Verfassungsauslegung führt zu einer Konkretisierung der Norm auf den speziellen Fall. Zwar ist *Böckenförde* zuzugeben, dass es durch die Konkretisierung zu einer gewissen Schließung des offenen Charakters der Verfassung kommt, diese hebt aber keinesfalls den bestehenden Gestaltungsspielraum auf.[301] Denn auch wenn eine einmal konkretisierte Norm für künftige Konkretisierungen einen Anhaltspunkt gibt, ist dieser keinesfalls verbindlich oder hebt gar die Möglichkeit auf, den Inhalt einer Norm in Zukunft anders zu beurteilen, da wie soeben dargelegt, jede Konkretisierung zeit- und vorverständnisgebunden erfolgt. Ansonsten wäre auch das zu beobachtende Phänomen von Bedeutungswandlungen von Verfassungstexten nicht zu erklären.

Für eine gegenwartsorientierte Verfassungsauslegung spricht auch, dass die Legitimitätsgrundlage für jedes geltende Recht in der Gegenwart liegt und nicht in der Vergangenheit, da es nur aufgrund gegenwärtiger Autorität fortgilt.[302] Das bedeutet aber nicht, dass die Entstehungsgeschichte einer Norm für deren Auslegung nicht zu berücksichtigen wäre. Die Entstehungsgeschichte – wie auch die Regelungstradition – sind, wie *Cremer* dies darstellt, wichtige Elemente, um sich Inhalt und Bedeutung eines Verfassungstextes zu erschließen.[303] Dabei sind diese Elemente aber nicht unkritisch zu übernehmen. Zum einen muss überprüft werden, ob sich diese tatsächlich in der Norm niedergeschlagen haben,[304] zum anderen können sich die entstehungsgeschichtlichen Verhältnisse in der Gegenwart so verändert haben, dass dies eine gegenüber der Entstehungszeit angepasste Auslegung rechtfertigt.[305]

---

299 So auch *Häberle*, ZfP 1974, 124.
300 *Ehmke*, VVDStRL 20 (1963), S. 72.
301 *Böckenförde*, ebd., S. 79.
302 *Zippelius*, Juristische Methodenlehre, 11. Aufl., § 4 III.
303 *Cremer*, Anwendungsorientierte Verfassungsauslegung, S. 557 ff.
304 Ebenso ebd., S. 565.
305 *Häberle*, ZfP 1974, 126.

Die Auslegung kann also nicht bei dem stehen bleiben, was die Verfasser eines Gesetzes sich gedacht haben, sondern muss das Gedachte *„Zuendedenken"*,[306] in die Gegenwart hineindenken und *„transformieren"*.[307] Dabei zeugt auch das von *Radbruch* illustrierte Bild juristischer Auslegung als eines Schiffes, das *„bei der Ausfahrt vom Lotsen auf vorgeschriebenem Wege durch die Hafengewässer gesteuert wird, dann aber unter Führung des Kapitäns auf freier See seinen eigenen Kurs sucht"*[308] von der Notwendigkeit, Verfassungsnormen gegenwartsorientiert zu interpretieren.

Bei der Konkretisierung textlich abstrakt formulierter Normen auf den Einzelfall ist folglich zunächst vom Normtext auszugehen. Da aus seinem Wortlaut allein die Beantwortung der Frage, ob der konkrete Fall von seinem Normprogramm erfasst wird, oftmals nicht möglich sein wird, sind zur Ermittlung des Zwecks der Norm[309] darüber hinaus ihre Entstehungsgeschichte und ihre verfassungsrechtliche Regelungstradition heranzuziehen und die Norm in ihren systematischen Kontext einzustellen. Die hierdurch gefundenen Erkenntnisse sind daraufhin zu überprüfen, ob ihnen weiterhin Gültigkeit zukommt, sie also noch immer das Normprogramm bilden können oder ob sich auf der Ebene des Normbereichs oder aufgrund der zeitgebundenen Auslegung Änderungen ergeben haben, die eine Anpassung notwendig machen. Ist dies der Fall, so ist das Feld des sogleich zu erörternden Verfassungswandels eröffnet.

Die Normkonkretisierung vollzieht sich also durch ein *„Hin- und Herwandern des Blickes zwischen Obersatz und Lebenssachverhalt"*.[310] Sie hat, wie das BVerfG treffend formuliert *„den Charakter eines Diskurses, in dem auch bei methodisch einwandfreier Arbeit nicht absolut richtige, unter Fachkundigen nicht bezweifelbare Aussagen dargeboten werden, sondern Gründe geltend gemacht, andere Gründe dagegengestellt werden und schließlich die besseren Gründe den Ausschlag geben sollen"*.[311] Damit wird auch klar, dass am Ende der Auslegung meist ein Spielraum bleibt, bei dem man sich für eine von mehreren Bedeutungsvarianten entscheiden muss. Die hierdurch entstehende Rechtsunsicherheit lässt sich bei Beachtung der entsprechenden methodischen Regeln aber zumindest verkleinern.[312]

---

306 *Radbruch*, Rechtsphilosophie, 7. Aufl., S. 211; für eine zeit- und sinngemäße Gesetzesinterpretation auch *Engisch*, Logische Studien zur Gesetzesanwendung, S. 5.

307 Zu letzterem: *Häberle*, ZfP 1974, 126.

308 *Radbruch*, Rechtsphilosophie, 7. Aufl., S. 211.

309 Gefolgt wird damit der objektiven Auslegungstheorie, wonach es nicht auf den Willen des Gesetzgebers, sondern auf den Willen des Gesetzes ankommt. Dieser verwirklicht sich im Normprogramm. Der Wille des Gesetzgebers ist aber zur Ermittlung des Gesetzeswillens heranzuziehen. Zu den Begrifflichkeiten *Maunz/Zippelius*, Deutsches Staatsrecht, 28. Aufl., § 6 III. 1. a)

310 *Engisch*, Logische Studien zur Gesetzesanwendung, S. 15.

311 BVerfG vom 5.4.1990 – 2 BvR 413/88, Rn. 26, BVerfGE 82, 38 f.

312 Ebenso *Cremer*, Anwendungsorientierte Verfassungsauslegung, S. 588 f.

2. *Verfassungswandel und Verfassungskonkretisierung*

Seit der Geltung des Grundgesetzes hat sich die juristische Lehre wiederholt mit der Thematik der Verfassungswandlung bzw. des Verfassungswandels[313] innerhalb des Grundgesetzes beschäftigt.[314] Verfassungswandel wird dabei gemeinhin – wie schon unter Geltung der Reichsverfassung von 1871 und der Weimarer Reichsverfassung – als Wandel des Inhalts einer Verfassungsnorm ohne Textänderung definiert.[315] Gemeint sind damit nicht alle Entwicklungen der Verfassung außerhalb des für Verfassungsänderungen vorgesehenen Verfahrens, sondern nur solche, bei den sich der Inhalt einer Norm gewandelt hat, ihr also in der Gegenwart ein anderer Sinn beigelegt wird als in der Vergangenheit. *Wolff* formuliert treffend wie folgt: „*Nur wenn gegenwärtig ein Verfassungsrechtssatz besteht, der früher nicht oder nicht mit diesem Inhalt galt, oder einer weggefallen ist, der früher galt, hat sich der Inhalt der Verfassung gewandelt*“.[316] Das bedeutet, dass eine Wandlung der Verfassung nicht nur erfolgen kann, wenn sich der Inhalt einer Norm nachträglich ändert, sondern auch dann, wenn aus ihr erstmals etwas herausgelesen wird, das vorher nicht galt, sie also von ihrem Interpreten fortgebildet wird.[317] Das scheint das BVerfG anders zu

---

313 Die Begriffe werden in der juristischen Literatur meist synonym verwendet, wobei sich der Begriff des Verfassungswandels in der neueren Literatur als der modernere durchzusetzen scheint. Im Rahmen dieser Arbeit sollen die Begriffe ebenfalls synonym verwendet werden.

314 Die ersten Arbeiten hierzu stammen aus den sechziger und siebziger Jahren des letzten Jahrhunderts, so *Forsthoff*, in: FS Schmitt, S. 35 ff.; *Krüger*, in: FG Smend, S. 151 ff.; *Lerche*, in: FG Maunz, S. 285 ff.; *Hesse*, in: FS Scheuner, S. 123 ff.; *Häberle*, ZfP 1974, S. 111 ff.; *Schenke*, AöR 103 (1978), S. 567 ff.; *Rupp*, AöR 101 (1976), S. 161 ff.; *Fiedler*, Sozialer Wandel; *Bryde*, Verfassungsentwicklung; zum Verfassungswandel im Bildungswesen: *Richter*, Bildungsverfassungsrecht. Während das Thema in den achtziger Jahren an Bedeutung verloren zu haben schien, wurde es seit den neunziger Jahren wieder verstärkt behandelt, so durch *Wolff*, Ungeschriebenes Verfassungsrecht; *Kenntner*, DÖV 1997, S. 450 ff.; *Böckenförde*, in: FS Lerche, S. 3 ff.; *Walter*, AöR 125 (1999), S. 517 ff.; *Voßkuhle*, Der Staat 43 (2004), S. 450 ff.; *Schenke*, JZ 1989, S. 653 ff.; *Leisner*, JZ 2001, S. 313 ff.; *Schuppert*, AöR 120 (1995), S. 32 ff.; *Würtenberger*, in: Verfassungsänderung, Verfassungswandel, Verfassungsinterpretation, S. 49 ff.; *Wahl*, ebd., S. 29, 43 ff. und S. 65, 75 ff.; *Hönnige/Kneip/Lorenz*, Verfassungswandel im Mehrebenensystem; im Hinblick auf die Entwicklung informationstechnischer Ermittlungsmethoden: *Kulwicki*, Verfassungswandel; zur Wandlungsfähigkeit familiärer Lebensmuster: *Müller-Manger*, Artikel 6 Grundgesetz, Wandel familiärer Lebensmuster.

315 *Fiedler*, Sozialer Wandel, S. 105; *Bryde*, Verfassungsentwicklung, S. 254; *Badura*, Handbuch des Staatsrechts, Band VII (1992), § 160, Rn. 13; *Hesse*, in: FS Scheuner, S. 123, 128; *Wolff*, Ungeschriebenes Verfassungsrecht, S. 98; *Schenke*, JZ 1989, 653, 654; *Heun*, in: AöR 109 (1984), S. 13, 26.

316 *Wolff*, Ungeschriebenes Verfassungsrecht, S. 98.

317 a.A. *Böckenförde*, in: FS Lerche, S. 9 f., der allerdings die Begriffe Verfassungswandel und Rechtsfortbildung nicht eindeutig genug voneinander abgrenzt.

sehen, wenn es in seinem Grundsatzurteil zur Bundestagsauflösung nach Art. 68 GG konstatiert, dass es „*nicht der Vorgang eines Verfassungswandels [ist], der im Rückblick auf diese Entscheidungen der betroffenen obersten Verfassungsorgane [im Rahmen des Verfahrens zur Auflösung des Bundestages] sichtbar wird; es ist der Beginn einer Staatspraxis, die einem neuen, besonderen politischen Sachverhalt gerecht zu werden versuchte und auf diesem Wege die Krise löste*".[318] Diese Ansicht ist indes nicht überzeugend. Auch der Beginn einer Staatspraxis kann den Inhalt einer Verfassung ändern, wenn diese früher nicht bestand und bisher nicht aus der Verfassung herausgelesen werden konnte.

Da Wandlungen des Verfassungsinhalts durch stillschweigende Verfassungsänderungen oder Verfassungsdurchbrechungen unter Geltung des Grundgesetzes, wie bereits dargelegt, wegen Art. 79 Abs. 1 GG ausgeschlossen sind, kommt heutzutage vor allem die Verfassungswandlung durch Interpretationsänderung in Betracht. Teilweise wird dem Institut des Verfassungswandels in der heutigen Staatsrechtslehre deshalb sogar eine eigenständige Bedeutung neben dem Anerkenntnis offener Verfassungsinterpretation abgesprochen.[319] Die Vertreter dieser Ansicht begründen dies vor allem damit, dass es ein *tertium* zwischen Verfassungsauslegung und formeller Verfassungsänderung nicht geben dürfe.[320] *Jestaedt* beispielsweise schreibt hierzu:

> „*Entweder ist der Verfassungswandel doch nichts als ordinäre Auslegung – dann freilich ist sowohl eine Sondermethodik als auch eine Sonderdogmatik schwerlich zu rechtfertigen. Oder aber die Abschichtung von der Verfassungsauslegung gelingt nur um den Preis, daß die Trennlinie zur anderen Seite hin, nämlich zur Verfassungsänderung, bis zur Unkenntlichkeit aufgelöst und der Verfassungswandel infolgedessen als mit den positivrechtlichen Wandlungsregeln des Grundgesetzes unvereinbar gekennzeichnet wird.*"[321]

Diese Ansicht verkennt allerdings zum einen, dass ein Verfassungswandel, wie noch darzustellen sein wird, auch auf andere Weise als durch eine Interpretationsänderung erfolgen kann.[322] Zum anderen verkennt sie, dass der Verfassungswandel nicht Auslegung ist und auch nicht Auslegungsänderung, sondern sich als Ergebnis einer solchen zeigen kann. Damit ist die Interpretationsänderung der Vorgang, das

318 BVerfG vom 16.2.1983 – 2 BvE 1/83, 2 BvE 2/83, 2 BvE 3/83, 2 BvE 4/83, Rn. 134, BVerfGE 62, 1, 49; für einen hierdurch erfolgten Verfassungswandel *Heun*, in: AöR 109 (1984), S. 13, 29, 31.

319 So *Häberle*, ZfP 1974, S. 111, 129; *Voßkuhle*, Der Staat 43 (2004), S. 450, 459 erkennt zwar an, dass der Begriff nicht in dem der Interpretationsänderung aufgehe (S. 455), will ihn aber vor allem deswegen sparsam benutzen, weil es eine eigenständige Lehre vom Verfassungswandel nicht gebe und der Begriff daher ohne Dogmatisierung für verschiedene Arten von Fortentwicklungsmöglichkeiten der Verfassung verwendet werde.

320 *Häberle*, ebd., S. 130; *Voßkuhle*, ebd., S. 454; *Jestaedt*, in: Nomos und Ethos, S. 196.

321 *Jestaedt*, ebd.

322 Ebenso *Bryde*, Verfassungsentwicklung, S. 21.

„*Ausdrucksmittel*" wie es *Heydte* nennt,[323] der Verfassungswandel deren mögliches Ergebnis. Anhand des Verfassungswandels kann also untersucht werden, inwieweit sich die Verfassung durch ihre impliziten Änderungen in ihrem Inhalt und ihrer Bedeutung gewandelt hat. Damit stellt sich der Verfassungswandel aber gerade nicht als gleichrangiges *tertium* zwischen Verfassungsauslegung und Verfassungsänderung dar, sondern dient als Sammelbegriff für verschiedene Möglichkeiten der Verfassungswandlung ohne Textänderung. Dies scheint auch *Heydte* zu missverstehen, wenn er dem Verfassungswandel, der sich der Interpretation zu seiner „*Durchsetzung*" bediene, eine Art Eigenleben zuschreibt.[324] Der Verfassungswandel ist kein selbstständiges Wesen, dass durch die Verfassung schleicht und sie heimlich ändert, er ist die zu beobachtende Wirkung, die bestimmte implizite Änderungen im Verfassungsgefüge auf diese haben können.

Eine Interpretationsänderung zunächst ergibt sich aus der geänderten Konkretisierung einer Verfassungsnorm. Da die Norm in Anlehnung an die Lehre *Müllers* nicht mit deren Text gleichzusetzen ist, sondern erst durch eine Konkretisierung mithilfe von Normprogramm und Normbereich entsteht,[325] kann theoretisch bei jeder neuen Konkretisierung ein anderer Norminhalt gefunden werden und sich deren Interpretation ändern. Dabei sind nicht nur, wie es *Böckenförde* annehmen will, unbestimmte Verfassungsbegriffe zu konkretisieren, sondern jede Norm muss für den Einzelfall konkretisiert werden.[326] Im Ergebnis können sowohl Veränderungen innerhalb des Normbereichs zu einer geänderten Konkretisierung des Norminhalts führen, als auch Änderungen im Normprogramm, die auf einer geänderten Bestimmung desselben durch den Norminterpreten beruhen.[327] Da, wie bereits dargestellt, jede Auslegung zeit- und vorverständnisgebunden ist, kann nicht davon ausgegangen werden, dass das Normprogramm von jedem Interpreten stets in der gleichen Art und Weise bestimmt wird. In einer geänderten Konkretisierung wiederum – sei es durch Anpassungen im Normbereich oder im Normprogramm – kann sich dann ein Verfassungswandel zeigen.

---

323 *Heydte*, ARSP 1950/51, S. 461, 472.

324 Ebd., S. 473.

325 *Müller*, Normstruktur und Normativität, S. 147 f., 150 f.; *ders./Christensen*, Juristische Methodik, 8. Aufl., Rn. 13 f.

326 *Böckenförde*, in: FS Lerche, S. 8.

327 Anders sieht dies *Böckenförde*, ebd., S. 6, 12 der nur Änderungen des Normprogramms für erheblich halten will. Dies scheint auf einem Missverständnis des Begriffs Normbereich zu beruhen, wenn er davon ausgeht, dass „*nicht jede Veränderung der Wirklichkeit auf die ordnende Wirkung verändernd ein[wirkt], sondern nur eine Veränderung solcher Gegebenheiten, die vom Normprogramm,* für *das der Verfassungstext von konstruierender Bedeutung ist, erfaßt werden.*" Der Normbereich meint aber immer nur den für das Normprogramm relevanten Ausschnitt aus der Wirklichkeit, nicht die gesamte Wirklichkeit. Dies wird auch in den Ausführungen von *Hesse*, in: FS Scheuner, S. 123, 138 deutlich.

Anders sieht dies *Böckenförde*, der bei einer unterschiedlichen Konkretisierung gerade keinen Verfassungswandel annehmen will, da diese lediglich Ausdruck des unbestimmten Inhalts einer Norm sei, aber nicht deren (unbestimmten) Inhalt ändere.[328] Unabhängig davon, dass *Böckenförde* dabei von der Fehlvorstellung ausgeht, dass nur unbestimmte Verfassungsbegriffe einer Konkretisierung bedürften, kann sich der Inhalt einer Norm durchaus auch dann wandeln, wenn er jetzt auf eine andere Art und Weise konkretisiert wird als früher. Die Norm hat keinen von vornherein festgelegten Inhalt, in dessen Rahmen sich die Konkretisierung bewegt, der Inhalt wird durch die Konkretisierung erst gefunden. Grenze hierfür ist lediglich der Normtext. *Böckenförde* grenzt den Begriff des Verfassungswandels auch insgesamt zu stark ein, indem er nicht nur die Konkretisierung unbestimmter Verfassungsbegriffe hiervon ausnimmt, sondern auch Änderungen innerhalb der vom Tatbestand einer Verfassungsnorm erfassten Sachverhalte (also im Normbereich) sowie die auf außerrechtliche Gegebenheiten, etwa *„soziale, ethische, oder politisch ideologische Auffassungen"* verweisenden Verfassungsnormen, die den sich wechselnden Bedeutungsinhalt auf diese Weise in die Verfassung inkorporieren, sogenannte *„Schleusenbegriffe"*.[329] Die danach noch verbleibenden Phänomene der Veränderungen einer Verfassung ohne Textänderung trennt er in grundsätzlich zulässige Verfassungsinterpretation, die immer dann vorliege, wenn das *„Normprogramm [...] nicht verändert, sondern in seinem gegebenen/festgelegten Gehalt unter Heranziehung der anerkannten Hilfsmittel der Auslegung ermittelt"* wird, da sich auf diese Weise der Normtext nicht ändere, sondern *„in dem von ihm gesetzten Rahmen"* bleibe, und den Verfassungswandel.[330] Da der Verfassungswandel nach *Böckenfördes* Definition über die zulässige Verfassungsinterpretation hinausgeht, steht er diesem wegen der Umgehung der eigentlich notwendigen Verfassungsänderung, um den von der betreffenden Norm gesetzten Rahmen zu verschieben, insgesamt ablehnend gegenüber.[331]

Diese Ansicht kann indes insgesamt nicht überzeugen. *Böckenförde* verkennt bereits, dass Verfassungsinterpretation und Verfassungswandel, wie bereits erläutert, nicht zwei unterschiedliche Mittel der Anpassung der Verfassung sind, sondern Verfassungsinterpretation das Mittel, Verfassungswandel ein mögliches Ergebnis. Die Unterscheidung die er zwischen zulässiger Verfassungsinterpretation und (wohl) unzulässigem Verfassungswandel macht, sind bei richtigem Verständnis daher Fragen der Grenzen von Verfassungsinterpretation und Verfassungswandel. Außerdem ist, wie dargelegt, die Ansicht *Böckenfördes* nicht überzeugend, dass

---

328 *Böckenförde,* ebd., S. 8.

329 Ebd., S. 8 ff., als Beispiel solcher *„Schleusenbegriffe"* nennt *Böckenförde* das Sittengesetz in Art. 2 Abs. 1 GG; ähnlich: *ders.*, Staat, Nation, Europa, S. 145 ff.; zustimmend in Bezug auf Schleusenbegriffe: *Schmidt-Jortzig*, in: Rechtstheorie 12 (1981), S. 395, 405.

330 *Böckenförde,* in: FS Lerche, S. 12 f.

331 So andeutungsweise ebd., S. 13 f.; gegen diese Einteilung von Verfassungsinterpretation und -wandel spricht sich *Walter,* AöR 125, S. 517, 530 f. aus.

das Normprogramm bei einer Interpretation lediglich in seinem *„gegebenen/festgelegten Gehalt"* ermittelt werde, da Norm und Normprogramm (außer dem Normtext) gerade keinen festen oder vorgegebenen Gehalt haben. Das ist auch der Grund dafür, warum sich das Normprogramm verändern und die Verfassungsnorm sich dadurch wandeln kann. Dass daneben richtigerweise auch Veränderungen auf der Tatbestandsebene, also innerhalb des Normbereichs berücksichtigt werden müssen und zu einem Verfassungswandel führen können, folgt bereits aus der weiter oben festgestellten Notwendigkeit des Einbezugs der Wirklichkeit in die Verfassungsauslegung. Dies erkennt auch *Hesse* an:

> *„Verfassungswandlung und ihre Grenzen lassen sich nur dann deutlich erfassen, wenn die Veränderung des Norminhalts als Wandel ‚innerhalb' der Verfassungsnorm selbst begriffen werden kann – nicht als Folge von Entwicklungen, die sich außerhalb der Normativität der Verfassung vollzogen haben und deren ‚Umschlag' in staatliche Normativität sich auch dann nicht schlüssig erklären läßt, wenn von einem Verhältnis korrelativer Zuordnung von Normalität und Normativität ausgegangen wird."*[332]

Eine Eingrenzung der für die Beurteilung eines Verfassungswandels relevanten Gegebenheiten der Wirklichkeit erfolgt dabei nach richtiger Ansicht von *Hesse* durch das Normprogramm.[333] Dieses entscheide darüber, ob sich ein neues oder verändertes Faktum als zum Normbereich gehörig erweise und daher zu einem Wandel der Norm führen könne.[334] *Hesse* wendet sich damit ausdrücklich gegen die Lehre von der normativen Kraft des Faktischen und gegen *Smends* Integrationslehre, nach denen (mit unterschiedlichen Begründungen) jegliche Veränderungen auf der Wirklichkeitsebene einen Verfassungswandel hervorrufen können.[335]

Ob neben die geänderte Interpretation einer Verfassungsnorm weitere Voraussetzungen zur Bejahung eines (zulässigen) Verfassungswandels treten müssen, wird in der Lehre uneinheitlich gesehen. Mitunter wird vor allem das Vorliegen eines zeitlichen Moments für erforderlich gehalten.

So will zum Beispiel *Lerche „strukturtiefe Veränderungen"* der Verfassung, die durch eine *„Neuinterpretationen bisher grundsätzlich anders verstandener Zentralbegriffe"* entstünden, außerhalb einer formellen Verfassungsänderung nur als zulässig anerkennen, wenn sie im Rahmen eines *„kontinuierlichen Prozesses"* und nicht

---

332 *Hesse*, in: FS Scheuner, S. 123, 137; zustimmend *Höfling*, Offene Grundrechtsinterpretation, S. 189.

333 *Hesse*, ebd., S. 138.

334 Ebd.

335 Ebd., S. 139; im Gegensatz dazu lehnt *Wolff*, Ungeschriebenes Verfassungsrecht, S. 111 jegliche Eingrenzung des Wirklichkeitsbezugs durch eine Methodenlehre nicht überzeugend mit der Begründung ab, *„methodische oder philosophische Glaubensbekenntnisse"* führten zu einer Entwertung der Verfassungswandlung als *„juristischer Begriff"*.

durch eine *„unvermittelte Neu- und Umdeutung“* erfolgen.[336] Auch ist er der Ansicht, dass zwar letztlich jeder Interpretationsakt die Verfassungsnorm beeinflusse und daher die Grenzen zum Verfassungswandel fließend seien, die Verfassungskonkretisierung die Verfassung aber nur *„auf Dauer gesehen“* mittelbar wandeln könne.[337] Damit geht er wohl davon aus, dass zur Verfassungswandlung nicht nur ein Zeitelement erforderlich ist, sondern auch eine gewisse Erheblichkeitsschwelle überschritten sein muss.

Auch *Klein* geht in Anlehnung an *Haug* und *Huber* davon aus, die Verfassungswandlung sei ein *„langsamer Prozeß, in dem die Verfassungsordnung umgebildet wird“*, ein *„allmählicher und organischer Wandlungsprozeß“*.[338] Bei seinen Ausführungen ist *Klein* allerdings noch in dem vor der Geltung des Grundgesetzes verwendeten Begriffsverständnis verhaftet, weshalb ihm auch die Trennung von Verfassungswandel durch Interpretationsänderung und aufgrund unzulässiger Verfassungsdurchbrechungen nicht recht gelingt.[339] Wird aber der Verfassungswandel wie unter der Reichsverfassung von 1871 und der Weimarer Reichsverfassung verstanden, wird verständlich, dass hierfür ein Prozess für erforderlich gehalten wird, der erst mit der Zeit durch diverse Durchbrechungen der Verfassung zu einem Auseinanderfallen von *„Verfassungszustand und Verfassungsgesetz“*[340] im Sinne *Labands* führt. Das kann bei dem Verfassungswandel durch Interpretationsänderung unter Geltung des Grundgesetzes aber gerade nicht gelten. Dies sieht auch *Hesse* so, wenn er schreibt: *„die Entwicklungen, die eine Verfassungswandlung bewirken, haben mit dem zeitlichen Abstand zum Inkrafttreten der Verfassung nichts zu tun; sie können nach vielen Jahren, ebenso aber auch schon nach kurzer Zeit einsetzen.“*[341]

Dem liegt folgender Gedanke zugrunde: Bei jeder Anwendung einer Verfassungsnorm auf den Einzelfall muss diese konkretisiert werden. Wenn sich dabei gegenüber früheren Zeiten das Vorverständnis des Interpreten, die normativen Leitgedanken, die das Normprogramm bilden, oder der maßgebliche Normbereich wegen bestimmter Entwicklungen geänderten haben, so muss dies nicht schleichend, allmählich oder langsam erfolgt sein, solche Änderungen können sich auch innerhalb relativ kurzer Zeit ergeben und sind dann bei der Konkretisierung zu

---

336 *Lerche*, in: FG Maunz, S. 285, 292, 294; zustimmend *Schenke*, AöR 103 (1978), S. 567, 589.

337 *Lerche*, ebd., S. 297.

338 *Klein*, in: FS Giese, S. 61, 119; *Huber*, Wesen und Inhalt der politischen Verfassung, S. 70 f.; *Haug*, Die Schranken der Verfassungsrevision, S. 166.

339 Die Schriften von *Huber* (1935) und *Haug* (1947), auf die sich *Klein* bezieht, sind jeweils noch vor Inkrafttreten des Grundgesetzes entstanden. Bei seiner Definition von Verfassungswandlung geht *Klein* insbesondere von dem Begriffsverständnis von *Dau-Lin* aus (S. 117 f.) und steht der Verfassungswandlung insgesamt ablehnend gegenüber, da er sie mit den unter der Weimarer Verfassung möglichen Verfassungsdurchbrechungen gleichsetzt.

340 *Laband*, Wandlungen der deutschen Reichsverfassung, S. 3.

341 *Hesse*, in: FS Scheuner, S. 123, 127.

berücksichtigen. Es gibt zwar auf gesellschaftlicher Ebene durchaus auch Bereiche, die sich in der Regel nur allmählich ändern und erst nach einer gewissen Zeitspanne und Erheblichkeit dazu führen, dass sich die bei der Normkonkretisierung zu berücksichtigenden Faktoren verändern, es gibt aber auch beispielsweise im Rahmen neuer wissenschaftlicher Erkenntnisse Entwicklungen, die sofort und abrupt zu einer Anpassung dieser Faktoren führen.[342] Ist eine solche Anpassung erfolgt und wird die Norm infolgedessen in anderer Art und Weise als bisher konkretisiert, liegt ein Wandel des Inhalts dieser Norm ohne Textänderung vor, der als Verfassungswandel zu qualifizieren ist.

Aus diesen Gründen ist mit *Bryde* auch eine Beschränkung des Begriffs des Verfassungswandels auf „*unbewusste*" oder besonders „*tiefgreifende, grundlegende Änderungen*" abzulehnen. *Bryde* beschäftigt sich in seiner Habilitationsschrift mit der Thematik der Verfassungsentwicklung und hält den Begriff des Verfassungswandels allgemein für mit „*Missverständnissen belastet*", da er auf der einen Seite einen „*unbewussten, spontanen Prozeß der Rechtsfortbildung*" suggerieren, andererseits aber auch auf Fälle beschränkt werden könne, „*in denen ein eindeutiger Widerspruch zum bisher akzeptierten Verständnis der Verfassung*" vorliege und dieser „*tiefgreifende, grundlegende Änderungen im Sinn der Verfassung*" hervorgerufen habe.[343] Dies ist nach *Bryde* zu kurz gegriffen, weshalb er den Begriff für seine Untersuchung auch als „*alle Veränderungen im Sinn der Verfassung [...], die nicht Verfassungsänderungen sind*" verstehen will.[344] *Bryde*, der ebenfalls nach der Lehre *Müllers* nach Normprogramm und Normbereich trennt, versteht die Aufgabe der Untersuchung des Vorliegens von Verfassungswandlungen folgendermaßen:

> *„Es kommt darauf an, zu ermitteln, welche Änderungen im Regelungsbereich einer Norm zu Änderungen ihres Sinns führen* **sollen** *und welche nicht."*[345]

Es sollen also, ähnlich wie bei *Hesse*, nur solche sozialen Änderungen und gewandelten Wertvorstellungen bei der Frage nach der Änderung des Normsinns berücksichtigt werden, die von deren Regelungsbereich auch erfasst werden.[346] Damit wird die Frage zum Einbezug der Wirklichkeit zu einer normativen und überprüfbaren. *Bryde* unterscheidet hierzu solche Verfassungswandlungen, die ihren Ausgangspunkt eher im Regelungsbereich haben und solchen, die mehr auf einer Wandlung von Wertungen, also dem zu bestimmenden Normprogramm und dem Vorverständnis, beruhen.[347] Nach seiner Typologie gibt es „*Öffnung durch Verweisung*", „*Öffnung durch Anpassung des Normsinns*" und „*Öffnung für neue Wertungen*".[348] „*Öffnung*

---

342 Ähnlich: *Hoffmann*, in: FS Wolf, S. 183, 190, nach ihm sollte das Gericht den Interpretationswechsel allerdings – wenn möglich – ankündigen (S. 208, 217).

343 *Bryde*, Verfassungsentwicklung, S. 21 f.

344 Ebd., S. 22.

345 Ebd., S. 259 f. (Hervorhebungen im Original).

346 Ebd., S. 263.

347 Ebd., S. 283.

348 Ebd., S. 284 ff.

durch Verweisung" zunächst meint solche Normen, die auf außerrechtliche Tatbestände und Bewertungsmaßstäbe verweisen und diese damit von vornherein antizipieren.[349] Gemeint sind damit vor allem die von *Böckenförde* als „*Schleusenbegriffe*" bezeichneten Verfassungsbegriffe.[350] Als Beispiele nennt er den Gleichheitssatz und das Verhältnismäßigkeitsprinzip.[351] Auch bei solchen Verweisungsnormen liege bei einer Wandlung aber nicht nur eine Änderung im Regelungsbereich vor, diese gehe regelmäßig auch mit gewandelten Vor- oder Einstellungen konform.[352] Bei der „*Öffnung durch Anpassung des Normsinns*" korrelieren nach *Bryde* Wandlungen im Regelungsbereich und im Normsinn in der Weise, dass Entwicklungen im Regelungsbereich zu einer Neudefinition des Normprogramms führen, wie bei der Aufnahme neuer Medien in Art. 5 GG unter Rundfunk oder der Folgerung von Leistungsansprüchen aus Grundrechten.[353] Die „Öffnung für neue Wertungen" hingegen meint die Anpassung, die weniger durch neue Problemlagen bedingt ist, als vielmehr juristische Diskussionen zum richtigen Verständnis der Verfassung zum Hintergrund hat.[354] Auch das BVerfG erkenne die Notwendigkeit der Neubewertung von Grundrechtsfragen aufgrund eines geänderten Verständnisses von Inhalt, Funktion und Wirkung der Grundrechte an.[355] Nach *Bryde* führen also Änderungen im normativ relevanten Bereich der Wirklichkeit oft nicht nur zu einem geänderten Regelungsbereich, sondern in der Regel ändern sich gleichzeitig auch die Einstellungen des Norminterpreten – also das Vorverständnis – und der Normsinn erfährt eine Anpassung. Welcher Bereich dabei den größten Anteil an der Wandlung der Norm hat, hängt vom Einzelfall ab. Das zeigt erneut, dass eine Norm nach dem Normverständnis *Müllers* geradezu darauf angelegt ist, Veränderungen der Wirklichkeit auf unterschiedliche Weise bei ihrer Konkretisierung zu berücksichtigen und auf diese Weise Verfassungswandlungen herbeizuführen. Dabei ist aber der Ansicht entgegenzutreten, das Phänomen von Verfassungswandlungen sei vor allem durch die Wahl der Auslegungsmethode bedingt.[356] Wie weiter oben dargestellt, wurden Verfassungswandlungen bereits lange bevor in der Staatrechtslehre die Diskussion um den Einbezug der Wirklichkeit in die Verfassungsauslegung begann, beobachtet. Tatsächlich hatte die Wirklichkeit schon immer einen Einfluss auf die Verfassung. Wenn dieser negiert wird, führt dies nicht dazu, dass er nicht mehr existent wäre, sondern nur dazu, dass man ihn auf andere Weise, wie etwa durch das Phänomen des „*Gegensatzes zwischen dem Verfassungszustand und dem Verfassungsgesetz*"[357], beschreiben muss.

---

349 Ebd., S. 284.
350 *Böckenförde*, in: FS Lerche, S. 8 ff.
351 *Bryde*, Verfassungsentwicklung, S. 284.
352 Ebd., S. 286.
353 Ebd.
354 Ebd., S. 288.
355 Ebd.
356 So *Forsthoff*, in: FS Schmitt, S. 55; dagegen *Hollerbach*, AöR 85 (1960), S. 241, 267.
357 *Laband*, Wandlungen der deutschen Reichsverfassung, S. 3.

Für die weitere Untersuchung ergeben sich daraus im Ergebnis folgende Erkenntnisse:

- Haben sich im Bereich der Wirklichkeit Umstände geändert, die für die Verfassung erheblich sind, können diese außer durch ausdrückliche Änderung der Verfassung auch durch Interpretationsänderung aufgenommen werden. Wenn der entsprechenden Verfassungsnorm aufgrund dieser Aufnahme ein anderer Sinn beigelegt wird als dies früher der Fall war, kommt darin ein Verfassungswandel zum Ausdruck. Dies gilt unabhängig davon, wie lange das vorherige Verständnis der Norm bestand.
- Solche geänderten Umstände können durch technischen Fortschritt, veränderte Rahmenbedingungen, durch ein geändertes Bewusstsein oder eine Wertveränderung in der Gemeinschaft bedingt sein.[358] Wenn diese normativ relevant sind, beeinflussen sie den Regelungsbereich, die Festlegung des Normprogramms oder das Vorverständnis des Interpreten. Eine klare Trennung, welcher dieser Bereiche von der Veränderung erfasst ist, ist meist nicht möglich, da oft alle drei Bereiche in unterschiedlicher Ausprägung betroffen sind.
- Die Interpretationsänderung erfolgt nicht immer ausdrücklich. Teilweise vollzieht sich diese still, also nicht durch ausdrückliche Abgrenzung vom bisherigen Normverständnis, und teilweise über mehrere Stufen. Ob darin ein Verfassungswandel gesehen werden kann, ergibt sich durch den Vergleich mit dem früher vorherrschenden Verständnis. Wird aus der Verfassung erstmalig etwas herausgelesen, kommt es ebenfalls darauf an, ob dies der Verfassung einen anderen Inhalt gibt als bisher oder ob dieser in ihr bereits vorher – wenn auch nicht ausdrücklich – angelegt war.
- Welches Normverständnis bisher vorherrschend war, ist durch historisch-genetische Auslegung zu ermitteln, bei der vor allem auch die Entstehungsgeschichte der Norm und die verfassungsgeschichtliche Regelungstradition kritisch heranzuziehen sind.[359]
- Die Notwendigkeit der Anpassung der Verfassung an geänderte Umstände außerhalb des für Verfassungsänderungen vorgesehenen Verfahrens durch eine gegenwartsorientierte Auslegung ist damit zu rechtfertigen, dass die abstrakt formulierten Verfassungsnormen nur durch Einbezug der (aktuell geltenden) Wirklichkeit mit Leben gefüllt werden und Antworten auf die aktuellen Verfassungsfragen geben können.[360] Diese Anpassungsfähigkeit ist auch gemeint, wenn in der Staatsrechtslehre von der *„zeitgeprägten offenen Verfassung“*[361], der

---

358 *Wolff*, Ungeschriebenes Verfassungsrecht, S. 105; *Schmidt-Jortzig*, in: Rechtstheorie 12 (1981), S. 395, 403.

359 Nach *Cremer*, Anwendungsorientierte Verfassungsauslegung, S. 557 ff., 565.

360 So auch *Wolff*, Ungeschriebenes Verfassungsrecht, S. 107, 109; *Heydte*, ARSP 1950/51, S. 461, 466; *Walter*, AöR 125 (1999), S. 517, 531;

361 *Voßkuhle*, Der Staat 43 (2004), S. 450, 459.

„zeitgerechten Fortentwicklung der Verfassung“[362], dem *„Wertewandel“*[363] oder dem *„zeit-gerechten Verfassungsverständnis“*[364] gesprochen und der Übergang von einer *„entzeiteten zur zeitgeprägten Verfassung“*[365] gefordert wird.

- Der Verfassungswandel unterliegt dabei gewissen, durch die Verfassung vorgegebenen Grenzen (hierzu noch unten). Eine Verfassungsänderung zur Anpassung an geänderte Umstände ist daher immer dann zwingend notwendig, wenn die Grenzen des Verfassungswandels überschritten wären.[366] Daneben kann diese auch bewusst als Mittel gewählt werden, um der Anpassung größere Stabilität zu verleihen und vor künftigen Interpretationsänderungen zu schützen.[367]

3. *Verfassungswandel und Obsolet-Werden von Verfassungsnormen*

Die Möglichkeit des Obsolet-Werdens von Verfassungsnormen haben bereits *Jellinek* und *Dau-Lin* untersucht. Während *Jellinek* auch aus der noch so langen Nichtausübung gewisser Machtbefugnisse nicht schließen wollte, dass diese Befugnisse obsolet geworden seien, wobei er die generelle Möglichkeit obsoleter Normen offen ließ,[368] hielt es *Dau-Lin* durchaus für möglich, dass ein Recht untergegangen sein kann, auch wenn es formal noch besteht.[369] Bei einer Neuentstehung dieses Rechts in der Zukunft entsprach dies nach *Dau-Lin* dem Entstehen von Gewohnheitsrecht.[370] Im Gegensatz zur Verfassungswandlung durch materielles Verfassungsrecht und Verfassungsdurchbrechungen erscheint die Möglichkeit, dass eine Verfassungsnorm obsolet wird und sich die Verfassung hierdurch wandelt, unter dem Grundgesetz nicht *per se* ausgeschlossen. Dabei bildet die von *Jellinek* diskutierte dauerhafte Nicht-Ausübung einer verfassungsrechtlichen Befugnis (*„desuetudo“*) einen Sonderfall des Obsolet-Werdens von Verfassungsnormen, bei dem die Einordnung, ob dieses einen Verfassungswandel, eine nicht justiziable Konvention *„sub constitutione“* oder derogierendes Gewohnheitsrecht darstellt, nicht einheitlich erfolgt.[371] Mitunter

---

362 *Schenke*, JZ 1989, S. 653, 663.
363 *Leisner*, JZ 2001, S. 313.
364 *Häberle*, ZfP 1974, S. 111.
365 *Schenke*, AöR 103 (1978), S. 567 ff.
366 *Hain*, in: Mangoldt/Klein/Starck, Art. 79 Abs. 1 GG, Rn. 13.
367 *Roßnagel*, Der Staat 22 (1983), S. 551, 572; *Wolff*, Ungeschriebenes Verfassungsrecht, S. 108.
368 *Jellinek*, Verfassungsänderung und Verfassungswandlung, S. 40.
369 *Dau-Lin*, Verfassungswandlung, S. 66.
370 Ebd.
371 Hierzu *Bryde*, Verfassungsentwicklung, S. 454 f.; für die Einordnung als *„negative Gewohnheit“* *Dreier*, in: Dreier; Art. 79 I GG, 3. Aufl., Rn. 39; ebenso *Wolff*, Ungeschriebenes Verfassungsrecht, S. 103; *Robbers*, in: FS Benda, S. 209, 214 hält obsoletes Verfassungsrecht allgemein für jedenfalls nah verwandt mit der Figur von derogierendem Gewohnheitsrecht; gegen die Einordnung als derogierendes Gewohnheitsrecht: *Klein*, in: FS Geiger, S. 132, 139; Argumente allgemein gegen

wird auch in der heutigen Staatsrechtslehre vertreten, dass aus der bloßen Nichtanwendung einer Norm nicht deren Obsolet-Werden gefolgert werden könnte.[372]

Als mögliche Fälle des Obsolet-Werdens werden vor allem das Obsolet-Werden einer Verfassungsnorm durch Ablauf von Geltungsfristen (Art. 117 GG, Art. 143 Abs. 1 und 2 GG, Art. 143a Abs. 3 GG), durch die Erfüllung ihres Normprogramms (Art. 118 GG, Art. 144 Abs. 2 GG) oder durch Wegfall des Regelungssubstrats genannt.[373] In den ersten beiden Fällen hat sich die Verfassung durch das Obsolet-Werden indes gerade nicht gewandelt, da die betreffende Norm von Anfang an darauf angelegt war, mit ihrer Zweckerfüllung obsolet zu werden.[374] Beim Wegfall des Regelungssubstrats muss unterschieden werden, ob es sich nur um einen Bedeutungsschwund der Norm handelt oder ob sich ihr Inhalt in der Weise gewandelt hat, dass ihr der zugehörige Normbereich gänzlich abhanden gekommen ist, denn nur dies wäre normativ relevant und könnte zu einem Obsolet-Werden der Norm führen. *Müller* beschreibt die Fälle des Wegfalls des Normbereichs wie folgt:

> *„Eine Norm kann ohne Änderung ihres Wortlauts, auch ohne formelle Aufhebung obsolet werden, das heißt aufhören, eine Norm zu sein. Die so entstandene ‚reine' Norm ist nur noch Text. Ihr ist nicht nur ein bestimmter, sondern auch jeder mögliche Normbereich abhanden gekommen. [...] Die obsolete ‚Norm' ist noch als Text philologisch auslegbar, allgemein geisteswissenschaftlich, etwa historisch verstehbar, aber nicht mehr juristisch konkretisierbar. Obwohl der Wortlaut unversehrt ist, bietet er keinen rechtshermeneutischen Anhalt mehr.“*[375]

---

die Kategorisierung von obsolet gewordenen Normen als derogierendes Gewohnheitsrecht: *Schmidt-Jortzig*, in: Rechtstheorie 12 (1981), S. 395, 408 f.

372 So *Herdegen*, in: Maunz/Dürig, Art. 79 GG, Rn. 31; ebenso *Schmidt-Jortzig*, in: Rechtstheorie 12 (1981), S. 395, 415 f.; ähnlich *Austermann*, DÖV 2012, S. 227, 228 f., der anstatt von Obsolet-Werden vom Verlust der rechtlichen Erheblichkeit spricht.

373 Beispiele bei *Herdegen*, in: Maunz/Dürig, Art. 79 GG, Rn. 32; *Dreier*, in: Dreier; Art. Art. 79 I GG, 3. Aufl., Rn. 42; ähnlich: *Robbers*, in: FS Benda, S. 209, 212, der die Zulässigkeit von obsoletem Verfassungsrecht aber aufgrund des Widerspruchs mit dem Existenzgrund der Verfassung verneint (S. 216), so dass dieses in Form einer *„Normreserve“* weitergelte (S. 218); zustimmend *Heckmann*, Geltungskraft und Geltungsverlust von Rechtsnormen, S. 471, der das Erfordernis einer autoritativen Normgeltungsbeendigung sieht, weshalb ein automatisches Außerkrafttreten ausgeschlossen sei.

374 a.A. *Robbers*, in: FS Benda, S. 209, 213, der davon ausgeht, solche Normen seien zwar gegenstandslos geworden, blieben aber dennoch in Kraft, da ihnen im Hinblick auf die Auslegung der Gesamtverfassung weiterhin unter systematischen Aspekten Relevanz zukomme. Ein Beispiel dafür, wie die systematische Relevanz einer solch geltungslosen Norm aussehen könnte, bleibt *Robbers* indes schuldig. Gegen diese Ansicht wendet sich daher folgerichtig auch *Austermann*, DÖV 2012, S. 227, 229.

375 *Müller*, Normstruktur und Normativität, S. 154.

Ebenso sieht dies *Schmidt-Jortzig*. Den Fall, dass lediglich die Bedeutung der Norm geschwunden ist, nimmt er vor allem bei einer Veränderung der gesellschaftlichen Verhältnisse an, die dazu geführt hat, dass die betreffende Norm vorübergehend „*Aus-dem-Blick-Geraten*" ist, sich also niemand mehr auf diese beruft, sie anwendet oder ihr keine Regelungsbedürftigkeit mehr zukommt.[376] Das gilt allerdings nur so lange, wie die Norm dennoch über einen Normbereich verfügt. Sobald ihr dieser aufgrund der geänderten gesellschaftlichen Verhältnisse ebenfalls abhanden kommt, ist sie obsolet.[377] Dass in diesen Fällen des Obsolet-Werdens richtigerweise ein Verfassungswandel zu sehen ist, konstatiert ausdrücklich insbesondere *Austermann*, auch wenn er einen solchen innerhalb des Grundgesetzes bislang nicht beobachtet haben will.[378] *Heckmann* hingegen sieht im Normuntergang gerade eine Grenze des Normwandels, da die Geltungserhaltung der Norm durch Anpassung ihres Inhalts hier nicht mehr möglich sei.[379] Dabei verkennt *Heckmann* indes, dass sich der Inhalt einer Norm auch dadurch wandeln kann, dass ihr aufgrund des Verlust des Normbereichs kein Regelungssubstrat mehr zukommt.

Ein plakatives Beispiel für die Abgrenzung des Obsolet-Werdens einer Verfassungsnorm durch Wegfall ihres Normbereichs im Gegensatz zum lediglich vorübergehenden „*Aus-dem-Blick-Geraten*", stellt das Wiedervereinigungsgebot dar, das ehemals in der Präambel und Art. 146 GG enthalten war. Hierzu schrieb *Rottmann* noch im Jahr 1987, dass diese Staatszielbestimmung obsolet geworden sei, da eine Wiedervereinigung Deutschlands „*in Zeiträumen, die für die lebende Generation erheblich sind, nicht möglich sein wird*".[380] Drei Jahre später wurde dann das Unmögliche wahr. Hätte *Rottmann*, wie hier gefordert, dogmatisch korrekt zwischen dem Wegfall des Normbereichs und dem Bedeutungsschwund einer Norm getrennt, wäre er nicht zu der Fehleinschätzung des Obsolet-Werdens gekommen, da der Normbereich des Wiedervereinigungsgebots zu jeder Zeit vorhanden war, wie wahrscheinlich oder unwahrscheinlich die Umsetzung des Gebots auch erschienen haben mochte.

Dies führt auch zur Lösung der oben offengelassenen Frage, ob aus der bloßen Nichtanwendung einer Norm deren Obsolet-Werden gefolgert werden kann: Solange der Norm durch ihr Normprogramm weiterhin ein Normbereich zugeordnet werden kann, ist die Norm nicht obsolet, ihr kommt lediglich nicht mehr die ihr angedachte Bedeutung zu. Da die Norm aber weiterhin konkretisierbar ist, kann

---

376 *Schmidt-Jortzig*, in: Rechtstheorie 12 (1981), S. 395, 414; zustimmend *Klein*, in: Maunz/Dürig, Art. 21 GG, Rn. 494, der ein Obsolet-Werden allerdings nur in „*wenigen Ausnahmefällen*" für möglich halten will.

377 *Schmidt-Jortzig*, ebd.

378 *Austermann*, DÖV 2012, S. 227, 228, 231.

379 *Heckmann*, Geltungskraft und Geltungsverlust von Rechtsnormen, S. 461.

380 *Rottmann*, in: FS Zeidler, Bd. 2, S. 1097, 1106. a.A. *Klein*, in: FS Geiger, S. 132, 142, der das Wiedervereinigungsgebot als „die *entscheidende Fundamentalnorm des Grundgesetzes überhaupt*" für verfassungsänderungsfest im Sinne von Art. 79 Abs. 3 GG hält, weshalb sie einem Obsolet-Werden von vornherein unzugänglich sei.

sich dies jeder Zeit wieder ändern. Damit liegt in der Nichtanwendung einer Norm im Ergebnis auch kein Verfassungswandel, der Inhalt der Norm wandelt sich erst und nur dann, wenn sie auch ihren Normbereich verliert.

Schmidt-Jortzig will darüber hinaus ein Obsolet-Werden annehmen, wenn zwar nicht der Normbereich entfällt, aber mit der Norm entweder überhaupt kein vernünftiger Zweck mehr erreicht werden kann oder dieser gegenüber der ursprünglichen Zielrichtung gänzlich andersgerichtet ist.[381] Dies kann nach *Schmidt-Jortzig* vorkommen, wenn sich im Normprogramm eine bestimmte Zweckausrichtung, die im Rahmen teleologischer Auslegung zu beachten sei, „*normstrukturell so weit materialisiert hat, daß sie bei Hinfälligwerden auch die Norm zum Erlöschen bringt*".[382] Zwar erscheint es nur in absoluten Ausnahmefällen[383] denkbar, dass sich das Normprogramm wegen Zweckentfalls nicht einmal mehr sinnvoll durch Auslegung ermittelt lässt, wenn dies indes tatsächlich einmal vorkommen sollte, eine Konkretisierung der Norm also, wie dies von *Müller* für den Normbereich beschrieben wurde, unmöglich ist, führt dies ebenfalls zu einem Obsolet-Werden der Norm und zu einer Wandlung der Verfassung.

4. Verfassungswandel und ungeschriebenes Verfassungsrecht

Ungeschriebenes Verfassungsrecht ist Verfassungsrecht, „*das nicht im Grundgesetz schriftlich enthalten ist, aber rechtlich so gilt, als ob es dies wäre*".[384] Die Verfassung wird durch ihre Fixierung im geschriebenen Verfassungsrecht nicht zu einem „*lückenlosen*" System, sondern bedarf der Ergänzung durch ungeschriebenes Verfassungsrecht.[385] Solches ungeschriebenes Verfassungsrecht kann aber nicht außerhalb der Grenzen der mit der Verfassung geschaffenen Ordnung entstehen und bestehen, sondern immer nur der „*Entfaltung, Vervollständigung oder Fortbildung der Prinzipien des geschriebenen Verfassungsrechts [dienen] und immer nur in Einklang*

381 *Schmidt-Jortzig* in: Rechtstheorie 12 (1981), S. 395, 418; dagegen und gegen das Obsolet-Werden bei Wegfall des Sachverhalts wendet sich *Baumeister*, Das Rechtswidrigwerden von Normen, S. 291 ff., der einen Geltungswegfall grundsätzlich nur im Falle des Rechtswidrigwerdens einer Norm akzeptieren will, allerdings in seiner Dissertation auch nur Beispiele unterhalb der Ebene der Verfassung prüft.

382 *Schmidt-Jortzig*, ebd., S. 417.

383 Dies sieht ähnlich auch *Heckmann*, Geltungskraft und Geltungsverlust von Rechtsnormen, S. 465, der in solchen Fällen deshalb aber auch eher dazu tendieren will, die Norm wegen möglicher künftiger Anwendungsfälle im Sinne einer Normreserve, wie von *Robbers* beschrieben (Fn. 373), aufrechtzuerhalten.

384 So treffend: *Wolff*, Ungeschriebenes Verfassungsrecht, S. 2; ähnlich *Hoffmann*, in: FS Wolf, S. 183, 212.

385 *Hesse*, Grundzüge des Verfassungsrechts, 20. Aufl., Rn. 34; *Stern*, Staatsrecht, Bd. I, 2. Aufl., S. 112.

mit diesen Prinzipien" stehen.[386] Rechtsquelle ungeschriebenen Verfassungsrechts ist folglich immer die Verfassung selbst.[387]

Die grundsätzliche Zulässigkeit ungeschriebenen Verfassungsrechts wird – soweit ersichtlich – in der juristischen Lehre nicht bestritten.[388] Mitunter wird allerdings unzulässiges ungeschriebenes Verfassungsrecht im Sinne von Normen, die aus vom Grundgesetz unabhängigen Rechtsquellen gewonnen werden, von zulässigem ungeschriebenen Verfassungsrecht, das aus der Verfassung selbst gewonnen wird, unterschieden.[389] Hier wird der Begriff, wie eingangs definiert, nur für der Verfassung selbst entnommene Normen verwendet. Einige Beispiele, die im Rahmen der Diskussion über ungeschriebenes Verfassungsrecht[390] regelmäßig angebracht werden, sind der Grundsatz der Bundestreue bzw. bundesfreundlichen Verhaltens, die ungeschriebenen Bundeszuständigkeiten, der Verhältnismäßigkeitsgrundsatz, das Bestimmtheitsgebot sowie der Grundsatz der Rechtssicherheit, den das BVerfG[391] inklusive seiner weiteren Ausprägungen (dem Vertrauensschutzgrundsatz, dem Grundsatz der Rechtsklarheit und der eingeschränkten Zulässigkeit rückwirkender Gesetze) dem Rechtsstaatsprinzip des Art. 20 Abs. 3 GG entnimmt.[392]

Ungeschriebenes Verfassungsrecht wird vom BVerfG im Rahmen seiner Lücken schließenden Tätigkeit und bei der Konkretisierung unbestimmter

386 *Hesse,* ebd.

387 Ebenso *Badura,* Handbuch des Staatsrechts, Band VII (1992), § 160, Rn. 9; *Tomuschat,* Verfassungsgewohnheitsrecht, S. 50; *Bullinger,* AöR 96 (1971), S. 237, 270; anders *Wolff,* Ungeschriebenes Verfassungsrecht, der als Rechtsquelle nur dann das geschriebene Recht ansehen will, falls ungeschriebenes Verfassungsrecht bereits bei Entstehung der Verfassung „*mitgesetzt*" gewesen sei (S. 404 ff., 418). Bei einer Entwicklung von ungeschriebenem Verfassungsrecht nach Verfassungsentstehung will er als Rechtsquelle das Verfassungsgewohnheitsrecht sehen (S. 421). Dem kann nicht zugestimmt werden: Ungeschriebenes Verfassungsrecht unterscheidet sich gerade dadurch von Verfassungsgewohnheitsrecht, dass es in der Verfassung angelegt ist, während sich Verfassungsgewohnheitsrecht, wenn man ein solches anerkennen will, mit der Zeit durch eine Übung der Staatsorgane entwickelt (hierzu noch unten). *Wolffs* Abgrenzung führt daher zu einer Vermischung zweier unterschiedlicher Begriffe, die verschiedene Phänomene im Bereich des Verfassungsrechts beschreiben.

388 Statt vieler: *Wolff,* Ungeschriebenes Verfassungsrecht, S. 6 ff.

389 *Grzeszick,* in: Maunz/Dürig, Art. 20 GG, Rn. 31.

390 Teile der Literatur sprechen generell nicht von ungeschriebenem Verfassungsrecht, sondern von „*implizit*" oder „*stillschweigend mitgeschriebenem Verfassungsrecht*", dieses fällt allerdings *de facto* unter die hier verwendete Definition, so zum Beispiel in Bezug auf ungeschriebene Bundeszuständigkeiten *Uhle,* in: Maunz/Dürig, Art. 70 GG, Rn. 62.

391 BVerfGE vom 24.7.1957 – 1 BvL 23/52 Rn. 16, BVerfGE 7, 89, 92 f.

392 *Badura,* Handbuch des Staatsrechts, Band VII (1992), § 160, Rn. 11 ff.; *Wolff,* Ungeschriebenes Verfassungsrecht, S. 3 ff., 244 ff.; für die Bundestreue: *Tomuschat,* Verfassungsgewohnheitsrecht, S. 50; *Schenke,* JZ 1989, S. 653, 658 ff.

Grundgesetzbestimmungen erzeugt.[393] Dies geschieht, wenn das BVerfG über die Auslegung von Verfassungsnormen hinaus aus den in der Verfassung enthaltenen Grundsätzen weitere Verfassungsrechtssätze ableitet, die es dann bei der Auslegung als generellen Entscheidungs- oder Prüfungsmaßstab berücksichtigt.[394] Der Unterschied zur schlichten Auslegung geschriebener Bestandteile der Verfassung besteht darin, dass die Ableitung nicht an die Auslegungsgrenze des Wortlauts gebunden ist. Während nach der hier angewandten juristischen Methodik jede Auslegung am Normtext anzusetzen hat und diesen als Ausgangs- und Endpunkt zu wählen hat, ist die Erzeugung unbestimmten Verfassungsrechts nicht an den Wortlaut einzelner Verfassungsnormen gebunden, sondern kann an den in der Verfassung allgemein niedergelegten Grundsätzen ansetzen.[395] Ähnlich beschreibt dies *Hoffmann*. Nach ihm liegt ein Fall der Interpretation vor, wenn der zu konkretisierende Verfassungsgrundsatz im Grundgesetz bereits teilweise konkretisiert sei, wenn dieser allerdings erst im Wege der „*Induktion*" gewonnen oder mangels Vorliegen eines einschlägigen Verfassungsgrundsatzes direkt aus einem obersten Verfassungsgrundsatz „*deduziert*" werden müsse, handele es sich um eine Ableitung.[396] Teilweise wird in der Lehre auch für solche Ableitungen der Begriff der Auslegung gewählt und diese zur sonstigen Auslegung durch einen „*spezifisch erhöhten Begründungsaufwand*" abgegrenzt, der daraus folge, dass der Verfassung Aussagen entnommen würden, die „*relativ textfern*" seien.[397] Dies erscheint indes nicht besonders überzeugend. Wenn mit Ableitung „*Auslegung im weitesten Sinne*" gemeint sein soll,[398] und diese sich nicht in den üblichen Grenzen der Auslegung bewegt, sollte der Begriffsklarheit wegen auch von Ableitung gesprochen werden, nicht von Auslegung oder von Auslegung im weitesten Sinne.

Auch *Wolff* schlägt vor, Auslegung und Ableitung zu trennen, wobei er ebenfalls anerkennt, dass der Unterschied dabei vornehmlich gradueller Natur sei.[399] Bei beidem erfolge die Rechtsgewinnung aus dem geschriebenen Recht, wobei die Grenze zwischen beiden Mitteln durch den Wortsinn markiert werde.[400] Ableitung meint danach also auch nach *Wolff* eine erweiterte Auslegung über mehrere Stufen, die nicht an die Wortlautgrenze gebunden ist. *Wolff* spricht in diesem Zusammenhang

---

393 *Dreier*, in: Dreier; Art. 79 I GG, 3. Aufl., Rn. 41.

394 Ähnlich *Wolff*, Ungeschriebenes Verfassungsrecht, S. 243 f. Zu weitgehend ist allerdings die Ansicht von *Hoffmann*, dass auch durch die Kombination bisher „*schlicht*" interpretierter Verfassungsrechtssätze bereits neues ungeschriebenes Recht entstünde; näher zur Methode der kombinatorischen Interpretation bei *Hoffmann*, in: FS Wolf, S. 183, 204 f.

395 Ähnlich *Wolff*, Ungeschriebenes Verfassungsrecht, S. 240.

396 *Hoffmann*, in: FS Wolf, S. 183, 202.

397 *Grzeszick*, in: Maunz/Dürig, Art. 20 GG, Rn. 31; ebenso *Herdegen*, ebd., Art. 79 GG, Rn. 30.

398 So *Bullinger*, AöR 96 (1971), S. 237, 270.

399 *Wolff*, Ungeschriebenes Verfassungsrecht, S. 241 ff.

400 Ebd., S. 243.

von „*Ableitungsketten*“ und von „*Ableitungsschlüssen*“, wobei mit ersteren die Rückführung ungeschriebener Rechtssätze auf bestimmte Normen des Grundgesetzes gemeint ist und mit letzteren weitergehend die unmittelbare Herleitung des ungeschriebenen Rechtssatzes aus einem allgemeinen Rechtsprinzip des Grundgesetzes.[401] Diese Trennung, die große Ähnlichkeit mit *Hoffmanns* Trennung der „*Induktion*“ und „*Deduktion*“ von Verfassungsgrundsätzen aufweist,[402] scheint indes nicht zielführend zu sein. Hierdurch wird vor allem nicht klar, dass auch bei den sogenannten „*Ableitungsschlüssen*“ (bzw. der „*Deduktion*“) das geschriebene Recht Ausgangspunkt der Ableitung ist, wenn auch über den Umweg über aus diesem bereits abgeleitetem ungeschriebenen Recht oder allgemeinen Rechtsgrundsätzen.

Auch im ungeschrieben Verfassungsrecht ist der Verfassungswandel von Bedeutung. So kann sich die Verfassung zum einen durch das Entstehen von ungeschriebenem Verfassungsrecht wandeln, zum anderen kann sich einmal entstandenes ungeschriebenes Verfassungsrecht wie das geschriebene Recht durch Interpretationsänderung wandeln, wenn ihm von seinem Interpreten in der Gegenwart ein anderer Inhalt beigelegt wird als zu einem früheren Zeitpunkt.[403] Für die Untersuchung eines solchen Verfassungswandels gelten daher die weiter oben beim Verfassungswandel durch Interpretationsänderung bereits aufgestellten Regeln gleichermaßen. Für die Frage, ob sich die Verfassung durch das erstmalige Entstehen von ungeschriebenem Verfassungsrecht gewandelt hat, kommt es darauf an, ob ihr dadurch ein anderer Inhalt beizumessen ist, als dies vorher der Fall war. Wenn das ungeschriebene Recht den bisherigen Inhalt nur diversifiziert hat, ohne ihm einen anderen Sinn zu geben, kann noch nicht von einem Wandel gesprochen werden. Die Abgrenzung hat durch Vergleich des bisherigen Verfassungsverständnisses mit dem gegenwärtigen zu erfolgen. Hierzu dient insbesondere die historisch-genetische Auslegung. Auch im ungeschriebenen Verfassungsrecht kann der Verfassungswandel also das Ergebnis einer Interpretationsänderung oder der Entwicklung neuer Rechtssätze aus der Verfassung sein.

5. Verfassungswandel und Verfassungsgewohnheitsrecht

Gewohnheitsrecht ist das durch langandauernde Übung in der Überzeugung damit recht zu handeln von den Beteiligten geschaffene Recht (*opinio juris et longa consuetudo*).[404] Während im Zivil-, Verwaltungs- und insbesondere auch im Völkerrecht[405] die Möglichkeit der Bildung von Gewohnheitsrecht allgemein anerkannt ist, ist die Frage, ob es Verfassungsgewohnheitsrecht geben kann, in der heutigen Staatsrechtslehre hoch umstritten. Noch unter Geltung der Reichsverfassung von 1871 und der

---

401 Ebd., S. 250 ff.

402 *Hoffmann*, in: FS Wolf, S. 183, 202.

403 So auch *Wolff*, Ungeschriebenes Verfassungsrecht, S. 113.

404 *Köbler*, Juristisches Wörterbuch, S. 190 f.

405 Im IGH Statut ist das Gewohnheitsrecht in Art. 38 Abs. 1 b) als vom Gerichtshof anzuwendende Rechtsquelle ausdrücklich aufgeführt.

Weimarer Reichsverfassung hingegen war das gewohnheitsrechtliche Entstehen von Normen auch auf Verfassungsebene kaum fraglich. So hieß es damals:

> *„Gewohnheitsrechtlich entstehen auch im Staatsrecht Normen durch mehrere gleichmäßige Handlungen, die längere Zeit hindurch bei jeder sich bietenden Gelegenheit von Seiten der staatlichen (meist der obersten) Organe (Volksvertretung, Regierung, Behörden) mit der Absicht des Geltungswillens als eines Rechtssatzes vorgenommen werden.“*[406]

Heutzutage wird die Zulässigkeit von Verfassungsgewohnheitsrecht insbesondere wegen des gegenüber der Reichsverfassung von 1871 und der Weimarer Reichsverfassung in Art. 79 Abs. 1 GG neu eingefügten Inkorporationsgebots diskutiert. Teilweise wird die Zulässigkeit ohne nähere Begründung bejaht,[407] vereinzelt wird sie ganz abgelehnt.[408] Meist wird jedoch zwischen der Verfassung widersprechendem und diese ergänzendem Gewohnheitsrecht unterschieden. Dabei meint *consuetudo praeter constitutionem* Gewohnheitsrecht in den vom Grundgesetz nicht erfassten staatsrechtlichen Materien, welches nicht die gesteigerte Geltungskraft des formellen Verfassungsrechts erreichen kann und daher meist nicht bestritten wird, *consuetudo contra constitutionem* als der Verfassung eindeutig widersprechende Staatspraxis und *consuetudo intra constitutionem* als Staatspraxis, die eine sprachlich offene Verfassungsnorm endgültig auf eine ihrer möglichen Verständnisvarianten einschränkt.[409] Die *consuetudo contra constitutionem* wird im Allgemeinen mit der Begründung abgelehnt, dass sie den in Art. 79 GG enthaltenen Mindestgrenzen für Inhaltsänderungen der Verfassung ohne Textänderung widerspreche und sich daher die für die Bildung von Gewohnheitsrecht erforderliche *opinio juris* kaum begründen lasse.[410] Damit beschränkt sich die Frage nach der Zulässigkeit von Verfassungsgewohnheitsrecht meist auf die *consuetudo intra constitutionem*. Hier wird mehrheitlich davon ausgegangen, dass eine solche Gewohnheitsrechtsbildung zwar nicht *per se* ausgeschlossen ist, diese aber wegen der umfassenden Prüfungskompetenz

---

406 *Stier-Somlo*, Reichs- und Landesstaatsrecht, § 54 I; ausführliche Darstellung bei *Tomuschat*, Verfassungsgewohnheitsrecht, S. 14 ff.

407 *Starck*, Gesetzesbegriff, S. 31; *Bachof*, Verfassungswidrige Verfassungsnormen, S. 44, dieser sieht die Entstehung von Verfassungsgewohnheitsrecht aber wegen Art. 79 Abs. 1 GG zumindest als erheblich erschwert an.

408 Zu letzterem: *Walter*, AöR 125 (1999), S: 517, 522; *Schenke*, AöR 103 (1979), S. 567, 589*; Roßnagel*, Die Änderungen des Grundgesetzes, S. 9 ff.; *Tomuschat*, Verfassungsgewohnheitsrecht, S. 132 ff., 104 mit der Begründung, dass nur die Rechtsmeinung des BVerfG absoluten Rang genieße und diese daher nicht im Vorhinein durch die Übung der von der Verfassung eingesetzten Organe im Rahmen ihres begrenzten Auftrags eingeschränkt werden könne.

409 *Bryde*, in: Münch/Kunig, Art. 79 GG, Rn. 11; ähnlich: *ders.*, Verfassungsentwicklung, S. 433 ff.

410 *Bryde*, Verfassungsentwicklung, S. 454; *Maunz/Zippelius*, Staatsrecht, 28. Aufl., § 6 IV 2.; *Schramm*, Staatsrecht, 4. Aufl., Bd. III, § 66; *Herdegen*, in: Maunz/Dürig, Art. 79 GG, Rn. 30; *Stern*, Staatsrecht, Bd. I, 2. Aufl., S. 111.

des BVerfG und seiner Rolle als Letztinterpret der Verfassung kaum ohne dessen Mitwirkung möglich sei.[411] Dieser Rolle und der Aufgabe des BVerfG zur steten Fortbildung der Verfassung würde es regelmäßig widersprechen, eine bestimmte Staatspraxis oder gewisse Rechtsprechungsgrundsätze zu Verfassungsgewohnheitsrecht zu erheben, da das Gericht sich dadurch einer späteren Änderungsmöglichkeit enthebe.[412]

Dieser Gedanke scheint nicht ganz fernliegend. So verneinen die Beispiele innerhalb der BVerfG Rechtsprechung, die teilweise für das Vorhandensein von Verfassungsgewohnheitsrecht angebracht werden,[413] auch jeweils durch entstandene Übung entwickeltes Verfassungsgewohnheitsrecht, das eine Verfassungsnorm *„fixiert"* hätte,[414] oder stellen sich bei näherer Betrachtung – schon nach der Begründung des BVerfG selbst – nicht als entstandenes Verfassungsgewohnheitsrecht, sondern als ungeschriebenes Verfassungsrecht dar.[415]

Auch *Bryde* nennt als Nachweis für unter Geltung des Grundgesetzes existierendes Verfassungsgewohnheitsrecht lediglich zwei Beispiele, die im Ergebnis nicht so eindeutig sind, wie behauptet.[416] Wohl bejahen könnte man im Ergebnis die Entstehung von Verfassungsgewohnheitsrecht bei seinem ersten Beispiel, der Frage wie weit die Zustimmungsbedürftigkeit des Bundesrates nach Art. 77 GG auszulegen ist. Hier hat sich die Staatspraxis durch Bundestag und Bundesrat dafür entschieden, die Zustimmungsbedürftigkeit für das Gesamtgesetz, nicht nur für die die Zustimmungsbedürftigkeit begründenden Teile anzunehmen. Diese Staatspraxis

---

411 *Bryde*, ebd., S. 451 f.; *Maunz/Zippelius*, ebd.; *Schramm*, ebd.; *Herdegen*, ebd.; *Stern*, ebd., S. 112; *Badura*, Handbuch des Staatsrechts, Band VII (1992), § 160, Rn. 10, wohl auch *Wolff*, Ungeschriebenes Verfassungsrecht, S. 428.

412 *Sachs*, in: Sachs, Grundgesetz Kommentar, Einführung, Rn. 11; *Bryde*, ebd., S. 452; *Wolff*, ebd., S. 431.

413 *Bryde*, ebd., S. 431, Fn. 4; *Dietlein,* in: Beck 'scher Online-Kommentar GG, Art. 79 Rn. 5.4.

414 So BVerfG vom 10. 5. 1960 – 2 BvL 76/58, Rn. 25, BVerfGE 11, 77, 87; BVerfG vom 6.3.1952 – 2 BvE 1/51, Rn. 31, BVerfGE 1, 144, 151; BVerfG vom 22.4.1953 – 1 BvL 18/52, Rn. 32, BVerfGE 2, 213, 224; BVerfG vom 28.2.1961 – 2 BvG 1/60, 2 BvG 2/60, Rn. 110, BVerfGE 12, 205, 235. Indirekt auch in BVerfG vom 11.10.1994 – 1 BvR 337/92, BVerfGE 91, 148, hier wird das von der Bundesregierung praktizierte Umlaufverfahren bei Verordnungsbeschlüssen in der bisher geübten Form (die Bundesregierung ging davon aus, diese Form sei Verfassungsgewohnheitsrecht geworden) als nicht verfassungskonform gerügt. Teilweise wird das in Verfassungsrechtsstreitigkeiten vorgebrachte Argument von bestehendem Verfassungsgewohnheitsrecht vom BVerfG auch schlicht nicht aufgegriffen, wie zum Beispiel in BVerfG vom 19.7.1966 – 2 BvF 1/65, Rn. 19, BVerfGE 20, 56, 61; BVerfG vom 15.2.1978 – 2 BvL 8/74, Rn. 42, BVerfGE 48, 1, 13.

415 So zum Beispiel BVerfG vom 30.01.1973 – 2 BvH 1/72, Rn. 46, BVerfGE 34, 216, 231 das die *„clausula rebus sic stantibus"* als ungeschriebenen Bestandteil des Bundesverfassungsrechts bezeichnet.

416 *Bryde*, Verfassungsentwicklung, S. 453.

wurde vom BVerfG ausdrücklich bestätigt.[417] Damit ist hier zumindest das von der Staatsrechtslehre aufgestellte Erfordernis einer Letztentscheidung durch das BVerfG erfüllt. Ob hingegen die anderen Voraussetzungen der Entstehung von Gewohnheitsrecht, also vor allem die *longa consuetudo* bereits mit der erstmaligen Entscheidung des BVerfG zu dieser Thematik im Jahr 1958 erfüllt waren oder erst mittlerweile davon gesprochen werden kann, bleibt bei *Bryde* offen. Bei seinem zweiten Beispiel, indem es um die Frage nach einem materiellen Prüfungsrecht des Bundespräsidenten geht, erscheint das Entstehen von Verfassungsgewohnheitsrecht hingegen weniger wahrscheinlich. Der Umfang des Prüfungsrechts ist in der Staatsrechtslehre seit jeher umstritten und verfassungsgerichtlich nicht entschieden.[418] Zwar wurde das Bestehen eines Prüfungsrechts des Bundespräsidenten bislang von keinem anderen Staatsorgan grundsätzlich bestritten, allerdings ist man sich über dessen Umfang durchaus uneinig und das Prüfungsrecht wurde von jedem Bundespräsidenten unterschiedlich gehandhabt,[419] so dass sich kaum von einer einheitlichen, langandauernden Übung sprechen lässt. Damit kann wohl nicht davon ausgegangen werden, das Prüfungsrecht und sein Umfang seien gewohnheitsrechtlich anerkannt und Teil des formellen Verfassungsrechts geworden, dass sich nur noch im Wege der Verfassungsänderung anpassen ließe.[420]

Die Bildung von Verfassungsgewohnheitsrecht *intra constitutionem*, also die Schließung von Lücken der abstrakten Verfassungsordnung im Rahmen des vorgegebenen Systems, das wegen Art. 79 Abs. 1 GG als einziges überhaupt für zulässig erachtet werden kann, kommt folglich nur in eng begrenzten Ausnahmefällen in Betracht. Erforderlich ist zunächst eine langandauernde Übung der obersten Staatsorgane bei Auslegung und Anwendung ihrer verfassungsrechtlichen Kompetenzen in der Überzeugung damit rechtmäßig zu handeln. Diese Übung muss nicht nur durch die anderen Staatsorgane unbestritten bleiben, sondern auch ausdrücklich vom BVerfG gebilligt werden. Da dieses aufgrund der ihm in Artt. 93 und 100 GG zugewiesenen Kompetenzen Letztinterpret der Verfassung ist und seine Entscheidungen die Verfassungsorgane des Bundes und der Länder nach § 31 Abs. 1 BVerfGG binden, kann die Bildung von verbindlichem, im Rang der Verfassung stehendem Gewohnheitsrecht in aller Regel nicht angenommen werden, wenn das BVerfG noch keine Gelegenheit zur Äußerung hatte. Eine Ausnahme hiervon kann höchstens dann erwogen werden, wenn das Gericht die geübte Staatspraxis offensichtlich billigt. Die Entstehung von Verfassungsgewohnheitsrecht durch eine bestimmte Staatspraxis wird dabei vom BVerfG nur vollendet, dieses bildet das Verfassungsgewohnheitsrecht nicht selbst. Die Bildung des Gewohnheitsrechts erfolgt durch

417 Erstmals BVerfG vom 12.11.1958 – 2 BvL 4/56, 2 BvL 26/56, 2 BvL 40/56, 2 BvL 1/57, 2 BvL 7/57, Rn. 82, BVerfGE 8, 274, 294.

418 Siehe zum Streitstand zum Beispiel *Maunz*, in: Maunz/Dürig, Art. 82 GG, Rn. 160 ff., der im Ergebnis allerdings das Entstehen von Verfassungsgewohnheitsrecht bejaht (Rn. 183).

419 Hierzu: *Maunz*, ebd., Rn. 115 ff.

420 Hierzu: *Bryde*, Verfassungsentwicklung, S. 446.

die Art der Anwendung von Recht durch die dazu berufenen Organe, dem BVerfG kommt nur die Anerkennung der geübten Praxis als Recht zu. Wenn das BVerfG selbst im Rahmen seiner Aufgabe zur Konkretisierung und Fortbildung der Verfassung über das geschriebene Recht hinausgeht, dann in aller Regel durch Ableitung von ungeschriebenem Verfassungsrecht aus der Verfassung, nicht durch eigenständige Bildung von Gewohnheitsrecht.

Das Ergebnis des Entstehens von Verfassungsgewohnheitsrecht kann dabei ein Verfassungswandel sein. Das ist immer dann der Fall, wenn sich der Inhalt der Verfassung durch das entstandene Gewohnheitsrecht geändert hat, bei der Bildung einer bestimmten Staatspraxis also beispielsweise dann, wenn der Vergleich mit früheren (auch vorkonstitutionellen) Zeiten ergibt, dass diese bisher nicht von der Verfassung anerkannt war.

III. Beispiele für gewandelte Teile des Grundgesetzes

Die im vorherigen Abschnitt dargestellten Merkmale eines Verfassungswandels und sein Vorkommen im Verfassungsrecht sollen im Folgenden anhand einiger Beispiele verdeutlicht werden, um auf diese Weise insbesondere überprüfen zu können, wann sich ein solcher im Rahmen einer Interpretationsänderung oder beim Herauslesen neuer Inhalte aus der Verfassung feststellen lässt und wann nicht.

Ein Verfassungswandel, der aus einer Interpretationsänderung oder der Konkretisierung einer Verfassungsnorm folgt, lässt sich dabei je eher beobachten, je offener eine Grundgesetznorm gehalten ist und dadurch Auslegungsspielräume gibt.[421] Daher finden sich im Grundrechtsteil wesentlich mehr Beispiele für Verfassungswandlungen als innerhalb der oft sehr detailliert geregelten Abschnitte zur bundesstaatlichen Ordnung und zur Finanzverfassung, welche im Gegensatz dazu häufiger einer ausdrücklichen Verfassungsänderung unterliegen als die Grundrechtsnormen.[422]

Zu beachten ist außerdem, dass nicht aus jedem erstmaligen Herauslesen eines Inhalts aus der Verfassung zwingend ein Verfassungswandel folgen muss. Von einem Verfassungswandel kann nur dann ausgegangen werden, wenn sich durch die erfolgte Konkretisierung der Norminhalt gegenüber seinem früheren Verständnis geändert hat. Dies kann sowohl innerhalb des Normprogramms als auch innerhalb des Normbereichs erfolgt sein. Als Beispiel für die Abgrenzung, wann eine Inhaltsänderung erfolgt ist und wann nicht, kann zunächst die Verfassungsentwicklung durch das *Elfes*-Urteil[423] sowie die *Lüth*-Entscheidung[424] des BVerfG im Gegensatz zur „Erfindung" neuer Grundrechte wie dem allgemeinen Persönlichkeitsrecht, dem

---

421 *Kenntner*, DÖV 1997, S. 450, 455; *Häberle*, ZfP 1974, S. 111, 136; *Bryde*, Verfassungsentwicklung, S. 276.

422 *Dreier*, in: Dreier; Art. 79 I GG, 3. Aufl., Rn. 38; ausführlich auch oben: D. Entwicklung des Grundgesetzes seit seinem Inkrafttreten im Jahr 1949.

423 BVerfG vom 16.1.1957 – 1 BvR 253/56, BVerfGE 6, 32.

424 BVerfG vom 15.1.1958 – 1 BvR 400/51, BVerfGE 7, 198.

Grundrecht auf informationelle Selbstbestimmung und dem Computergrundrecht herangezogen werden.

Bei der *Elfes*-Entscheidung ging es um die Frage, ob Art. 2 Abs. 1 GG weit, also als allgemeine Handlungsfreiheit zu verstehen oder enger zu fassen ist und nur den Schutz eines Mindestmaßes dieser Handlungsfreiheit umfasst, ohne den der Mensch seine Wesensanlage als geistig-sittliche Person überhaupt nicht entfalten kann. Das BVerfG hat sich für eine weite Auslegung entschieden und als Grund hierfür vor allem genannt, dass es *„nicht rechtliche Erwägungen, sondern sprachliche Gründe [waren], die den Gesetzgeber bewogen haben, die ursprüngliche Fassung ‚Jeder kann tun und lassen was er will' durch die jetzige Fassung zu ersetzen"*.[425] Dies belegen auch die Diskussionen im Parlamentarischen Rat. So lautete Art. 2 Abs. 1 GG (in den Beratungen zu diesem Zeitpunkt Art. 2 GG) zunächst: *„Jedermann ist frei zu tun und zu lassen, was die Rechte Anderer nicht verletzt und nicht gegen die verfassungsmäßige Ordnung oder das Sittengesetz verstößt"*.[426] Im weiteren Verlauf der Beratungen des Grundsatzausschusses des Parlamentarischen Rats kam man von dieser Formulierung ab, da diese sprachlich nichtssagend sei und zu vulgär klinge, so dass sie zum sonst so würdevollen Klang der Grundrechte nicht passe.[427] Inhaltlich sollte der Artikel aber weiterhin allgemein das Recht des Einzelnen statuieren, frei zu handeln, also weit ausgelegt werden.[428] Vor diesem Hintergrund wird deutlich, dass das BVerfG den Norminhalt von Art. 2 Abs. 1 GG durch die ausdrückliche Festlegung auf eine von mehreren möglichen Deutungsalternativen nicht gewandelt hat, sondern ihr gerade den Inhalt entnommen hat, der in ihr von Anfang an angelegt war. Damit hat es dies zwar erstmals ausdrücklich getan, es hat dabei aber nichts Neues entwickelt, dass den Inhalt der Verfassung hätte wandeln können.

Ähnlich stellt es sich beim *Lüth*-Urteil dar. Hier hat das BVerfG anerkannt, dass die Grundrechte nicht nur Abwehrrechte des Bürgers gegen den Staat sind, sondern aus ihnen auch eine objektive Wertordnung folgt, die als verfassungsrechtliche Grundentscheidung für alle Bereiche des Rechts gilt und von denen Gesetzgebung, Verwaltung und Rechtsprechung Richtlinien und Impulse empfangen.[429] Diese Entscheidung hat den Grundstein für weitere Fortbildungen der Grundrechtsgarantien gelegt, im Rahmen derer insbesondere die Entwicklung der mittelbaren Drittwirkung der Grundrechte und die Postulierung von Grundrechten als Handlungsaufträge und

---

425 BVerfG vom 16.1.1957 – 1 BvR 253/56, Rn. 14 f., BVerfGE 6, 32, 36 f.

426 Siehe hierzu die vom Redaktionsausschuss in erster Lesung formulierte Fassung der Art. 1–20, in: Der Parlamentarische Rat, Bd. 5/II, S. 578.

427 Bericht *von Mangoldt* in der 23. Sitzung des Grundsatzausschusses (in: Der Parlamentarische Rat, Bd. 5/II, S. 606) und in der 42. Sitzung des Hauptausschusses (in: Der Parlamentarische Rat, Bd. 14/II, S. 1297).

428 So *Bergsträsser* und der Tenor der nachfolgenden Diskussion in der 23. Sitzung des Grundsatzausschusses, in: Der Parlamentarische Rat, Bd. 5/II, S. 606 ff.

429 BVerfG vom 15.1.1958 – 1 BvR 400/51, Rn. 26 f., BVerfGE 7, 198, 204 f.

Schutzpflichten für die staatlichen Organe hervorzuheben sind.[430] Die *„Konstruktion von objektiven Grundrechtsgehalten, die nicht erkennbar im Normtext angelegt sind"* wird daher auch als *„schöpferische Leistung der Rechtsprechung des Bundesverfassungsgerichts"* bezeichnet.[431] Richtig daran ist, dass das BVerfG die Bezeichnung der Grundrechte als objektive Wertordnung und deren Geltung für alle Bereiche des Rechts in der *Lüth*-Entscheidung erstmals ausdrücklich ausgesprochen hat, aber wie beim *Elfes*-Urteil hat das BVerfG damit nichts Neues aus der Verfassung herausgelesen, das ihren Inhalt hätte wandeln können, sondern etwas, das ihr von Anfang an innewohnte. Die Einordnung des Grundgesetzes als Wertsystem geht dabei auf *Smends* Integrationslehre zurück, die bereits unter Geltung der Weimarer Reichsverfassung entwickelt wurde.[432] Vorrangig ging es beim *Lüth*-Urteil aber nicht um *„Ordnung"* und um *„Werte"*, sondern um den Geltungsvorrang der Verfassung bei der Interpretation einfachen Rechts, der bereits aus der Normenhierarchie folgt und in Art. 20 Abs. 3 GG und Art. 1 Abs. 3 GG bewusst angelegt war.[433] Die Doppelqualifizierung der Grundrechte als subjektive Rechte und als objektive Normen, die ein entsprechendes Wertsystem errichten, folgt aus eben diesem Geltungsvorrang und ist nach *Stern* schon darin begründet, dass *„Grund des subjektiven öffentlichen Rechts eine objektive Ordnung des öffentlichen Rechtes ist"*, weshalb die objektivrechtlichen Wirkungen der Grundrechtsbestimmungen nicht zweifelhaft sein könnten.[434] Ebenso sieht dies *Dürig*, der davon ausgeht, dass *„durch die Übernahme des sittlichen Werts der Menschenwürde in das positive Verfassungswerk [...] er [...] gleichzeitig* ***Rechts****wert geworden [ist], so daß seine [...] rechtliche Erfassung positivrechtliches Gebot ist"*.[435] Danach ist das grundrechtliche Wertsystem in Art. 1 Abs. 1 GG im Sinne eines *„obersten Konstitutionsprinzips allen objektiven Rechts"* ausdrücklich angelegt und schrittweise zugunsten des einzelnen Rechtsträgers zu realisieren.[436] Auch Art. 1 Abs. 1 S. 2 GG, in dem die doppelte Wirkdimension als Abwehr- und als Schutzrecht ausdrücklich enthalten ist, weist darauf hin, dass den Grundrechten von Anfang an ein bestimmtes Wertsystem innewohnte.[437] Damit liegt der Anerkennung dieses Wertsystems durch das BVerfG gerade kein gewandeltes Verfassungsverständnis zugrunde, sondern stellt sich als Umsetzung der durch Art. 1 Abs. 1 S. 2 GG vorgegebenen Aufgabe dar.

---

430 Ausführlich hierzu: *Herdegen,* in: Maunz/Dürig Art. 1 Abs. 3, Rn. 19; *Schenke,* JZ 1989, S. 653, 655 ff.

431 *Herdegen,* in: Maunz/Dürig, Art.79 GG, Rn. 32 und Art. 1 Abs. 3, Rn. 19.

432 Hierzu oben: E. II. 1. b) Auslegungsmethoden der heutigen Staatsrechtslehre; zur Entwicklung auch *Stern,* Staatsrecht, Bd. III/1, S. 895 f.

433 *Hufen,* NJW 1999, S. 1504, 1507; zu den Diskussionen im Parlamentarischen Rat siehe oben C. II. Stellenwert des Grundgesetzes.

434 *Stern,* Staatsrecht, Bd. III/1, S. 908 f.; a.A. *Böckenförde,* Zur Lage der Grundrechtsdogmatik, S. 26 f.

435 *Dürig,* AöR 81 (1956), S. 117 (Hervorhebung im Original).

436 Ebd., S. 119.

437 *Höfling,* in: Sachs, Art. 1 GG, Rn. 48.

Anders sieht dies bei der Entwicklung der neuen Grundrechtsgarantien aus einer Zusammenschau von Art. 2 Abs. 1 und Art. 1 Abs. 1 GG aus. So hat das BVerfG im Laufe der Zeit den Schutz durch Art. 2 Abs. 1 mithilfe von Art. 1 Abs. 1 GG verstärkt und daraus ein neues, eigenständiges Grundrecht – das allgemeine Persönlichkeitsrecht – entwickelt, das wegen der Menschenwürdegarantie einen gegenüber der allgemeinen Handlungsfreiheit gesteigerten Schutz genießen sollte.[438] Im Rahmen dieses allgemeinen Persönlichkeitsrechts wurden verschiedene weitere Grundrechtsausprägungen entwickelt, so vor allem das Grundrecht auf informationelle Selbstbestimmung[439] und das Computergrundrecht.[440] Diese Inhalte wohnten Art. 2 Abs. 1 GG gerade nicht von Anfang an inne. Die so entwickelten Grundrechtsgarantien waren Reaktionen auf neue Gefährdungslagen für ihre Grundrechtsträger durch veränderte gesellschaftliche Verhältnisse und geänderte technische Möglichkeiten. Diese Gefährdungslagen waren zur Zeit der Entstehung des Grundrechts nicht absehbar und konnten daher nicht berücksichtigt werden. Diese Veränderungen im Normbereich haben zu einer, wie *Bryde* es umschreibt *„Öffnung durch Anpassung des Normsinns"* geführt, bei der Entwicklungen im Regelungsbereich eine Neudefinition des Normprogramms bewirken, wodurch sich der Normsinn ändert.[441] Damit liegt hier ein Fall des Verfassungswandels vor, denn mit dem allgemeinen Persönlichkeitsrecht, dem Grundrecht auf informationelle Selbstbestimmung und dem Computergrundrecht gelten heute Verfassungssätze, die früher nicht galten.[442] Der Inhalt der Verfassung hat sich also gewandelt.

Das Gleiche gilt für die Ausweitung der Rundfunkfreiheit in Art. 5 Abs. 1 S. 2 GG auf neue mediale Dienste und Onlinemedien. Auch hier haben Wandlungen im Regelungsbereich, die durch den technischen Fortschritt bedingt waren, zu einer Neudefinition des Normprogramms geführt.[443] Diese Inhalte waren in der Norm nicht von Anfang angelegt, da sie für den Parlamentarischen Rat als Normgeber

---

438 Zur Entstehungsgeschichte: *Di Fabio,* in: Maunz/Dürig, Art. 2 GG, Rn. 127 ff.

439 BVerfG vom 15.12.1983 – 1 BvR 209/83, 1 BvR 269/83, 1 BvR 362/83, 1 BvR 420/83, 1 BvR 440/83, 1 BvR 484/83, Rn. 148 ff., BVerfGE 65, 1, 42 f.

440 Zu letzterem: BVerfG vom 27.2.2008 – BvR 370/07, 1 BvR 595/07, Rn. 166, BVerfGE 120, 274, 302.

441 *Bryde,* Verfassungsentwicklung, S. 286.

442 So auch: *Hönnige,* in Hönnige/Kneip/Lorenz, Verfassungswandel im Mehrebenensystem, S. 253; *Kneip,* ebd., S. 243; für die informationelle Selbstbestimmung: *Wolff,* Ungeschriebenes Verfassungsrecht, S. 109 und *Schenke,* JZ 1989, S. 653, 658; in Bezug auf das Computergrundrecht begründet das BVerfG dessen Entwicklung in seiner Entscheidung selbst damit, dass es *„einer solchen lückenschließenden Gewährleistung insbesondere [bedarf], um neuartigen Gefährdungen zu begegnen, zu denen es im Zuge des wissenschaftlich-technischen Fortschritts und gewandelter Lebensverhältnisse kommen kann"*, BVerfG vom 27.2.2008 – BvR 370/07, 1 BvR 595/07, Rn 169, BVerfGE 120, 274, 303.

443 *Bryde,* Verfassungsentwicklung, S. 286; a.A. *Böckenförde,* in: FS Lerche, S. 6 f., der Entwicklungen auf der Ebene des Normbereichs vom Verfassungswandel ausnimmt.

nicht voraussehbar waren und mussten daher vom BVerfG neu entwickelt werden. So stellt das BVerfG in seiner 5. Rundfunkentscheidung selbst ausdrücklich fest, dass der *„Begriff ‚Rundfunk' [...] sich nicht in einer ein für allemal gültigen Definition erfassen [lässt]. Inhalt und Tragweite verfassungsrechtlicher Begriffe und Bestimmungen hängen (auch) von ihrem Normbereich ab; ihre Bedeutung kann sich bei Veränderungen in diesem Bereich wandeln"*.[444]

Ähnlich sieht es auch bei der Entscheidung des BVerfG zur Erstreckung der Eigentumsfreiheit auf subjektive öffentliche Rechte, soweit diese auf eigener Leistung beruhen, aus. Noch im Jahr 1953 konstatierte das BVerfG:

> *„Allerdings kann eine Verfassungsbestimmung einen Bedeutungswandel erfahren, wenn in ihrem Bereich neue, nicht vorausgesehene Tatbestände auftauchen oder bekannte Tatbestände durch ihre Einordnung in den Gesamtablauf einer Entwicklung in neuer Beziehung oder Bedeutung erscheinen; davon kann hier nicht die Rede sein. Der Staat greift nicht erst neuerdings auch nach den vermögenswerten subjektiven Rechten des öffentlichen Rechts, sondern nimmt von jeher für sich in Anspruch, solche Rechte, die er selbst erst geschaffen hat, im Rahmen der Gesetze oder durch Gesetz wieder zu entziehen, sei es, daß es sich um Befugnisse oder Rechtspositionen handelt - für einen solchen Fall hat das Bundesverfassungsgericht die Anwendung des Eigentumsbegriffs bereits im Urteil vom 30. April 1952, BVerfGE 1, 264 <278> verneint -, sei es, daß subjektive Forderungsrechte in Rede stehen, wie im vorliegenden Fall."*[445]

Diese Ansicht revidierte das BVerfG dann allerdings im Jahr 1980 bei seiner Entscheidung zum Versorgungsausgleich:

> *„Das Bundesverfassungsgericht hat bislang offengelassen, ob, unter welchen Voraussetzungen und in welchem Umfang sozialversicherungsrechtliche Positionen den Schutz der Eigentumsgarantie genießen. Es ist anfangs davon ausgegangen, daß dieser Schutz grundsätzlich keine öffentlich-rechtlich begründeten vermögenswerten Positionen umfasse. Nach der späteren Rechtsprechung kommt ein solcher Schutz aber jedenfalls dann in Betracht, wenn der ein subjektiv-öffentliches Recht begründende Sachverhalt dem Einzelnen eine Rechtsposition verschafft, die derjenigen des Eigentümers entspricht (vgl BVerfGE 40, 65 (82f) mwN [...]). Dies ist der Fall für Ansprüche auf Versichertenrenten aus den gesetzlichen Rentenversicherungen und für solche Rechtspositionen der Versicherten nach Begründung des Rentenversicherungsverhältnisses, die bei Erfüllung weiterer Voraussetzungen etwa des Ablaufs der Wartezeit und des Eintritts des Versicherungsfalles, zum Vollrecht erstarken können (Rentenanwartschaften)."*[446]

---

444 BVerfG vom 24.3.1987 – 1 BvR 147/86, 1 BvR 478/86, Rn. 132, BVerfGE 74, 297, 350 f.

445 BVerfG vom 1.07.1953 – 1 BvL 23/51 Rn. 73, BVerfGE 2, 380, 401.

446 BVerfG vom 28.2.1980 – 1 BvL 17/77, 1 BvL 7/78, 1 BvL 9/78, 1 BvL 14/78, 1 BvL 15/78, 1 BvL 16/78, 1 BvL 37/78, 1 BvL 64/78, 1 BvL 74/78, 1 BvL 78/78, 1 BvL 100/78, 1 BvL 5/79, 1 BvL 16/79, 1 BvR 807/78, Rn. 145, BVerfGE 53, 257, 290 ff.

Auch hierin zeigt sich eine „*Öffnung durch Anpassung des Normsinns*", eine Neudefinition des Normprogramms von Art. 14 Abs. 1 GG durch Aufnahme neuer Rechtspositionen in den Schutzbereich der Eigentumsfreiheit, die durch Entwicklungen im Normbereich bedingt war.[447] Das BVerfG begründet seine Entscheidung folglich auch gerade damit, dass „*in der heutigen Gesellschaft [...] die große Mehrzahl der Staatsbürger ihre wirtschaftliche Existenzsicherung weniger durch privates Sachvermögen als durch den Arbeitsertrag und die daran anknüpfende solidarisch getragene Daseinsvorsorge [erlangt]. Insoweit sind die Anrechte des Einzelnen auf Leistungen der Rentenversicherung an die Stelle privater Vorsorge und Sicherung getreten.*"[448] Die neuen, nicht vorausgesehenen Tatbestände, die das BVerfG noch im Jahr 1953 abgelehnt hat, erkennt es im Jahr 1980 im Bereich der Daseinsvorsorge also explizit an. Der Nachweis, dass der Verfassung durch die Aufnahme subjektiver öffentlicher Rechte in den Schutzbereich von Art. 14 Abs. 1 GG ein anderer Inhalt beigelegt worden ist als dies früher der Fall war und sich die Verfassung damit gewandelt hat, ist hier also bereits anhand der verschiedenen Aussagen des BVerfG geführt.

Anders sieht es beispielsweise bei der Erstreckung der Eigentumsfreiheit auf obligatorische Rechte aus.[449] Dies wurde (im Gegensatz zum Einbezug subjektiv-öffentlicher Rechte)[450] von *Martin Wolff* bereits unter Geltung der Weimarer Reichsverfassung als allgemein anerkannt behauptet und hat sich seitdem mehrheitlich durchgesetzt.[451] Hier bleibt das BVerfG also der Regelungstradition der Eigentumsfreiheit gerade treu, so dass sich ein gegenüber früheren Zeiten gewandeltes Normverständnis nicht ergibt.

Ebenfalls keinen Verfassungswandel stellt die „*extensive Auslegung*" von Art. 4 Abs. 2 GG bezüglich der von der Religionsausübung der Religionsgesellschaften umfassten Tätigkeiten dar, auch wenn dieser Fall nicht so eindeutig wie der vorherige liegt.[452] Hier heißt es im *Rumpelkammer*-Fall des BVerfG:

> *„Da die ‚Religionsausübung' zentrale Bedeutung für jeden Glauben und jedes Bekenntnis hat, muß dieser Begriff gegenüber seinem historischen Inhalt extensiv ausgelegt werden. Dafür spricht, daß die Religionsfreiheit nicht mehr wie in Art. 135 WRV durch einen ausdrücklichen Gesetzesvorbehalt eingeschränkt ist, nicht mehr in Zusammenhang mit den anderen Bestimmungen über das Verhältnis von Staat und Kirche steht (BVerfGE 19, 206 (219 f.)), nicht nach Art. 18 GG verwirkt werden kann und darüber hinaus durch*

---

447 *Bryde*, Verfassungsentwicklung, S. 286.

448 BVerfG vom 28.2.1980 – 1 BvL 17/77, 1 BvL 7/78, 1 BvL 9/78, 1 BvL 14/78, 1 BvL 15/78, 1 BvL 16/78, 1 BvL 37/78, 1 BvL 64/78, 1 BvL 74/78, 1 BvL 78/78, 1 BvL 100/78, 1 BvL 5/79, 1 BvL 16/79, 1 BvR 807/78, Rn. 147, BVerfGE 53, 257, 290 ff.

449 Hierzu BVerfG vom 9.1.1991 – 1 BvR 929/89, Rn. 36, BVerfGE 83, 201, 208 f. m.w.N.

450 *Anschütz*, Die Verfassung des Deutschen Reiches, 14. Aufl., Art. 153, Anm. 2.

451 *Wolff*, in: FG Kahl, S. 3; *Anschütz*, ebd. mit Verweis auf *Wolff*; zur Entwicklung auch *Bryde*, in: Münch/Kunig, Art. 14 GG; Rn. 12.

452 a.A. auch *Bryde*, Verfassungsentwicklung, S. 286; zurückhaltender *Herzog*, in: Maunz/Dürig, Art. 4 GG, Rn. 102.

verfassungsrechtliche Sonderregelungen geschützt ist (vgl. Art. 3 Abs. 3, Art. 33 Abs. 3 GG, Art. 140 GG in Verbindung mit Art. 136 Abs. 3 Satz 1 WRV; Art. 136 Abs. 4 WRV, Art. 7 Abs. 3 Satz 3 GG; Art. 7 Abs. 2 GG).“[453]

Hierin zeigt sich im Vergleich zur Regelungstradition der Religionsfreiheit also zwar durchaus eine Änderung des Inhalts und der systematischen Stellung der Norm innerhalb des Grundgesetzes, die zu einer Erweiterung des Normprogramms geführt hat. Diese Änderung erfolgte allerdings nicht erst durch die extensive Auslegung des BVerfG, sondern war in ihr als Gegenmodell und in Erweiterung zur Vorgängervorschrift von Anfang an angelegt, wie die Ausführungen des BVerfG belegen. Das BVerfG begründet die Notwendigkeit der extensiven Auslegung zwar nicht nur mit den Änderungen im Normgefüge von Art. 4 Abs. 2 GG, sondern auch mit den Anforderungen der *„pluralistischen Gesellschaft“*, damit spricht es indes keine Veränderungen innerhalb der Gesellschaft seit Inkrafttreten des Grundgesetzes an, sondern seit der Geltung der Weimarer Reichsverfassung und der nationalsozialistischen Gewaltherrschaft.[454] Auch die Diskussionen im Ausschuss für Grundsatzfragen des Parlamentarischen Rats zeigen, dass man bedacht war, sich gegenüber der Formulierung in der Weimarer Reichsverfassung abzugrenzen und Verfolgungen wie zur Nazi-Zeit zu verhindern.[455] Somit kann nicht aus jedem Wandel des Norminhalts gegenüber seiner Regelungstradition ein Verfassungswandel geschlossen werden, sondern nur dann, wenn sich die Regelungstradition im Grundgesetz auch widergespiegelt hat und sich erst unter dessen Geltung wandelt.

Zuletzt soll noch auf die Entscheidung des BVerfG zum Auslandseinsatz der Bundeswehr[456] eingegangen werden. Hier deuten gleich zwei Neuerungen im Rahmen der Verfassungsinterpretation auf Verfassungswandlungen hin. Zunächst hat das BVerfG in der Entscheidung erstmals die Möglichkeit eines Auslandseinsatzes der Bundeswehr außerhalb des Bereichs der Landesverteidigung aufgrund des Beitritts zu einem System kollektiver Sicherheit nach Art. 24 Abs. 2 GG anerkannt.[457] Das BVerfG setzt sich in seiner Entscheidung ausführlich mit der Entstehungsgeschichte von Art. 24 Abs. 2 GG und den Beratungen auf Herrenchiemsee sowie im Parlamentarischen Rat auseinander. Dabei kommt es zu dem Ergebnis, dass zwar zu diesem Zeitpunkt bereits gemeinsames Verständnis war, dass ein solches *„System gegenseitiger kollektiver Sicherheit“* auch militärische Sanktionen zur Friedenssicherung

453 BVerfGE vom 16.10.1968 – 1 BvR 241/66, Rn. 20, BVerfGE 24, 236, 245.

454 BVerfGE vom 16.10.1968 – 1 BvR 241/66, Rn. 19, 25, BVerfGE 24, 236, 245 ff.

455 Das belegen insbesondere die Diskussionen in der 1. (5. Sitzung des Grundsatzausschusses) und 2. Lesung (24. Sitzung des Grundsatzausschusses) des Artikels zur Religionsfreiheit, in: Der Parlamentarische Rat, Bd. 5/I und 5/II, S. 109 f. und 621 ff.

456 BVerfGE vom 12.7.1994 – 2 BvE 3/92, 2 BvE 5/93, 2 BvE 7/93, 2 BvE 8/93, BVerfGE 90, 286.

457 BVerfGE vom 12.7.1994 – 2 BvE 3/92, 2 BvE 5/93, 2 BvE 7/93, 2 BvE 8/93, Rn. 221, BVerfGE 90, 286, 345.

durchführen können sollte, für die Frage aber, ob diese nur im Sinne *„kollektiver Sicherheit“* (Verteidigung nach innen) oder auch *„kollektiver Selbstverteidigung“* (präventive Verteidigung außerhalb des Bündnisbereichs) möglich sein sollten, findet das Gericht indes keine eindeutigen Belege.[458] An späterer Stelle heißt es dann auch:

> *„Friedenstruppen und ihre friedensichernden Aufgaben sind Bestandteil des Systems kollektiver Sicherheit der Vereinten Nationen, wie es sich in der praktischen Handhabung der VN-Satzung entwickelt und in das sich die Bundesrepublik Deutschland durch den mit gesetzlicher Zustimmung im Jahre 1973 vollzogenen Beitritt eingeordnet hat.“*[459]

Dies spricht dafür, dass die *„kollektive Selbstverteidigung“* selbst auf der Ebene der Vereinten Nationen, denen Deutschland erst im Jahr 1973 beigetreten ist, eine Aufgabe war, die sich erst mit der Zeit entwickelt hat. Dass im Rahmen von Art. 24 Abs. 2 GG bereits bei Erlass des Grundgesetzes von der Möglichkeit solcher, nicht unmittelbar der Innenverteidigung dienender Auslandseinsätze deutscher Truppen ausgegangen wurde, erscheint zudem vor dem Hintergrund unwahrscheinlich, dass Deutschland zu diesem Zeitpunkt nicht einmal eine eigene Bundeswehr hatte, weshalb auch vielmehr der Schutz- als der Verteidigungscharakter beim Eintritt in ein solches System kollektiver Sicherheit im Vordergrund stand.[460] Dagegen spricht auch nicht Art. 87a Abs. 2 GG. Im Rahmen der Vorschrift war in der Literatur bis zur Entscheidung des BVerfG streitig, wie in diesem Zusammenhang die Begriffe der Verteidigung und des Einsatzes auszulegen sind und vor allem, ob nur Einsätze im Innern oder auch Auslandseinsätze zulässig sein sollen.[461] Art. 87a GG wurde allerdings erst im Jahre 1956 im Rahmen der Wehrverfassung ins Grundgesetz eingefügt (der strittige Art. 87a Abs. 2 GG sogar erst im Jahr 1968)[462] und kann daher für die Frage, welcher Inhalt Art. 24 Abs. 2 GG bei Inkrafttreten des Grundgesetzes beigemessen wurde und ob dieser Auslandseinsätze im Sinne kollektiver Selbstverteidigung umfassen sollte, keinen Anhaltspunkt bieten. Vielmehr spricht auch die

---

458 Ebd., Rn. 223 ff., BVerfGE 90, 286, 345 f.

459 Ebd., Rn. 240, BVerfGE 90, 286, 351 f.

460 Siehe hierzu auch: Bericht über den Verfassungskonvent, in: Der Parlamentarische Rat, Bd. 2, S. 517: *„Das Deutsche Volk ist gewillt, künftighin auf den Krieg als Mittel der Politik zu verzichten und hieraus die Folgerungen zu ziehen. Um aber nicht wehrlos fremder Gewalt preisgegeben zu sein, bedarf es der Aufnahme des Bundesgebietes in ein System kollektiver Sicherheit, das ihm den Frieden gewährleistet. Nach der einmütigen Auffassung des Konvents muß der Bund bereit sein, im Interesse des Friedens und einer dauerhaften Ordnung der europäischen Verhältnisse in die sich aus einem solchen System ergebenden Beschränkungen seiner Hoheitsrechte einzuwilligen. Zwar wird damit dem deutschen Volk eine Vorleistung zugemutet. Nach dem, was im Namen des deutschen Volkes geschehen ist, ist aber eine solche Vorleistung, die entsprechende Leistungen der anderen beteiligten Staaten im Gefolge hat, angebracht.“*

461 Zum Streitstand: *Baldus*, in: Mangoldt/Klein/Starck, Art. 87a Abs. 2 GG, Rn. 31 ff.

462 BGBl. 1956 I, 112 und BGBl. 1968 I, 711.

nachträgliche Einfügung von Art. 87a GG und der in der Folge einsetzende Streit um die Möglichkeiten zum Einsatz der Bundeswehr außerhalb der Verteidigung gerade dafür, dass sich erst im Laufe der Zeit neue globale Gefahrenlagen und erweiterte Sicherheitsanforderungen ergeben haben, die zu einer Veränderung des Normbereichs von Art. 24 Abs. 2 GG geführt und eine Neudefinition des Normprogramms erforderlich gemacht haben. Diese Veränderungen haben dem Inhalt von Art. 24 Abs. 2 GG insgesamt eine andere Bedeutung gegeben als zur Zeit seines Inkrafttretens und in der Folge zu einem Verfassungswandel geführt.

Daneben hat das BVerfG in dieser Entscheidung erstmalig angenommen, das Grundgesetz verpflichte die Bundesregierung, für einen Einsatz bewaffneter Streitkräfte die grundsätzlich vorherige konstitutive Zustimmung des Deutschen Bundestages einzuholen.[463] Dies hat zu einer erheblichen Verlagerung der Verantwortlichkeit von der Exekutive auf die Legislative in Angelegenheiten der Bundeswehr und zu einer Aufwertung der Rechtsstellung des Parlaments in diesem Bereich geführt.[464] Das Vorhandensein eines solchen Parlamentsvorbehalts begründet das BVerfG mit der seit dem Jahr 1918 bestehenden deutschen Verfassungstradition.[465] Dies mag zwar auf den ersten Blick gegen das Vorliegen eines Verfassungswandels sprechen, allerdings war dieser Parlamentsvorbehalt in der Reichsverfassung von 1871 und der Weimarer Reichsverfassung im Gegensatz zum Grundgesetz ausdrücklich enthalten.[466] Damit hält sich das BVerfG zwar an die Regelungstradition, es liest aber dennoch etwas aus dem Grundgesetz hinaus, dass vorher weder ausdrücklich noch immanent dessen Bestandteil war und gibt ihm somit einen anderen Inhalt als zuvor. In diesem Fall war der Verfassungswandel damit maßgeblich, wie *Bryde* es nennt, durch einen Wertungswandel des Verfassungsinterpreten über das richtige Verfassungsverständnis und weniger durch neue Problemlagen bedingt.[467]

Im Ergebnis zeigt sich also, dass Entstehungsgeschichte und Regelungstradition wirksame Mittel darstellen, um zu überprüfen, ob sich ein Normverständnis geändert hat und welche Veränderungen im Normbereich, im Normprogramm oder beim Vorverständnis des Interpreten hierzu beigetragen haben. Dabei ist allerdings vor allem die Regelungstradition, wie bereits *Cremer* in seiner Untersuchung angemerkt

---

463 BVerfGE vom 12.7.1994 – 2 BvE 3/92, 2 BvE 5/93, 2 BvE 7/93, 2 BvE 8/93, Rn. 319 ff., BVerfGE 90, 286, 381 ff.

464 So auch: *Kneip*, in Hönnige/Kneip/Lorenz, Verfassungswandel im Mehrebenensystem, S. 236 ff.; *Wahl*, in: Verfassungsänderung, Verfassungswandel, Verfassungsinterpretation, S. 77.

465 BVerfGE vom 12.7.1994 – 2 BvE 3/92, 2 BvE 5/93, 2 BvE 7/93, 2 BvE 8/93, Rn. 325 ff., BVerfGE 90, 286, 383.

466 So in Art. 11 Abs. 1 S. 2 RV und Art. 45 Abs. 2 WRV. Zwar sah auch Art. 59a Abs. 1 GG in der Fassung des Gesetzes zur Ergänzung des Grundgesetzes vom 19. März 1956 für die Feststellung des Verteidigungsfalles einen Beschluss des Bundestages vor, die Norm galt aber gerade nicht bereits bei Inkrafttreten des Grundgesetzes und wurde im Jahr 1968 wieder aufgehoben.

467 *Bryde*, Verfassungsentwicklung, S. 288.

hat,[468] stets kritisch zu hinterfragen, denn je nachdem ob sich diese in der aktuell geltenden Norm wiederfindet oder diese gerade in Abgrenzung zur Regelungstradition ergangen ist, kann dies sowohl für als auch gegen das Vorliegen eines Verfassungswandels innerhalb des Grundgesetzes sprechen.

IV. Grundgesetzlich vorgegebene Grenzen des Verfassungswandels

Wie bereits erläutert, wird die grundsätzliche Zulässigkeit eines Verfassungswandels in der Staatsrechtslehre trotz der Möglichkeit ausdrücklicher Verfassungsänderungen und dem hierzu in Art. 79 Abs. 1 bis 3 GG vorgesehenen Verfahren sowie den darin enthaltenen Begrenzungen meist nicht bestritten. Somit ist die Frage, die es vorrangig zu klären gilt, innerhalb welcher Grenzen ein solcher Verfassungswandel erfolgen kann und wann im Gegenzug eine ausdrückliche Änderung der Verfassung notwendig ist. Diese Grenzziehung ist insbesondere vor dem Hintergrund notwendig, dass es die Funktion einer jeden Verfassung ist, als konstituierende Grundordnung des Gemeinwesens bestimmte Leitprinzipien rechtlicher und politischer Ordnung verbindlich festzulegen.[469] Damit sollen ihre grundlegenden Strukturprinzipien gerade nicht zur Disposition des verfassungsändernden Gesetzgebers oder gar ihres Interpreten stehen. Auf der anderen Seite ist die Verfassung gerade wegen ihrer Leitbild-Funktion oft von großer inhaltlicher Weite und Unbestimmtheit, die der Konkretisierung und Anpassung an das sich entwickelnde Gemeinwesen bedarf.[470] In diesem Spannungsfeld sind Verfassungsinterpretation, Verfassungsentwicklung und Verfassungsänderung angesiedelt.

Für Verfassungsänderungen ist – auch außerhalb der änderungsresistenten Teile des Grundgesetzes nach Art. 79 Abs. 3 GG – anerkannt, dass selbst der verfassungsändernde Gesetzgeber gewisse Grenzen zu beachten hat.[471] Dies muss umso mehr für den Verfassungsinterpreten im Rahmen seiner Aufgabe zur Konkretisierung und Fortbildung der Verfassung gelten. Da, wie gesehen, Verfassungswandlungen heutzutage hauptsächlich durch eine Interpretationsänderung erfolgen, sind für Verfassungswandlungen insbesondere die Grenzen der Verfassungsinterpretation relevant. Da der Verfassungswandel aber über die Konkretisierung einer Norm hinaus eine Inhaltsänderung ohne Textänderung bewirkt, sind als Grenzen daneben auch die Grenzen für Verfassungsänderungen zu betrachten. Diese können vor allem dann relevant werden, wenn der Verfassungswandel gerade nicht durch eine Interpretationsänderung, sondern durch Obsolet-Werden einer Norm oder im Rahmen der Fortentwicklung der Verfassung durch das ungeschriebene Verfassungsrecht erfolgt.

---

468 *Cremer*, Anwendungsorientierte Verfassungsauslegung, S. 557 ff., 565.
469 Hesse, Grundzüge des Verfassungsrechts, 20. Aufl., Rn. 16 f.
470 Ebd., Rn. 19 ff.
471 Ausführlich hierzu *Ehmke*, Grenzen der Verfassungsänderung, S. 90 ff.

1. Der Normtext

Für Verfassungswandlungen durch Interpretationsänderung ist zunächst der Normtext als Grenze zu betrachten. Diese Grenze wird in der Staatsrechtslehre vielfach genannt, aber nicht immer einheitlich verstanden.[472] Wie weiter oben bereits dargestellt, ist der Normtext Ausgangspunkt jeder Interpretation. Über dessen Auslegung wird eine Konkretisierung der Norm anhand von Normprogramm und Normbereich erst möglich.[473] Damit ist der Wortlaut einer Norm zwar in der Tat auch, wie *Depenheuer* meint, Gegenstand juristischer Auslegung, das schließt indes weder dessen Grenzfunktion aus, noch führt es zur Inhaltslosigkeit des Normtextes.[474] Der Normtext bildet den Rahmen, innerhalb dessen die Auslegung des Wortlauts stattfinden darf. Damit wird auch *Böckenförde* widersprochen, der meint, es sei gerade Aufgabe der Interpretation, aus der Bruchstückhaftigkeit des Wortlauts mittels Auslegung einen klaren und inhaltsgewissen Normtext zu gewinnen, weshalb dieser nicht gleichzeitig die Grenze der Auslegung bilden könne.[475] Diese Ansicht ist nicht *per se* falsch, ihr liegt allerdings ein anderes Begriffsverständnis zugrunde als es hier verwendet wird: So ist der in Verfassungsurkunde niedergelegte Text gerade der Normtext. Durch die Auslegung des Normtextes (unter anderem anhand des Wortlauts) soll der Inhalt der Norm, also ihr Normprogramm und ihr Normbereich gefunden werden, nicht der Normtext. Richtiger wäre es daher zu sagen, die Norm kann nicht Grenze der Auslegung sein, da ihr Inhalt durch diese erst ermittelt werden soll.[476] Der Normtext hingegen kann durchaus als Grenze fungieren. *Hesse* formuliert hierzu treffend wie folgt:

> *„Wenn Veränderungen der sozialen Wirklichkeit nur insoweit als maßgeblich für den Norminhalt angesehen werden dürfen, als sie zum ‚Normbereich' gehören, wenn hierfür*

---

472 *Hesse*, FS Scheuner, S. 123, 139; ähnlich: *Roßnagel*, Der Staat 22 (1983), S. 551, 570; *Kenntner*, DÖV 1997, S. 450, 456; *Walter*, AöR 125 (1999), S. 517, 540 f; *Schenke*, AöR 103 (1978), S. 567, 589; *Wolff*, Ungeschriebenes Verfassungsrecht, S. 102; *Häberle*, ZfP 1974, S. 111, 130, der den eigenständigen Begriff des Verfassungswandels zwar ablehnt und diesen nur als Interpretationsproblem ansehen will, aber für die von ihm als Interpretation bezeichnete Wandlungsfähigkeit der Verfassung ebenfalls den Text als Grenze nennt.

473 *Müller*, Normstruktur und Normativität, S. 147 f., 150 f.; *ders./Christensen*, Juristische Methodik, 8. Aufl., Rn. 13 f.

474 *Depenheuer*, Der Wortlaut als Grenze, S. 14, 17. Zur Inhaltslosigkeit heiß es auf S. 33: „*Wenn alles sprachliche Mögliche Inhalt sein soll, dann ist eben nichts Inhalt*". Dem ist entgegenzuhalten, dass gerade durch die Begrenzung auf das sprachlich Mögliche sowohl eine Grenze als auch ein Rahmen für die Interpretation gesetzt ist, der die Interpretation auch nicht sinnlos werden lässt.

475 *Böckenförde*, Staat, Verfassung, Demokratie, S. 76 f.

476 So auch *Depenheuer*, Der Wortlaut als Grenze, S. 35 in seiner Begründung, warum der Wortlaut keine Grenze sein kann. Auch er scheint daher von einem anders als hier verwendeten Wortlautverständnis auszugehen.

wiederum das ‚Normprogramm' maßgeblich ist und wenn für dieses der Text der Verfassungsnorm von konstituierender Bedeutung ist, dann kann der Inhalt der Verfassungsnorm sich nur innerhalb des durch den Text gezogenen Rahmens wandeln."[477]

Damit kann der Normtext aber nur insoweit eine Grenze für Verfassungswandlungen bilden, als diese dem Normtext ausdrücklich widersprechen würden oder nicht mehr sinnvoll mit diesem in Einklang gebracht werden können.[478] Das bedeutet nach zutreffender Umschreibung von *Müller/Christensen*, dass die Grenze nicht positiv dahingehend gefasst werden kann, dass nur solche Annahmen als normgemäß gelten dürfen, die im Wortlaut ihre Rechtfertigung finden, sondern negativ in dem Sinne, dass jedenfalls der methodische Spielraum, den der Normtext lässt, nicht überschritten sein darf.[479] Zu weit geht in diesem Zusammenhang aber die Ansicht von *Müller/Christensen*, die Wortlautgrenze stelle sich dabei als Normprogrammgrenze dar.[480] Das Normprogramm wird anhand der Auslegung des Normtextes erst gebildet, so dass dessen Grenzen nicht identisch mit denen des Normtextes sein können, sondern vielmehr der Normtext die Grenze bei der Konkretisierung des Normprogramms darstellt.[481]

Eine Ausnahme von der Normtextgrenze kann nach *Müller* lediglich dann gemacht werden, wenn der Normtext nachweislich fehlerhaft oder missverständlich ist.[482] *Müller* will dies nur bei klar belegbaren Fehlern wie beispielsweise Übermittlungsfehlern im Gesetzgebungsverfahren oder Satzfehlern bei der Drucklegung annehmen.[483] Weiter geht indes *Bryde*, der auch dann über den Normtext hinweg gehen will, wenn dieser dem Sinn und Zweck der Regelung widerspreche.[484] Als Beispiel nennt er Art. 80 Abs. 2 GG und das darin enthaltene Zustimmungserfordernis des Bundesrates, das nur „*vorbehaltlich anderweitiger bundesgesetzlicher Regelung*" gelte und daher ohne Zustimmung des Bundesrates aufgehoben werden könne.[485] Angesichts der vom Grundgesetz bewusst stark ausgestalteten Stellung des Bundesrates bei der Verordnungsgebung müsse dem Verfassungsgesetzgeber hier ein Fehler unterlaufen sein, weshalb entgegen des Wortlauts angenommen werden könne, dass auch das das Zustimmungserfordernis des Bundesrates aufhebende Gesetz

---

477 *Hesse*, FS Scheuner, S. 123, 139.

478 Ebd.; ebenso *ders.*, Grundzüge des Verfassungsrechts, 20. Aufl., Rn. 77.

479 *Müller/Christensen*, Juristische Methodik, 8. Aufl., Rn. 311, 526 ff.

480 Ebd., Rn. 312.

481 Kritisch hierzu auch *Cremer*, Anwendungsorientierte Verfassungsauslegung, S. 521 f., der dabei vor allem die Gefahr sieht, dass die Normprogrammgrenze subjektivistisch aufgelöst wird und zu nichts anderem als einer bloßen Plausibilitäts- und Vertretbarkeitskontrolle verkommt.

482 *Müller*, Normstruktur und Normativität, S. 159; *ders./Christensen*, Juristische Methodik, 8. Aufl., Rn. 311.

483 *Müller/Christensen*, Juristische Methodik, 8. Aufl., Rn. 311, Fn. 254.

484 *Bryde*, Verfassungsentwicklung, S. 270.

485 Ebd., S. 269.

die Zustimmung des Bundesrates erfordere.[486] Diese Ansicht geht jedoch zu weit. Der Normtext ist ohnehin keine sonderlich enge Grenze, bedenkt man die Abstraktheit und Weite der meisten Verfassungsnormen. Es erscheint daher höchst bedenklich, diese Grenze noch weiter aufzuweichen und den Normtext nur als *„regelmäßige, aber keine unüberwindbare Grenze“*[487] anzusehen. Eine Rechtfortbildung *contra legem* kann nicht zulässig sein. Dies will gerade auch Art. 79 Abs. 1 GG verhindern, nach dessen Satz 1 sich der Normtext aus der Verfassung selbst ergeben muss. Art. 79 Abs. 1 S. 1 GG enthält damit nicht nur eine Vorgabe für ausdrückliche Verfassungsänderungen, sondern bildet auch den äußeren Rahmen für jede Inhaltsänderung der Verfassung ohne Textänderung.[488]

Im Ergebnis bedeutet das also, dass eine Grenze des Verfassungswandels unabhängig davon, ob er durch Interpretationsänderung oder auf andere Weise erfolgt, der Normtext ist. Normtext meint dabei nicht den ihm aufgrund seiner Auslegung und Konkretisierung beigelegten Norminhalt, sondern den in der Verfassungsurkunde ausdrücklich niedergeschriebenen Text. Diesem Text dürfen Verfassungswandlungen weder ausdrücklich widersprechen noch dürfen sie nicht mehr sinnvoll mit diesem in Einklang zu bringen sein. Ein plakatives Beispiel findet sich hierzu bei *Walter*: Wenn es in Art. 22 GG heißt, die Bundesflagge ist schwarz-rot-gold, dann ist weder die Anordnung noch die Größe noch die Form dieser drei Farben durch den Normtext festgeschrieben und steht Verfassungswandlungen grundsätzlich offen.[489] Die Farben an sich hingegen sind im Normtext ausdrücklich bezeichnet, so dass eine Auslegung, die zu dem Ergebnis käme, die Bundesflagge könne auch blau-grün-weiß sein, unzulässig wäre.

2. *Der Kerngehalt von Verfassungsnormen*

Vereinzelt wird in der Staatsrechtlehre als Grenze für den Verfassungswandel nicht auf den Normtext abgestellt, sondern das Erfordernis des Fortbestehens eines *„Bedeutungskerns“* betont, wobei auch hier der Verfassungstext Hinweise auf diesen *„Bedeutungskern“* liefern soll.[490] So nennt beispielsweise *Bryde*, der den Wortlaut als

---

486 Ebd., S. 269 f.

487 So ebd., S. 270.

488 *Hesse*, FS Scheuner, S. 123, 139; a.A. *Cremer*, Anwendungsorientierte Verfassungsauslegung, S. 370, nach dem der Inhalt von Art. 79 Abs. 1 S. 1 GG und dessen Ausweisung als Basisnorm auch für die Verfassungsinterpretation selbst durch Auslegung ermittelt worden sei und daher einem infiniten Zirkelschluss unterliege. Dem ist entgegenzuhalten, dass selbst dann, wenn der Schluss zirkulär erscheinen mag, die durch die Verfassung vorgegebenen Grenzen für Änderungen derselben bei Änderungen durch Interpretation und beim Verfassungswandel nicht schlicht ignoriert werden können.

489 *Walter*, AöR 125 (1999), S. 517, 541.

490 So: *Bushart*, Verfassungsänderung in Bund und Ländern, S. 55 f.; ähnlich: *Badura*, Handbuch des Staatsrechts, Band VII (1992), § 160, Rn. 12.

Grenze zulässigen Verfassungswandels angesichts der Weite vieler Verfassungsnormen für kaum weiterführend hält, den *„eindeutigen Kern“*, den auch konkretisierungsbedürftige Verfassungsnormen hätten, als zusätzliche Grenze zum Wortlaut.[491] Er bezeichnet ihn als *„unbestreitbaren Mindeststandard“*, geht aber davon aus, dass sich Verfassungswandlungen in der Praxis ohnehin fast ausschließlich außerhalb dieses Kerns abspielen würden, weshalb dieser ebenfalls keine ausreichende Begrenzung des Verfassungswandels darstellen könne.[492] *Bryde* ist hier indes insoweit entgegenzutreten, als dass sich die nähere Beleuchtung des Kerngehalts einer Verfassungsnorm auch dann lohnt, wenn er keine besonders enge Grenze für Verfassungswandlungen vorgeben kann. Die Theorie zum Bedeutungskern von Verfassungsnormen scheint der Wesensgehaltgarantie des Art. 19 Abs. 2 GG entlehnt,[493] weshalb im Folgenden auf deren dogmatische Grundlagen Bezug genommen wird, auch wenn sich diese primär auf gesetzliche Einschränkungen der Grundrechte bezieht.[494]

Der Gedanke der Wesensgehaltgarantie geht bereits auf die Staatsrechtslehre der Weimarer Republik zurück und lag in der unterschiedlichen Bindungskraft der Grundrechte, vor allem im Rahmen von Akten des Gesetzgebers begründet.[495] Die Wesensgehaltgarantie soll dabei einen Kernbereich jeder Grundrechtsgewährleistung sichern und verbürgen, dass kein Grundrecht so weit beschränkt wird, dass es keine Wirksamkeit mehr entfalten kann.[496] Der genaue Inhalt von Art. 19 Abs. 2 GG ist in der heutigen Staatsrechtlehre umstritten. Diskutiert wird insbesondere ob der Wesensgehalt absolut zu verstehen ist, also in keinem Fall angetastet werden kann, oder nur relativen Schutz gewährleistet und damit die Rechtfertigung eines Eingriffs zulässt.[497] Der Wesensgehalt muss dabei in der Regel für jedes Grundrecht im Hinblick auf seinen spezifischen Schutzgegenstand separat bestimmt werden.[498] In Anlehnung an *Dürig*, der sich als einer der ersten ausführlich mit dem Inhalt von Art. 19 Abs. 2 GG befasst hat, bestimmt sich der Wesensgehalt einer Norm neben

---

491 *Bryde*, Verfassungsentwicklung, S. 268 mit Verweis auf *Kriele*, Theorie der Rechtsgewinnung, S. 212 ff., der als Beispiele für die Verletzung dieses Kerns evident verfassungswidrige Eingriffe wie den Raub des Lebensminimums der Menschen oder die Einrichtung von Konzentrationslagern in der Bundesrepublik nennt.

492 *Bryde*, ebd.

493 Das klingt bei *Kriele*, Theorie der Rechtsgewinnung, S. 213 an, auf den sich *Bryde* bei der Begründung seines eindeutigen Kerns beruft.

494 *Sachs*, in: Sachs, Art. 19 GG, Rn. 9. Die Wesensgehaltgarantie richtet sich zwar insgesamt an die staatliche Gewalt und ist daher auch für Einschränkungen durch die anderen Gewalten relevant, kommt jedoch praktisch kaum zum Tragen, *Stern*, Staatsrecht, Bd. III/2, S. 877 ff.

495 *Huber*, in: Mangoldt/Klein/Starck, Art. 19 Abs. 2 GG, Rn. 104; ausführlich hierzu oben: B. II. 3. Bindungskraft der Grundrechte der Weimarer Reichsverfassung.

496 *Huber*, ebd., Rn. 137.

497 *Huber*, ebd., Rn. 138 ff.; *Sachs*, in: Sachs, Art. 19 GG, Rn. 41 ff.

498 *Sachs*, ebd., Rn. 44; *Stern*, Staatsrecht, Bd. III/2, S. 874 ff.

dem Menschenrechtsgehalt, den Art. 1 Abs. 1 GG vermittelt, insbesondere aus den *„historisch-politisch-soziologischen Anschauungen der Rechtsgemeinschaft über das Wesen bestimmter Einrichtungen und Normenkomplexe“*.[499] Das bedeutet, dass die Frage, was zum Wesen eines bestimmten Grundrechts gehört, gerade mithilfe dieser Anschauungen beantwortet werden kann. Als Beispiele nennt *Dürig*:

> *„So könnte etwa zum Wesen der Wohnung im Sinne des Art. 13 auch das Büro, zum Wesen der Presse im Sinne des Art. 5 I Satz 2 auch das Anzeigenwesen, zum Wesen des freien Berufs die private Altersversorgung, zum Wesen der Lehre die sachliche Kritik trotz Treueklausel, zum Wesen des Asyls auch die Aufnahme religiös Verfolgter, zum Wesen des freien Zuges auch die Auswanderung usw. gerechnet werden.“*[500]

Damit wird deutlich, dass die Wesensgehaltgarantie von Grundrechtsnormen über die Gewährleistungen des Art. 1 Abs. 1 GG hinausgeht. Ansonsten wäre Art. 19 Abs. 2 GG neben Art. 1 Abs. 1 GG auch überflüssig. Die Wesensgehaltsgarantie und in Anlehnung daran der Bedeutungskern von Verfassungsnormen besagen vielmehr, dass es bestimmte Teile einer Norm gibt, die ihr Wesen bestimmen und die daher änderungsresistent sind. Diese Wesensbestandteile können auch nicht aufgrund einer geänderten Interpretation, selbst wenn diese noch mit dem Normtext vereinbar wäre, wegfallen. Fraglich ist indes, ob dies eine absolute und unveränderliche Grenze des Verfassungswandels darstellen kann. Was den Bedeutungskern einer Norm ausmacht, hängt nach der Definition von *Dürig* von bestimmten Anschauungen der Rechtsgemeinschaft ab. Anschauungen können sich allerdings, wie bereits gesehen, wandeln und haben im Rahmen des Vorverständnisses des Verfassungsinterpreten Einfluss auf die Inhaltsbestimmung einer Verfassungsnorm, so dass geänderte Anschauungen auch den Bedeutungskern beeinflussen können. Damit erscheint die Annahme eines vor Verfassungswandlungen resistenten Bedeutungskerns im Sinne der Definition *Dürigs* im Rahmen der Wesensgehaltgarantie nicht zielführend. Der Bedeutungskern kann somit lediglich so verstanden werden, dass eine Verfassungsnorm nicht so in ihrem Wesen verändert werden darf, dass dies der Grundentscheidung der Verfassung widerspräche, auch wenn dies aufgrund geänderter Anschauungen zulässig wäre, da solche grundlegenden Änderungen im Verfassungsgefüge, die Normen in ihrem ihnen vom Verfassungsgeber beigelegten Wesen beeinträchtigen, dem verfassungsändernden Gesetzgeber überlassen werden müssen, der dabei die durch Art. 79 Abs. 1 bis 3 GG gesetzten Grenzen zu beachten hat. Diese Beschränkung auf evident dem Wesen einer Verfassungsnorm widersprechende Fälle dürfte auch dem Verständnis von *Bryde* bezüglich des *„eindeutigen Kerns“* von Verfassungsnormen entsprechen.[501] Als Beispiel für das Betroffen sein dieses Kerns kann das *Fristenlösungs*-Urteil des BVerfG angeführt werden. Hier hatte das BVerfG über § 218a StGB in der Fassung

499 *Dürig*, AöR 81 (1956), S. 117, 156.
500 Ebd., S. 157.
501 Siehe oben: Fn. 491.

des Fünften Strafrechtsreformgesetzes zu entscheiden und hielt ihn mit folgender Begründung für teilweise mit Art. 2 Abs. 2 S. 1 in Verbindung mit Art. 1 Abs. 1 GG unvereinbar:

> *„Dem Grundgesetz liegen Prinzipien der Staatsgestaltung zugrunde, die sich nur aus der geschichtlichen Erfahrung und der geistig-sittlichen Auseinandersetzung mit dem vorangegangenen System des Nationalsozialismus erklären lassen. Gegenüber der Allmacht des totalitären Staates, der schrankenlose Herrschaft über alle Bereiche des sozialen Lebens für sich beanspruchte und dem bei der Verfolgung seiner Staatsziele die Rücksicht auch auf das Leben des Einzelnen grundsätzlich nichts bedeutete, hat das Grundgesetz eine wertgebundene Ordnung aufgerichtet, die den einzelnen Menschen und seine Würde in den Mittelpunkt aller seiner Regelungen stellt. Dem liegt, wie das Bundesverfassungsgericht bereits früh ausgesprochen hat (BVerfGE 2, 1 (12)), die Vorstellung zugrunde, daß der Mensch in der Schöpfungsordnung einen eigenen selbständigen Wert besitzt, der die unbedingte Achtung vor dem Leben jedes einzelnen Menschen, auch dem scheinbar sozial „wertlosen", unabdingbar fordert und der es deshalb ausschließt, solches Leben ohne rechtfertigenden Grund zu vernichten. Diese Grundentscheidung der Verfassung bestimmt Gestaltung und Auslegung der gesamten Rechtsordnung. Auch der Gesetzgeber ist ihr gegenüber nicht frei; gesellschaftspolitische Zweckmäßigkeitserwägungen, ja staatspolitische Notwendigkeiten können diese verfassungsrechtliche Schranke nicht überwinden (BVerfGE 1, 14 (36)). Auch ein allgemeiner Wandel der hierüber in der Bevölkerung herrschenden Anschauungen - falls er überhaupt festzustellen wäre - würde daran nichts ändern können."*[502]

3. Art. 79 Abs. 3 GG

In Art. 79 Abs. 3 GG heißt es: *„Eine Änderung dieses Grundgesetzes, durch welche die Gliederung des Bundes in Länder, die grundsätzliche Mitwirkung der Länder bei der Gesetzgebung oder die in den Artikeln 1 und 20 niedergelegten Grundsätze berührt werden, ist unzulässig."*

Art. 79 Abs. 3 GG nennt damit die Grenzen von ausdrücklichen Verfassungsänderungen. Diese müssen auch für Verfassungswandlungen Anwendung finden. *„Die Entscheidung des Parlamentarischen Rats, einen Kernbestand der Verfassung in jedem Fall stabil zu halten, richtet sich an alle Akteure der Verfassungsentwicklung, nicht nur den verfassungsändernden Gesetzgeber"*, so *Bryde.*[503] Dem ist uneingeschränkt zuzustimmen. Der Verfassungswandel, insbesondere der durch Interpretationsänderung bewirkte, kann sich – wie alles Verfassungsrecht – egal ob geschrieben oder ungeschrieben, immer nur in dem durch die Verfassung gesteckten Rahmen halten. Dieser Rahmen und seine unverrückbaren Teile binden auch den Verfassungsinterpreten. Nach dem BVerfG ist Art. 79 Abs. 3 GG dabei aber restriktiv auszulegen und soll lediglich *„verhindern, daß die geltende Verfassungsordnung in ihrer Substanz,*

502 BVerfG vom 5.2.1975 – 1 BvF 1/74; 1 BvF 2/74; 1 BvF 3/74; 1 BvF 4/74; 1 BvF 5/74; 1 BvF 6/74, Rn. 207, BVerfGE 39, 1, 67.

503 *Bryde*, Verfassungsentwicklung, S. 271.

in ihren Grundlagen auf dem formal-legalistischen Weg eines verfassungsändernden Gesetzes beseitigt und zur nachträglichen Legalisierung eines totalitären Regimes mißbraucht werden kann"[504] und gestatte dem verfassungsändernden Gesetzgeber daher *„die positivrechtliche Ausprägung dieser Grundsätze aus sachgerechten Gründen zu modifizieren*".[505]

Durch Art. 79 Abs. 3 GG, der auch als Ewigkeitsgarantie bezeichnet wird,[506] sind die bundesstaatliche Ordnung sowie die in Artt. 1 und 20 GG niedergelegten Grundsätze einer Änderung entzogen. Die Garantie der bundesstaatlichen Ordnung schützt dabei lediglich ein Mindestmaß an materieller Eigenständigkeit der Länder und deren Existenz überhaupt sowie das Vorhandensein von grundsätzlichen Mitsprachemöglichkeiten von substantiellem Gewicht, nicht ihre derzeitige Ausprägung.[507]

Von Bedeutung für den Verfassungswandel sind insbesondere die Grundsätze von Art. 1 und 20 GG. Art. 1 GG enthält in Absatz 1 die Menschenwürdegarantie, in Absatz 2 das Bekenntnis zu den Menschenrechten und in Absatz 3 die unmittelbare Bindung der drei Gewalten an die Grundrechte. Im Rahmen von Art. 1 Abs. 1 GG ist in der Staatsrechtslehre insbesondere umstritten, ob durch die Ewigkeitsgarantie nur die Menschenwürde an sich oder auch der in jedem Grundrecht enthaltene Menschenwürdegehalt geschützt sind.[508] Die Kritiker dieser Theorie betonen vor allem, dass nicht alle Grundrechte über einen Würdegehalt verfügen würden und selbst bei Vorhandensein eines solchen, dieser in der Regel hinter dem Wesensgehalt im Sinne von Art. 19 Abs. 2 GG zurück bleibe.[509] Auch nach dieser Ansicht bleibt bei Aufhebung spezialgrundrechtlich geschützter Aspekte der Menschenwürdegarantie aber der Schutz dieser Aspekte über Art. 1 Abs. 1 GG erhalten.[510] Diese Annahme scheint überzeugend und im Hinblick auf den restriktiven Charakter der Ewigkeitsgarantie interessensgerecht. Somit wäre eine Aufhebung der Artt. 2 bis 19 GG nach Art. 1 Abs. 1 GG nicht ausgeschlossen, ihr Schutzgehalt bliebe aber vermittels Art. 1 Abs. 1 GG insoweit aufrechterhalten, als er die Menschenwürde betrifft. Eine komplette Streichung oder eine einschneidende Verkürzung des Grundrechtskatalogs der Artt. 2 bis 19 GG wäre indes mit Art. 1 Abs. 3 GG

504 BVerfG vom 15.12.1970 – 2 BvF 1/69, 2 BvR 629/68, 2 BvR 308/69, Rn. 79, BVerfGE 30, 1, 24.

505 BVerfG vom 23.04.1991 – 1 BvR 1170/90, 1 BvR 1174/90, 1 BvR 1175/90, Rn. 125, BVerfGE 84, 90, 121.

506 *Dreier*, in Dreier, Art. 79 III GG, Rn. 14.

507 Ebd., Rn. 21 f.; *Sachs*, in: Sachs, Art. 79 GG, Rn. 42 ff. *Bryde*, in: Münch/Kunig, Art. 79 GG, Rn. 32 f.; ausführlich hierzu auch *Hesse*, Bundesstaatsreform und Grenzen der Verfassungsänderung, S. 168 ff.

508 Für umfangreichen Schutz: *Bryde*, in: Münch/Kunig, Art. 79 GG, Rn. 37, a.A. *Dreier*, in Dreier, Art. 79 III GG, Rn. 28; *Herdegen*, in: Maunz/Dürig, Art. 79 GG, Rn. 115.

509 *Herdegen*, ebd.; ähnlich *Hain*, in: Mangoldt/Klein/Starck, Art. 79 Abs. 3 GG, Rn. 67.

510 *Sachs*, in: Sachs, Art. 79 GG, Rn. 51; *Dreier*, in Dreier, Art. 79 III GG, Rn. 28.

nicht vereinbar.[511] Über die Ewigkeitsgarantie ist nicht nur die unmittelbare Rechtsgeltung der Grundrechte geschützt, sondern wegen des Passus „*nachfolgende Grundrechte*" in Art. 1 Abs. 3 GG auch der Bestand eines Grundrechtskatalogs an sich.[512] Im Hinblick auf die Bindungswirkung der Grundrechte ist über Art. 1 Abs. 3 GG ihre Vorrangstellung und ihr effektiver Schutz gesichert, hindert aber nicht die Aufnahme von Grundrechten in die Verfassung, die nicht unmittelbar subjektive Rechte gewähren oder auf Ausgestaltung durch den Gesetzgeber angelegt sind, da solche Grundrechte bereits im Grundgesetz vorhanden sind.[513] Art. 1 Abs. 2 GG erschöpft sich nach allgemeiner Ansicht in seiner Bedeutung für die Ewigkeitsgarantie darin, „*daß sich der Verfassungsänderungsgesetzgeber nicht von dem Bekenntnis zu den Menschenrechten und ihrer Unverletzlichkeit und Unveräußerlichkeit lösen darf*", hat daneben aber keinen über Art. 1 Abs. 1 GG hinausgehenden Gehalt.[514]

Über Art. 20 GG sind durch die Ewigkeitsgarantie bestimmte Strukturprinzipien der Bundesrepublik Deutschlands vor Änderungen geschützt. Im Rahmen von Verfassungswandlungen sind insbesondere das Demokratieprinzip und die in Art. 20 GG niedergelegten rechtsstaatlichen Prinzipien relevant, weshalb diese im Folgenden eingehender betrachtet werden sollen. Ebenfalls in Art. 20 GG enthalten sind das Prinzip der Bundesstaatlichkeit, hierzu wurden im Rahmen der bundesstaatlichen Ordnung bereits Ausführungen gemacht,[515] das Sozialstaatsprinzip, das sich auf die soziale Ordnung der Gesellschaft bezieht, allerdings wegen seiner Unbestimmtheit durch den Gesetzgeber konkretisiert werden muss und nur vor eklatanten Verstößen schützt,[516] sowie die republikanische Staatsform.[517] Nicht vor Änderungen geschützt ist hingegen nach fast einhelliger Meinung das nachträglich in Art. 20 Abs. 4 GG aufgenommene Widerstandsrecht der Deutschen.[518]

Das Demokratieprinzip umfasst insbesondere das Mehrheitsprinzip, die Herrschaft auf Zeit, den freien Willensbildungsprozess und die Volkssouveränität.[519] Die

---

511 *Sachs*, ebd., Rn. 57.

512 *Sachs*, ebd., Rn. 55, 57; *Dreier*, in Dreier, Art. 79 III GG, Rn. 32.

513 *Sachs*, ebd., Rn. 55 f.; *Dreier*, in Dreier, Art. 79 III GG, Rn. 33 f.; *Bryde*, in: Münch/Kunig, Art. 79 GG, Rn. 38.

514 *Stern*, Staatsrecht, Bd. III/2, S. 1115 ff., 1118; zustimmend *Sachs*, ebd., Rn. 54; *Dreier*, in Dreier, Art. 79 III GG, Rn. 31; *Hain*, in: Mangoldt/Klein/Starck, Art. 79 Abs. 3 GG, Rn. 70; a.A. wohl nur *Bryde*, in: Münch/Kunig, Art. 79 GG, Rn. 36.

515 Näher: *Dreier*, ebd., Rn. 47; *Sachs*, ebd., Rn. 62; *Hain*, ebd., Rn 119 ff.; *Bryde*, ebd., Rn. 52.

516 *Dreier*, ebd., Rn. 45 f.; *Hain*, ebd., Rn 72 ff.

517 Zu letzterem näher: *Dreier*, ebd., Rn. 35; *Sachs*, in: Sachs, Art. 79 GG, Rn. 61; *Hain*, ebd., Rn 137 ff.; *Bryde*, in: Münch/Kunig, Art. 79 GG, Rn. 39.

518 Ansonsten hätte es der verfassungsändernde Gesetzgeber in der Hand, die Verfassung mit Ewigkeitsgarantien anzureichern, *Dreier*, ebd., Rn. 54; ebenso *Bryde*, ebd., Rn. 51.

519 *Dreier*, ebd., Rn. 37, 41; einschränkend zum Mehrheitsprinzip *Hain*, in: Mangoldt/Klein/Starck, Art. 79 Abs. 3 GG, Rn. 86 ff.

Souveränität des Volkes als der verfassten Gemeinschaft der Freien und Gleichen verlangt vor allem, dass alles staatliche Handeln aufgrund einer ununterbrochenen Legitimationskette demokratisch legitimiert ist und die zu treffenden Entscheidungen in ihrer Bedeutung und Tragweite mit dem diesem Entscheidungsträger zukommenden Legitimationsniveau korrespondieren.[520] Da mithilfe der Ewigkeitsgarantie aber nach allgemeiner Ansicht keine bestimmten dogmatischen Demokratiekonzeptionen für unantastbar erklärt werden dürfen, können durch Art. 79 Abs. 3 GG weder das Verhältnis von direktdemokratischen und repräsentativen Elementen noch die Frage, welche Organe unmittelbar vom Volk gewählt werden, oder andere das parlamentarische System im engeren Sinne betreffenden Punkte festgeschrieben werden.[521] Von der Ewigkeitsgarantie umfasst sind aber die demokratische Legitimation durch periodisch wiederkehrende Wahlen, die fundamentalen Wahlrechtsgrundsätze nach Art. 38 Abs. 1 S. 1 GG, die Garantie der prinzipiellen Offenheit des Grundgesetzes für Sachentscheidungen des Volkes und die Leitbildfunktion des Parlaments –wohl aber nicht das parlamentarische Regierungssystem an sich.[522]

Das Rechtsstaatsprinzip ist in Art. 20 GG nicht ausdrücklich enthalten. In Art. 20 Abs. 2 und 3 GG sind nur einzelne Elemente dieses Prinzips normiert. In der Staatsrechtslehre ist umstritten, ob darüber hinaus das Rechtsstaatsprinzip auch allgemein als ungeschriebener Bestandteil von Art. 20 Abs. 1 GG angesehen werden kann.[523] Das BVerfG äußert sich hierzu nicht einheitlich. Zumindest mit Bezug auf Art. 79 Abs. 3 GG scheint es jedoch davon auszugehen, Art. 20 GG enthalte nur ganz bestimmte Grundsätze des Rechtsstaatsprinzips.[524] Auch *Bryde* ist der Ansicht, dass die richterrechtlichen Ausdifferenzierungen des Rechtsstaatsprinzips unabhängig von Ihrer Herleitung nicht der Ewigkeitsgarantie unterfallen.[525] Folglich können im Rahmen von Art. 79 Abs. 3 GG und als Grenzen des Verfassungswandels nur die in Art. 20 Abs. 2 und 3 GG ausdrücklich niedergelegten rechtsstaatlichen Prinzipien der Gewaltenteilung, der Verfassungsbindung der Gesetzgebung sowie der Gesetzesbindung von Exekutive und Judikative berücksichtigt werden.[526] Das Gewaltenteilungsprinzip ist nach dem BVerfG nur dann verletzt, wenn eine Gewalt

---

520 *Hain*, ebd., Rn. 83 ff.; *Dreier*, ebd., Rn. 42; *Bryde*, in: Münch/Kunig, Art. 79 GG, Rn. 41.

521 *Bryde*, ebd.; *Schnapp*, in: Münch/Kunig, Art. 20 GG, Rn. 19.

522 *Dreier*, in Dreier, Art. 79 III GG, Rn. 38 ff.; ähnlich *Bryde*, ebd., Rn. 43; zum parlamentarischen Regierungssystem auch *Hain*, in: Mangoldt/Klein/Starck, Art. 79 Abs. 3 GG, Rn. 80.

523 So *Sachs*, in: Sachs, Art. 79 GG, Rn. 73 m.w.N.; dagegen *Hain*, ebd., Rn. 88 ff.; offenlassend *Dreier*, ebd., Rn. 49, 53; *Bryde*, ebd., Rn. 44.

524 BVerfG vom 15.12.1970 – 2 BvF 1/69, 2 BvR 629/68, 2 BvR 308/69, Rn. 80, BVerfGE 30, 1, 24.

525 *Bryde*, in: Münch/Kunig, Art. 79 GG, Rn. 44; zustimmend mit gewissen Einschränkungen *Dreier*, in Dreier, Art. 79 III GG, Rn. 53.

526 *Bryde*, ebd.

in den Kernbereich der anderen eingreift.[527] Darüber hinaus schützt es vor allem die Existenz unabhängiger Gerichte und unabhängiger Kontrollorgane, die die Exekutive und die Bindung des Gesetzgebers an die Verfassung überwachen, sowie einen Kernbereich exekutiver Eigenverantwortung und verlangt über das Gesetzmäßigkeitsprinzip, dass die politischen Leitentscheidungen dem Parlament vorbehalten bleiben.[528] Die Bindung der rechtsprechenden Gewalt an Gesetz und Recht umfasst insbesondere den Vorrang und den Vorbehalt des Gesetzes.[529] Dies schließt die richterliche Rechtsfortbildung nicht grundsätzlich aus, lässt ihr aber nur dort Raum, wo es an entgegenstehenden Gesetzen fehlt, eine Regelungslücke besteht und sich die Rechtsfortbildung noch im Rahmen der anerkannten Methoden der Gesetzesauslegung bewegt, also nicht autonom Recht setzt.[530]

Im Ergebnis bedeutet dies für den Verfassungswandel, dass nach Art. 79 Abs. 3 GG solche Wandlungen der Verfassung unzulässig sind, die die bundesstaatliche Ordnung beseitigen, gegen die Menschenwürde verstoßen, die Grundrechte an sich oder ihre generelle Bindungswirkung für die staatlichen Gewalten beseitigen, die maßgeblichen Ausformungen des Demokratieprinzips missachten oder gegen die Prinzipien der Gewaltenteilung, der Verfassungsbindung der Gesetzgebung sowie der Gesetzesbindung von Exekutive und Judikative verstoßen. Darüber hinaus stellen das in Art. 20 Abs. 1 und 2 GG niedergelegte Demokratieprinzip in Form der Notwendigkeit der demokratischen Legitimation allen staatlichen Handelns und das Gewaltenteilungsprinzip des Art. 20 Abs. 2 S. 2 GG auch in kompetenzrechtlicher Sicht eine Grenze für die Zulässigkeit von Verfassungswandlungen dar, auf die im Rahmen der Diskussion zu den Akteuren des Verfassungswandels noch zurückzukommen sein wird.

4. Zeitliches Moment – Verfassungskontinuität

Wie weiter oben bereits erwähnt, gibt es in der Staatsrechtslehre Stimmen, die auch eine zeitliche Grenze für den Verfassungswandel aufstellen wollen. Diese insbesondere von *Lerche* und von *Klein* in Anlehnung an *Haug* und *Huber* vertretene Ansicht hält einen Verfassungswandel nur innerhalb eines allmählichen Prozesses der Fortentwicklung der Verfassung für zulässig, während bei einer abrupten „*Neuinterpretation bisher grundsätzlich anders verstandener Zentralbegriffe*"[531] eine ausdrückliche Verfassungsänderung notwendig sein soll.[532] Diese Ansicht wurde bereits mit dem Argument abgelehnt, dass es auf gesellschaftlicher Ebene sowohl Bereiche

527 BVerfG vom 27.4.1959 – 2 BvF 2/58, Rn. 57, BVerfGE 9, 268, 280.
528 *Dreier*, in Dreier, Art. 79 III GG, Rn. 50; *Bryde*, in: Münch/Kunig, Art. 79 GG, Rn. 45 ff.
529 *Sachs*, in: Sachs, Art. 20 GG, Rn. 119.
530 Ebd., Rn. 120.
531 *Lerche*, in: FG Maunz, S. 285, 294.
532 Hierzu ausführlich oben: E. II. 2. Verfassungswandel und Verfassungskonkretisierung.

gibt, die sich nur allmählich wandeln und sich erst nach einer gewissen Zeitspanne auf die Normkonkretisierung auswirken, aber auch Entwicklungen denkbar sind, die unmittelbar eine Anpassung der Normkonkretisierung erfordern. Daher kann es auf einen zeitlichen Abstand zwischen Normsetzung und Normwandlung grundsätzlich nicht ankommen.

Hiervon zu unterscheiden ist indes die Forderung, dass bei der Fortbildung der Verfassung ihre Kontinuität gewahrt werden muss.[533] Der Begriff der Kontinuität wird dabei in der juristischen Lehre nicht einheitlich definiert und in den verschiedensten Zusammenhängen verwendet, wobei er teilweise auch in Verbindung mit dem aus dem Rechtsstaatsprinzip abgeleiteten Vertrauensschutzprinzip genannt wird.[534] Erstmals hat *Anna Leisner* in ihrer Habilitationsschrift den Versuch unternommen, eine rechtliche Dogmatik der Kontinuität zu entwickeln. Sie versteht die Kontinuität dabei als ein

> *„Phänomen*
> - *des Fortbestands einer sachlichen Struktur oder der Stetigkeit eines Verlaufs,*
> - *das Fehlen bedeutsamer Unterbrechungen oder*
> - *der Beharrung gerade im Wandel,*
>
> *welches*
> - *in einer bestimmten Zeitspanne*
> - *mit Blick in die Vergangenheit, in die Zukunft oder auch – aus höherer Warte – in beide Richtungen*
> - *in bezug auf ein bestimmtes Objekt*
> - *durch Vergleich aufeinanderfolgender Lagen*
>
> *zu ermitteln ist“,*[535]

und definiert infolgedessen den hiervon unterschiedenen Begriff der Rechtskontinuität wie folgt:

> *„Ausgehend von der Kontinuität als geistesgeschichtlich fundiertem Rechtswert sichert die Rechtskontinuität dieses juristische Schutzgut in einem bestimmten Rahmen. Voraussetzung ist ein zeitlicher Zusammenhang aufeinanderfolgender, gewaltenunspezifisch ausgestalteter Rechtslagen, also von Formen der Ordnung eines Lebenssachverhalts. [...] Entscheidend ist dabei eine objektive Sicht, nach der es nicht auf ein spezifisch vertrauensbegründendes Verhalten der durch die Änderung Betroffenen ankommt.“*[536]

Da der Grundsatz der Rechtskontinuität nach *Leisner* also dazu dient, die rechtliche Zulässigkeit einer Aufeinanderfolge verschiedener Rechtslagen in der Zeit zu überprüfen und damit *„Gleichheit in der Zeit“* sicherstellen soll, sieht sie den

533 So *Bryde*, Verfassungsentwicklung, S. 292.
534 Hierzu ausführlich: *Leisner*, Kontinuität als Verfassungsprinzip, S. 150 ff.
535 *Leisner*, Kontinuität als Verfassungsprinzip, S. 16 f.
536 Ebd., S. 188 f.

allgemeinen Gleichheitssatz des Art. 3 Abs. 1 GG als dessen Rechtsgrundlage.[537] Bei einem festgestellten Kontinuitätsbruch sei eine vierstufige Prüfung erforderlich, aus der sich ergebe, ob die Änderung der Rechtslage rechtmäßig (dann Kontinuität gewahrt) oder rechtswidrig gewesen sei.[538] Für den Kontinuitätsbruch müsse (i) ein ausdrücklich vorgetragener Grund vorliegen, der Grund (ii) nachvollziehbar und (iii) vernünftig und schließlich (iv) die Änderung verhältnismäßig sein.[539]

Danach will der Begriff der Kontinuität im Ergebnis also eine Änderung und damit auch einen Verfassungswandel durch Rechts- bzw. Interpretationsänderung nicht ausschließen – durch ihn wird die Notwendigkeit der Anpassung in der Zeit gerade anerkannt – er will lediglich solche Änderungen verhindern, für die es keine in den Verhältnissen der Zeit begründete Rechtfertigung gibt oder eine solche nicht hinreichend vorgetragen wird.

Die Vertreter in der Staatsrechtslehre, die den Begriff der Kontinuität im Zusammenhang mit Rechtssprechungsänderungen verwenden, fordern meist recht allgemein dessen Wahrung ohne genaue Kriterien hierfür zu nennen. Für *Kriele* soll vor allem das Prinzip der Präjudizienvermutung ein „*Minimum an kontinuierlicher Rechtsbildung*", sichern und grundlose Interpretationsänderungen eindämmen.[540] Ähnlich formuliert *Bryde*, nach dem das Verstehen eines Normtextes vor allem durch das Vorhandensein eines Kontextes aus „*Präzedenzfällen, Staatspraxis, Lehrmeinungen, öffentlichen Rechts- und Gerechtigkeitsvorstellungen*" eingeschränkt und Kontinuität bei Verständnisänderungen durch diesen Kommunikationsprozess sichergestellt werden soll.[541] Nach *Walter* sei es „*Ziel der Verfassung – wie im übrigen jedes Gesetzestextes – [....] eine Bindung über die Zeit herzustellen und damit Kontinuität zu schaffen*".[542] *Haug* will neben dem zeitlichen Moment der Verfassungswandlung zu deren Zulässigkeit für erforderlich halten, dass diese eine Verfassungspraxis meide, „*die mit dem klaren Willen der Verfassung in offenem Widerspruch*" stehe.[543] *Grzeszick* fordert in Anlehnung an *Leisner* bereits in strukturierterer Form, dass auch die Gerichte Art. 3 Abs. 1 GG zu beachten hätten, der in Richtung eines Vertrauens- bzw. Kontinuitätsschutzes wirke und Rechtsprechungsänderungen zwar nicht grundsätzlich ausschließe, aber erfordere, dass sich diese im Rahmen einer vorhersehbaren Entwicklung bewegen und hinreichend begründet werden müssten.[544]

Hieran lässt sich auch für den Verfassungswandel anknüpfen. Demnach besagt die Grenze der Kontinuität der Verfassung, dass Verfassungswandlungen durch

537 Ebd., S. 199 ff.
538 Ebd., S. 217 ff.
539 Ebd., S. 219 ff.
540 *Kriele*, Theorie der Rechtsgewinnung, S. 263.
541 *Bryde*, Verfassungsentwicklung, S. 292 f.
542 *Walter*, AöR 125 (1999), S. 517, 541.
543 *Haug*, Die Schranken der Verfassungsrevision, S. 166.
544 *Grzeszick*, in: Maunz/Dürig, Art. 20 GG, Rn. 105 f.; ebenso *Sachs*, in: Sachs, Art. 20 GG, Rn. 143.

Interpretationsänderung zwar auch aufgrund einer abrupten Neuinterpretation zulässig sind, diese Neuinterpretation aber in ausreichendem Maß begründet werden muss und der Grund für die Änderung nachvollziehbar und vernünftig sein muss, mithin vor dem vorgetragenen Hintergrund zumindest vorhersehbar erschien. Abzulehnen ist insoweit allerdings das Erfordernis einer Vorankündigung der Rechtsprechungsänderung, vor allem insoweit diese als bindend verstanden wird.[545] Gerade auf der Ebene des BVerfG kann es vorkommen, dass das Gericht mit bestimmten Rechtsfragen nur äußerst selten befasst ist und zwischen den einzelnen Entscheidungen viele Jahre liegen. In diesen Fällen kann es bereits aus Gründen der Einzelfallgerechtigkeit nicht zulässig sein, dass das Gericht erst bei der nächsten Befassung eine in der Sache gesetzmäßige und gerechte Entscheidung treffen darf.[546] Dies unterscheidet die Kontinuitätsgrenze, die allein aufgrund von objektiven Kriterien beurteilt, ob eine Veränderung der Rechtslage eine Interpretationsänderung rechtfertigt oder nicht, auch vom Vertrauensschutz.

V. Verfahren und Akteure des Verfassungswandels

1. BVerfG

Zuständig für die Auslegung der Verfassung, Entscheidung von Verfassungsstreitigkeiten und Verwerfung verfassungswidriger Gesetze ist nach Artt. 93, 100 GG das BVerfG. Zwar wenden auch Legislative, Exekutive und die Fachgerichte die Verfassung an und legen diese aus, die Letztentscheidung liegt aber beim BVerfG. Damit ist es naturgemäß auch Hauptakteur der impliziten Verfassungskonkretisierung, Verfassungsentwicklung und Verfassungswandlung. Dass „*zur Fortbildung des Verfassungsrechts in erster Linie das Bundesverfassungsgericht berufen*" ist, hat das Gericht auch selbst bereits früh anerkannt.[547] Dabei sieht es die Rechtsfortbildung „*in schöpferischer Rechtsfindung*" als „*herkömmliche und stets bewältigte richterliche Aufgabe*".[548] Diese Aufgabe nimmt dabei nach dem BVerfG bei einem größeren Abstand zwischen Inkrafttreten eines Gesetzes und der Einzelfallentscheidung noch weiter zu:

> *„Die Auslegung einer Gesetzesnorm kann nicht immer auf die Dauer bei dem ihr zu ihrer Entstehungszeit beigelegten Sinn stehenbleiben. Es ist zu berücksichtigen, welche vernünftige Funktion sie im Zeitpunkt der Anwendung haben kann. Die Norm steht ständig im Kontext der sozialen Verhältnisse und der gesellschaftlich-politischen Anschauungen, auf die sie wirken soll; ihr Inhalt kann und muß sich unter Umständen mit ihnen wandeln.*

---

545 Dies schlägt *Grzeszick,* in: Maunz/Dürig, Art. 20 GG, Rn. 106 vor; ablehnend zu Recht auch *Leisner,* Kontinuität als Verfassungsprinzip, S. 629.

546 So auch *Kisker,* VVDStRL 32 (1974), S. 149, 189; ähnlich *Sachs,* in: Sachs, Art. 20 GG, Rn. 143.

547 Davon geht das BVerfG auch selbst aus, siehe BVerfG vom 19.2.1957 – 1 BvL 13/54, Rn. 38, BVerfGE 6, 222, 240.

548 BVerfG vom 18.12.1953 – 1 BvL 106/53, Rn. 44, BVerfGE 3, 225, 243 f.

Das gilt besonders, wenn sich zwischen Entstehung und Anwendung eines Gesetzes die Lebensverhältnisse und Rechtsanschauungen so tiefgreifend geändert haben wie in diesem Jahrhundert. Einem hiernach möglichen Konflikt der Norm mit den materiellen Gerechtigkeitsvorstellungen einer gewandelten Gesellschaft kann sich der Richter nicht mit dem Hinweis auf den unverändert gebliebenen Gesetzeswortlaut entziehen; er ist zu freierer Handhabung der Rechtsnormen gezwungen, wenn er nicht seine Aufgabe, ‚Recht' zu sprechen, verfehlen will."[549]

Damit erkennt das BVerfG ausdrücklich an, dass sich Anschauungen wandeln können und dass diese gewandelten Anschauungen bei der Auslegung von Gesetzen berücksichtigt werden können, wegen der Aufgabe des Richters eine gerechte Entscheidung in der aktuellen Situation zu finden, sogar müssen. Darin wird deutlich, dass auch das BVerfG davon ausgeht, dass jede Entscheidung vom Vorverständnis des Interpreten geprägt ist und dass es eine von subjektiven Vorstellungen freie, in allen Zeiten und für alle Fälle richtige Auslegung von Gesetzen nicht geben kann. Dies wurde bereits bei der Untersuchung der verschiedenen Auslegungsmethoden erkannt und für grundsätzlich zulässig erklärt.[550]

Die vom BVerfG anerkannte Legitimität der Rechtsfortbildung findet in der Staatsrechtslehre ebenso sowie deren Grenzen allerdings nicht nur Befürworter. Dabei taucht die Frage nach der Legitimation der Justiz zur Letztentscheidungsbefugnis über die richtige Auslegung einer Verfassungsnorm bereits bei *C. Schmitt* am Ende der Weimarer Republik auf. Nach *C. Schmitt* bedeutete die Auslegung unklarer Verfassungsvorschriften die *„Beseitigung einer Unklarheit über den Inhalt des Verfassungsgesetzes und daher Bestimmung des Gesetzesinhalts, demnach eine Sache der Gesetzgebung, sogar Verfassungsgesetzgebung, und nicht Justiz"*.[551] Auch unter Geltung des Grundgesetzes wurde die Frage gestellt, woraus sich die Kompetenz des BVerfG ergeben soll, unter konkurrierenden, innerhalb des Wortlauts verbleibender Auslegungen die *„allein maßgebliche"* festzulegen.[552] Eine Antwort hierauf wird mitunter gerade in dem die Rechtsprechung bindenden Art. 20 Abs. 3 GG und der darin verankerten Gerechtigkeitsfunktion des Rechts gesehen: Nach *Zippelius* gehört in Anlehnung an das BVerfG zum Recht nicht nur das geschriebene Recht, sondern auch die *„fundierten allgemeinen Gerechtigkeitsvorstellungen der Gemeinschaft"*[553], die das BVerfG durch die Weiterbildung des Rechts zur

549 Bezogen auf das Privatrecht: BVerfG vom 14.2.1973 – 1 BvR 112/65, Rn. 41, BVerfGE 34, 269, 287.

550 Siehe oben: E. II. 1. e) Abwägung der Vor- und Nachteile der verschiedenen Methoden im Hinblick auf die Untersuchung des Verfassungswandels.

551 *C. Schmitt*, Hüter der Verfassung, S. 45.

552 *Depenheuer*, Der Wortlaut als Grenze, S. 50 f.; ebenso *Hillgruber*, Journal für Rechtspolitik 2001, S. 281 ff.

553 Zum Begriff: BVerfG vom 14.2.1973 – 1 BvR 112/65, Rn. 38, BVerfGE 34, 269, 287.

Geltung bringen müsse.[554] *Hoffmann* will den Begriff des Rechts objektiver fassen, da der Richter nicht auf außerhalb des Grundgesetzes liegende, sondern nur aus diesem selbst folgende Wertvorstellung rekurrieren dürfe, und beschränkt ihn daher auf die „*in den obersten Verfassungsgrundsätzen und obersten Verfassungsprinzipien zum Ausdruck gebrachten und damit positivierten Inhalte, die auch naturrechtlichen Ursprungs sein können*".[555] Auf dieses Recht dürfe der Richter nach Art. 20 Abs. 3 GG im Falle einer festgestellten Lückenhaftigkeit im Rechtssatzbestand zurückgreifen und es als Ausgangspunkt für Ableitungen zur Lückenschließung verwenden.[556] Aus der in Art. 20 Abs. 3 GG enthaltenen Bindung des Richters an das Recht folge dabei nicht nur ein Recht, sondern auch eine Verpflichtung zur Lückenschließung, um im Einzelfall eine Entscheidung treffen zu können (Rechtsverweigerungsverbot).[557]

Ein anderer Begründungsansatz für die Kompetenz des BVerfG zur Rechtsfortbildung liegt in der Gewaltenteilung: Danach sei das BVerfG gerade erst und erstmals durch die Fülle von Kompetenzen, die ihm heute zukommt, und seinem Letztentscheidungsrecht zu einer den anderen Gewalten „*ebenbürtigen*", das heißt „*echten Dritten Gewalt*" geworden und stehe damit nicht über, sondern gleichberechtigt „*neben*" den anderen Gewalten.[558] Aus seinen Zuständigkeiten und seiner Aufgabe als „*oberster Hüter und Garant der Verfassung*" folge auch, dass das BVerfG nicht nur ein Gericht, sondern zugleich „*Verfassungsorgan*" sei.[559] In ähnliche Richtung weisen bereits die Diskussionen im Parlamentarischen Rat zur Ausgestaltung der Kompetenzen des BVerfG.[560] Mit der Anerkennung dieser besonderen Funktion des BVerfG wird in der Staatsrechtslehre aber auch die Notwendigkeit der Begrenzung der dem Gericht verliehenen Macht verbunden. *Krüger* fragt in diesem Zusammenhang überspitzt, „*ob die Verfassungsänderung durch Rechtsprechung nicht ebenso in Form und Verfahren gebracht werden müsse, wie dies für Verfassungsänderung durch Gesetzgebung geschehen ist*".[561]

Eine Eingrenzung der möglichen Reichweite der Rechtsfortbildung durch das BVerfG wird dabei über die Unzulässigkeit von Fortbildungen *contra constitutionem*

---

554 *Zippelius*, Juristische Methodenlehre, 11. Aufl., § 13 III; a.A. *Hillgruber*, Journal für Rechtspolitik 2001, S. 281, 290, der die Formel „*Gesetz und Recht*" wegen der anderslautenden Formulierung in Art. 97 Abs. 1 GG für eine Tautologie hält.

555 *Hoffmann*, in: FS Wolf, S. 183, 192.

556 Ebd., S. 193.

557 Ebd., S. 194 f.

558 *Leibholz*, Strukturprobleme der modernen Demokratie, S. 172.

559 Ebd., S. 174; a.A. *Ossenbühl*, in: Verfassungsgerichtsbarkeit und Gesetzgebung, S. 75, 85, nach dem Verfassungsrechtsprechung Streitentscheidung mit den Mitteln und nach den Methoden des Rechts, keine politische Dezision ist; ähnlich: *Hesse*, JZ 1995, S. 265, 267.

560 Hierzu oben: D. II. Grundgesetzentwicklung außerhalb der Textänderung.

561 *Krüger*, DÖV 1961, S. 721, 728.

und *contra legem*[562] sowie über die dem Gericht institutionell gesetzten Grenzen[563] hinaus insbesondere im Rahmen der Kompetenzordnung versucht. Dadurch soll sichergestellt werden, dass das BVerfG nicht „*selbst zum Gesetzgeber wird, selbst statt der Regierung politische Entscheidungen trifft oder selbst statt der ordentlichen Gerichte einen Zivilrechtsstreit entscheidet*".[564]

Diese Grenzen werden, wie innerhalb der Ausführungen zu Art. 79 Abs. 3 GG bereits erwähnt, aus der in Art. 20 Abs. 1 und 2 GG niedergelegten Notwendigkeit der demokratischen Legitimation allen staatlichen Handelns und dem Gewaltenteilungsprinzip des Art. 20 Abs. 2 S. 2 GG gefolgert. Hierdurch soll sichergestellt werden, dass dasjenige Organ für eine bestimmte Aufgabe die Legitimation besitzt, das von seinem Leistungsprofil her der zu treffenden Entscheidung strukturell am nächsten steht.[565] So hat das BVerfG aufgrund des Vorrangs des Gesetzgebers beispielsweise die verfassungskonforme Auslegung eines Gesetzes einer Verfassungswidrigkeit vorzuziehen, und selbst bei Vorliegen einer solchen deren Folgen abzuwägen, was es erforderlich machen kann, ein Gesetz nicht für nichtig zu erklären, sondern lediglich für unvereinbar (§ 78 BVerfGG) und dem Gesetzgeber die Möglichkeit einzuräumen, dem verfassungswidrigen Zustand innerhalb einer bestimmen Frist abzuhelfen.[566] Im Rahmen der Rechtsfortbildung und der Verfassungswandlung ist vor allem die Abgrenzung zur Kompetenz des Gesetzgebers sowie zur ausdrücklichen Änderung der Verfassung relevant. Daher wird gefordert, dass gerade bei einem sehr breiten Spektrum möglicher Abwägungsergebnisse, die Grundwerte betreffen und nicht durch bestimmte Vorgaben determiniert sind, dem Gesetzgeber der Vorzug einer Entscheidung gelassen wird, da sich innerhalb des Gesetzgebungsverfahrens unterschiedliche Wertauffassungen am besten artikulieren könnten und so der Konsensherstellung dienten.[567] Durch diese Forderung wird also vor allem die Rolle des Parlaments als Zentrum staatlicher Willensbildung unterstrichen und sie ist insbesondere vor dem Hintergrund bedeutsam, dass den Entscheidungen des BVerfG in bestimmten Fällen nach § 31 Abs. 2 S. 1 BVerfGG sogar Gesetzeskraft zukommt, die Grenze zwischen Gesetzgebung und Judikative also auch von Gesetzeswegen nicht starr ausgestaltet ist. Ein Spannungsverhältnis zum Gesetzgeber entsteht aber auch dann, wenn das BVerfG den Gesetzgeber im Rahmen von sogenannten Appellentscheidungen nur zum Tätigwerden auffordert und dabei teilweise zusätzlich detaillierte Vorgaben zur Ausgestaltung macht.[568] Wie *Ossenbühl* richtig feststellt,

562 Hierzu: *Hoffmann*, in: FS Wolf, S. 183, 197 ff.

563 Hierzu zählen zum Beispiel die Regelungen der Zuständigkeit des BVerfG, Verfahrensregeln wie der Antragsgrundsatz und die begrenzte Zahl der Antragsberechtigten und die Organisation des Gerichts, vgl. *Hesse*, Funktionelle Grenzen der Verfassungsgerichtsbarkeit, S. 312.

564 Ebd., S. 312 f.

565 *Voßkuhle*, Der Staat 43 (2004), S. 450, 546.

566 *Hesse*, Funktionelle Grenzen der Verfassungsgerichtsbarkeit, S. 318 f.

567 *Schuppert*, Funktionell-rechtliche Grenzen der Verfassungsinterpretation, S. 43.

568 Hierzu: *Ossenbühl*, in: Verfassungsgerichtsbarkeit und Gesetzgebung, S. 75, 77 ff.

sind die Kompetenzgrenzen in solchen Grauzonen schwer erkennbar.[569] Vor allem dürfe dabei nicht vergessen werden, dass dem BVerfG gegenüber dem politisch motivierten, von Mehrheiten und Bevölkerungsstimmungen abhängigen Parlament vor allem durch seine Unabhängigkeit und Ungebundenheit auch Vorteile zukämen und die Entscheidung von Rechtsfragen allein anhand der Wertmaßstäbe der Verfassung ermögliche.[570]

Im Ergebnis sind daher die in Art. 20 Abs. 1 bis 3 GG niedergelegten Grundsätze sowohl Grund als auch Schranke für die Rechtsfortbildung und Verfassungswandlung des BVerfG. Aus ihnen ergibt sich insbesondere, dass die Wandlung der Verfassung durch Rechtsfortbildung und Interpretationsänderung nicht das Recht des Gesetzgebers als einzig unmittelbar demokratisch legitimiertem Organ zur Gesetzgebung und Verfassungsänderung aushebeln darf. Andererseits kann das Gericht seiner ihm von der Verfassung zugewiesenen Aufgabe nur entsprechen, wenn es neben der Auslegung des geschriebenen Rechts die Möglichkeit hat, bestehende Lücken zu schließen und rechtsfortbildend tätig zu werden, wenn dies erforderlich ist, um im Einzelfall eine interessensgerechte Entscheidung treffen zu können. Wandlungen der Verfassung dürfen dabei aber immer nur innerhalb der Verfassung und der grundgesetzlich vorgegebenen Grenzen erfolgen, also insbesondere kein autonomes Recht setzen und auch nicht den Kerngehalt einer Norm verändern, da dies dem verfassungsändernden Gesetzgeber vorbehalten bleiben muss. Was dies im Einzelnen bedeutet, lässt sich indes nicht allgemein definieren. Da die Einhaltung dieser Grenzen von keiner weiteren Kontrollinstanz verbindlich geprüft werden kann und auch ein Berufen auf das *„judical self-restraint“*[571] in diesem Zusammenhang keine Sicherheit bietet, bleibt nur auf die kritische Überprüfung der Entscheidungen des BVerfG durch dessen Mitglieder selbst mithilfe eines Sondervotums[572] und durch das Volk (vor allem in Form der Staatsrechtslehre) zu vertrauen, um eine Kompetenzüberschreitung des BVerfG – wenn zwar nicht zu verhindern – so doch zumindest feststellen und anmahnen zu können. Durch diese Art der Entscheidungsbewertung besteht gerade auch die Möglichkeit auf die herrschenden Wertvorstellungen und die Vorstellungen zur richtigen Interpretation des Grundgesetzes Einfluss zu nehmen und damit auf das Vorverständnis der entscheidenden Richter einzuwirken. Die auf diese Weise kanalisierten Einflüsse werden im Rahmen des Vorverständnisses zu normativ relevanten und dürfen bei der Auslegung der Verfassung Beachtung finden.

Eine Wandlung der Verfassung durch die Rechtsprechung des BVerfG kann dabei auf unterschiedliche Arten erfolgen, nämlich durch die Revidierung der

---

569 Ebd., S. 87.

570 Ebd., S. 90 f.

571 Hierzu: *Hesse*, Funktionelle Grenzen der Verfassungsgerichtsbarkeit, S. 313; *Seyfarth*, Die Änderung der Rechtsprechung durch das Bundesverfassungsgericht, S. 267 f.

572 *Ossenbühl*, in: Verfassungsgerichtsbarkeit und Gesetzgebung, S. 75, 88.

Verfassungsinterpretation anderer Akteure im staatlichen System, aufgrund der Bewertung einer bisher nicht dagewesenen Situation sowie durch Änderung der eigenen Interpretation.[573] Wie sich ein Verfassungswandel durch Interpretationsänderung oder beim erstmaligen Herauslesen eines Rechts aus der Verfassung vollzieht und wie dabei die Entwicklungen auf gesellschaftlicher Ebene Vorverständnis, Normbereich und Normprogramm beeinflussen und beeinflussen dürfen, wurde weiter oben bereits eingehend erläutert.[574] Das BVerfG kann allerdings immer erst dann in Erscheinung treten, wenn es bei einer Verfassungsrechtsfrage angerufen wird. Bis dahin bleibt ihm nur die Möglichkeit seine Rechtsauffassung im Rahmen von *obiter dicta* anzukündigen. Dieser Ankündigung kommt indes keine bindende Wirkung zu. Eine solche genießen nach § 31 Abs. 1 BVerfGG allerdings die Entscheidungen des Bundesverfassungsgerichts. Die Vorschrift ist somit von entscheidender Bedeutung für einen durch die Rechtsprechung bewirkten Verfassungswandel. Gebunden werden durch § 31 Abs. 1 BVerfGG die Verfassungsorgane des Bundes und der Länder sowie alle Gerichte und Behörden. Das BVerfG erstreckt die Bindungswirkung dabei nicht nur auf den Tenor, sondern auch auf die tragenden Gründe von Urteilen und Beschlüssen.[575] Soweit das Bundesverfassungsgericht eine Gesetzesbestimmung für nichtig oder für gültig erklärt, hat seine Entscheidung nach § 31 Abs. 2 BVerfGG in den dort enumerativ aufgezählten Fällen sogar, wie bereits erwähnt, Gesetzeskraft.

§ 31 BVerfGG misst den Entscheidungen des BVerfG damit eine über den Streitfall und dessen Beteiligte hinausgehende Wirkung zu, die den Entscheidungen anderer Gerichte nicht zukommt und die Ausdruck und Konsequenz der besonderen Stellung des BVerfG und seiner Aufgabe zur Sicherung des Vorrangs der Verfassung ist, mit dem auch ein Entscheidungsvorrang verbunden sein muss.[576] Damit verwundert es allerdings, dass die Wirkungen der BVerfG Entscheidungen nicht in der Verfassung selbst, sondern nur in einem Bundesgesetz geregelt sind.

So war die Anordnung in der Verfassung bei der Entstehung des Grundgesetzes in der Tat zunächst angedacht und im Entwurf des Grundgesetzes vom Verfassungskonvent Herrenchiemsee in ähnlicher Formulierung wie nun im § 31 BVerfGG vorzufinden, enthalten.[577] Im Verlauf der Beratungen im Parlamentarischen Rat

---

573 Ausführlich hierzu: *Hönnige*, in Hönnige/Kneip/Lorenz, Verfassungswandel im Mehrebenensystem, S. 249 ff.

574 E. II. 2. Verfassungswandel und Verfassungskonkretisierung.

575 Siehe etwa BVerfG vom 10.5.1961 – 2 BvR 55/61, Rn. 6, BVerfGE 12, 338, 341; BVerfG vom 20.1.1966 – 1 BvR 140/62, Rn. 40, BVerfGE 19, 377, 391 f.; BVerfG vom 6.11.1968 – 1 BvR 727/65, Rn. 22, BVerfGE 24, 289, 297; BVerfG vom 10.6.1975 – 2 BvR 1018/74, Rn. 13, BVerfGE 40, 88, 93 f.; für eine nur präjudizielle Bindung: *Kriele*, Theorie der Rechtsgewinnung, S. 299 ff.

576 *Bethge*, in: Maunz/Schmidt-Bleibtreu, BVerfGG, § 31, Rn. 3; *Heusch*, in: Umbach, Clemens, Dollinger, BVerfGG, § 31, Rn. 1.

577 Bericht über den Verfassungskonvent, Entwurf eines Grundgesetzes, in: Der Parlamentarische Rat, Bd. 2, S. 600.

wurde dann aber erst die Bindungswirkung der Verfassungsgerichtsentscheidungen gestrichen,[578] und später, nachdem einige Mitglieder des Hauptausschusses erhebliche Bedenken hinsichtlich der Gesetzeskraft der Entscheidungen des BVerfG aufgrund einer möglichen Erstarrung der Rechtsentwicklung bekundet hatten,[579] ebenso dieser Teil des Entwurfs von Herrenchiemsee. Diese Entwicklungen führten zu der noch heute in Art. 94 Abs. 2 GG enthaltenen Formulierung, nach der ein Bundesgesetz bestimmt, in welchen Fällen die Entscheidungen des BVerfG Gesetzeskraft haben. Damit ist von Verfassungswegen nur vorgeschrieben, dass es grundsätzlich Entscheidungen des BVerfG geben kann, denen Gesetzeskraft zukommt.[580] In § 31 BVerfGG wurden diese Fälle dann auf solche begrenzt, in denen das BVerfG ein Gesetz für gültig oder nichtig hält, betreffen also gerade nicht die Auslegung der Verfassung an sich. Daneben kommt der Art und Weise der Auslegung der Verfassung durch das BVerfG über § 31 Abs. 1 BVerfGG aber dennoch eine Bindungswirkung zu, wenn diese Teil der tragenden Gründe ist. Die Möglichkeit der Erstarrung der Rechtsentwicklung ist damit also nicht behoben, sondern lediglich auf einfachgesetzliche Ebene verlagert, was in der Staatsrechtslehre vielfach kritisch gesehen wird, da dies insbesondere die Verfassungsorgane hindern könne, auf geschichtliche Wandel entsprechend zu reagieren.[581] Diese Bedenken hat das BVerfG inzwischen aufgenommen und vor allem die Bindungswirkung des Gesetzgebers eingeschränkt:

> *„§ 31 BVerfGG und die Rechtskraft normverwerfender verfassungsgerichtlicher Entscheidungen hindern den Gesetzgeber nicht, eine inhaltsgleiche oder inhaltsähnliche Neuregelung zu beschließen. [...] Ebensowenig wie die von der Rechtskraft zu unterscheidende Bindungswirkung für das Bundesverfassungsgericht selbst besteht (vgl. BVerfGE 4, 31 (38); 20, 56 (86 f.); st. Rspr.), verwehrt diese einfachgesetzlich angeordnete Bindung es dem Gesetzgeber, seiner Gestaltungsfreiheit und Gestaltungsverantwortung durch Verabschiedung einer inhaltsgleichen Neuregelung nachzukommen, wenn er sie für erforderlich hält[...]. Diese Beurteilung entspricht der besonderen Verantwortung des demokratisch legitimierten Gesetzgebers für die Anpassung der Rechtsordnung an wechselnde soziale Anforderungen und veränderte Ordnungsvorstellungen.[...] sie beugt einer mit der rechts- und sozialstaatlichen Demokratie unvereinbaren Erstarrung der Rechtsentwicklung vor, ohne die Aufgaben und Befugnisse des Bundesverfassungsgerichts zur rechtsverbindlichen*

578 Die Gründe des allgemeinen Redaktionsausschusses hierfür sind nicht eindeutig belegbar, nach *Heusch*, in: Umbach, Clemens, Dollinger, BVerfGG, § 31, Rn. 4 wurde diese für selbstverständlich gehalten, er nennt für diese Ansicht allerdings keinen Beleg.

579 So begründet von *von Mangoldt* in der 23. Sitzung des Hauptausschusses, in: Der Parlamentarische Rat, Bd. 14/1, S. 696 ff.

580 *Bethge*, in: Maunz/Schmidt-Bleibtreu, BVerfGG, § 31, Rn. 9.

581 Siehe nur *Hesse*, JZ 1995, S. 265, 268; *Ziekow*, Jura 1995, S. 522, 524 ff.

Auslegung der Verfassung und Gewährung wirksamen verfassungsgerichtlichen Rechtsschutzes zu gefährden.“[582]

Die Bindungswirkung hindert aber auch die anderen Verfassungsorgane, Gerichte und Behörden nicht daran, an einer Rechtsmeinung festzuhalten, der das BVerfG bislang nicht gefolgt ist, und diese in einem neuen Verfahren, auf das sich die Rechtskraft des alten Verfahrens nicht bezieht, erneut vorzutragen, auch wenn sich ein Wandel der dem alten Verfahren zugrundeliegenden Lebensverhältnisse oder der allgemeinen Rechtsauffassung bislang nicht ergeben hat.[583]

In der zitierten Entscheidung nennt das BVerfG noch einen anderen Grund, der einer Erstarrung der Rechtsentwicklung vorbeugen soll: die mangelnde Selbstbindung des BVerfG an seine Entscheidungen. Diese mangelnde Selbstbindung des BVerfG wird in der Staatsrechtslehre nur ausnahmsweise generell unter Hinweis auf die Stellung des BVerfG als durch die Entscheidungen gebundenes Verfassungsorgan oder dem Sinn seiner Feststellungsurteile bestritten.[584] Teilweise wird zumindest eine Präjudizienbindung angenommen, die es dem BVerfG nur gestatte, von einer alten Entscheidung abzuweichen, wenn hierfür gute Gründe vorliegen.[585] Im Allgemeinen wird sie hingegen mit Verweis auf § 16 BVerfGG und den Grundgedanken des Art. 100 Abs. 3 GG, die jeweils von der Möglichkeit von Abweichungen ausgehen, sowie der Dynamik des Verfassungsrechts, das Festschreibungen und Versteinerungen ausschließe, bejaht.[586] Das BVerfG müsse die Möglichkeit haben, sich von als falsch oder überholt erkannten Entscheidungen zu lösen und auf neue Entwicklungen reagieren.[587] Ausgeschlossen wird hiervon in der Lehre lediglich die Änderung der Rechtsfolge eines konkreten Spruchs.[588] Dies ergibt sich indes bereits aus der Rechtskraft von Entscheidungen. Der Ansicht einer mangelnden Selbstbindung des BVerfG ist zuzustimmen. Unabhängig davon, dass erst die Zulässigkeit, von einer einmal erfolgten Interpretation abzuweichen, Verfassungswandlungen möglich macht, entspricht eine Selbstbindung auch nicht der Aufgabe des BVerfG

---

582 BVerfG vom 6.10.1987 – 1 BvR 1086/82, 1 BvR 1468/82, 1 BvR 1623/82, Rn. 69, BVerfGE 77, 84, 103 f.

583 *Cremer*, in: Grundfragen der Verfassungsgerichtsbarkeit in Mittel- und Osteuropa, S. 237, 264.

584 So *Lechner/Zuck*, BVerfGG, § 31, Rn. 29.

585 So *Kriele*, Theorie der Rechtsgewinnung, S. 247; *Bryde*, Verfassungsentwicklung, S. 428; *Schlink*, JZ 2007, S. 157, 161 wünscht sich das Vorhandensein einer solchen Bindung, geht aber nicht von deren Existenz aus.

586 *Bethge*, in: Maunz/Schmidt-Bleibtreu, BVerfGG, § 31, Rn. 120; *Heusch*, in: Umbach, Clemens, Dollinger, BVerfGG, § 31, Rn. 66; *Cremer*, in: Grundfragen der Verfassungsgerichtsbarkeit in Mittel- und Osteuropa, S. 237, 263; *Rahe*, Begriff und Bedeutung der Staatspraxis, S. 154; *Hesse*, JZ 1995, S 265, 268; *Frowein*, DÖV 1971, S. 793, 796; *Seyfarth*, Die Änderung der Rechtsprechung durch das Bundesverfassungsgericht, S. 217; *Schlink*, JZ 2007, S. 157, 160.

587 *Heusch*, ebd.

588 *Bethge*, in: Maunz/Schmidt-Bleibtreu, BVerfGG, § 31, Rn. 120.

zur Fortentwicklung des Verfassungsrechts. Die Grenzen, die es hierbei zu beachten hat, wurden weiter oben genannt. § 31 Abs. 1 BVerfGG ist keine davon.

2. *Einfacher und verfassungsändernder Gesetzgeber*

Die Ausführungen zu Zulässigkeit und Grenzen der Verfassungsfortbildung und Verfassungswandlung durch das BVerfG haben gezeigt, dass hierbei vor allem eine Abgrenzung zum Gesetzgeber erforderlich ist, der als einziges Organ unmittelbar vom Volk gewählt ist und die primäre Zuständigkeit zur Stabilisierung und Entwicklung des Gemeinwesens durch die Setzung von Recht hat. Das BVerfG hat bei seiner Rechtsfortbildung daher die gesetzgeberischen Grundentscheidungen zu respektieren, er darf den Gesetzgeberwillen weder ignorieren noch negieren, noch darf er autonom Recht setzen.[589] Für den Gesetzgeber bedeutet dies, dass ihm ebenfalls eine herausgehobene Stellung bei der Entwicklung und Änderung der Verfassung zukommt. Der verfassungsändernde Gesetzgeber hat dabei die Möglichkeit der ausdrücklichen Änderung der Verfassung in den durch Art. 79 Abs. 1 bis 3 GG vorgegebenen Verfahren und Grenzen, während der einfache Gesetzgeber die Verfassung implizit durch den Erlass von Gesetzen ändern kann.

Nimmt der verfassungsändernde Gesetzgeber innerhalb der Gesellschaft festgestellte Entwicklungen zum Anlass, die Verfassung ausdrücklich zu ändern, werden diese Entwicklungen verfassungsrechtlich festgeschrieben. Diese Art der Berücksichtigung gewandelter Verhältnisse ist mithin die stärkste. Denn während im Rahmen der Verfassungswandlung durch Interpretationsänderung nur solche Veränderungen aufgenommen werden dürfen, die normativ relevant sind, kann bei der Setzung von neuem Recht jedwede Veränderung berücksichtigt werden. Darüber hinaus ist die durch Verfassungswandlung erreichte Inhaltsänderung einer Norm keine statische, sie ist in ständigem Fluss und kann sich bei weiteren normativ relevanten Veränderungen erneut wandeln während die Inhaltsänderungen, die Einzug in die Verfassungsurkunde gefunden haben, künftigen Wandlungen – zumindest soweit sie dem Normtext widersprächen – entzogen sind. Die Verfassungsänderung ist damit ein *aluid* zur Verfassungswandlung. Beide stehen aber durchaus miteinander in Verbindung. So kann durch eine ausdrückliche Verfassungsänderung ein gewandeltes Verfassungsverständnis zum Beispiel durch die Kodifizierung der Rechtsprechung des BVerfG festgeschrieben werden, ihm Vorschub geleistet oder auch einer verfassungsgerichtlichen Verfassungsentwicklung entgegengewirkt werden.[590] Insbesondere im Bereich neuer Bedürfnislagen auf gesellschaftlicher Ebene hat die ausdrückliche Verfassungsänderung begleitet mit den entsprechenden Regelungen auf einfachgesetzlicher Ebene dazu auch eine größere Befriedungsfunktion als sie die implizite Rechtsfortbildung haben kann. Als Beispiel hierfür kann die

---

589 *Dreier*, in Dreier, Art. 20 GG (Demokratie), Rn. 141.

590 Zu letzterem: *Bryde*, Verfassungsentwicklung, S. 354 f.; *Walter*, AöR 125, S. 517, 548.

Verschärfung des Asylrechts im Jahr 1993,[591] mit der auch die Einführung des neuen Art. 16a GG[592] einherging, genannt werden, dem eine kontrovers geführte, gesellschaftliche Debatte wegen der hohen Einwanderungszahlen Ende der achtziger Jahre des letzten Jahrhunderts vorausgegangen war, welche der Gesetzgeber durch die umfangreichen einfachgesetzlichen und verfassungsrechtlichen Änderungen zu lindern vermochte. Damit kommt dem verfassungsändernden Gesetzgeber alles andere als eine *„vergleichsweise bescheidene Statistenrolle“*[593] bei der Verfassungsentwicklung zu, er wird nur deshalb weniger wahrgenommen als das BVerfG und der einfache Gesetzgeber, weil er wesentlich seltener in Erscheinung tritt.[594]

Der einfache Gesetzgeber hingegen entwickelt die Verfassung durch den Erlass einfacher Gesetze. Dabei wird er auch der *„Erstinterpret“* der Verfassung genannt, während die Rechtsprechung ihr *„Zweitinterpret“* sei.[595] Nach *Kirchhof* steht dem Gesetzgeber im Rahmen der fragmentarischen und entwicklungsoffenen Aussagen der Verfassung die Deutungskompetenz verbunden mit dem Auftrag, die Verfassung gesetzlich auszugestalten, zu.[596] Auf die Grundrechte wirke er dabei vor allem dort ein, wo diese ihn zu einem Eingriff ermächtigen (so Art. 2 Abs. 2 S. 3 GG, Art. 8 Abs. 2 GG, Art. 10 Abs. 2 GG, Art. 11 Abs. 2 GG und Art. 14 Abs. 3 S. 2 GG), er grundrechtliche Gewährleistungen verdeutliche (wie im Rahmen von Art. 8 Abs. 1 GG oder Art. 21 Abs. 1 GG) oder den noch nicht ausgestalteten Grundrechtsbereich erst präge (vor allem bei Art. 14 Abs. 1 S. 2 GG).[597] Nach *Kirchhof* ist der Gesetzgeber also *„nicht nur das von der Verfassung in Grenzen gewiesene Organ, sondern der Mitgestalter der Verfassung, nicht nur befolgungspflichtiger Verfassungsadressat, sondern mitformender Überbringer des Verfassungsrechts, nicht nur Rechtsunterworfener, sondern verfassungsbildender Garant gegenwärtiger Verfaßtheit des Staates“*.[598] Gerade im Bereich der von *Kirchhof* genannten grundrechtsberührenden Gesetze, die den Inhalt der Verfassung interpretieren und näher ausgestalten, kann es dabei zu Verfassungswandlungen kommen. So können diese Gesetze Auswirkungen auf die Definition des Normprogramms haben oder den erfassten Normbereich verändern und den Anwendungsbereich der Norm auf diese Weise verengen oder erweitern. Auch *Höfling* geht davon aus, dass immer dann, *„wenn Verfassungsrechtssätze entscheidend geprägt sind durch subkonstitutionelle Normen(komplexe), [...] deren Änderung einen*

591 Zum 01.07.1993 wurde das Asylverfahrensgesetz ergänzt, eine Verordnung über die sicheren Drittstaaten erlassen und das Ausländergesetz geändert (BGBl. 1993 I, S. 1062), sowie zum 01.11.1993 das Asylbewerberleistungsgesetz (BGBl. 1993 I, S. 1074) eingeführt.

592 BGBl. 1993 I, S. 1002.

593 So *Jestaedt*, in: Nomos und Ethos, S. 183, 185.

594 Zu den bisher erfolgten Grundgesetzänderungen siehe oben: D. I. Grundgesetzänderungen.

595 *Kirchhof*, in: Verfassungsgerichtsbarkeit und Gesetzgebung, S. 5, 16.

596 Ebd., S. 15 f.

597 Ebd., S. 15.

598 Ebd., S. 16.

– *mehr oder weniger ‚stillen' – Verfassungswandel [bewirkt]"*.[599] Nach der Ansicht von *Herdegen* führt aber gerade die Festlegung der offenen Grundstrukturen der Verfassung auch zu einer Selbstbindung des Gesetzgebers an die von ihm gesetzten Maßstäbe, die zu einer Verengung des Gestaltungsspielraums führen.[600] Auch dies ist sicherlich richtig, denn der Gesetzgeber darf keine sich gegenseitig oder der von ihm gesetzlich vorgenommenen Verfassungskonkretisierung widersprechenden Gesetze erlassen, ansonsten liefe er Gefahr, dass das BVerfG diese wieder aufhebt und sich so gegen seine Interpretation stellt. Daher ist *Bryde* zuzustimmen, wenn er davon ausgeht, dass der durch den Gesetzgeber bewirkte Verfassungswandel in der Regel ein *„stiller, in kleinen Schritten folgender"* ist.[601] Dass dem Gesetzgeber aber insgesamt die Kompetenz zugeschrieben werden muss, die offenen Verfassungssätze im Rahmen seiner Gesetzgebung zu konkretisieren und dabei auch deren Inhalt zu wandeln, folgt als integraler Bestandteil aus seiner in Art. 20 Abs. 2 und 3 GG festgelegten Gesetzgebungsbefugnis, da die Gesetzgebung immer nur der Ausgestaltung des durch die Verfassung vorgegebenen Rahmens des Gemeinwesens dienen kann.

3. Gesellschaftliche Anschauungen und Gruppierungen

Durch den Gesetzgeber hat letztlich auch das Volk selbst Einfluss auf die Verfassungsentwicklung. Das Volk übt seine Herrschaft nach der grundlegenden Vorschrift für das Legitimationsverhältnis zwischen Staatsvolk und Staatsgewalt in Art. 20 Abs. 2 GG durch Wahlen und Abstimmungen und durch besondere Organe der Gesetzgebung, der vollziehenden Gewalt und der Rechtsprechung aus. Das Grundgesetz hat sich damit für eine repräsentative Demokratie mit einzelnen direkten Elementen entschieden.[602] Die vom Volk in Wahlen bestimmten Vertreter sind zwar Vertreter des ganzen Volkes (Art. 38 Abs. 1 GG), sie setzen sich im Parlament aber in durchaus unterschiedlicher Akzentuierung für die verschiedenen im Volk herrschenden, teilweise auch konkurrierenden Vorstellungen ein.[603] Dass das Volk damit in der Regel nur einen indirekten Einfluss auf die Ausgestaltung der Verfassung und ihre Wandlung hat, liegt in der Entscheidung für eine repräsentative Demokratieform begründet, schmälert die Volkssouveränität aber nicht. Diese verlangt eine ununterbrochene Legitimationskette für staatliche Handlungen und dass die zu treffenden Entscheidungen mit dem diesem Entscheidungsträger zukommenden Legitimationsniveau korrespondieren, aber keine direkte Beteiligung des Volkes.[604] Wenn das Volk mit seinen gewählten Vertretern sowie der Art und Weise der Ausübung ihrer Vertretung nicht einverstanden sind, hat es die Möglichkeit, diese bei der nächsten Wahl nicht erneut zu wählen.

---

599 *Höfling*, Offene Grundrechtsinterpretation, S. 194.
600 *Herdegen*, JZ 1995, S. 873, 875.
601 *Bryde*, Verfassungsentwicklung, S. 202.
602 *Sommermann*, in: Mangoldt/Klein/Starck, Art. 20 Abs. 2 GG, Rn. 157.
603 Dies ist auch zulässig und verbreitert die argumentative Basis, ebd., Rn. 158.
604 ebd., Rn. 185 ff.; *Hain*, in: Mangoldt/Klein/Starck, Art. 79 Abs. 1 GG, Rn. 83 ff.

Darüber hinaus kann der Einzelne auch durch die Organisation in einer Partei und die Bündelung von Stimmen Einfluss auf die Ausgestaltung der Verfassung nehmen. Das Grundgesetz erkennt in Art. 21 Abs. 1 GG die politischen Parteien ausdrücklich als zur Willensbildung des Volkes notwendig an und räumt ihnen einen verfassungsrechtlichen Status ein.[605] Damit sind funktionierende politische Parteien existentiell, um die Volkssouveränität zu sichern, weshalb sie auch an der Bestandsgarantie des Art. 79 Abs. 3 GG teilnehmen.[606] Das BVerfG bezeichnet sie als *„frei gebildete, im gesellschaftlich-politischen Bereich wurzelnde Gruppen [...], dazu berufen, bei der politischen Willensbildung des Volkes mitzuwirken und in den Bereich der institutionalisierten Staatlichkeit hineinzuwirken"*, sieht sie aber gerade nicht als Teil dieser Staatlichkeit oder der obersten Staatsorgane.[607] Damit erkennt das Gericht an, dass es gesellschaftliche Gruppierungen geben darf und soll, die auf die staatlichen Institutionen einwirken und Auswirkungen auf die Interpretation der Verfassung haben können. Auch hierbei ergibt sich die Legitimation aber nur über den Volkssouverän und seine in Wahlen für eine Partei abgegebenen Stimmen.[608] Die Parteien erfüllen vor allem eine Integrationsaufgabe, in dem sie konkurrierende Gemeinwohlentwürfe anbieten und diese auch dann artikulieren, wenn sie aktuell aufgrund des Mehrheitsprinzips der Entscheidungen der Staatsorgane keine Zustimmung finden, aber dennoch die Meinung einer wesentlichen Minderheit repräsentieren.[609] Damit tragen die Parteien auch wesentlich zur Stabilität des parlamentarisch-demokratischen Regierungssystems bei.[610] Innerhalb der Staatsorgane sind die Parteien in den einzelnen Fraktionen des Deutschen Bundestages und den Länderparlamenten, in der Regierung(skoalition) und – durch die Entsendungen der Länderregierungen in den Bundesrat – auch in diesem repräsentiert. Ihre Ansichten und Gemeinwohlentwürfe können sie dabei nur durchsetzen, wenn diese eine Mehrheit finden. Hierfür ist oftmals auch die Schließung eines Kompromisses erforderlich, aber auch dieser trägt dazu bei, die verschiedenen Gemeinwohlentwürfe im Diskurs in einen gewissen Einklang zu bringen. Zu einem Verfassungswandel kann es dabei kommen, wenn sich in den Staatsorganen die notwendigen Mehrheiten gebildet haben und es im Anschluss zum Erlass von Gesetzen oder anderer Regelungen (wie Verordnungen der Bundesregierung) kommt, die auf den Inhalt eines Verfassungssatzes einwirken und diesen implizit ändern.

So lange sich ein Wandel öffentlich verbreiteter Vorstellungen allerdings auf die gesellschaftliche Ebene beschränkt, ohne sich auf institutioneller Seite durchgesetzt zu haben, ist er rechtlich nicht relevant.[611] Wie gezeigt, ist die Rechtsfortbildung in der Demokratie zwar legitimerweise *„an den Wandel der in der Gesellschaft*

---

605 *Ipsen*, in Sachs, Art. 21 GG, Rn. 5.
606 Ebd., Rn. 7.
607 BVerfG vom 19.7.1966 – 2 BvF 1/65, Rn. 121, BVerfGE 20, 56, 101.
608 *Ipsen*, in Sachs, Art. 21 GG, Rn. 10.
609 Ebd., Rn. 26 f.
610 Ebd., Rn. 27.
611 Ebenso: *Maunz/Zippelius*, Deutsches Staatsrecht, 28. Aufl., § 6 IV 2.

mehrheitlich konsensfähigen Gerechtigkeits- und Zielvorstellungen rückgekoppelt", aber rechtsverbindlich wird dieser Wandel erst, wenn er von den gewählten Staatsorganen oder dem BVerfG aufgegriffen wird.[612] Vom BVerfG kann ein solcher Wandel dabei immer nur dann aufgenommen werden, wenn er normativ relevant ist, das heißt den Normbereich oder das Normprogramm betrifft, oder wenn sich in einem Prozess „*vernunftgeleiteter Konsenssuche*" mehrheitlich andere Gerechtigkeitsvorstellungen herausgebildet haben, die das Vorverständnis beeinflussen.[613] Vor diesem Hintergrund wird auch *Häberles* Bezeichnung des BVerfG als „*gesellschaftliches Gericht eigener Art*" verständlich, allerdings geht er mit seiner Ansicht zu weit, das Gericht nehme Ideen und Interessen der Gesellschaft im Wege einer „*offenen Verfassungsinterpretation*" auf.[614] Dies kann das Gericht nämlich gerade nicht schrankenlos, mehrheitsunabhängig und ohne Bezug auf konkrete Normen und den zu entscheidenden Fall.

Im Ergebnis haben gesellschaftliche Gruppen oder einzelne Personen damit zwar keinen unmittelbaren und direkten Einfluss auf die Verfassungsentwicklung, eine gewisse Lenkungsfunktion kann ihnen aber nicht abgesprochen werden, so dass diese zumindest mittelbar zu einem Verfassungswandel beitragen können.[615] Ein Beispiel hierfür bietet auch der sogenannte „Sturm auf die Standesämter", bei dem circa 220 homosexuelle Paare ein Aufgebot bei Standesämtern stellten und nach dessen Ablehnung dagegen klagten. Zwar hat das BVerfG die nach Erschöpfung des Rechtswegs eingelegten Verfassungsbeschwerden nicht zur Entscheidung angenommen, allerdings hat es in diesem Beschluss die Frage aufgeworfen, ob der Gesetzgeber nicht verpflichtet sei, gleichgeschlechtlichen Partnerschaften eine rechtliche Absicherung ihrer Lebensgemeinschaft zu ermöglichen.[616] Dieser Appell war für den Verlauf der weiteren (verfassungsrechtlichen) Entwicklung, auf den noch einzugehen sein wird, durchaus richtungsgebend.[617] Aber auch in diesem Fall stellte die Aktion so lange eine rechtsunverbindliche Meinungsäußerung dar, bis sie durch ihre Aufnahme durch das BVerfG und den Gesetzgeber normativ relevant wurde.

4. *Europäische Akteure*

Aufgrund der zunehmenden Europäisierung und der Verlagerung von Gesetzgebungszuständigkeiten auf europäische Gremien sind letztlich auch auf dieser Ebene Akteure des Verfassungswandels zu finden.[618] Als solche kommen neben

612 Ebd.

613 *Zippelius*, Juristische Methodenlehre, 11. Aufl., § 4 III.

614 *Häberle*, in: Verfassungsgerichtsbarkeit zwischen Politik und Rechtswissenschaft, S. 57, 67.

615 So auch *Bryde*, Verfassungsentwicklung, S. 219.

616 BVerfG vom 4.10.1993 – 1 BvR 640/93, Rn. 7, NJW 1993, S. 3058, 3059.

617 2. Kapitel, Teil C. Rechtsstellung unter dem Grundgesetz.

618 So auch: *Mayer*, in Hönnige/Kneip/Lorenz, Verfassungswandel im Mehrebenensystem, S. 293 f.; *Herdegen*, in: Maunz/Dürig, Art. 79 GG, Rn. 32.

den Organen der EU, die zur Rechtsentwicklung sowohl durch Schaffung von EU Recht als auch durch dessen Auslegung durch den EuGH beitragen, insbesondere auch der EGMR wegen seiner Zuständigkeit zur Auslegung der EMRK in Betracht.

a) EuGH

Auf Ebene der EU kommt dem EuGH sicherlich eine besondere Stellung als potenzieller Akteur des Verfassungswandels zu. Grundlage für die Mitwirkung der Bundesrepublik Deutschlands bei der EG war zunächst Art. 24 Abs. 1 GG und später mit zunehmender Integration und Gründung der EU im Jahr 1993 der neu geschaffene Art. 23 GG, in dem vor allem auch die durch die Rechtsprechung des BVerfG entwickelten Schranken für eine solche Integration kodifiziert wurden.[619] So ist in Art. 23 Abs. 1 GG insbesondere ausdrücklich geregelt, dass bei Gründung der EU, Änderungen der vertraglichen Grundlagen der EU oder vergleichbaren Regelungen, durch die das Grundgesetz in seinem Inhalt geändert wird, die Erfordernisse des Art. 79 Abs. 2 und 3 GG zu beachten sind. Hierdurch soll sichergestellt werden, dass bei einer Übertragung von Hoheitsrechten an die EU, die nicht dem Textänderungsgebot des Art. 79 Abs. 1 GG unterliegen, Verfassungsdurchbrechungen durch Wahrung der übrigen Formerfordernisse des Art. 79 GG vermieden werden.[620] Darüber hinaus ist in Art. 23 Abs. 1 GG festgehalten, dass die Bundesrepublik Deutschlands an der Entwicklung einer EU mitwirkt, die *„einen diesem Grundgesetz wesentlich vergleichbaren Grundrechtsschutz gewährleistet“*. Hintergrund dieser Regelung ist die *Solange*-Rechtsprechung des BVerfG,[621] in der das Gericht seine Prüfungskompetenz hinsichtlich europäischen Gemeinschaftsrechts am Maßstab nationaler Grundrechte entwickelt hat.

Nach ständiger Rechtsprechung des EuGH gibt es einen uneingeschränkten Anwendungsvorrang des Unionsrechts, weshalb dieses nicht an nationalen Grundrechten zu messen sei.[622] Dem ist das BVerfG in seinem *Solange I*-Beschluss entgegengetreten und davon ausgegangen, dass *„solange der Integrationsprozeß der Gemeinschaft nicht so weit fortgeschritten ist, daß das Gemeinschaftsrecht auch einen von einem Parlament beschlossenen und in Geltung stehenden formulierten Katalog von Grundrechten enthält, der dem Grundrechtskatalog des Grundgesetzes adäquat ist, [...] nach Einholung der in Art. 177 des Vertrags geforderten Entscheidung des Europäischen Gerichtshofs die Vorlage eines Gerichts der Bundesrepublik Deutschland an das Bundesverfassungsgericht im Normenkontrollverfahren zulässig und geboten [ist], wenn das Gericht die für es entscheidungserhebliche Vorschrift des Gemeinschaftsrechts*

---

619 *Streinz*, in: Sachs, Art. 23 GG, Rn. 3; *Scholz*, in: Maunz/Dürig, Art. 6 GG, Rn. 1.

620 *Streinz*, ebd., Rn. 76 ff.; *Scholz*, ebd., Rn. 114; a.A. *Wolff*, Ungeschriebenes Verfassungsrecht, S. 88, der auch durch die Regelung in Art. 23 Abs. 1 S. 3 GG die Möglichkeit materieller Verfassungsdurchbrechungen nicht für ausgeschlossen hält.

621 Siehe Gesetzesbegründung BT-Drs. 12/6000, S. 21.

622 Grundlegend: EuGH Slg 1964, 1253, 1270 Costa/ENEL.

in der vom Europäischen Gerichtshof gegebenen Auslegung für unanwendbar hält, weil und soweit sie mit einem der Grundrechte des Grundgesetzes kollidiert".[623]

Nachdem der EuGH den vom BVerfG geforderten, die Gemeinschaftsorgane bindenden Grundrechtsschutz in der Folgezeit richterrechtlich aus den „*Grundrechtsverbürgungen, wie sie sich aus den mitgliedsstaatlichen Verfassungen ergeben und als allgemeine Rechtsgrundsätze Geltung als primäres Gemeinschaftsrecht entfalten*", entwickelt hat, hat das BVerfG seine Prüfungskompetenz im *Solange II*-Beschluss zugunsten des EuGH zurück genommen, „*solange die Europäischen Gemeinschaften, insbesondere die Rechtsprechung des Gerichtshofs der Gemeinschaften einen wirksamen Schutz der Grundrechte gegenüber der Hoheitsgewalt der Gemeinschaften generell gewährleisten, der dem vom Grundgesetz als unabdingbar gebotenen Grundrechtsschutz im wesentlichen gleichzuachten ist*".[624] Im *Maastricht*-Urteil hat das BVerfG diesen Grundsatz weiter entwickelt und erkennt ein „*Kooperationsverhältnis*" zum EuGH an, „*in dem der Europäische Gerichtshof den Grundrechtsschutz in jedem Einzelfall für das gesamte Gebiet der Europäischen Gemeinschaften garantiert, das Bundesverfassungsgericht sich deshalb auf eine generelle Gewährleistung der unabdingbaren Grundrechtsstandards (vgl. BVerfGE 73, 339 <387>) beschränken kann*".[625] Es behält sich aber vor, Unionsrecht an nationalen Grundrechten zu prüfen, wenn ein gleichwertiger Grundrechtsschutz auf Unionsebene generell nicht mehr gewährleistet ist,[626] oder sogenanntes ausbrechendes Unionsrecht vorliegt,[627] das heißt die EU ihre Kompetenzen überschreitet. Etwas anderes gilt nur bei nationalen Vollzugs- oder Umsetzungsakten, bei denen den Mitgliedstaaten ein Umsetzungsspielraum zukommt; hier bleibt eine Prüfung an nationalen Grundrechten möglich.[628] Das BVerfG erkennt folglich keinen uneingeschränkten Anwendungsvorrang des Unionsrechts an, nimmt seine Prüfungskompetenz aber inzwischen im Kollisionsfall zurück, solange oben genannte Voraussetzungen vorliegen.

In Bezug auf die Grundrechtssituation der EU hat zuletzt auch der Vertrag von Lissabon, der am 01.12.2009 in Kraft getreten ist, wesentliche Neuerungen gebracht, die den vom BVerfG geforderten Grundrechtsschutz auf Unionsebene weiter vertiefen. Zum einen wird die Grundrechtscharta in der Fassung vom 07.12.2007 in Art. 6 Abs. 1 EUV als rechtlich verbindlich und gleichrangig zu den Verträgen der Europäischen Union anerkannt und damit Teil des die Mitgliedstaaten und die Organe der EU bindenden Primärrechts. Während der EuGH die Grundrechtscharta

---

623 BVerfG vom 29.5.1974 – 2 BvL 52/71, Rn. 38, BVerfGE, 37, 271, 285.

624 BVerfG vom 22.10.1986 – 2 BvR 197/83, Rn. 113, 117, BVerfGE 73, 339, 383 f., 387.

625 BVerfG vom 12.10.1993 – 2 BvR 2134/92, 2 BvR 2159/92, Rn. 70, BVerfGE 89, 155, 174 f.

626 BVerfG vom 7.6.2000 – 2 BvL 1/97, Rn. 63, BVerfGE 102, 147, 162 ff.

627 Andeutungsweise bereits BVerfG vom 12.10.1993 – 2 BvR 2134/92, 2 BvR 2159/92, Rn. 106, BVerfGE 89, 155, 188; zur „*Ultra-vires-Kontrolle*" ausführlich dann Lissabon-Urteil, BVerfG vom 30.6.2009 - 2 BvE 2/08, 2 BvE 5/08, 2 BvR 1010/08, 2 BvR 1022/08, 2 BvR 1259/08, 2 BvR 182/09, Rn. 240, BVerfGE 123, 267, 354.

628 BVerfG vom 14.10.2008 – 1 BvF 4/05, Rn. 80, BVerfGE 122, 1, 20.

vor ihrer Rechtsverbindlichkeit nur als eine Auslegungshilfe von mehreren heranziehen konnte, kann und muss er Grundrechte, die in der Grundrechtscharta enthalten sind, jetzt direkt anwenden. Zum anderen wird die EU in Art. 6 Abs. 2 EUV verpflichtet – nicht nur berechtigt – der EMRK beizutreten. Damit wird eine Forderung primärrechtlich verankert, die bereits seit mehreren Jahrzehnten existiert[629] und die notwendig erscheint, um den Grundrechtsschutz auf europäischer Ebene zu vereinheitlichen und den EuGH sowie die Organe der EU, deren Kompetenzen sich mit der Zeit – vor allem in grundrechtssensiblen Bereichen – immer weiter ausgeweitet haben, einer externen Kontrolle zu unterstellen. Der Beitritt ist bis jetzt allerdings noch nicht vollzogen. Der ehemalige Art. 6 Abs. 2 EUV bleibt als neuer Absatz 3 der Vorschrift bestehen, womit der von der Rechtsprechung des EuGH entwickelte Grundrechtsschutz unabhängig von den Gewährleistungen in der Grundrechtscharta künftig weiter gelten soll.[630]

Im Ergebnis wirkt das EU Recht und dessen Auslegung durch den EuGH damit in mehrfacher Weise auf das nationale Recht ein. Im Anwendungsbereich von EU Recht verdrängt dieses entgegenstehendes nationales Recht. Im Bereich des sekundären Unionsrechts ist zwar nur die Verordnung unmittelbar bindend, während die Richtlinie der Umsetzung bedarf und grundsätzlich nur hinsichtlich ihres Ziels verbindlich ist (eine Ausnahme hiervon gilt allerdings bei nicht ordnungsgemäßer Umsetzung).[631] Darüber hinaus müssen nationale Vorschriften, insbesondere das Verfahrensrecht bei der Umsetzung von EU Recht von den nationalen Behörden gemeinschaftskonform ausgelegt werden, um dem Unionsrecht zu größtmöglicher Wirksamkeit zu verhelfen.[632] Die Entscheidungen des EuGH binden die Mitgliedstaaten, ebenso wie die unionsrechtlichen Verträge selbst, dabei unmittelbar nur innerhalb des Anwendungsbereichs des Unionsrechts, sie entfalten darüber hinaus aber auch eine *„Ausstrahlungswirkung als Rechtserkenntnisquellen"* ins nationale Recht und führen dort in zunehmendem Maße zu einer *„Europäisierung der Grundrechtsinterpretation"*.[633] Somit legt der EuGH Auslegungsrichtlinien zwar nur innerhalb der Reichweite von primärem und sekundärem Unionsrecht verbindlich fest, die verschiedenen Wechselwirkungen von europäischem und nationalen Recht können aber durchaus dazu führen, dass die innerstaatlichen Gerichte ihre Auslegung im Allgemeinen an die Linie des EuGH anpassen.

---

629 *Alber/Widmaier*, EuGRZ 2006, S. 113, 122; *Obwexer*, EuR 2012, S. 115 *„seit mehr als 40 Jahren"*; *Jacqué*, CMLR 2011, S. 995 *„after more than fifty years of debate"*; *Lock*, CMLR 2011, S. 1025, 1026 *„on the agenda for over thirty years"* jeweils m.w.N.

630 Vgl. dazu *Pache/Rösch*, EuZW 2008, S. 519, 521.

631 Grundlegend: EuGH Slg 1982, 53, 72 (Rn. 29) – Becker; hierzu auch *Müller/Christensen*, Juristische Methodik, 8. Aufl., Rn. 428a.

632 EuGH, Slg 2007, 5149, 5185 f., (Rn. 38, 41) – Jonkman u. a., NJW 2007, 3625, 3628; *Karpenstein*, in: Grabitz/Hilf/Nettesheim, Recht der Europäischen Union, Art. 267 AEUV, Rn. 106; ausführlich auch *Müller/Christensen*, Juristische Methodik, 8. Aufl., Rn. 428c.

633 *Michael*, NJW 2010, S. 3537, 3540.

b) EGMR

Unabhängig vom Anwendungsbereich des EU Rechts kommt vor allem dem EGMR als spezieller europäischer Gerichtsbarkeit für den Bereich der Grund- und Menschenrechte eine wichtige Funktion für die Entwicklung nationalen Verfassungsrechts zu.

Bei der Anwendung nationalen Rechts sind die Mitgliedstaaten der EU zwar zunächst an die nationalen Grundrechtsgewährleistungen gebunden, daneben findet aber auch die EMRK, der inzwischen alle Mitgliedstaaten der EU durch völkerrechtlichen Vertrag beigetreten sind, Anwendung. Nach Art. 1 EMRK sind die Vertragsstaaten dazu verpflichtet, allen ihrer Hoheitsgewalt unterstehenden Personen, die in der EMRK und den Zusatzprotokollen bestimmten Rechte und Freiheiten zu gewährleisten und die Urteile des EGMR zu befolgen (Art. 46 Abs. 1 EMRK). Dabei überlässt die EMRK es ihren Vertragsstaaten, wie sie ihrer Pflicht nachkommen. Es bestehen daher große Unterschiede darin, welcher Rang der EMRK in den einzelnen Vertragsstaaten zukommt. Teilweise steht die EMRK sogar über der Verfassung, in einigen Staaten kommt ihr Verfassungsrang zu, in wieder anderen steht sie zwischen Verfassung und einfacher Gesetzgebung, in manchen Staaten – wie der Bundesrepublik Deutschland – hat sie nur den Rang eines einfachen Gesetzes.[634] So sehr diese Unterschiede in Geltung und Verhältnis zu nationaler Verfassung auch kritisiert werden können,[635] besteht doch für jeden Vertragsstaat bei der Anwendung nationalen Rechts eine doppelte grundrechtliche Bindung, deren Verletzung vom Einzelnen zunächst auf nationaler Ebene und anschließend vor dem EGMR gerügt werden kann, vgl. Artt. 34, 35 EMRK.

Die Entscheidungen des EGMR entfalten dabei zwar – neben ihrer *inter partes* Wirkung gemäß Art. 46 Abs. 1 EMRK, bei der sich die Bindungswirkung auf den Tenor beschränkt – nur auf völkerrechtlicher Ebene eine „*Orientierungswirkung*".[636] Allerdings lässt sich in neueren Urteilen des BVerfG durchaus die Tendenz erkennen, die Inhalte der EMRK in die Wertungen der Grundrechte des Grundgesetzes einfließen zu lassen, und der EMRK sowie der Rechtsprechung des EGMR auf diese Weise zumindest mittelbar Verfassungsrang zukommen zu lassen. Hierzu heißt es in der Entscheidung des BVerfG vom 04.05.2011 zur Sicherungsverwahrung:

> *„Die hier einschlägigen Grundrechte des Art. 2 Abs. 2 Satz 2 in Verbindung mit Art. 104 Abs. 1 Satz 1 GG und Art. 2 Abs. 2 Satz 2 in Verbindung mit Art. 20 Abs. 3 GG sind völkerrechtsfreundlich auszulegen. Die Europäische Menschenrechtskonvention steht zwar innerstaatlich im Rang eines Bundesgesetzes und damit unter dem Grundgesetz (a). Sie ist jedoch als Auslegungshilfe bei der Auslegung der Grundrechte und rechtsstaatlichen Grundsätze des Grundgesetzes heranzuziehen (b). Dies gilt auch für die Auslegung*

---

634 Siehe zum Rangverhältnis in den verschiedenen Vertragsstaaten: *Ehlers,* Europäische Grundrechte und Grundfreiheiten, §2 I 3 Rn. 10 ff.

635 Ausführlich zu dieser Problematik: *Pache,* EuR 2004, S. 393 ff.

636 *Meyer-Ladewig,* EMRK Kommentar, Art. 46, Rn. 14 ff.; *Grabenwarter/Pabel,* EMRK, § 16 Rn. 8 ff.

der Europäischen Menschenrechtskonvention durch den Europäischen Gerichtshof für Menschenrechte (c). Diese verfassungsrechtliche Bedeutung der Europäischen Menschenrechtskonvention und damit auch der Rechtsprechung des Europäischen Gerichtshofs für Menschenrechte beruht auf der Völkerrechtsfreundlichkeit des Grundgesetzes und seiner inhaltlichen Ausrichtung auf die Menschenrechte (d). Ihre Heranziehung als Auslegungshilfe verlangt allerdings keine schematische Parallelisierung der Aussagen des Grundgesetzes mit denen der Europäischen Menschenrechtskonvention, sondern ein Aufnehmen der Wertungen der Europäischen Menschenrechtskonvention (e), soweit dies methodisch vertretbar und mit den Vorgaben des Grundgesetzes vereinbar ist (f)."[637]

Die verfassungsrechtlichen Grundlagen dieser völkerrechtsfreundlichen Auslegung begründet das BVerfG dabei wie folgt:

> *„Das Grundgesetz weist mit Art. 1 Abs. 2 GG dem Kernbestand an Menschenrechten einen besonderen Schutz zu. Dieser ist in Verbindung mit Art. 59 Abs. 2 GG die Grundlage für die verfassungsrechtliche Pflicht, auch bei der Anwendung der deutschen Grundrechte die Europäische Menschenrechtskonvention in ihrer konkreten Ausgestaltung als Auslegungshilfe heranzuziehen. Art. 1 Abs. 2 GG ist daher zwar kein Einfallstor für einen unmittelbaren Verfassungsrang der Europäischen Menschenrechtskonvention, die Vorschrift ist aber mehr als ein unverbindlicher Programmsatz, indem sie eine Maxime für die Auslegung des Grundgesetzes vorgibt und verdeutlicht, dass die Grundrechte auch als Ausprägung der Menschenrechte zu verstehen sind und diese als Mindeststandard in sich aufgenommen haben.*"[638]

Die Anerkennung der EMRK und der Rechtsprechung des EGMR als Auslegungshilfe für das Grundgesetz geht bereits auf eine Entscheidung des BVerfG aus dem Jahr 1987 zurück, auch wenn damals noch vorsichtiger formuliert wurde und diese nur *„in Betracht zu ziehen"* sein sollten und dies auch nur *„sofern dies nicht zu einer Einschränkung oder Minderung des Grundrechtsschutzes nach dem Grundgesetz führt"*.[639] Auch für einfache Gesetze nahm das BVerfG in dieser Entscheidung an, dass diese *„im Einklang mit den völkerrechtlichen Verpflichtungen der Bundesrepublik Deutschland auszulegen und anzuwenden [sind], selbst wenn sie zeitlich später erlassen worden sind als ein geltender völkerrechtlicher Vertrag"*.[640] Im Ergebnis wollte das BVerfG mit diesem Ausspruch einen Ausschluss der Bindung der mit einfachen Bundesgesetzen auf gleichem Rang stehenden EMRK aufgrund der *lex posterior* Regel vermeiden. Diese Gedanken zum Verhältnis von einfachem Recht, Grundgesetz und EMRK hat das BVerfG im *Görgülü*-Beschluss aus dem Jahr 2004 weiterentwickelt:

---

637 BVerfG vom 4.5.2011 – 2 BvR 2333/08, 2 BvR 2365/09, 2 BvR 571/10, 2 BvR 740/10, 2 BvR 1152/10, Rn. 86, BVerfGE 128, 326, 366 f.

638 Ebd., Rn. 90.

639 BVerfG vom 26.3.1987 – 2 BvR 589/79, 2 BvR 740/81, 2 BvR 284/85, Rn. 35; BVerfGE 74, 358, 370.

640 Ebd.

„Die Bindungswirkung einer Entscheidung des Gerichtshofs erstreckt sich auf alle staatlichen Organe und verpflichtet diese grundsätzlich, im Rahmen ihrer Zuständigkeit und ohne Verstoß gegen die Bindung an Gesetz und Recht (Art. 20 Abs. 3 GG) einen fortdauernden Konventionsverstoß zu beenden und einen konventionsgemäßen Zustand herzustellen (2.). Die Art und Weise der Bindungswirkung hängt von dem Zuständigkeitsbereich der staatlichen Organe ab und von dem Spielraum, den vorrangig anwendbares Recht lässt. Gerichte sind zur Berücksichtigung eines Urteils, das einen von ihnen bereits entschiedenen Fall betrifft, jedenfalls dann verpflichtet, wenn sie in verfahrensrechtlich zulässiger Weise erneut über den Gegenstand entscheiden und dem Urteil ohne materiellen Gesetzesverstoß Rechnung tragen können (3.). Ein Beschwerdeführer kann die Missachtung dieser Berücksichtigungspflicht als Verstoß gegen das in seinem Schutzbereich berührte Grundrecht in Verbindung mit dem Rechtsstaatsprinzip rügen (4.).“[641]

Damit erkennt das Gericht in dieser Entscheidung ausdrücklich die Bindungswirkung für alle staatlichen Organe an und gibt dem einzelnen Grundrechtsträger die Möglichkeit zur Verfassungsbeschwerde, wenn ein Gericht seiner Berücksichtigungspflicht nicht nachkommt. Darüber hinaus schließt es allerdings die Zulässigkeit einer Verfassungsbeschwerde wegen der Rüge der unmittelbaren Verletzung eines in der EMRK enthaltenen Rechts aus.[642] Auch im Übrigen trägt die Entscheidung mitunter durchaus kritische Töne. So wird sehr stark die nationale Souveränität hervorgehoben, die das Verhältnis zur EMRK bestimme und die es ermögliche, dass *„der Gesetzgeber ausnahmsweise Völkervertragsrecht nicht beachtet, sofern nur auf diese Weise ein Verstoß gegen tragende Grundsätze der Verfassung abzuwenden ist“*.[643]

Im Vergleich hierzu klingen die Ausführungen in der Entscheidung zur Sicherungsverwahrung aus dem Jahr 2011 wesentlich völkerrechtsfreundlicher. Zwar wird man dabei nicht von einer Kehrtwende sprechen können, aber zumindest zeigt sich durch die dortige Anerkennung einer *„verfassungsrechtlichen Pflicht“* zur Beachtung der EMRK und ihrer Ausgestaltung durch den EGMR bei der Grundrechtsauslegung eine neue Entwicklungsstufe im Verhältnis von Grundgesetz und EMRK und der Bindungswirkung von EGMR Urteilen. Im Rahmen einer solchen Pflicht zum *„Aufnehmen der Wertungen der Europäischen Menschenrechtskonvention“* in die nationale Verfassung wird dann auch deutlich, warum Entwicklungen in der Rechtsprechung des EGMR einen Verfassungswandel hervorrufen können.

Die Wertungen der EMRK finden darüber hinaus aber auch Eingang in die Auslegung des Unionsrechts und beeinflussen auf diese Weise die Handlungen der Organe der EU sowie die der Mitgliedstaaten. Zum einen ordnet der inzwischen zum Primärrecht der EU zählende Art. 52 Abs. 3 GRCh an, dass Rechte der Charta, die den durch die EMRK garantierten Rechten entsprechen, die *„gleiche Bedeutung und*

641 BVerfG vom 14.10.2004 – h 2 BvR 1481/04, Rn. 30, BVerfGE 111, 307, 315 f.
642 Ebd., Rn. 32, BVerfGE 111, 307, 317.
643 Ebd., Rn. 34 f., BVerfGE 111, 307, 319; kritisch hierzu auch *Cremer*, EuGRZ 2004, S. 683 ff.

Tragweite" wie diese haben. Dabei bleibt es der EU zwar nach Satz 2 vorbehalten, einen weitergehenden Schutz zu gewährleisten, die Rechte der EMRK bilden aber den Mindeststandard,[644] den die Grundrechtecharta innerhalb des Rechts der EU zu gewährleisten hat. Zum anderen ist die EMRK Teil der allgemeinen Grundsätze des Unionsrechts, die nach Art. 6 Abs. 3 EUV neben der Grundrechtecharta bei Auslegung des Rechts der EU und den Handlungen seiner Organe zu beachten sind. Dies gilt zwar wiederum nur innerhalb der Anwendbarkeit des Unionsrechts, entfaltet daneben aber, wie erläutert, eine Ausstrahlungswirkung, die bei der Beurteilung von nationalen Verfassungsentwicklungen nicht zu unterschätzen ist.

c) Ursachen von Verfassungswandlungen

Während die Akteure auf europäischer Ebene also auf vielfältige Weise auf das Grundgesetz einwirken, führt nicht jede dieser Entwicklungen zu einem Verfassungswandel. Ein Verfassungswandel ist insbesondere dann möglich, wenn das BVerfG die Auslegung der Normen des Grundgesetzes an die der Grundrechtecharta der EU oder die der EMRK sowie den hierzu ergangenen Entscheidungen der europäischen Gerichtsbarkeit anpasst, ohne dass dies aus dem Text dieser Normen ersichtlich wäre bzw. ohne dass diese ausdrücklich geändert würden und diese Interpretationsänderung den Inhalt der nationalen Verfassungsnorm wandelt. Eine Änderung erfolgt dabei meist aufgrund einer europarechtlich beeinflussten Neudefinition des Normprogramms, das sich auf den von der Norm erfassten Normbereich auswirkt. Ein solcher Verfassungswandel lässt sich beispielsweise[645] darin beobachten, dass das BVerfG die Grundrechtsberechtigung des Art. 19 Abs. 3 GG inzwischen auch auf juristische Personen aus Mitgliedstaaten der EU erstreckt,[646] dass es an Art. 3 Abs. 1 GG einen strengeren Maßstab anlegt, wenn das europarechtlich geschützte Diskriminierungsmerkmal der sexuellen Orientierung betroffen ist,[647] und dass es EU-Ausländern über Art. 2 Abs. 1 GG einen vergleichbaren Grundrechtsschutz gewährt, wie ihn Inländer im Rahmen der Deutschengrundrechte genießen.[648]

Dabei begünstigt auch die dynamische Auslegung, die vor allem innerhalb der Rechtsprechung des EGMR betrieben wird, die ständige Weiterentwicklung und Anpassung der aus der EMRK folgenden Rechte sowie die Erfindung neuer Schutzgehalte und damit das Entstehen von Verfassungswandlungen nach Übernahme ins

644 *Grabenwarter/Pabel*, EMRK, § 2, Rn. 14; *Callewaert*, EuGRZ 2003, S. 198, 200; *Naumann*, EuR 2008, S. 424, 434 „*weitgehende Mindestschutzklausel*"; *Weiß*, ZEuS 2005, S. 323, 333 in Bezug auf Art. II-112 Abs. 3 des gescheiterten Verfassungsvertrags, der allerdings den gleichen Wortlaut wie Art. 52 Abs. 3 GRCh hat.

645 Weitere Beispiele bei *Bauer*, JBl 2000, S. 750, 757.

646 BVerfG vom 19.7.2011 – 1 BvR 1916/09, Rn. 74 ff. BVerfGE 129, 78, 96 f.

647 BVerfG vom 7.7.2009 – 1 BvR 1164/07, Rn. 88, BVerfGE 124, 199, 220.

648 Zu letzterem: BVerfG vom 4.11.2010 – 1 BvR 3389/08, Rn. 51, NVwZ 2011, S. 486, 488.

nationale Recht.[649] Die dynamische Rechtsprechung und die richterliche Rechtsfortbildung werden dabei, wie beim BVerfG und dem EuGH auch, bereits durch die Einrichtung einer unabhängigen und ausschließlich dem Recht unterworfenen Kontrollinstanz begünstigt.[650] Daneben zeugt auch die Intention der EMRK zur Fortentwicklung der Menschenrechte und zur Erweiterung durch Beitritt von einem dynamischen Konventionsverständnis.[651] Die Dynamik in der Interpretation des EGMR wurde von den Konventionsstaaten bislang stets mitgetragen und ist nach Ansicht von *Cremer* vor allem dem *„dialogischen Verfahren der Fortbildung der EMRK"*, geschuldet, bei dem die Mitgliedstaaten in die Rechtsfortbildung in einer Art *„Diskurs"* mit eingebunden werden und das ihnen die Möglichkeit eröffnet, ihre Rechtsauffassungen einzubringen.[652] Diese Art der Auslegung erkennt implizit auch das BVerfG an, wenn es *„Inhalt* ***und Entwicklungsstand*** *der Europäischen Menschenrechtskonvention"*[653] bei der Auslegung des Grundgesetzes beachten will.

Ein Verfassungswandel ist darüber hinaus auch in der Anerkennung der völkerrechtsfreundlichen Auslegung des Grundgesetzes selbst und der hierauf bezogenen Pflicht zur Aufnahme der Wertungen der EMRK ins Grundgesetz zu sehen. Wie die Rechtsprechungsentwicklung des BVerfG in diesem Bereich zeigt, hat das Gericht diese Verpflichtungen dem Grundgesetz nicht von Anfang an entnommen, sondern über eine Zeitspanne von mehreren Jahrzehnten entwickelt. Sie folgen weder unmittelbar aus der Ratifizierung des völkerrechtlichen Vertrags noch aus dem Zustimmungsgesetz[654] von Bundestag und Bundesrat hierzu. Der völkerrechtliche Vertrag hat ebenso wie das Zustimmungsgesetz nur den Rang eines einfachen Bundesgesetzes und steht damit unter dem Grundgesetz. Bei dessen Auslegung muss die EMRK also nicht schon aus normhierarchischen Gründen zwingend berücksichtigt werden. Auch aus Art. 1 Abs. 2 GG und Art. 59 Abs. 2 GG, die das BVerfG in seiner Entscheidung zur Sicherungsverwahrung als Grundlage für die verfassungsrechtliche Pflicht zur Verwendung der EMRK als Auslegungshilfe nennt, folgt diese Verpflichtung nicht ausdrücklich. Art. 1 Abs. 2 GG enthält zwar das Bekenntnis zu unveräußerlichen Menschenrechten, sagt aber nichts über Rang und Geltung der EMRK aus. Art. 59 Abs. 2 GG wiederum enthält nur die Notwendigkeit der Zustimmungspflicht zu völkerrechtlichen Verträgen. Das hindert das BVerfG zwar nicht daran, aus einer Zusammenschau der beiden Vorschriften die genannten Verpflichtungen herauszulesen, dies war allerdings weder zwingend, noch war es in den Vorschriften von Anfang an angelegt. Das BVerfG kreiert hierdurch vielmehr eine vorher nicht bestehende Verpflichtung und wandelt damit den Inhalt

---

649 Beispiele bei *Cremer*, in: Dörr/Grote/Marauhn, EMRK/GG Kommentar, 2. Aufl., Kapitel 4, Rn. 48 ff.

650 Ebd., Rn. 36.

651 Ebd., Rn. 35, 37.

652 Ebd., Rn 58.

653 BVerfG vom 26.3.1987 – 2 BvR 589/79, 2 BvR 740/81, 2 BvR 284/85, Rn. 35; BVerfGE 74, 358, 370 (Hervorhebung durch Verf.).

654 BGBl. 1954 I, S. 639.

der Verfassung. Hierbei beruht der Verfassungswandel vor allem auf gewandelten Anschauungen zum richtigen Verständnis der Verfassung und ihres Verhältnisses zu anderen Menschenrechtsgewährleistungen, die sich auf das Vorverständnis der Verfassungsinterpreten ausgewirkt haben. Darin liegt ein klassischer Fall der von *Bryde* so bezeichneten *„Öffnung für neue Wertungen"*.[655]

F. Ergebnis

Wie die bisherige Untersuchung gezeigt hat, sind Grund und Ursache eines jeden Verfassungswandels die Wechselbezüglichkeit von Verfassung und Rechts- bzw. Lebenswirklichkeit, welche Anpassungen auch außerhalb des für Verfassungsänderungen vorgesehenen Verfahrens ermöglichen können muss. Während unter der Weimarer Reichsverfassung und der Reichsverfassung von 1871 eine Wechselbezüglichkeit von Verfassung und Rechtswirklichkeit gerade abgelehnt und der Begriff der Verfassungswandlung verwendet wurde, um das Auseinanderfallen von Verfassung und Verfassungswirklichkeit zu kennzeichnen, beschreibt er heute deren Aufeinanderbezogensein. Die Beispiele, die damals für erfolgte Verfassungswandlungen angeführt wurden, beschreiben nicht die interpretatorische Fortentwicklung und Anpassung des Verfassungsrechts an die Rechtswirklichkeit, sondern stellen nach heutigem Verständnis aufgrund von Art. 79 Abs. 1 GG unzulässige Durchbrechungen der Verfassung an deren Text vorbei dar. Da die deutschen Verfassungen vor Geltung des Grundgesetzes weder als höherrangiges Recht behandelt wurden, noch eine Verfassungsgerichtsbarkeit die Einhaltung der dort niedergelegten Rechtssätze und Gewährleistungen überprüfen konnte, behalf sich die Rechtswissenschaft damit, Abweichungen vom geschriebenen Text als zulässige und notwendige Verfassungswandlungen zu beschreiben.

Zwar ist der Kern des Verfassungswandelbegriffs, unter dem die Änderung des Inhalts einer Verfassungsnorm ohne Textänderung zu verstehen ist, heute noch derselbe, allerdings ist eine solche Inhaltsänderung wegen der Vorgaben des Art. 79 Abs. 1 GG, der auch für den Verfassungswandel als Grenze heranzuziehen ist, unter Geltung des Grundgesetzes auf Verfassungswandlungen durch Interpretationsänderung und durch Obsolet-Werden von Verfassungsnormen beschränkt. Diese können sich sowohl im geschriebenen als auch im ungeschriebenen Verfassungsrecht ergeben. Der Begriff des Verfassungswandels ist auch heutzutage nicht überflüssig, denn ein Verfassungswandel vollzieht sich zwar meist auf der Ebene der Interpretation, aber er ist nicht Interpretation. Er ist das Ergebnis eines Inhaltswandels einer Verfassungsnorm, der durch Veränderungen im Normbereich, im Normprogramm oder innerhalb des Vorverständnisses des Verfassungsinterpreten eingetreten ist. Durch ihn lassen sich Veränderungen auf gesellschaftlicher, technischer, sozioökonomischer und internationaler Ebene, soweit sie normativ relevant sind, erfassen und ins Verfassungsgefüge inkorporieren, ohne dass dies

655 *Bryde*, Verfassungsentwicklung, S. 288.

eine Verfassungsänderung notwendig machen würde. Dies ist allerdings nicht grenzenlos möglich. Wenn sich solche Veränderungen nicht mehr mit dem Normtext vereinbaren lassen, den Kerngehalt einer Verfassungsnorm betreffen oder gegen die Kontinuität der Verfassung verstoßen, muss der verfassungsändernde Gesetzgeber tätig werden, wobei auch er den Grenzen des Art. 79 Abs. 3 GG unterliegt. Wird der Gesetzgeber nicht tätig, hat das BVerfG als Letztinterpret der Verfassung noch immer die Möglichkeit, die Notwendigkeit des gesetzgeberischen Tätigwerdens festzustellen. Damit kommt dem BVerfG zwar eine herausragende Stellung im Bereich des Verfassungswandels zu, aber keine Monopolstellung, denn auch der verfassungsändernde Gesetzgeber, der einfache Gesetzgeber und die europäischen Gerichte haben Einfluss auf die Interpretation des Grundgesetzes. Dem Volk selbst und den herrschenden gesellschaftlichen Vorstellungen hingegen ist ein Einfluss auf den Inhalt der Verfassung so lange verwehrt, wie dieser sich ausschließlich auf gesellschaftlicher Ebene manifestiert. Erst bei Aufnahme durch die verschiedenen Verfassungsinterpreten und bei normativer Relevanz werden gesellschaftliche Vorstellungen beachtlich.

Die Beispiele der unter dem Grundgesetz erfolgten Verfassungswandlungen haben die Abgrenzungsschwierigkeiten aufgezeigt, die vor allem dann bestehen, wenn aus der Verfassung erstmalig etwas herausgelesen wird und überprüft werden muss, ob sich der Inhalt der Verfassung hierdurch gewandelt hat oder nicht. Die Entstehungsgeschichte der Norm und die Regelungstradition sind dabei wichtige Hilfskriterien, können aber sowohl für einen Verfassungswandel als auch dagegen sprechen und sind daher stets kritisch zu prüfen. Hierauf wird im weiteren Verlauf der Untersuchung bei der Frage, inwieweit Verfassungswandlungen im Bereich von Ehe und Familie sowie im Rahmen der verfassungsrechtlichen Stellung homosexueller Personen, gleichgeschlechtlicher Lebensgemeinschaften und eingetragener Lebenspartnerschaften erfolgt sind, zurückzukommen sein.

2. Kapitel: Die Entwicklung der Rechtsstellung Homosexueller und gleichgeschlechtlicher Lebensgemeinschaften

Um bei der im weiteren Verlauf durchzuführenden Prüfung der derzeitigen verfassungsrechtlichen Stellung von Ehe, Familie, eingetragener Lebenspartnerschaft sowie homosexueller Personen und Paare feststellen zu können, inwieweit sich diese Stellung im Gegensatz zu früheren Zeiten verändert hat und ob darin ein Verfassungswandel liegt, soll in diesem Kapitel zunächst dargestellt werden, wie sich die Rechtsstellung Homosexueller und gleichgeschlechtlicher Paare entwickelt hat. Maßgeblich dafür wird vorrangig, jedoch nicht ausschließlich die Entwicklung der Rechtsstellung seit Inkrafttreten des Grundgesetzes sein. Zwar haben sich die weitreichendsten Veränderungen im Umgang mit der Homosexualität durch Gesellschaft und Gesetzgeber erst in den letzten vier Jahrzehnten ergeben, allerdings ist diese Entwicklung umso bemerkenswerter vor dem Hintergrund der jahrhundertelangen Verfolgung, Ausgrenzung und Pathologisierung Homosexueller.

Um die Tragweite dieser in kürzester Zeit erfolgten Veränderungen erfassen zu können, soll zunächst in einem kurzen historischen Rückblick dargestellt werden, wie mit der Homosexualität in den vergangenen Epochen umgegangen wurde. Bedeutend ist dabei sowohl der durch den gestiegenen Einfluss des Christentums bedingte negative Wandel der Einstellung der Gesellschaft zur Homosexualität, wie auch die Abschwächung dieses Einflusses in der Zeit der Aufklärung, die allerdings – wie auch die folgenden Epochen – ihre eigenen Gründe und Erklärungen für die Ablehnung der Homosexualität fand. Diese veränderten sich zwar im Laufe der Zeit, führten aber dennoch lange Zeit nicht zu einer Tolerierung homosexuellen Verhaltens.

Erst im Rahmen der sexuellen Revolution Ende der sechziger Jahre des letzten Jahrhunderts begann die Ablehnung zu bröckeln und Homosexuellen war es allmählich möglich, öffentlich für ihre Rechte einzutreten. Zu diesen Veränderungen haben auch die Entwicklungen auf europäischer Ebene und die zunehmende Gewährung von Rechten für homosexuelle Paare durch andere Länder innerhalb der EU beigetragen. Den Höhepunkt fand diese Entwicklung in Deutschland im Jahr 2001 mit Erlass des LPartDisBG, mit dem homosexuellen Partnerschaften ein eigenes familienrechtliches Institut – die eingetragene Lebenspartnerschaft – zur Verfügung gestellt wurde. Die seither ergangenen Entscheidungen des BVerfG, die eine weitere Angleichung des neuen Instituts an die Ehe bewirkt haben und auf die in diesem Kapitel ebenfalls eingegangen werden soll, verdeutlichen die konsequente Fortführung des mit dem LPartDisBG eingeschlagenen Weges.

A. Begriff der Homosexualität

Der Begriff der Homosexualität (von griechisch „homo" – gleich und lateinisch „sexus" – Geschlecht) wurde erst im Jahr 1869 geprägt und bezeichnet das sich auf das eigene Geschlecht richtende sexuelle Empfinden und Verhalten.[656] Im antiken Griechenland wurde die Liebe zwischen einem erwachsenen Mann und einem Jüngling (die Liebe zwischen zwei Frauen war von untergeordneter Bedeutung, so dass sich hierfür kein eigener Begriff bildete) als Päderastie („paiderastia" von „pais" – Knabe und „erastes" – Liebhaber) bezeichnet.[657] Mit Verbreitung des Christentums wurde dieser weithin gebräuchliche Begriff durch den religiös geprägten Begriff der Sodomie verdrängt, der auf die Geschichte von Sodom und Gomorrha im Alten Testament zurückgeht, und mit dem zunächst alle von der Norm abweichenden Sexualpraktiken bezeichnet wurden, bis er Ende des 19. Jahrhunderts auf den Sexualverkehr mit Tieren beschränkt wurde.[658] *Karl Heinrich Ulrich* schließlich, der bereits im 19. Jahrhundert für die Gleichstellung der sexuellen Ausrichtung auf das eigene Geschlecht kämpfte und dessen Arbeiten als *„Meilenstein der modernen Sexualwissenschaft"* gelten, entwickelte den nicht religiös vorgeprägten Begriff des Uranismus (von der mutterlosen Liebesgöttin Urania).[659]

Im Rahmen dieser Arbeit soll der Begriff der „Homosexualität" bzw. der weiblichen und männlichen „Homosexuellen" zur Umschreibung gleichgeschlechtlicher Orientierung verwendet werden, da sich dieser Begriff inzwischen im allgemeinen Sprachgebrauch durchgesetzt hat und mit ihm in der heutigen Zeit – zumindest im juristischen Bereich – in der Regel keine negativen Assoziationen mehr verbunden sind. Auf den teilweise verwendeten Begriff der Homophilie wird verzichtet, da dieser nicht einheitlich und nicht immer in einem eindeutigen Sinnzusammenhang benutzt wird.[660]

---

656 Definition nach Duden online: http://www.duden.de/rechtschreibung/Homosexualitaet; zur Entstehungsgeschichte des Wortes: *zur Nieden*, in: Homosexualität und Staatsräson, S. 21 ff.

657 *Blazek*, Rosa Zeiten für rosa Liebe, S. 18; Baumann, Paragraph 175, S. 22.

658 *Blazek*, ebd., S. 27.

659 Ebd., S. 118 f.; Zitat: S. 118.

660 So zum Beispiel im Rahmen der Schwulenbewegung in den siebziger Jahren, in denen sich diese gerade von den Homophilen abgrenzen wollten, *Stümke*, Homosexuelle in Deutschland, S. 162; siehe auch *Muscheler*, Das Recht der eingetragenen Lebenspartnerschaft, Rn. 88, der Homophilie von Homosexualität durch einen *„leichten Einschlag in den emotional-geistigen Bereich"* abgrenzen will.

B. Historischer Abriss

I. Antike

Teilweise wird behauptet, im antiken Griechenland sei Homosexualität anerkannt und weit verbreitet gewesen.[661] Das ist zwar nicht grundsätzlich falsch, aber zumindest missverständlich, da auch dort nicht allgemeine, gleichgeschlechtliche Liebesbeziehungen zwischen Erwachsenen gesellschaftlich anerkannt waren, sondern ausschließlich die emotionale Verbindung eines älteren Mannes zu einem Jüngling im Sinne einer Lehrer-Schüler Beziehung. Jungen strahlten nach dem Verständnis dieser Zeit in ihrer Adoleszenzphase einen bestimmten „*Eros*", das heißt eine Art göttliches Begehren und Verlangen aus, welches nach dem damaligen Schönheitsideal als etwas Reines, Schönes und Erstrebenswertes galt. Es war die Aufgabe der älteren erwachsenen Männer einen noch heranwachsenden jüngeren Mann zu umwerben, ihn zu lehren und in die Gesellschaft einzuführen. Für diese Beziehung zwischen zwei Männern gab es vielerlei Regeln, da sie nicht dem Ausleben sexueller Lustempfindungen dienen sollte, sondern der Erziehung des Jüngeren zu einem ehrenhaften Mann. Ein Aufrechterhalten der Beziehung nach der Adoleszenzphase des Jünglings galt als unstatthaft. Männer, die sich penetrieren ließen oder sich gar prostituierten, wurden als unehrenhaft und ungeeignet für öffentliche Ämter angesehen, da dies der aktiven Rolle, die sie im Staatsleben übernehmen sollten, widersprach.[662] Homosexuelle Handlungen unter Frauen wurden so gut wie gar nicht thematisiert. Frauen kam im Staat wie im Privatleben eine passive Rolle zu, ein eigenes Lustempfinden dieser spielte keine Rolle.

Folglich kann auch im antiken Griechenland nicht von einer allgemeinen Akzeptanz gleichgeschlechtlicher Liebesbeziehungen gesprochen werden. Ganz im Gegenteil waren gerade homosexuelle Handlungen zwischen Erwachsenen oder solche, die vorrangig der Befriedigung der Lust galten, verpönt.

Im antiken Rom war die Päderastie nicht so verbreitet wie in Griechenland und wurde kritischer betrachtet. Insbesondere der Verkehr mit freien römischen Bürgern wurde wegen der Entehrung dieser Jungen streng bestraft. Mit den eigenen Sklaven hingegen wurde solch ein Verkehr nicht als unzulässig angesehen. Homosexuelle Beziehungen zwischen erwachsenen Männern waren allerdings ebenso verachtet wie in Griechenland. Vor allem Männer, die sich beim Verkehr passiv verhielten und sich somit in die Rolle der Frau begaben, wurden geächtet und ausgestoßen.[663] Es gibt allerdings auch andere Beispiele: So sollen insbesondere die römischen Kaiser Caligula und Nero diverse homosexuelle Beziehungen gepflegt und letzterer sogar einen seiner Lustknaben geheiratet haben.[664] Mit zunehmender Ausbreitung des

---

661 So zum Beispiel *Baumann*, Paragraph 175, S. 22.

662 Ausführlich zu diesem Komplex: *Blazek*, Rosa Zeiten für rosa Liebe, S. 17 ff.

663 Ebd., S. 33 f. zu diesem und den vorherigen Sätzen.

664 *Baumann*, Paragraph 175, S. 25.

Christentums änderte sich allerdings die teilweise vorhandene Tolerierung der Homosexualität und die Strafen für homosexuelles Verhalten wurden stark verschärft.

II. Ausbreitung des Christentums

Bereits im traditionellen Judentum wurde die männliche Homosexualität unter Bezugnahme auf das Alte Testament als etwas Schändliches angesehen und mit hoher Strafe bedroht. Im dritten Buch Mose heißt es hierzu: „*Wenn jemand bei einem Manne liegt wie bei einer Frau, so haben sie getan, was ein Gräuel ist, und sollen beide des Todes sterben; Blutschuld lastet auf ihnen.*“[665] Die Homosexualität unter Frauen ist hingegen an keiner Stelle erwähnt, sie war schlichtweg nicht von Bedeutung. Das hing vor allem mit dem alttestamentarischen Menschenbild zusammen, nach dem die Frau dem Mann absolut untergeordnet war.[666] Das Anstößige an homosexuellen Handlungen war somit auch nach dem Alten Testament nicht die Tatsache an sich, dass zwei Personen gleichen Geschlechts miteinander verkehrten, sondern, dass beim männlichen gleichgeschlechtlichen Verkehr die Geschlechtsrollen vertauscht wurden und sich der Mann in die untergeordnete Rolle der Frau begab und dadurch seine Männlichkeit einbüßte, was seiner Rolle als Patriarch widersprach.[667] Als weiterer Hintergrund des Verbots wird genannt, dass eine solche Vereinigung nicht auf das göttliche Gebot der Zeugung von Nachkommen gerichtet war, also Gottes Willen widersprach.[668]

Ebenfalls zur Ablehnung männlicher Homosexualität trug die Geschichte von Sodom und Gomorrha im Alten Testament bei.[669] Diese schürte zusätzlich die Angst vor Gottes Vergeltung für unkeusches Verhalten.

In dieser Erzählung geht es um die Stadt Sodom, in der Abrahams Neffe Lot mit seinen beiden Töchtern weilte. Gott hatte von der Sündhaftigkeit dieser Stadt gehört und schickte daher zwei Engel zu Lot in die Stadt, um diesen Vorwurf zu überprüfen. Die Bewohner der Stadt hörten von Lots Gästen und forderten ihn auf, diese herauszugeben, damit man sich „*an ihnen vergehen könnte*“. Lot weigerte sich und bot den Bewohnern im Gegenzug seine jungfräulichen Töchter an, womit sich diese allerdings nicht zufrieden gaben. Nach diesen Geschehnissen war Gott von der Sündhaftigkeit der Stadt überzeugt und zerstörte sie durch einen Schwefel- und Feuerregen, nachdem sich Lots Familie in Sicherheit bringen konnte.

Wie *Gollner* darstellt, geht es in dieser Geschichte zwar auch am Rande um Homosexualität, insbesondere, um damit die Sündhaftigkeit und Ungläubigkeit der heidnischen Bewohner Sodoms in Abgrenzung zu den Juden und ihren religiösen Regeln herauszustellen, vor allem aber geht es um die Verletzung des für das Wandervolk der Juden zu dieser Zeit so bedeutenden Gastrechts durch die

---

665 3. Buch Mose 20, 13.
666 *Gollner*, Homosexualität, S. 74, 76.
667 Ebd., S. 88.
668 Hierzu: Ebd., S. 105 f.
669 1. Buch Mose, 18 und 19.

Respektlosigkeit der Bewohner Sodoms gegenüber Lot und seinen Gästen.[670] Dieser Teil der Geschichte trat im Lauf der Jahrhunderte und insbesondere, nachdem die Juden sesshaft geworden waren, immer mehr in den Hintergrund, so dass der Bezug zur Homosexualität an Bedeutung gewann und die Zerstörung der Stadt vorrangig mit den homosexuellen Neigungen der Sodomiter (daher auch der Begriff Sodomie) in Verbindung gebracht wurde.[671] Dies führte zu einer generellen Ablehnung unkeuschen, sündhaften und der Rollenverteilung der Geschlechter widersprechenden, homosexuellen Verhaltens zwischen Männern.[672]

Im Gegensatz zu vielen anderen religiösen Regelungen, von deren Befolgung sich das junge Christentum in Abgrenzung zum Judentum abwandte, wie zum Beispiel von dessen Reinheits- und Speisegesetzen, blieb gerade das Verbot gleichgeschlechtlicher sexueller Betätigung in seiner gesamten Schärfe bestehen. Als Hintergrund dessen wird in der Geschichts- und Religionsforschung, die hier nur überblicksartig dargestellt werden kann, unter anderem angesehen, dass das Christentum – ebenso wie das Judentum – in seiner Anfangszeit eine relativ kleine Gruppe darstellte, die sich in ihrem Glauben von anderen Glaubensgruppen abzugrenzen suchte, wozu neben dem Monotheismus auch die Monogamie, die alleinige Ausrichtung der geschlechtlichen Vereinigung auf den Zeugungsakt und eben die strikte Trennung der Geschlechter aufgrund ihrer Gegensätzlichkeit diente.[673]

Mit zunehmender Ausbreitung des Christentums steigerte sich folglich auch die Ablehnung homosexuellen Verhaltens und diese nahm in stärkerem Maße als bisher Eingang in die Strafvorschriften der westlichen Reiche: Im Römischen Reich wird erstmals unter Kaiser Konstantin im Jahr 326 n. Chr. der gleichgeschlechtliche Verkehr zwischen Männern unabhängig von Jugendschutz- und Abhängigkeitsgedanken unter Strafe gestellt.[674] Während teilweise vertreten wird, dass diese Strafe zunächst nur dem passiven Partner galt, der sich „wider der Natur" wie eine Frau behandeln ließ, wurde spätestens ab dem Jahr 390 ebenfalls der aktive Partner bestraft.[675] Ab diesem Zeitpunkt findet sich als Strafe für solches Verhalten auch erstmals Verbrennen.[676] Diese Strafe sollte sich bis zum Ende des Mittelalters halten. In späteren Gesetzesnovellen findet sich zur Begründung der Strafwürdigkeit schließlich auch ein ausdrücklicher Bezug auf das Beispiel von Sodom mit dem Hinweis, dass Gott Städte, in denen solche frevelhaften Laster geduldet würden, bestrafen

---

670 *Gollner*, Homosexualität, S. 80 ff.

671 Ebd., S. 88.

672 Ebd.

673 Hierzu ausführlich: Ebd., S. 98 ff.

674 „*Cum vir nubit feminam viris porrecturam, quid cupiat, ubi sexus perdidit locum, ubi scelus est id, quod non proficit scire, ubi Venus muatatur in alteram* Form*am, ubi amor quaeritur nec videtur? Iubemus insurgere leges, armari iura gladio ultore ut exquisitis poenis subdatur infames, qui sunt, vel qui futuri sunt rei.*"

675 Hierzu und zum Normtext: *Gollner*, Homosexualität, S. 128 f.

676 Ebd., S. 129.

und zerstören würde.[677] Darin sieht *Gollner* Anzeichen dafür, dass Homosexuelle nicht als eine abgrenzbare Gruppe mit einer bestimmten sexuellen Orientierung angesehen wurden, sondern man davon ausging, dass jeder potenziell homosexuelle Handlungen begehen konnte, was eine Bestrafung dieses Gottes Willen widersprechenden Verhaltens notwendig machte, um dessen Zorn nicht auf die staatliche Gemeinschaft zu ziehen.[678]

III. Mittelalter

Auch das Mittelalter war geprägt durch die christlich begründete Ablehnung der Homosexualität. So bestimmte die Constitutio Criminalis Carolina von 1532, auch genannt „Peinliche Halsgerichtsordnung Karls des V.", in Art. 116,[679] dass gleichgeschlechtlicher Verkehr mit dem Tod durch Verbrennen zu bestrafen sei. Der gleichgeschlechtliche Verkehr – hier ausdrücklich zwischen Männern und zwischen Frauen – wurde dabei nur als ein Beispiel der widernatürlichen Unzucht, der Sodomie, aufgeführt. Ziel des Gesetzes war es, alle sexuellen Handlungen zu untersagen, bei denen der Samen des Mannes in anderer Weise als zur Fortpflanzung genutzt wurde.[680] Hintergrund war die strenge katholische Moraltheorie dieser Zeit, die alle nicht der Zeugung dienenden Arten geschlechtlicher Betätigung als naturwidrig und wider Gottes Willen ansah.[681] Darin wird eine weitere Steigerung der Verurteilung nicht nur homosexueller, sondern auch anderer sexueller Handlungen deutlich. Im Gegensatz zu den teils noch hellenistisch geprägten Römern der Kaiserzeit, die Homosexualität wohl noch nicht *per se* ablehnten und offener gegenüber verschiedenen sexuellen Praktiken waren, hatte im Mittelalter eine neue Prüderie und Gottesfurcht eingesetzt. Diese war wohl weniger durch die Angst im Staat vor göttlicher Vergeltung im Sinne Sodoms – mangels Unterbindung homosexueller Betätigung – bedingt, als mehr durch den verstärkten Einfluss des Klerus, der sittlich einwandfreies Verhalten im Gegenzug zur Erlangung des eigenen Seelenheils verlangte und dies – gerade in Zeiten der Inquisition – auch mit allen Mitteln durchsetzte.[682]

---

677 Ebd., S. 129 ff.

678 Ebd., S. 135 ff.; ähnlich *Voß*, Biologie & Homosexualität, S. 9 ff., der ebenfalls davon ausgeht, dass die Homosexualität erst seit dem 19. Jahrhundert als eine bestimmte Identität eines Menschen begriffen wird.

679 Wortlaut: „*Straff der vnkeusch, so wider die natur beschicht. Item so eyn mensch mit eymem vihe, mann mit mann, weib mit weib, vnkeusch treiben, die haben auch das leben verwürckt, vmd man soll sie der gemeymen gewomheyt mach mit dem fewer vom leben zum todt richten.*"

680 Hierzu: *Gollner*, Homosexualität, S. 152 ff.

681 Ebd., S. 106 ff., 154 ff.

682 Ähnlich: *Stümke*, Homosexuelle in Deutschland, S. 9.

IV. Aufklärung

Mit der aufkommenden Naturrechtslehre zur Zeit der Aufklärung Ende des 17., Anfang des 18. Jahrhunderts, veränderte sich das Welt- und Menschenbild, was auch das Strafrecht beeinflusste. So wurde für ein Gesetz die Begründung, es sei Ausdruck von Gottes Willen, nicht mehr als ausreichend angesehen. Es musste sich vielmehr nach der menschlichen Vernunft als notwendige Grundlage für das gemeinschaftliche Zusammenleben im Volk erweisen.[683] Dadurch entstand auch im Bereich der Bestrafung von homosexuellem Verhalten die Diskussion, ob dieses überhaupt und in welchem Maße strafwürdig sei. Während teilweise die Auffassung vertreten wurde, auf eine Strafbarkeit könne verzichtet werden, da bei einvernehmlichem Verkehr zwischen Erwachsenen kein Rechtsgut tangiert werde und – solange im Stillen vollzogen – auch keine Gesellschaftsschädlichkeit vorliege, die Homosexualität mithin zwar unsittlich, aber nicht strafwürdig sei,[684] plädierten andere für die Beibehaltung der Strafbarkeit. Die Gründe hierfür waren insbesondere die Angst vor einer Entvölkerung, da sich die Homosexualität, wenn sie straffrei wäre, immer weiter ausbreiten und damit die Institutionen von Ehe und Familie bedrohen würde, moralische Aspekte, denn Homosexualität und insbesondere das Ausleben homosexueller Neigungen wurde weiterhin – selbst von den Befürwortern der Straffreiheit – als der Natur widersprechend und abstoßend angesehen, sowie der Schutz der Jugend vor Verführung.[685] Interessanterweise ging man auch in dieser Zeit noch davon aus, dass gleichgeschlechtliche Handlungen in der Regel zwischen einem älteren Mann und einem Knaben stattfinden würden und nicht zwischen zwei erwachsenen Männern.[686] Auch bei den Befürwortern der Strafbarkeit gab es aber die Tendenz, zumindest die Strafhöhe, also den Tod durch Verbrennen, abzumildern und den Tatbestand auf bestimmte anstößige Verhaltensweisen zu begrenzen.[687]

Dies geschah im Jahr 1794 in Preußen durch Erlass des Allgemeinen Preußischen Landrechts (ALR). Danach war nach Teil II. Titel 20, §§ 1069 bis 1072 ALR „nur noch" eine ein- bis mehrjährige Zuchthausstrafe mit *„Willkommen und Abschied"* (Prügelstrafe) und anschließender Verbannung des Homosexuellen vorgesehen.[688] Wesentlich liberaler verfuhr man in Frankreich: In der französischen Nationalversammlung unterließ man 1791 die Aufnahme von Strafbestimmungen ins bürgerliche Recht. Auch im Code Pénal, der 1810 von Napoleon erlassen wurde, findet sich keine Bestrafung einfacher, einvernehmlicher homosexueller Betätigung zwischen Erwachsenen. Nur noch qualifizierte homosexuelle Handlungen (gegenüber

683 *Blazek*, Rosa Zeiten für rosa Liebe, S. 58.

684 *Baumann*, Paragraph 175, S. 30 ff.

685 Zu den verschiedenen Ansichten und dem sich anschließenden *„Untergangsmythos"* des 19. Jahrhunderts: *Gollner*, Homosexualität, S. 158 ff.

686 *Blazek*, Rosa Zeiten für rosa Liebe, S. 106 f.

687 Ausführlich zu diesem Komplex: Ebd., S. 58 ff.; *Gollner*, Homosexualität, S. 157 ff.; *Baumann*, Paragraph 175, S. 30 ff.

688 *Stümke*, Homosexuelle in Deutschland, S. 11; *Baumann*, ebd., S. 37.

Jugendlichen (Art. 334), durch Gewaltanwendung (Art. 331), in der Öffentlichkeit bzw. bei Erregung öffentlichen Ärgernisses (Art. 330)) wurden bestraft. Bayern folgte im Jahr 1813 dem französischen Vorbild nach und schaffte die Strafbarkeit einfacher homosexueller Betätigung ebenfalls ab.[689] Auch in anderen deutschen Staaten wurden die entsprechenden Strafvorschriften überwiegend abgemildert, entweder der Höhe der zu verhängenden Strafe nach oder durch Abhängig machen der Strafbarkeit von einer Strafantragsstellung oder der Erregung öffentlichen Ärgernisses.[690]

V. Deutsches Kaiserreich

Während verschiedene Gesetzentwürfe zur Reform des preußischen Strafrechts zwischen 1829 und 1851 ebenfalls von den eben beschriebenen Liberalisierungstendenzen geprägt waren,[691] sah die endgültige Fassung des Preußischen Strafgesetzbuches von 1851 in § 143 weiterhin die Strafbarkeit der einfachen „*widernatürlichen Unzucht, welche zwischen Personen männlichen Geschlechts [...] verübt wird*",[692] vor. Zumindest legte das Preußische Obertribunal als höchstes preußisches Rechtssprechungsorgan – wie später auch das Reichsgericht – den Begriff der „*widernatürlichen Unzucht*" eng aus.[693] Diese Fassung des preußischen Strafgesetzbuches ging nur im Strafmaß leicht verändert in den § 175 des Strafgesetzbuches des Norddeutschen Bundes von 1870 und in den § 175 des Reichsstrafgesetzbuches von 1871 ein.[694] In der Begründung heißt es hierzu zum Strafgesetzbuch des Norddeutschen Bundes:

> *„Der Paragraph hält aber, wie die* **Motive** *sagen, die auf Sodomie und Päderastie im preussischen Strafgesetzbuche angedrohte Strafe aufrecht. Denn selbst, wenn man den Wegfall dieser Strafbestimmungen vom Standpunkte der Medizin, wie durch manche der, gewissen Theorieen des Strafrechts entnommenen Gründe rechtfertigen könnte; das Rechtsbewusstsein im Volke beurtheilt diese Handlungen nicht bloß als L a s t e r, sondern als V e r b r e c h e n, und der Gesetzgeber wird billig Bedenken tragen müssen, diesen*

689 *Blazek*, Rosa Zeiten für rosa Liebe, S. 68 ff.; *Gollner*, Homosexualität, S. 160; *Baumann*, Paragraph 175, S. 37.

690 Ausführlich: *Baumann*, ebd., S. 37 ff.

691 Hierzu: *Blazek*, Rosa Zeiten für rosa Liebe, S. 102 f.; *Gollner*, Homosexualität, S. 163 f.

692 Normtext in: Kommentar für die Preußischen Staaten 1851, § 143, S. 313.

693 So beschränkte es die Strafbarkeit auf die „*eigentliche Sodomie*" (Preußisches Obertribunal vom 1.7.1853, in: GA 2, 119) und ließ „*einfache unzüchtige Handlungen*" nicht genügen (Preußisches Obertribunal vom 6.2.1857, in: GA 5, 266 ff.).

694 Wortlaut von § 175 in den inhaltsgleichen Fassungen von 1870/1871: „*Die widernatürliche Unzucht, welche zwischen Personen männlichen Geschlechts oder von Menschen mit Thieren begangen wird, ist mit Gefängniß zu bestrafen; auch kann auf Verlust der bürgerlichen Ehrenrechte erkannt werden.*", Deutsches Reichsgesetzblatt Band 1871, Nr. 24, S. 161.

Rechtsanschauungen entgegen Handlungen für straffrei zu erklären, die in der öffentlichen Meinung als strafwürdige gelten.“[695]

Damit war den Liberalisierungstendenzen der deutschen Einzelstaaten zur Straflosigkeit einfacher homosexueller Betätigung vorerst der Boden entzogen. Homosexuelle Handlungen zwischen Männern waren von nun an wieder im ganzen Reich strafbar. Dies, obwohl sich das eigens für die Erstellung des Strafgesetzbuches angeforderte Gutachten der königlich-wissenschaftlichen Deputation für das Medizinalwesen – wie in der Gesetzesbegründung angedeutet – ebenso wie der königlich-bayrische Appellationsgerichtsrat *von Stenglein* gegen die Beibehaltung der Strafbarkeit einfacher homosexueller Handlungen aussprachen.[696]

Damit war die Debatte für und gegen die Strafbarkeit homosexuellen Verhaltens allerdings nicht beendet und steigerte sich – auch aufgrund der vermehrten Befassung der Medizin und Psychologie mit dieser Thematik – vor allem um die Jahrhundertwende wieder.[697] Von den Befürwortern der Strafbarkeit wurden im Wesentlichen die gleichen Argumente vorgebracht, wie bereits zur Zeit der Aufklärung (der Schutz von Ehe, Familie und Jugend, die Unsittlichkeit und Krankhaftigkeit dieses Verhaltens, sowie die Abschreckungsfunktion und das gesunde Volksempfinden).[698] Für die Gegner der Strafbarkeit war insbesondere entscheidend, dass die Homosexualität eine „*krankhafte*“ Veranlagung eines kleinen Teils der Menschen sei, die dazu führe, dass die Betroffenen homosexuelle Handlungen nicht als wider die Natur, sondern gerade als natürliche Geschlechtsbefriedigung ansehen würden.[699] Da Homosexualität also eine angeborene oder erworbene Veranlagung sei, könne sich diese bei einer Straflosigkeit auch nicht ausbreiten und die Strafbarkeit habe weder eine Abschreckungsfunktion, noch liege eine Rechtsgutsverletzung vor, solange der Verkehr einvernehmlich erfolge und kein öffentliches Ärgernis errege.[700]

Um ihrer Position stärkeres Gehör zu verschaffen, begannen die Befürworter der Straflosigkeit zunehmend, sich in Vereinigungen zusammenzuschließen. Prominentes Beispiel ist das vom Arzt *Magnus Hirschfeld* 1897 gegründete „Wissenschaftlich-humanitäre Komitee“ (WhK), das unter dem Motto „*Weder Krankheit noch Verbrechen*“ für die Rechte Homosexueller eintrat und Aufklärung in der Bevölkerung über die Natur der Homosexualität leisten wollte.[701] Unter anderem verfasste

695 Strafgesetzbuch für den Norddeutschen Bund vom 31. Mai 1870, Motive § 175, S. 138 f. (Hervorhebungen im Original)

696 Auszüge bei: *Stümke*, Homosexuelle in Deutschland, S. 21 f.; *Blazek*, Rosa Zeiten für rosa Liebe, S. 116; zum Gutachten der königlich-wissenschaftlichen Deputation vom 24.03.1869: *Baumann*, Paragraph 175, S. 78 und Fn. 186 f. mit Verweis auf *Hirschfeld*, Die Homosexualität des Mannes und des Weibes, Wortlaut des Gutachtens dort auf S. 961 f.

697 Hierzu: *Baumann*, Paragraph 175, S. 79 ff.

698 Zu den Argumenten ausführlich: Ebd., S. 82 ff., 99 ff.

699 So *Krafft-Ebings* in seinem Nachwort zu ZStW 12, 34, 53 f.

700 Hierzu ausführlich *Moll*, Die konträre Sexualempfindung, S. 481 ff.

701 Ausführlich: *Stümke*, Homosexuelle in Deutschland, S. 34 ff.

das WhK eine Petition zur Gleichstellung des homosexuellen Verkehrs mit heterosexuellem, so dass eine Bestrafung nur noch beim Verkehr mit Minderjährigen, bei Anwendung von Gewalt oder der Erregung öffentlichen Ärgernisses erfolgen sollte. Diese Petition wurde von mehreren hundert Ärzten, Lehrern, Professoren und bekannten zeitgenössischen Schriftstellern unterzeichnet und 1897 dem Reichstag übergeben.[702] Trotz Unterstützung durch die SPD verliefen die Beratungen im Rechtsausschuss des Reichstages negativ, was insbesondere an der ablehnenden Haltung der Zentrumspartei lag, die als Grund für ihre Ablehnung vorrangig auf die Sündhaftigkeit homosexuellen Verhaltens nach der Bibel rekurrierte, ohne sich überhaupt mit neueren Erkenntnissen der Forschung auseinanderzusetzen.[703] Zwar stellte das WhK die Petition, deren Unterstützerzahl mit der Zeit auf mehrere tausend angewachsen war, nach der nächsten Reichstagswahl erneut, allerdings blieb man wiederum erfolglos. Das lag auch daran, dass es, ausgelöst durch mehrere Skandale über homosexuelle Ausschweifungen bekannter Persönlichkeiten,[704] gegensätzliche Bestrebungen gab, den § 175 zu verschärfen und darüber hinaus auch auf gleichgeschlechtlichen Verkehr zwischen Frauen auszuweiten.[705]

Bis zum Beginn des Ersten Weltkrieges im Jahr 1914 konnte sich allerdings keiner der Reformentwürfe durchsetzen. Während die Debatte über die Bestrafung Homosexueller zu Kriegszeiten auf Eis gelegt zu sein schien – jedenfalls finden sich in der Literatur keine Hinweise auf weitere Reformversuche – flammte sie nach dem Ende des Krieges und des Kaiserreichs erneut auf.

VI. Weimarer Republik

Die erste deutsche Republik brachte den Homosexuellen in ihrem Kampf für Gleichberechtigung einige Vorteile. Insbesondere die neu geschaffenen Grundrechte der Meinungs-, Presse-, Versammlungs- und Vereinigungsfreiheit ermöglichten es ihnen, sich in größerem Maße als bisher in Vereinen zusammenzuschließen und durch Veröffentlichungen auf ihre Rechte aufmerksam zu machen. Auch wurde das Thema der Sexualität im Allgemeinen nicht mehr so stark tabuisiert wie bisher, so dass *Hirschfeld* im Jahr 1919 die Gründung des Instituts für Sexualwissenschaft gelang, in dem sich Wissenschaftler über ihre sexualwissenschaftlichen Erkenntnisse austauschen und zur Aufklärung der Bevölkerung nicht nur in Sachen Homosexualität, sondern auch in Fragen der Lustempfindung, Geschlechtskrankheiten, Empfängnisverhütung und Abtreibung beitragen konnten.[706]

702 Ebd., S. 36 ff.; *Blazek*, Rosa Zeiten für rosa Liebe, S. 171 ff.; Unterstützer, Text und Begründung der Petition: *Baumann*, Paragraph 175, S. 85 ff.

703 *Blazek*, ebd., S. 172 f.; *Stümke*, Homosexuelle in Deutschland, S. 39 f.

704 Ausführlich: *Stümke*, ebd., S. 40 ff.; *Blazek*, ebd., S. 180 ff.

705 So der Entwurf des § 250 in: Vorentwurf zu einem Deutschen Strafgesetzbuch, 1909, S. 50.

706 Näheres: *Stümke*, Homosexuelle in Deutschland, S. 61 ff.

Ebenso gab es in dieser Zeit mehrere Entwürfe zur Reform des § 175. Während die Entwürfe der Strafrechtslehrer, die jeweils als Gegenentwürfe zu Regierungsentwürfen vorgelegt wurden, die Straflosigkeit der einfachen Homosexualität vorsahen, war die Strafbarkeit in den Regierungsentwürfen stets enthalten. Zwar war diese ausdrücklich auf beischlafähnliche Handlungen zwischen Männern begrenzt, was der Auslegung des § 175 durch das Reichsgericht entsprach,[707] allerdings sollte in den Entwürfen jeweils eine Qualifikation neu eingeführt werden, die bei Anwendung von Gewalt, der Ausnutzung eines Abhängigkeitsverhältnisses, gewerbsmäßiger Begehung oder der Verführung Jugendlicher eine erhöhte Strafe vorsah und – im Gegensatz zur Bestrafung einfacher homosexueller Handlungen im bisherigen § 175 – jede unzüchtige Handlung, nicht nur widernatürliche genügen ließ.[708] Durchsetzen konnte sich allerdings wegen der schwierigen politischen Lage ab Mitte der zwanziger Jahre, in der ständige Neuwahlen und Parteienzersplitterung die Mehrheitsbildung erheblich erschwerten,[709] keiner dieser Entwürfe.

VII. Nationalsozialismus

Mit zunehmendem Einfluss der Nationalsozialisten Anfang der dreißiger Jahre des zwanzigsten Jahrhunderts nahmen die Liberalisierungstendenzen zur Bestrafung homosexueller Handlungen ein jähes Ende: Die nationalsozialistische Propaganda stellte die Homosexualität als „*Gefahr für die Volksgemeinschaft*", als „*Seuche*", deren Verbreitung zur „*Vertiefung ihrer Auswirkungen*" entgegengewirkt werden müsse, als „*Vergeudung der Zeugungskraft*" und als Schwächung von Männlichkeit und Stärke dar.[710] Wie auch schon zu früheren Zeiten in der Geschichte wurde die Homosexualität darüber hinaus auch als politisches Mittel missbraucht, um sich unliebsamer Widersacher zu entledigen und das nicht nur von den Nationalsozialisten, sondern ebenso von deren Gegnern.[711] Nach der Machtergreifung am 30.01.1933 begannen

707 Erstmals RG vom 23.4.1880 – 744/80, RGSt 1, 395, 396.

708 Entwürfe siehe: *Baumann*, Paragraph 175, S. 96 ff., 129 ff.

709 Hierzu: 1. Kapitel B. II. 4. Weitere Entwicklung der Weimarer Republik.

710 Siehe: *Gollner*, Homosexualität, S. 176 ff. und den Geheimerlass von Himmler zur Bekämpfung der Homosexualität und Abtreibung vom 10.10.1936, abgedruckt in: *Grau*, Homosexualität in der NS-Zeit, S. 122 ff.

711 Ausführlich: *Stümke*, Homosexuelle in Deutschland, S. 98 ff.; insbesondere auch zur 1. und 2. Röhm-Affäre, bei der der homosexuelle SA Leiter Röhm zunächst 1931 von der SPD wegen seiner homosexuellen Ausschweifungen denunziert wurde (S. 86 ff.) und von Hitler in Schutz genommen wurde und dann, nachdem es zwischen beiden zu Differenzen über den Fortgang der Revolution gekommen war, von Hitler 1934 mit der Begründung ausgeschaltet wurde, seine krankhafte Veranlagung hätte zu unhaltbaren Zuständen in der gesamten SA Führung und Putschversuchen geführt (S. 103 f.); siehe auch Darstellung bei *zur Nieden*, in: Homosexualität und Staatsräson, S. 31 ff. und 163 ff.

die Nationalsozialisten, Homosexuelle systematisch zu verfolgen.[712] Um effektiver gegen homosexuelle Betätigung vorgehen zu können, sah man vor allem eine Verschärfung des Strafrechts als notwendig an. Diese erfolgte mit der Strafgesetznovelle vom 28.06.1935, die am 01.09.1935 in Kraft trat.[713] Von nun an erfasste § 175 nicht mehr nur beischlafähnliche Handlungen, durch Streichung des Wortes *„widernatürlich"* sollte künftig jede Unzucht zwischen Männern strafbar sein. Damit wollte man insbesondere Beweis- und Abgrenzungsschwierigkeiten entgegenwirken.[714] Außerdem wurde die Sodomie (inzwischen beschränkt auf den Geschlechtsverkehr mit Tieren) aus § 175 herausgenommen und in § 175b geregelt sowie der ebenfalls neue § 175a ins Reichsstrafgesetzbuch eingefügt, der für qualifizierte homosexuelle Handlungen – also bei Anwendung von Gewalt, Ausnutzung eines Abhängigkeitsverhältnisses, bei Gewerbsmäßigkeit oder der Verführung Jugendlicher – härtere Strafen vorsah.

Diese Neufassung der §§ 175, 175a Reichsstrafgesetzbuch hatte zunächst die Aufgabe der einschränkenden Rechtsprechung des Reichsgerichts zur Folge: Dieses nahm fortan an, dass es *„zur Annahme eines Unzuchttreibens mit einem anderen Manne genügt [...], daß die – auf Erregung oder Befriedigung der eigenen oder fremden Geschlechtslust gerichtete – Handlung des Täters geeignet ist, das allgemeine Scham- und Sittlichkeitsgefühl in geschlechtlicher Beziehung zu verletzen, und daß der Täter den Körper des anderen Mannes als M i t t e l benutzt, Wollust zu erregen oder zu befriedigen"*.[715] Das führte dazu, dass so gut wie jede Handlung – selbst bei fehlender Berührung – zur Begründung der Strafbarkeit ausreichte.[716]

Des Weiteren stiegen die Verurteilungszahlen rapide an: Während am Ende der Weimarer Republik noch circa 800 Homosexuelle im Jahr verurteilt wurden, waren es, nach einer jährlichen Verdoppelung der Zahlen ab 1933, in der Zeit zwischen 1937 und 1939 jährlich circa 8.000 Verurteilte.[717] Den Verurteilten stand nicht nur eine Gefängnisstrafe, sondern in vielen Fällen auch die anschließende Einweisung ins Konzentrationslager bevor.[718] In den Konzentrationslagern hatten es Homosexuelle nicht nur wegen ihrer Kennzeichnung mit dem rosa Winkel gegenüber Mithäftlingen besonders schwer, auch durch die Wärter der SS wurden sie in besonderer Weise schikaniert, was dazu führte, dass die Todesrate bei Personen, die

---

712 Zu den einzelnen Phasen der Verfolgung: *Grau*, Homosexualität in der NS-Zeit, S. 32 ff.

713 Reichsgesetzblatt 1935 I, S. 839–843.

714 So Regierungsrat *Dr. Leopold Schäfer* in einem Kommentar zur Strafgesetznovelle vom 28.06.1935, abgedruckt in: *Grau*, Homosexualität in der NS-Zeit, S. 96.

715 RG vom 4.6.1936 – 5 D 390/36, RGSt 70, 224, 225.

716 Für Beispiele siehe: *Baumann*, Paragraph 175, S. 48.

717 Zahlen bei: Ebd., S. 60 ff.

718 Während die ersten Internierungen bereits 1933 erfolgten, fand die ausnahmslose Einweisung aller Homosexuellen, die *„mehr als einen Partner verführt hatten"*, spätestens ab 1940 auf eine Anordnung Himmlers hin statt; *Stümke*, Homosexuelle in Deutschland, S. 128, 120.

wegen ihrer homosexuellen Betätigung interniert waren, besonders hoch war.[719] Insgesamt starben von den 5.000 bis 15.000 in Konzentrationslagern internierten Homosexuellen wohl circa 60%.[720] Darüber hinaus mussten Homosexuelle auch unzählige medizinische Versuche über sich ergehen lassen, mit denen ihre Homosexualität erforscht und verschiedene „Heilungsmöglichkeiten" getestet werden sollten.[721] Dazu gehörten insbesondere Versuche zur „hormonellen Umpolung" mittels operativ eingesetzter Hormonzäpfchen bzw. künstlicher Keimdrüsen sowie die Zwangskastration.[722]

VIII. Zusammenfassung

Dieser historische Rückblick belegt, dass in der jüngeren Menschheitsgeschichte Homosexualität stets abgelehnt wurde. Selbst im vergleichsweise liberalen Griechenland war nicht die homosexuelle Beziehung zwischen zwei erwachsenen Personen anerkannt, sondern nur die zwischen Mann und Jüngling – und auch diese nur unter bestimmten Bedingungen.

Während die Christen die Homosexualität wegen ihrer von Gott attestierten Sündhaftigkeit und des unmännlichen Gebarens zumindest eines Partners ablehnten, tat man dies zur Zeit der Aufklärung wegen der Gefahren für Staat und Volk. In späteren Epochen trat zu dieser Ablehnung noch die Erkenntnis hinzu, dass die Homosexualität eine Krankheit sei, deren Ausmerzung sich schließlich die Nationalsozialisten zur Aufgabe machten:

> *„Die bürgerliche Aufklärung rettete sie [die Homosexuellen] vor dem Scheiterhaufen und wies sie als ‚Kranke' in die Irrenanstalt ein. Der Kaiser machte sie zu Kriminellen, die Nazis zu ‚Staatsfeinden' und der demokratische Rechtsstaat zu einer ‚Gefahr für Jugend, Ehe und Familie'."*[723]

Interessanterweise war die weibliche Homosexualität in der Regel nicht strafbar, was sicherlich an der untergeordneten Stellung der Frau im Staat lag, deren Aufgabe allein darin gesehen wurde, sich um Heim und Herd zu kümmern, und mit dem damit verbundenen mangelnden Interesse an weiblichem Lustempfinden sowie der erschwerten Nachweisbarkeit homosexueller Betätigung zwischen zwei Frauen.

---

719 *Stümke*, ebd., S. 128 ff.; *Blazek*, Rosa Zeiten für rosa Liebe, S. 229 ff.; *Lautmann*, in: Gesellschaft und Homosexualität, S. 333 ff., 349 ff.; *Grau*, Homosexualität in der NS-Zeit, S. 328 ff.

720 *Lautmann*, Ebd., S. 333, 350 f.; *Voß*, Biologie & Homosexualität, S. 31; *Grau*, ebd., S. 327; *Jellonnek*, in: Nationalsozialistischer Terror gegen Homosexuelle, S. 155; *zur Nieden*, in: Homosexualität und Staatsräson, S. 35.

721 Hierzu: *Blazek*, Rosa Zeiten für rosa Liebe, S. 233 ff.; *Stümke*, Homosexuelle in Deutschland, S. 123 ff.; *Voß*, ebd., S. 27 ff.

722 *Blazek*, ebd., *Stümke*, ebd., *Voß*, ebd.; *Grau*, Homosexualität in der NS-Zeit, S. 305 ff., 329, 345 ff.

723 *Stümke*, ebd., Einband.

Selbst dort, wo in den letzten Jahrhunderten die Strafbarkeit homosexueller Betätigung abgelehnt wurde, war man sich, wie dargestellt, stets einig, dass solche Verhaltensweisen in jedem Fall zutiefst abstoßend und unsittlich seien. Die diversen Versuche, zumindest die Strafbarkeit einfacher, einvernehmlicher homosexueller Handlungen abzuschaffen, scheiterten immer wieder an den Vorurteilen der Mehrheit der Bevölkerung unter Rekurs auf das gesunde Volksempfinden. Dies sollte sich, wie im Folgenden dargestellt wird, auch nach Ende der Herrschaft der Nationalsozialisten in der jungen BRD zunächst nicht ändern.

C. Rechtsstellung unter dem Grundgesetz

I. Weitergeltung des § 175

1. Übernahme des § 175 in das Strafgesetzbuch der BRD

Nach Ende des Zweiten Weltkrieges herrschte zunächst Unsicherheit, wie mit dem durch die Nationalsozialisten verschärften § 175 zu verfahren sei, also ob er als Teil des nationalsozialistischen Gedankenguts nicht mehr bzw. nur in der vor 1935 geltenden Fassung anzuwenden sei oder ob er als normales Gesetzesrecht weiter gelten konnte. Die Militärregierung hatte den § 175 im Jahr 1946 ausdrücklich von dem seit 1945 grundsätzlich geltenden Verbot, durch die Nationalsozialisten verschärfte Gesetze anzuwenden, ausgenommen, während die Oberlandesgerichte in dieser Frage divergierende Urteile fällten.[724]

Spätestens mit Inkrafttreten des neuen Strafgesetzbuches war allerdings klar, dass sich die junge BRD für eine Weitergeltung des § 175 in der seit dem Jahr 1935 geltenden Fassung entschieden hatte.[725] Der BGH bestätigte die Zulässigkeit der Übernahme dieser weiten Fassung in einer Entscheidung aus dem Jahr 1951, obwohl er zugestand, dass die Erweiterung des Tatbestandes den Nationalsozialisten auch dazu gedient habe, sich missliebiger Personen entledigen zu können, und übernahm zudem noch die weite Auslegung des Reichsgerichts[726] zu § 175.[727]

---

724 Für die Bestrafung aus der vor 1935 geltenden Fassung von § 175 (und dem erst seit 1935 hiervon separierten § 175a): OLG Oldenburg (15.4.1946, SJZ 46 (1950), 96), OLG Braunschweig (7.6.1946 – Ss 5/46, SJZ 46 (1950), 119) und OLG Kiel (22.1.1947 – Ss 208/46, DRZ 1947, 198); für die Weitergeltung von § 175 in der Fassung aus dem Jahr 1935: OLG Frankfurt (15.9.1948 – Ss 41/48, NJW 1949, S. 232 f.), OLG Düsseldorf (10.10.1947 – Ss 144/47, MDR 1948, 59 f.) und OLG Hamburg (22.1.1947 – Ss 98/46, MDR 1947, 75).

725 Das Strafgesetzbuch wurde auf Grundlage des Dritten Strafrechtsänderungsgesetzes vom 04.08.1953 unter dem Titel Strafgesetzbuch neubekanntgemacht, BGBl. 1953 I S. 735 ff.; § 175 wurde gegenüber der bislang geltenden Fassung nicht geändert.

726 Siehe oben: RG vom 4.6.1936 – 5 D 390/36, RGSt 70, 224, 225.

727 BGH vom 13.3.1951 – 1 StR 1/51, BGHSt 1, 80, 82.

2. *Das Urteil des BVerfG zur Verfassungsmäßigkeit des § 175 StGB*

Auch das BVerfG hielt in seinem Urteil aus dem Jahr 1957 den § 175 StGB für verfassungsgemäß und lehnte eine Nichtanwendung aufgrund einer nationalsozialistischen Prägung ab.[728]

In Bezug auf die nationalsozialistische Gesetzgebung heißt es in dem Urteil, dass *„soweit sie nicht offenbares Unrecht gesetzt hat und daher jeder Wirkung entbehrt, zwar nicht als ihrem Ursprung nach legitime Rechtsordnung, wohl aber kraft ‚soziologischer Geltungskraft' zu beachten ist und nicht etwa als nur tatsächliche Behinderung der Geltung des wirklichen Rechts beiseite geschoben und nachträglich ungesehen gemacht werden kann"*.[729] Das Gericht wollte folglich in jedem Einzelfall prüfen, ob Gesetze oder Verordnungen, die auf Grundlage des Ermächtigungsgesetzes erlassen worden waren, wegen ihres Inhalts unanwendbar geworden sind.[730] Da die Besatzungsmächte, die deutschen Gesetzgeber in den westlichen Besatzungszonen sowie die deutschen Gerichte und Behörden (nach anfänglichem Schwanken) im Hinblick auf § 175 nicht angenommen hätten, dass dieser in dem Maße nationalsozialistisch geprägtes Recht sei, dass ihm die Geltung versagt werden müsse, gelte § 175 fort, soweit er nach Art. 123 Abs. 1 GG nicht dem Grundgesetz widerspreche.[731] Einen Verstoß gegen das Grundgesetz nahm das BVerfG in der Folge im Ergebnis nicht an.

Zunächst prüfte es den in Art. 3 Abs. 2 und 3 GG ausgesprochenen Grundsatz der Gleichberechtigung von Männern und Frauen. Gegen diesen Grundsatz war nach dem BVerfG nicht deswegen verstoßen worden, weil § 175a Nr. 3 StGB das Schutzalter für jugendliche Männer gegen Verführung zu gleichgeschlechtlicher Unzucht auf 21 Jahre festsetze, während das Schutzalter für Mädchen gegen Verführung zum Beischlaf nach § 182 StGB nur 16 Jahre betrug.[732] Als Grund hierfür nannte das Gericht, dass § 175a Nr. 3 StGB ein gleichgeschlechtliches Delikt behandele, § 182 StGB hingegen ein heterosexuelles Delikt, weshalb die beiden Straftatbestände – auch abgesehen von dem Geschlecht des Geschützten – wesensverschieden und daher im Sinne des Art. 3 Abs. 2 und 3 GG nicht vergleichbar seien.[733] Auch einen Verstoß gegen Art. 3 Abs. 2 und 3 GG wegen der Straflosigkeit weiblicher gleichgeschlechtlicher Betätigung lehnte das BVerfG mit dem Verweis darauf ab, dass weibliche und männliche Homosexuelle keine vergleichbaren Gruppen seien.[734] Dies wurde insbesondere damit begründet, dass der biologische Geschlechtsunterschied den Lebenssachverhalt in diesem Fall so entscheidend präge, dass vergleichbare Elemente daneben vollkommen zurücktreten würden.[735] Dabei stützte sich das Gericht vor

---

728 BVerfG vom 10.5.1957 – 1 BvR 550/52, Rn. 110 ff., BVerfGE 6, 389, 413 ff.
729 Ebd., Rn. 113, BVerfGE 6, 389, 415.
730 Ebd., Rn. 115, BVerfGE 6, 389, 415.
731 Ebd., Rn. 119 ff., BVerfGE 6, 389, 417 ff.
732 Ebd., Rn. 128 ff., BVerfGE 6, 389, 420 f.
733 Ebd., Rn. 136, BVerfGE 6, 389, 421.
734 Ebd., Rn. 139 ff., BVerfGE 6, 389, 422 ff.
735 Ebd., Rn. 141, BVerfGE 6, 389, 423.

allem auf die im Rahmen der Beweisaufnahme angehörten Sachverständigen. Nach diesen falle Frauen bereits aufgrund generativ-vegetativer Aspekte eine sexuelle Abstinenz bei einer Ausrichtung auf das eigene Geschlecht leichter als Männern, die eher dazu neigen würden *„einem hemmungslosen Sexualbedürfnis zu verfallen“*.[736] Darüber hinaus sei der gleichgeschlechtliche Trieb bei Frauen insgesamt weniger stark ausgeprägt, weshalb bei ihnen ein *„Umschlag zum anderen Geschlecht“* leichter möglich sei.[737] Auch die Gefahr der Verführung von Jugendlichen liege bei Frauen nicht in gleichem Maß vor, da diese im Gegensatz zu Männern an gleichalten Partnern interessiert seien, langandauernde Beziehungen bevorzugen würden und nicht wie homosexuelle Männer die Prostitution beförderten.[738]

Im zweiten Schritt prüfte das BVerfG eine Verletzung des in Art. 2 Abs. 1 GG gewährleisteten Rechts auf freie Entfaltung der Persönlichkeit. Hier erkannte das Gericht zunächst ausdrücklich an, dass zum Recht auf freie Entfaltung der Persönlichkeit auch das Gebiet des Geschlechtlichen gehöre und dass es einen *„letzten, unantastbaren Bereich menschlicher Freiheit [...], der der Einwirkung der gesamten öffentlichen Gewalt entzogen“* sei, gebe.[739] Für die Abgrenzung, wann dieser Intimbereich, in den der Gesetzgeber nicht eingreifen darf, betroffen ist, kam es für das BVerfG entscheidend darauf an, ob die betreffende Handlung gegen das Sittengesetz verstoße, da es *„auf der Hand [liegt], daß bei einer in dem Grenzbezirk zwischen privaten und sozialem Bereich liegenden Handlung das Bedürfnis nach Bestrafung eher bejaht werden wird, wenn feststeht, daß die soziale Gemeinschaft die Handlung eindeutig als im Widerspruch zu dem Sittengesetz stehend betrachtet, das sie allgemein als für sich verbindlich anerkennt“*.[740] Nach der in diesem Urteil vertretenen Ansicht des BVerfG entscheidet also das Sittengesetz, das selbst eine Schranke von Art. 2 Abs. 1 GG sei, darüber, ob eine Handlung, die zum Recht auf freie Entfaltung der Persönlichkeit gehört, zum Intimbereich zu zählen ist und daher durch den Gesetzgeber nicht eingeschränkt werden kann oder zum Sozialbereich zählt und damit den Schranken von Art. 2 Abs. 1 GG unterliegt. Das wird auch an folgender Aussage deutlich:

> *„Für die Gesetzgebung in Ihrem Verhältnis zur verfassungsmäßigen Ordnung bedeutet das zweierlei: einerseits darf sie selbst dem Sittengesetz nicht widersprechen – ‚unsittliche‘ Gesetze gehören nie zur verfassungsmäßigen Ordnung! – und andererseits kann das Sittengesetz ihr selbst zum Richtmaß dienen, insofern es einen sonst unzulässigen oder doch in seiner Zulässigkeit zweifelhaften Eingriff des Gesetzgebers in die menschliche Freiheit legitimieren kann. So wirkt das Sittengesetz, das formal eine selbständige Schranke gegenüber dem Einzelnen bei der freien Entfaltung seiner Persönlichkeit bildet,*

736 Ebd., Rn. 148, BVerfGE 6, 389, 424 ff.
737 Ebd., Rn. 149 f., BVerfGE 6, 389, 427.
738 Ebd., Rn. 152 ff., BVerfGE 6, 389, 427 ff.
739 Ebd., Rn. 165 f., BVerfGE 6, 389, 432 f.
740 Ebd., Rn. 166, BVerfGE 6, 389, 433 f.

auf die verfassungsmäßige Ordnung ein, somit diese den Gesetzgeber beschränkt, wenn er seinerseits in die freie Entfaltung der Persönlichkeit eingreifen will.“[741]

Nach der Ansicht des BVerfG verstieß die gleichgeschlechtliche Betätigung eindeutig gegen das Sittengesetz.[742] Maßgebend für diese Einschätzung war nach dem Gericht weder das persönliche sittliche Gefühl des Richters noch die Auffassung einzelner Volksteile, sondern das Urteil der beiden großen christlichen Konfessionen, aus deren Lehren große Teile des Volkes die Maßstäbe für ihr sittliches Verhalten entnehmen würden, die Herkömmlichkeit der Bestrafung im deutschen Rechtsgebiet sowie die Gefahr sich ausbreitender homosexueller Betätigung im Falle der Straflosigkeit.[743] Zwar gestand das BVerfG ein, „*daß eine Änderung der sittlichen Anschauungen möglich ist: so könnten neue Forschungsergebnisse der medizinischen Wissenschaft dazu führen, die Homosexualität als unausweichliche körperlich-seelische Abartigkeit zu verstehen, der gegenüber eine sittliche Verurteilung ihren Sinn verlieren würde*“,[744] nahm eine solche Änderung aber nicht an: „*Einzelne gegenteilige Äußerungen, vorwiegend aus interessierten Kreisen, kommen demgegenüber nicht in Betracht, jedenfalls haben sie eine Änderung des allgemeinen sittlichen Urteils nicht durchsetzen können*“.[745] Über diese allgemein gehaltene Behauptung hinaus setzte sich das BVerfG mit den eingeholten ärztlichen Stellungnahmen, die sich teilweise gerade aufgrund neuer medizinischer Erkenntnisse gegenteilig äußerten, nicht weiter auseinander. So ging beispielsweise *Prof. Dr. Kretschmer* in seiner Stellungnahme davon aus, dass bei der Homosexualität zwischen Erwachsenen ein öffentliches Interesse an der Bestrafung überhaupt nur vorliegen könne, wenn öffentliches Ärgernis erregt werde.[746] Ähnlich äußerte sich *Dr. Giese*, nach dem eine soziale Gefährdung nicht gegeben sei, solange das homosexuelle Verhalten sich im Rahmen von Einzelbeziehungen oder Dauerbeziehungen mit dem gleichen Partner innerhalb der eigenen vier Wände halte; Beziehungen dieser Art seien vielmehr geeignet, soziale Gefährdung zu verhüten.[747] Auch *Dr. Wiethold*, der in seiner Stellungnahme weitaus kritischer davon ausging, dass gleichgeschlechtliche Betätigung in der Regel nicht angeboren sei, sondern auf entsprechende Einflüsse in der Pubertät zurück gehe, hielt eine Strafbarkeit besonders zum Schutz dieser entscheidenden Phase der Pubertät für nötig.[748] Lediglich *Prof. Dr. Schelsky* ging von einer allgemeinen Gefährdung der Volksgesundheit, der Sauberkeit des öffentlichen Lebens und der Familie durch die (männliche) Homosexualität aus.[749] Da es dem BVerfG allerdings in

741 Ebd.
742 Ebd., Rn. 167, BVerfGE 6, 389, 434.
743 Ebd., Rn. 167, 176, BVerfGE 6, 389, 434, 437.
744 Ebd., Rn. 175, BVerfGE 6, 389, 436.
745 Ebd., Rn. 174, BVerfGE 6, 389, 436.
746 Ebd., Rn. 50, BVerfGE 6, 389, 401.
747 Ebd., Rn. 61, BVerfGE 6, 389, 404.
748 Ebd., Rn. 76, BVerfGE 6, 389, 407 f.
749 Ebd., Rn. 84, BVerfGE 6, 389, 409.

seiner Argumentation nicht nur um die Verletzung eines Rechtsguts ging, sondern auch allgemein um den Verstoß gegen das Sittengesetz (selbst bei einer im Stillen vollzogenen homosexuellen Handlungen zwischen Erwachsenen) kam es schließlich zu dem Ergebnis, dass § 175 StGB noch im Bereich der verfassungsmäßigen Ordnung bleibe und daher das Recht zur freien Entfaltung der Persönlichkeit begrenzen könne.[750] Das Zutreffen dieses Ergebnisses wird im nächsten Kapitel noch zu untersuchen sein.[751]

Zuletzt lehnte das BVerfG auch einen Verstoß gegen die Vorschriften der EMRK, insbesondere gegen Art. 8 Abs. 1 EMRK ab.[752] In das nach diesem Artikel geschützte Recht auf Achtung des Privat- und Familienlebens dürfe nach Art. 8 Abs. 2 EMRK eingegriffen werden, sofern der Eingriff gesetzlich vorgesehen sei und eine Maßnahme darstelle, die in einer demokratischen Gesellschaft zur Verhinderung von strafbaren Handlungen, zum Schutz der Gesundheit und der Moral oder zum Schutz der Rechte und Freiheiten anderer notwendig sei.[753] Dieser Vorbehalt sei durch ein Strafgesetz, das den Grundsätzen eines demokratischen Rechtsstaates entspreche, jedenfalls gedeckt.[754]

3. Gescheiterte Reformentwürfe der 1960er Jahre

Ähnliche Erwägungen wie die des BVerfG zur Verfassungsmäßigkeit von § 175 StGB finden sich auch im Regierungsentwurf zur Reform des Strafrechts aus dem Jahr 1962 (E62),[755] der Resultat einer seit Mitte der fünfziger Jahre geplanten großen Strafrechtsreform und der letzte von mehreren Entwürfen war.[756] Nach §§ 216, 217 des Entwurfs sollte die Strafbarkeit einfacher, einvernehmlicher homosexueller Betätigung zwischen erwachsenen Männern zwar wieder auf *„beischlafähnliche Handlungen"* eingegrenzt werden, aber dennoch weiterhin strafbar bleiben. Auch war noch immer ausschließlich eine Gefängnis-, keine Geldstrafe vorgesehen und für qualifizierte homosexuelle Handlungen sollte weiterhin jede unzüchtige Handlung genügen. Die Begründung zur Aufrechterhaltung der Strafbarkeit entspricht weitgehend derjenigen des BVerfG. Zwar werden durchaus auch ernst zu nehmende Gründe gegen eine Bestrafung gesehen, insbesondere die medizinischen Erkenntnisse nach denen es sich bei der Homosexualität in der Regel um einen von den Betroffenen nicht zu beherrschenden Trieb handele, gegen den eine Bestrafung nichts ausrichten könne und nur dazu führe, dass homosexuelle Männer unter einer dauernden Ausgrenzung aus der Gesellschaft leiden und in Subkulturen flüchten

750 Ebd., Rn. 180, BVerfGE 6, 389, 439.
751 Siehe unten: 3. Kapitel, B. II. 2. Grundrechtsschranken.
752 Ebd., Rn. 185 ff., BVerfGE 6, 389, 441.
753 Ebd., Rn. 188, BVerfGE 6, 389, 441.
754 Ebd.
755 BT-Drs. IV/650.
756 Ausführlich: *Baumann*, Paragraph 175, S. 169 f.

würden.[757] Allerdings werden diese Gründe nicht als gewichtig genug angesehen, um eine Straflosigkeit zu begründen, da es den Betroffenen, deren Trieb meist nicht angeboren, sondern durch dauernde Übung oder Übersättigung am weiblichen Geschlecht entstanden sei, zugemutet werden könne, diesen Trieb zu beherrschen, um den Gefahren für Volk, Ehe, Familie und Jugend im Falle einer Straflosigkeit und der damit verbundenen Ausbreitung der Homosexualität entgegenzuwirken.[758] Diese Argumente ähneln nicht nur denen des BVerfG, sie entsprechen auch weitgehend denen, die seit Beginn der Aufklärung für die Aufrechterhaltung der Strafbarkeit angebracht wurden. Im Gegensatz zu den Gegnern der Strafbarkeit, die sich im Laufe der Zeit auf immer neue Forschungsergebnisse beriefen, beschränkten sich die Befürworter in diesen circa zweihundert Jahren folglich meist darauf, die gleichen Argumente in unterschiedlicher Einbettung immer wieder vorzubringen, ohne sich ernsthaft mit neueren Erkenntnissen auseinanderzusetzen.

Der E62 konnte im Bundestag allerdings aufgrund des Endes der Legislaturperiode nicht mehr beraten werden und auch in der folgenden Legislaturperiode kam es nicht zu einer Entscheidung darüber, so dass es erst unter der großen Koalition im Jahr 1969 zur geplanten Reform des Strafrechts kam.

In dieser Zeit der BRD – vom Ende des Zweiten Weltkrieges bis Mitte der sechziger Jahre – gab es insgesamt circa 44.000 Personen, die nach § 175 StGB verurteilt wurden, das heißt jedes Jahr zwischen 2.000 und 3.500 Personen.[759] Das sind zwar wesentlich weniger als in den Hochzeiten der Nationalsozialisten, aber circa drei- bis viermal so viele Personen wie in der von Liberalisierungstendenzen geprägten Weimarer Republik. Zwar waren die Richter teilweise um niedrige Strafen bemüht, da § 175 StGB aber nur eine Gefängnis-, keine Geldstrafe vorsah, war ein Aussetzen dieser zur Bewährung oder eine Umwandlung in Geldstrafe nach § 27b StGB a.F. nur in leichteren Fällen möglich, in denen vor allem keine Wiederholungsgefahr drohte.[760] Dies erforderte insbesondere bei homosexueller Betätigung einigen Begründungsaufwand, weshalb viele Homosexuelle, von denen einige gerade das Konzentrationslager überlebt hatten, in dieser Zeit dennoch oft genug zu einer mehrjährigen Haftstrafe verurteilt wurden.[761] Auch wurden in diesen Jahren noch regelmäßig medizinische Eingriffe an Homosexuellen durchgeführt.[762]

Während in der BRD bis Mitte der sechziger Jahre eine Bestrafung Homosexueller also noch relativ strikt erfolgte, wurde die Bestrafung einfacher, einvernehmlicher homosexueller Handlungen in vielen anderen Staaten spätestens in den fünfziger und sechziger Jahren, teilweise auch schon um die Jahrhundertwende – also zu einem wesentlich früheren Zeitpunkt – abgeschafft und der Schutz vor homosexueller

757 BT-Drs. IV/650, S. 375 ff.
758 Ebd.
759 *Stümke*, Homosexuelle in Deutschland, S. 147; *Baumann*, Paragraph 175, S. 63 ff.
760 Näher hierzu: *Baumann*, Ebd., S. 55 ff.
761 *Stümke*, Homosexuelle in Deutschland, S. 147.
762 Hierzu: *Voß*, Biologie & Homosexualität, S. 42 ff.; *Mildenberger*, Homosexualität, S. 338 ff.

(und heterosexueller) Verführung auf Jugendliche beschränkt.[763] Auch in der DDR verfuhr man mit Homosexuellen weniger streng. Vor allem wurde der § 175 aus dem Jahr 1935 im Gegensatz zur BRD als eindeutig nationalsozialistisch geprägt eingestuft und nur in der vor 1935 geltenden Fassung angewandt.[764] Zwar wurde auch in der DDR die einfache, einvernehmliche homosexuelle Betätigung erst im Jahr 1968 für straffrei erklärt, allerdings kamen Verurteilungen nach dem Jahr 1957 wohl nur noch selten vor.[765] Genaue Zahlen liegen hierzu allerdings nicht vor.

II. Sukzessiver Abbau der Strafbarkeit und zunehmende Toleranz

Mitte der sechziger Jahre begann sich allmählich auch in der BRD die Einstellung zur Bestrafung einfacher Homosexualität zu verändern. Die Gesellschaft ging, angestoßen durch den Beginn der Studenten- und Frauenbewegung und deren Einsatz für einen gesellschaftlichen Wandel, die Emanzipierung der Frau sowie die Legitimierung anderer Lebensmodelle als das der bürgerlichen Ehe offener mit dem Thema der Sexualität und auch der Homosexualität um. Unter anderem gab es vermehrt homosexuellenfreundliche Literatur und Presse und auch der ab dem Jahr 1966 amtierende Justizminister *Heinemann* setzte sich öffentlich für eine Abschaffung des § 175 StGB ein, da dieser reines Sittenstrafrecht darstelle.[766] Der 47. Deutsche Juristentag nahm im Jahr 1968 in ähnlicher Weise zur Bestrafung einfacher homosexueller Betätigung Stellung. So wandte sich das von *Prof. Dr. Ernst-Walter Hanack* für den Juristentag erstellte Gutachten zur Frage der Reform des Sexualstrafrechts mit ausgesprochener Deutlichkeit gegen den E62 und die „*gefühlsgeladenen Verachtungsäußerungen seiner Amtlichen Begründung, [die] in der Öffentlichkeit und Wissenschaft entrüstete Ablehnung erfahren [haben]*", sowie gegen die „*vorurteilsgeprägten*" Begründungen zur Notwendigkeit einer Bestrafung zum „*Schutz der heterosexuellen Struktur der Gesellschaft*" und sprach sich nachdrücklich für die Straflosigkeit der einfachen homosexuellen Betätigung, bei der schon kein Rechtsgut tangiert werde, aus.[767] Der Deutsche Juristentag, der am 18. und 19.09.1968 tagte, folgte mehrheitlich der von *Hanack* in seinem Gutachten begründeten Ansicht und sprach sich im

763 Statistik bei: *Stümke*, ebd., S. 67 ff; *Feustel*, Die Geschichte der Homosexualität, S. 157 f.

764 Erstmals OLG Halle vom 20.9.1948 – 1 Ws 53/48, NJ 1949, 143 ff. mit zustimmender Anmerkung von *Weiß* NJ 1949, 145 ff.; sich ausdrücklich anschließend: KG Berlin vom 21.2.1950 – 1 Ss 165/49, NJ 1950, 129; ebenso: OG (Oberstes Gericht der DDR) vom 28.3.1950 – 3 Tst 9/50, NJ 1950, 215.

765 *Blazek*, Rosa Zeiten für rosa Liebe, S. 299 ff.; *Stümke*, ebd., S. 166 ff.; *Wasmuth*, in: Nationalsozialistischer Terror gegen Homosexuelle, S. 178.

766 *Blazek*, ebd., S. 257 ff., 264.

767 *Hanack* in: Verhandlungen des 47. Juristentages, Bd. 1, Rn. 330 ff.

Ergebnis für eine Reform des Sexualstrafrechts und innerhalb dieser auch für die Abschaffung der Strafbarkeit einfacher homosexueller Betätigung aus.[768]

Diese Entwicklungen trugen dazu bei, dass sich der Sonderausschuss für die Strafrechtsreform (SoA) des Deutschen Bundestages, der seit Beginn der 5. Legislaturperiode im Jahr 1966 eingesetzt war, um – wie auch schon in anderer Besetzung in der vorigen Legislaturperiode – die Reform des Strafrechts vorzubereiten, nach mehrjährigen Beratungen und über einhundert Sitzungen schließlich für eine Streichung des § 175 StGB a.F. aussprach.[769] Diese wurde schließlich auch – trotz erheblicher Bedenken einiger Abgeordneter[770] – vom Bundestag mit Abschluss der Strafrechtsreform im Jahr 1969 beschlossen.

Ab dem 01.09.1969 wurden somit in § 175 StGB n.F. nur noch die qualifizierten homosexuellen Handlungen zwischen Männern, die vorher in § 175a StGB aufgeführt waren, mit Gefängnis bestraft.[771] Die Verfassungsmäßigkeit des § 175 StGB n.F., insbesondere das Nichtvorliegen eines Willkürverstoßes wegen der weiterhin fehlenden Strafbestimmung für weibliche Homosexualität hat das BVerfG in einer Entscheidung aus dem Jahr 1973 bejaht: Es rechtfertigte seine Entscheidung – wie bereits im Jahr 1957 – mit der Unvergleichbarkeit männlicher und weiblicher Homosexualität, vor allem im Hinblick auf die Gefährdung Jugendlicher.[772]

Die Begründung des SoA zum Strafrechtsänderungsgesetz aus dem Jahr 1969 wich erheblich von allen vorherigen Reformentwürfen ab. So wurde eine generelle Bestrafung Homosexueller aus Gründen des Schutzes von Ehe, Familie und Jugend nun abgelehnt, da homosexuelle Handlungen auf „*normal empfindende Menschen*" keine „*werbende Wirkung*" entfalten würden, so dass Jugendliche nur noch vor Verführung zu schützen seien, nicht aber vor der Tatsache, dass erwachsene Männer eine sexuelle Beziehung zueinander unterhielten.[773] Hierzu wurde insbesondere auf die Staaten Bezug genommen, die eine Bestrafung bereits seit längerer Zeit nicht mehr vorsahen. Auch einer Bestrafung aus Sittlichkeitsempfindungen heraus wurde nun die Zulässigkeit abgesprochen, da es „*nicht Aufgabe des Strafrechts sein [kann], ihnen [den Homosexuellen] geschlechtliche Enthaltsamkeit auch insoweit aufzuerlegen, als es sich um freiwillige sexuelle Beziehungen zwischen Erwachsenen handelt.*"[774] Insbesondere wurden in der Begründung erstmals die Erkenntnisse der medizinischen und psychologischen Wissenschaft anerkannt und dem Rat dieser Fachleute, ebenso wie dem des überwiegenden rechtswissenschaftlichen Schrifttums, dem Richterbund

768 Beratungen hierzu in: Verhandlungen des 47. Juristentages, Bd. 2, Teil K.
769 BT-Drs. V/4094, S. 1, 26.
770 Siehe hierzu: Plenarprotokoll des Deutschen Bundestages Nr.: 05/232 vom 09.05.1969, http://dipbt.bundestag.de/doc/btp/05/05232.pdf, S. 12832 ff., 12845.
771 BGBl. 1969 I, S. 653 f.
772 BVerfG vom 2.10.1973 – 1 BvL 7/72, Rn. 16, BVerfGE 36, 41, 45 f.
773 BT-Drs. V/4094, S. 31.
774 Ebd.

und der beiden großen Konfessionen, die eine Bestrafung der Homosexualität nach Kirchenrecht für ausreichend hielten, nach Straffreiheit gefolgt.[775]

Die neue Jugendschutzvorschrift in § 175 StGB sah als Schutzalter allerdings 21 Jahre vor, was zu der seltsamen Konstruktion führte, dass ein achtzehnjähriger Mann sich bei unzüchtigen Handlungen mit einem Mann unter 21 Jahren strafbar machte. Dieses Kuriosum wurde dann auch im Rahmen einer Strafgesetzänderung im Jahr 1973 beseitigt und das Schutzalter auf 18 Jahre abgesenkt.[776]

Damit waren nach vielen Jahrhunderten der Strafbarkeit homosexuelle Handlungen zwischen erwachsenen Männern schließlich straffrei, auch wenn nicht jeglicher Homosexualitätsbezug aus dem deutschen Strafrecht entfernt war. Die sich in Folge der Straffreiheit bildende Schwulenbewegung kämpfte daher weiter für eine komplette Streichung des § 175 StGB, gegen ihre rechtliche und gesellschaftliche Diskriminierung sowie gegen die noch immer andauernde Pathologisierung ihrer sexuellen Orientierung. Grund dafür waren insbesondere die auch nach der Straferklärung der einfachen Homosexualität noch regelmäßig verhängten Verbote homosexueller Veranstaltungen, weiterhin geltende Berufsverbote, die Schlechterstellung im Arbeitsrecht und die Nachteile homosexueller Paare in den verschiedensten Rechtsbereichen.[777]

Einen herben Rückschlag erlitt die Schwulenbewegung in den achtziger Jahren durch das Aufkommen der Immunschwächekrankheit AIDS, bei der Homosexuelle ebenso wie Drogensüchtige aufgrund des Übertragungswegs dieser Krankheit zu den größten Risikogruppen zählten. Erschwerend kam noch hinzu, dass die Wissenschaft mehrere Jahre brauchte, um herauszufinden, wie die Ansteckung mit AIDS erfolgt, bevor Schutzmaßnahmen entwickelt und Aufklärung geleistet werden konnte. In dieser Zeit der Unsicherheit kamen vermehrt alte Vorurteile gegenüber Homosexuellen wieder auf. Oft wurde diesen wegen ihres angeblich sündhaften und promisken Verhaltens die Schuld am Aufkommen der Krankheit gegeben.[778] Erst in den neunziger Jahren, als es vermehrt wissenschaftliche Erkenntnisse zu AIDS gab und bekannt wurde, dass jeder ungeschützte sexuelle Verkehr potenziell zur Ansteckung führen kann, wurde mit dieser Krankheit etwas nüchterner umgegangen und man konzentrierte sich zunehmend auf Möglichkeiten zum Schutz vor AIDS, seiner Heilung oder zumindest der Herauszögerung seines Ausbruchs.

Auf internationaler Ebene konnte die Homosexuellenbewegung ab den späten achtziger und in den neunziger Jahren dann auch einige Erfolge verzeichnen: So führte Dänemark als erstes Land der Welt im Jahr 1989 das Rechtsinstitut der

775 Ebd., S. 30.

776 BGBl. 1973 I, S. 1727.

777 *Blazek*, Rosa Zeiten für rosa Liebe, S. 266, 277; *Stümke*, Homosexuelle in Deutschland, S. 158 f.; *Gollner*, in: Gesellschaft und Homosexualität, S. 112 ff.

778 *Blazek*, Ebd., S. 288 f.; hierzu auch: *Beckers*, Homosexualität und Humanentwicklung, S. 156 ff., der neben diesen negativen Effekten von AIDS auch positiv eine Beförderung des Entstigmatisierungsprozesses von (Homo)Sexualität durch die Krankheit anerkennen will.

Eingetragenen Partnerschaft ein, dass es homosexuellen Paaren ermöglichte, eine der Ehe weithin angeglichene rechtliche Verbindung einzugehen. Diesem Beispiel folgten schon bald andere europäische Länder, unter ihnen zuerst Norwegen (1993), Schweden (1995), Island (1996) und die Niederlande (1998), die im Jahr 2001 auch als erstes Land die Möglichkeit der Eheschließung für homosexuelle Paare schufen.[779]

Außerdem wurde die Homosexualität von der WHO beim ICD-10 im Jahr 1992 von der Liste der dort aufgeführten Krankheiten gestrichen.

Im Jahr 1994 kam es ferner zu einer Entschließung des Europäischen Parlaments *„zur Gleichberechtigung von Schwulen und Lesben in der EG"*.[780] In dieser forderte das Parlament die Mitgliedstaaten auf, Gesetzesvorschriften, in denen Homosexuelle kriminalisiert und diskriminiert werden, abzuschaffen und ersuchte die Europäische Kommission, eine Empfehlung betreffend der Rechte für Schwule und Lesben zu entwerfen, mit der insbesondere auf die Beseitigung fehlender Eheschließungs- und Adoptionsrechte für homosexuelle Paare hingewirkt werden sollte.[781]

Diese internationalen Entwicklungen führten auch in Deutschland schließlich dazu, dass der noch bestehende Rumpf des § 175 StGB, der auch nach der Wiedervereinigung mit der DDR im Jahr 1990 nicht in den neuen Bundesländern galt,[782] im Jahr 1994 aufgehoben und die Verführung Minderjähriger unabhängig vom Geschlecht des Opfers und des Täters einheitlich in § 182 StGB geregelt wurde.[783] Damit war schlussendlich jeder Homosexualitätsbezug aus dem StGB verschwunden.

Seit Beginn der neunziger Jahre kam es zudem vermehrt zu Bemühungen einiger Parteien, die Rechte von homosexuellen Paaren zu stärken. Diese verstärkte politische Auseinandersetzung mit der Thematik wurde unter anderem durch die Aktion des „Sturms auf die Standesämter" angestoßen, bei der, wie an anderer Stelle bereits erwähnt, circa 220 homosexuelle Paare ein Aufgebot bei Standesämtern stellten und nach dessen Ablehnung durch die Instanzen bis zum BVerfG klagten.[784] Dieses machte in seinem Nichtannahmebeschluss zwar deutlich, dass die Ehe nur zwei verschiedengeschlechtlichen Personen offenstehe, warf daneben aber die Frage auf, ob der Gesetzgeber nicht verpflichtet sei, gleichgeschlechtlichen Partnerschaften eine

---

779 Inzwischen sind auch einige andere Länder dem von den Niederlanden eingeschlagenen Weg gefolgt und haben die Ehe für gleichgeschlechtliche Paare geöffnet. Eine aktuelle Übersicht findet sich unter http://de.wikipedia.org/wiki/Gleichgeschlechtliche_Ehe.

780 Dokument A3-0028/94, ABl. EG Nr. C 61/42 vom 28.02.1994.

781 Ebd., Nr. 5 und 14.

782 Grund hierfür war die fehlende Straflosigkeit einfacher Homosexualität in der ehemaligen DDR. Siehe Anlage I, Kapitel III, Sachgebiet C, Abschnitt I Nr. 1 zum Einigungsvertrag vom 31.08.1990, der § 175 StGB vom Inkrafttreten des Bundesrechts ausnahm, und Anlage II, Kapitel III, Sachgebiet C, Abschnitt I Nr. 1, nach der § 149 StGB (DDR) weitergelten sollte (BGBl. 1990 II, 889).

783 BGBl. 1994 I, S. 1168.

784 Hierzu bereits oben: 1. Kapitel E. V.3. Gesellschaftliche Anschauungen und Gruppierungen.

rechtliche Absicherung ihrer Lebensgemeinschaft zu ermöglichen,[785] und erhöhte damit den Handlungsdruck auf die Legislative erheblich.

Nachdem die Fraktion Bündnis 90/Die Grünen bereits seit Anfang der neunziger Jahre mehrfach erfolglos Gesetzesentwürfe zum Abbau der Diskriminierung Homosexueller sowie zur Öffnung der Ehe für gleichgeschlechtliche Paare eingebracht hatte,[786] gab das Bundesjustizministerium im Jahr 1997 eine Studie zur Frage der Benachteiligung gleichgeschlechtlich orientierter Personen und Paare in Auftrag, um die entbrannte Diskussion um einen möglichen Abbau der Diskriminierung dieser Personengruppe auf eine sachlich fundierte Grundlage zu stellen. Das Ergebnis der Studie lag im Jahr 2000 vor und belegte eindeutig die vorhandenen Diskriminierungen Homosexueller in diversen Lebens- und Rechtsbereichen, sowie deren Wunsch nach Einführung eines Antidiskriminierungsgesetzes und eines Rechtsinstituts, das gleichgeschlechtliche Partnerschaften mit Eheleuten gleichstellt.[787] Nach zwei weiteren gescheiterten Gesetzentwürfen in den Jahren 1998 (SPD Fraktion)[788] und 1999 (FDP Fraktion),[789] mit denen nicht die Öffnung der Ehe, sondern die Schaffung einer der Ehe entsprechenden eingetragenen Partnerschaft für gleichgeschlechtliche Paare gefordert wurde, kam es im Jahr 2000 schließlich durch die Regierungskoalition aus SPD und Bündnis 90/Die Grünen zum Entwurf des LPartDisBG[790]. Mit diesem sollte das der Ehe zumindest in Teilen angenäherte Institut der eingetragenen Lebenspartnerschaft für gleichgeschlechtliche Gemeinschaften geschaffen werden. Nach einigen Änderungen und der Aufspaltung in zwei Teile konnte – nachdem ein Gesetzesteil an der fehlenden Zustimmung des Bundesrats gescheitert war – zumindest der materiell rechtliche Teil nach Ausfertigung durch den Bundespräsidenten am 01.08.2001 in Kraft treten.[791]

Damit war es homosexuellen Paaren in Deutschland erstmals möglich, ihre Partnerschaft auf eine rechtliche Grundlage zu stellen, im Rechtsverkehr als Lebensgemeinschaft anerkannt zu werden und füreinander umfassende Rechte und Pflichten zu übernehmen.

III. Das Rechtsinstitut der eingetragenen Lebenspartnerschaft

Wie soeben geschildert, trat am 01.08.2001 mit dem LPartDisBG nur ein Teil des ursprünglichen Gesetzentwurfes in Kraft. Grund dafür war, dass der ursprüngliche Entwurf in zwei Teile, das LPartDisBG und das Gesetz zur Ergänzung des

785 BVerfG vom 4.10.1993 – 1 BvR 640/93, Rn. 7, NJW 1993, S. 3058, 3059.

786 BT-Drs. 11/7197 vom 09.07.1990, S. 2; 13/2728 vom 24.10.1995; 13/7228 vom 14.03.1997, S. 6.

787 *Buba/Vaskovics*, Benachteiligung gleichgeschlechtlich orientierter Personen und Paare, S. 15 ff.

788 BT-Drs. 13/10081 vom 09.03.1998, S. 8.

789 BT-Drs. 14/1259 vom 23.06.1999.

790 BT-Drs. 14/3751 vom 04.07.2000.

791 BGBl. 2001 I, S. 266 ff.

Lebenspartnerschaftsgesetzes und anderer Gesetze (LPartGErgG) aufgespalten wurde, weil die Regierungskoalition, die im Bundesrat keine Mehrheit hatte, befürchtete, dass dieser dem Gesetz seine Zustimmung versagen und dieses somit insgesamt scheitern würde. Beim zustimmungsbedürftigen LPartGErgG geschah dies auch tatsächlich, weshalb nur das LPartDisBG in Kraft treten konnte, das insbesondere das neue Lebenspartnerschaftsgesetz (LPartG) sowie die notwendigen Anpassungen anderer Gesetze (BGB, ZPO, FGG, BeurkG, etc.) an das neue Institut enthielt. Die mit dem LPartGErgG geregelten Teile, also insbesondere die Vorschriften zum Verfahren, wie die zur Eintragung der Lebenspartnerschaft zuständige Stelle oder die bei Eingehung einer Lebenspartnerschaft eintretenden personenstandsrechtlichen Wirkungen, beamtenrechtliche Regelungen, die notwendigen Anpassungen in der Abgabenordnung, im Einkommenssteuerrecht, im Erbschafts- und Schenkungssteuerrecht sowie im Sozialversicherungsrecht,[792] die der Zustimmung des Bundesrates bedurft hätten, traten hingegen nicht in Kraft. Wegen der daraus folgenden Lückenhaftigkeit des neuen Regelungsgebiets und der Notwendigkeit zur Schließung dieser Lücken durch die Landesgesetzgeber und die Rechtsprechung wurde die Frage nach der Zulässigkeit dieser Gesetzesaufspaltung laut. In der juristischen Literatur wurden dazu unterschiedliche Standpunkte vertreten,[793] während das BVerfG dies am 17.07.2002, nachdem die Regierungen der Bundesländer Bayern, Sachsen und Thüringen wegen der Frage der formellen und materiellen Verfassungsmäßigkeit des LPartDisBG ein abstraktes Normenkontrollverfahren angestrengt hatten, bejahte.[794]

Bereits in seiner Eilentscheidung, mit der das BVerfG den beantragten Erlass einer einstweiligen Anordnung aufgrund einer Folgenabwägung abgelehnt hatte, hatte es durchblicken lassen, dass die Aufspaltung des Gesetzes möglich gewesen sei und nicht zu einer unzulässigen Lückenhaftigkeit geführt habe.[795]

In seiner Hauptsache Entscheidung hat das BVerfG dann nicht nur die formelle Verfassungsmäßigkeit des LPartDisBG, sondern auch die materielle bejaht.

---

792 BT-Drs. 14/4545 vom 08.11.2000, S. 69 ff.

793 Ausführlich zum Beispiel: *Schüffner*, Eheschutz und Lebenspartnerschaft, S. 419 ff.; *Wölfl*, Gleichgeschlechtliche Lebenspartnerschaft, S. 303 ff.; *Braun*, Ehe und Familie am Scheideweg, S. 49 ff.; *Scholz*, NJW 2001, S. 393, 394 f.

794 BVerfG vom 17.7.2002 – 1 BvF 1/01, 1 BvF 2/01, Rn. 46, 76, BVerfGE 105, 313, 331, 342.

795 BVerfG vom 18.7.2001 – 1 BvQ 23/01, 1 BvQ 26/01, Rn. 21 f., BVerfGE 104, 51, 56 f.: *„Das zur Prüfung gestellte Gesetz ist auch vollziehbar. Die Länder sind nicht daran gehindert, in eigener Kompetenz hierzu Ausführungsgesetze zu erlassen (vgl. Art. 83, 84* Abs. *1 GG), solange und soweit der Bundesgesetzgeber* für *diesen neuen Regelungsbereich von seiner Gesetzgebungszuständigkeit noch nicht durch Gesetz Gebrauch gemacht hat (Art. 72* Abs. *1 GG). Unterschiedliche Ausführungsgesetze der Länder über die Zuständigkeit und das Verfahren hinsichtlich des Personenstandes der eingetragenen Lebenspartnerschaft führen auch nicht zu einem problematischen Mangel an Transparenz im Personenstandswesen. Landesbezogene Unterschiede sind vielmehr Ausdruck der grundgesetzlichen föderalen Kompetenzzuweisung.“*

Insbesondere hat es das Vorliegen eines teilweise in der juristischen Lehre[796] angenommenen, aus dem grundrechtlichen Fördergebot der Ehe folgenden Abstandsgebots des neuen Instituts zur Ehe verneint. Dies begründete das BVerfG insbesondere damit, dass *„dem Institut der Ehe [...] keine Einbußen durch ein Institut [drohen], das sich an Personen wendet, die miteinander keine Ehe eingehen können."*[797] Darüber hinaus sei die eingetragene Lebenspartnerschaft *„auch keine Ehe mit falschem Etikett [...], sondern ein aliud zur Ehe"*, das *„mit der Ehe schon deshalb nicht in Konkurrenz treten [kann], weil der Adressatenkreis, an den sich das Institut richtet, nicht den der Ehe berührt."*[798]

Diese Aussage ist vor dem Hintergrund, dass das BVerfG den Schutz von Ehe und Familie und deren besondere Stellung in der Gesellschaft und im Staat stets betont hat, sowie der noch bei Schaffung des Grundgesetzes von der Allgemeinheit vertretenen Auffassung, die Ehe sei die einzig legitime Form des Zusammenlebens zweier Partner und *„Keimzelle der Gesellschaft"* und deshalb im Grundgesetz ausdrücklich zu schützen, durchaus beachtlich.[799]

Die Bedeutung dieser, erstmals vom BVerfG vertretenen Auffassung, zeigt sich bereits daran, dass sie selbst im entscheidenden Senat nicht unumstritten war. In zwei abweichenden Meinungen begründeten die Richter *Papier* und *Haas*, dass die in Art. 6 Abs. 1 GG enthaltene Institutsgarantie den Gesetzgeber durchaus daran hindere, eine *„rechtsförmlich ausgestaltete Partnerschaft zwischen zwei gleichgeschlechtlichen Personen [zu schaffen], die im Übrigen in Rechten und Pflichten der Ehe"* entspreche, da der Gesetzgeber hierdurch *„ein wesentliches, ihm durch Art. 6 Abs. 1 GG vorgegebenes Strukturprinzip"* missachte.[800] Im Ergebnis nahmen beide daher an, dass die aus dem besonderen Schutz der Ehe und dem Fördergebot des Art. 6 Abs. 1 GG folgende *„Privilegierung der Ehe"* gegenüber anderen Lebensgemeinschaften gerade nicht nur ein Benachteiligungsverbot, sondern eben auch ein Abstandsgebot enthalte.[801]

Das BVerfG hat in seiner Entscheidung darüber hinaus auch einen Verstoß gegen Art. 3 GG wegen der fehlenden Einbeziehung anderer Einstandsgemeinschaften in das LPartG bzw. der nicht vorhandenen Möglichkeit für nichteheliche

---

796 *Schüffner*, Eheschutz und Lebenspartnerschaft, S. 454 ff. m.w.N.

797 BVerfG, vom 17.7.2002 – 1 BvF 1/01, 1 BvF 2/01, Rn. 94, BVerfGE 105, 313, 347.

798 Ebd., Rn. 103, BVerfGE 105, 313, 351.

799 Erstmals: BVerfG vom 17.1.1957 – 1 BvL 4/54, Rn. 49 ff., BVerfGE 6, 55, 71 ff.; siehe auch BVerfG vom 29.1.1969 – 1 BvR 26/66, Rn. 69, BVerfGE 25, 167, 196: *„die Ehe die einzige legitime* Form *umfassender Lebensgemeinschaft zwischen Mann und Frau ist"*; BVerfG vom 18.3.1970 – 1 BvR 498/66, Rn. 30 ff., BVerfGE 28, 104, 113 f.; BVerfG vom 18.4. 1989 – 2 BvR 1169/84, Rn. 38, BVerfGE 80, 81, 92 f.; ausführlich hierzu unten: 3. Kapitel, A. I. Die eingetragene Lebenspartnerschaft als Ehe?.

800 So *Papier* in der abweichenden Meinung 1, BVerfG, vom 17.7.2002 – 1 BvF 1/01, 1 BvF 2/01, Rn. 127, BVerfGE 105, 313, 359.

801 So *Haas* in der abweichenden Meinung 2, BVerfG, vom 17.7.2002 – 1 BvF 1/01, 1 BvF 2/01, Rn. 135, BVerfGE 105, 313, 360 f.

Lebensgemeinschaften eine eingetragene Lebenspartnerschaft zu begründen, verneint.[802] Da nichtehelichen Lebensgemeinschaften bei einem entsprechend vorhandenen Willen zur rechtlichen Absicherung ihrer Partnerschaft die Ehe offenstehe, auf die diese zu verweisen seien, liege keine Benachteiligung im Sinne von Art. 3 Abs. 1 GG vor. Eine Ungleichbehandlung wegen des Geschlechts nach Art. 3. Abs. 3 GG scheitere bereits daran, dass die Lebenspartnerschaft nicht an das Geschlecht an sich anknüpfe, sondern an die Geschlechtskombination. Personen verschiedenen Geschlechts stehe nur die Ehe als rechtliche Verbindung offen und Personen gleichen Geschlechts nur die Lebenspartnerschaft, was für Frauen und Männer gleichermaßen gelte und daher nicht zu einer Diskriminierung wegen des Geschlechts führen könne. Bei verwandtschaftlichen Einstandsgemeinschaften hingegen bestünden so große Unterschiede zur gleichgeschlechtlichen Lebensgemeinschaft – insbesondere die fehlende Exklusivität der Beziehung – dass die fehlende Möglichkeit für diese Personengruppe, eine rechtliche Verbindung entsprechend der eingetragenen Lebenspartnerschaft einzugehen, gerechtfertigt sei.

Die Frage der Sittenwidrigkeit gleichgeschlechtlicher Partnerschaften wird in der Urteilsbegründung mit keinem Wort angesprochen. Es ist daher davon auszugehen, dass diese Frage in der Diskussion über die Verfassungsmäßigkeit des LPartDisBG keinerlei Rolle gespielt hat, was die geänderte Einstellung der entscheidenden Richter gegenüber dem Jahr 1957 zur Homosexualität erkennen lässt und im Hinblick auf die verfassungsrechtliche Stellung Homosexueller und gleichgeschlechtlicher Lebensgemeinschaften auf einen im folgenden Kapitel noch zu untersuchenden Verfassungswandel hindeutet.

Nach dieser Entscheidung des BVerfG war die Verfassungskonformität des mit der eingetragenen Lebenspartnerschaft geschaffenen Rechtsinstituts und der zur Regelung dieses Instituts erlassenen Rechtssätze verbindlich festgestellt. Eingetragene Lebenspartner waren damit als Verantwortungsgemeinschaft anerkannt (§ 2 LPartG), konnten einen gemeinsamen Lebenspartnerschaftsnamen führen (§ 3 LPartG), galten Verwandte eines Lebenspartners als mit dem anderen Lebenspartner verschwägert und Lebenspartner untereinander als Familienangehörige (§ 11 LPartG). Die Lebenspartner erhielten für die Kinder ihres allein sorgeberechtigten Lebenspartners das sogenannte „kleine Sorgerecht“ im Sinne von § 1687b BGB, konnten vom Lebenspartner unter bestimmten Voraussetzungen Unterhalt verlangen (§§ 5, 12, 16 LPartG) und waren erbberechtigt (§ 10 LPartG). Außerdem hatten Lebenspartner von nun an ein zivilrechtliches und strafrechtliches Zeugnisverweigerungsrecht (§§ 383 Abs. 1 Nr. 2a ZPO, 52 Abs. 1 Nr. 2a StPO) und galten auch im Strafrecht als Angehörige (§ 11 Abs. 1 Nr. 1 a) StGB).[803]

---

802 Begründung: Ebd., Rn. 104 ff., BVerfGE 105, 313, 351 ff.

803 Ausführlich zu den vermögensrechtlichen und personenrechtlichen Wirkungen der Lebenspartnerschaft: *Muscheler*, Das Recht der eingetragenen Lebenspartnerschaft, Rn. 214 ff.

IV. Zunehmende Annäherung der eingetragenen Lebenspartnerschaft an die Ehe

Nach Inkrafttreten des LPartG hatten gleichgeschlechtliche Paare somit zwar endlich die Möglichkeit, ihrer Beziehung einen rechtlichen Rahmen zu geben, und erhielten als eingetragene Lebenspartner einige Rechte und Pflichten, die vorher allein Eheleuten vorbehalten gewesen waren, allerdings blieben diverse Teilbereiche – auch wegen des Nichtzustandekommens des LPartGErgG – zunächst ungeregelt.[804] Dies führte in vielerlei Hinsicht zu einer Ungleichbehandlung mit der Ehe einerseits und mit eheähnlichen Gemeinschaften sowie nichtehelichen Lebensgemeinschaften andererseits. In der Folgezeit waren daher einige Anpassungen des ursprünglichen Gesetzes durch die Rechtsprechung und durch den Gesetzgeber, der teilweise gerade wegen der vom BVerfG festgestellten Unzulässigkeit einer vorhandenen Ungleichbehandlung zum Handeln genötigt war, erforderlich.

1. Das Gesetz zur Überarbeitung des Lebenspartnerschaftsrechts

Die umfassendsten Änderungen des neuen Rechtsinstituts erfolgten durch das am 01.01.2005 in Kraft getretene Gesetz zur Überarbeitung des Lebenspartnerschaftsrechts (LPartRÜG),[805] das das Lebenspartnerschaftsgesetz und andere Gesetze änderte und erweiterte. Nachdem das BVerfG in seiner Entscheidung zur Verfassungsmäßigkeit des LPartDisBG ein Abstandsgebot zur Ehe verneint hatte, konnte der Gesetzgeber mit dem LPartRÜG einige bewusst „konstruierte“ Unterschiede zur Ehe, die von Anfang an jeder Sinnhaftigkeit entbehrten, beseitigen und die eingetragene Lebenspartnerschaft damit weiter den für die Ehe geltenden Regelungen annähern. So erfolgte durch das LPartRÜG insbesondere die Übernahme des ehelichen Güterrechts, eine weitergehende Angleichung des Unterhaltsrechts, vor allem bei Getrenntlebenden und im Bereich des Versorgungsausgleichs, die Anpassung der Aufhebungsvoraussetzungen der eingetragenen Lebenspartnerschaft an das Scheidungsrecht (mit Ausnahme der Nichtberücksichtigung von Kindern bei der sogenannten „Härteklausel“), die Einführung des Verlöbnisses für gleichgeschlechtliche Paare und eines expliziten Ehehindernisses bei bestehender Lebenspartnerschaft sowie die Einbeziehung der Lebenspartner in die Hinterbliebenenversorgung der gesetzlichen Rentenversicherung.[806] Außerdem wurde durch das Gesetz die sogenannte Stiefkindadoption eingeführt, die es Stiefeltern ermöglicht, das leibliche Kind ihres Lebenspartners nach Zustimmung des anderen leiblichen Elternteils zu adoptieren. Diese Regelung war bereits bei Beratung des Gesetzentwurfs im Bundestag nicht unumstritten und führte in der Folge auch dazu, dass Bayern nach

---

804 Ausführlich hierzu: *Pfizenmayer*, Die Rechtstellung gleichgeschlechtlicher Lebenspartner, S. 349 ff.

805 BGBl. 2004 I, S. 3396 ff.

806 Ausführlich: *Muscheler*, Das Recht der eingetragenen Lebenspartnerschaft, Rn. 648 ff.

Inkrafttreten des LPartRÜG erneut einen Normenkontrollantrag beim BVerfG einreichte, den es jedoch im Jahr 2009 zurückzog.[807]

Das LPartRÜG enthielt allerdings nicht die ursprünglich im LPartGErgG vorgesehenen verfahrensrechtlichen Regelungen, weshalb es auch nach dessen Inkrafttreten weiterhin Gesetzeslücken und Ungleichbehandlungen von eingetragenen Lebenspartnern und Eheleuten gab, die weitere Anpassungen notwendig machten.

2. Durch die Rechtsprechung initiierte Anpassungen

Die erste Entscheidung des BVerfG, die sich mit den auch nach Inkrafttreten des LPartRÜG noch verbliebenen Unterschieden der eingetragenen Lebenspartnerschaft zur Ehe befasste, erging im Juli 2009 zur betrieblichen Hinterbliebenenversorgung für Arbeitnehmer des öffentlichen Dienstes. Das BVerfG entschied, dass die Ungleichbehandlung mit der Ehe gegen Art. 3 Abs. 1 GG verstoße, da Ehe und eingetragene Lebenspartnerschaft nach der Ausgestaltung durch den Gesetzgeber vergleichbare Lebensformen darstellten, weshalb eine Privilegierung der Ehe nicht allein mit einem Verweis auf Art 6 Abs. 1 GG gerechtfertigt werden könne.[808] Neben einer erneuten Betonung des fehlenden Abstands- oder Benachteiligungsgebots der eingetragenen Lebenspartnerschaft zur Ehe erkannte das BVerfG eingetragene Lebenspartner und Eheleute damit erstmals als vergleichbare Lebensformen an.

Diese Begründung des BVerfG, nach der eingetragene Lebenspartner und Eheleute im Bereich der Hinterbliebenenversorgung *„vergleichbar"* seien, weshalb Grund für die Unterscheidung von Ehe und eingetragener Lebenspartnerschaft nicht *„darin gesehen werden [kann], dass typischerweise bei Eheleuten wegen Lücken in der Erwerbsbiographie aufgrund von Kindererziehung ein anderer Versorgungsbedarf bestünde als bei Lebenspartnern"*,[809] geht auf Einflüsse der europäischen Gerichtsbarkeit zurück.

So hat der EuGH im Jahr 2008 in seinem *Maruko*-Urteil, das auf eine Vorlage des VG München zur Hinterbliebenenversorgung einer Versorgungsanstalt zurück ging, entschieden, dass Ungleichbehandlungen von eingetragenen Lebenspartnern und Ehegatten im Anwendungsbereich der Richtlinie 2000/78, die in Deutschland durch das AGG umgesetzt wurde, *„eine unmittelbare Diskriminierung wegen der sexuellen Ausrichtung im Sinne der Art. 1 und 2 Abs. 2 Buchst. a [Richtlinie 2000/78]"* darstelle, wenn sich diese in einer vergleichbaren Situation befänden.[810] Die Beantwortung der Frage, ob sich Ehegatten und eingetragene Lebenspartner hinsichtlich festgestellter Ungleichbehandlungen in einer solch vergleichbaren Situation befinden,

---

807 http://www.bundesverfassungsgericht.de/pressemitteilungen/bvg09-094.html.

808 BVerfG vom 7.7.2009 – 1 BvR 1164/07, Rn. 105, BVerfGE 124, 199, 226.

809 Ebd., Rn. 112, BVerfGE 124, 199, 228 f.; anders noch vorgehend BGH vom 14.2.2007 – IV ZR 267/04, Rn. 14, NJW-RR 2007, S. 1441, 1442 sowie auch BVerwG vom 25.7.2007 – Az 6 C 27.06, Rn. 28, BVerwGE 129, 129, 135 und BVerfG vom 6.5.2008 – 2 BvR 1830/06, Rn. 17, NJW 2008, S. 2325, 2327.

810 EuGH vom 1.4.2008 – C-267/06, Slg 2008, I-1757, Rn. 72 f., NZA 2008, S. 459, 463.

überließ das Gericht zwar den nationalen Gerichten, machte allerdings dennoch recht deutlich, dass bei Vorliegen einer vergleichbaren Situation Ungleichbehandlungen im Anwendungsbereich der Richtlinie grundsätzlich unzulässig seien und damit auch nicht allein mit dem Wunsch nach Privilegierung der Ehe gerechtfertigt werden könnten.

Diese Entscheidung ist zwar unmittelbar nur für die Gerichte des Ausgangstreitverfahrens bindend, sie gibt aber dennoch die Auslegung der die Vorlage betreffenden Vorschriften des Unionsrechts vor, die letztinstanzliche Gerichte zur erneuten Vorlage an den EuGH zwingt, wenn sie hiervon abweichen wollen.[811]

Während der 2. Senat des BVerfG diese Vergleichbarkeit unter Bezugnahme auf die EuGH Rechtsprechung in einem Nichtannahmebeschluss aus dem Jahr 2008 noch verneint hatte,[812] bejahte erstmals das BAG diese in einer Entscheidung aus dem Januar 2009 für den Bereich der betrieblichen Altersversorgung und sah die Ungleichbehandlung von eingetragenen Lebenspartnern gegenüber Eheleuten als unzulässige unmittelbare Benachteiligung der Versorgungsberechtigten wegen ihrer sexuellen Identität nach §§ 1, 3 Abs. 1 S. 1 AGG an.[813]

Dieser Auffassung hat sich der 1. Senat des BVerfG im vorliegenden Urteil zur Hinterbliebenenversorgung – allerdings ohne ausdrücklichen Verweis auf die Rechtsprechung des EuGH[814] – angeschlossen, indem es eingetragene Lebenspartner und Eheleute für vergleichbare Personengruppen hielt und diese Vergleichbarkeit auch nicht wegen der angeblichen Bezogenheit der einen Personengruppe auf Kinder verneinen wollte. Damit wendet es sich gegen die bis *dato* vorherrschende Auffassung in Gesellschaft und Rechtswissenschaft, nach der ein Rechtfertigungsgrund für die Privilegierung der Ehe ihre generelle Bezogenheit auf Kinder und dem damit verbundenen Erwerbsverlust bei mindestens einem Ehepartner sein kann und will eine solche nur noch für zulässig erachten, wenn ein Gesetz tatsächlich auf das Vorhandensein von Kindern abstellt.

Diese geänderte Auffassung des BVerfG zur Privilegierung der Ehe wegen ihrer generellen Bezogenheit auf Kinder – unabhängig von der tatsächlichen Ausgestaltung im Einzelfall – spiegelt sich auch in den weiteren Entscheidungen zur Ungleichbehandlung von Ehe und eingetragener Lebenspartnerschaft wider:

So hat wiederum der 1. Senat des BVerfG in einer Entscheidung vom 21.07.2010 zur Ungleichbehandlung von Ehe und eingetragener Lebenspartnerschaft im Erbschaftsteuer- und Schenkungsteuergesetz eine unterschiedliche Behandlung

---

811 *Wegener*, in: Calliess/Ruffert, EUV/AEUV, Art. 267 AEUV, Rn. 51.

812 BVerfG vom 6.5.2008 – 2 BvR 1830/06, Rn. 12, NJW 2008, S. 2325, 2326.

813 BAG vom 14.1.2009 – 3 AZR 20/07, Rn. 42, BAGE 129, 105, 115.

814 Das *Maruko*-Urteil wird nur an einer Stelle im Zusammenhang damit erwähnt, dass bei der Hinterbliebenenversorgung eine Ungleichbehandlung aufgrund der sexuellen Orientierung vorliege, nicht jedoch, dass eine solche nach dem EuGH unzulässig ist, wenn eine Vergleichbarkeit von eingetragenen Lebenspartnern und Eheleuten gegeben ist, vgl. BVerfG vom 7.7.2009 – 1 BvR 1164/07, Rn. 92, BVerfGE 124, 199, 222.

aufgrund des Familienschutzes und der grundsätzlich nur bei Eheleuten, nicht bei eingetragenen Lebenspartnern gegebenen Möglichkeit zur Zeugung von gemeinsamen Kindern abgelehnt, da „*das geltende Recht [...] – im Unterschied zu früheren Regelungen – die Privilegierung der Ehe bzw. die Höhe des Freibetrags für Ehegatten gerade nicht vom Vorhandensein gemeinsamer Kinder abhängig*" mache.[815]

Mit gleicher Begründung lehnte der 2. Senat des BVerfG unter (allerdings nicht ausdrücklicher) Aufgabe seiner bisherigen Rechtsprechung[816] im Juni 2012 die Ungleichbehandlung von verheirateten und verpartnerten Beamten bei Gewährung des Familienzuschlags ab, da auch dieser – zumindest in Stufe 1 – unabhängig davon gewährt werde, ob aus der Ehe künftig Kinder hervorgehen können oder sollen,[817] und schloss sich damit der Meinung des 1. Senats zur grundsätzlichen Vergleichbarkeit dieser beiden Personengruppen an. Außerdem erkannte der Senat in dieser Entscheidung an, dass nicht nur in einer Ehe Kinder erzogen würden und dadurch Erwerbsnachteile entstehen könnten, sondern dies ebenso bei der eingetragenen Lebenspartnerschaft der Fall sein könne, weshalb auch insoweit eine generelle Ungleichbehandlung dieser beiden Personengruppen nicht gerechtfertigt sei.[818]

In den Entscheidungen des BVerfG zum Erbschaftsteuer- und Schenkungsteuergesetz sowie zum Familienzuschlag konnte das Gericht allerdings nur eine Verfassungswidrigkeit der bis zum 01.01.2009 geltenden Fassungen feststellen und eine Neuregelung für vor diesem Datum liegende Fälle anordnen, da der Gesetzgeber den Entscheidungen des Gerichts durch eine zwischenzeitliche Änderung der betreffenden Gesetze vorgegriffen hatte.[819]

Ebenso verhielt es sich bei der Entscheidung des BVerfG, mit der es die Verfassungswidrigkeit der Ungleichbehandlung eingetragener Lebenspartner bezüglich der lediglich für Ehepartner geltenden Ausnahmen von der Grunderwerbssteuerpflicht feststellte.[820] Auch hier hatte der Gesetzgeber die Ungleichbehandlung bereits im Vorfeld durch das Jahressteuergesetz 2010 beseitigt,[821] so dass es nur noch einer

---

815 BVerfG vom 21.7.2010 – 1 BvR 611/07, 1 BvR 2464/07, Rn. 106, BVerfGE 126, 400, 427 f.

816 BVerfG vom 6.5.2008 – 2 BvR 1830/06, Rn. 17, NJW 2008, S. 2325, 2327.

817 BVerfG vom 19.6.2012 – 2 BvR 1397/09, Rn. 75, BVerfGE 131, 239, 263.

818 Ebd.

819 Im Bereich des Familienzuschlags durch § 17b BbesG, der am 01.01.2009 nach Art. 4 des „*Gesetzes zur Übertragung ehebezogener Regelungen im öffentlichen Dienstrecht auf Lebenspartnerschaften*" vom 14.11.2011 in Kraft trat und mit dem eine umfassende Gleichstellung verpartnerter Bundesbeamter, Soldaten und Entwicklungshelfer in Besoldung und in Versorgung erfolgte (BGBl. 2011 I, S. 2219), im Erbschaftsteuer- und Schenkungsteuergesetz durch das Erbschaftsteuerreformgesetz vom 24.12.2008 (BGBl. I 2008 S. 3018). Die geänderten Vorschriften umfassten aber jeweils nicht in der Vergangenheit liegende Sachverhalte. Diese wurden erst aufgrund der Entscheidungen des BVerfG neu geregelt.

820 BVerfG vom 18.7.2012 – 1 BvL 16/11, BVerfGE 132, 179.

821 BGBl. 2010 I, S. 1768.

rückwirkenden Anpassung der vor der Gesetzesänderung liegenden Sachverhalte bedurfte.

Einen weiteren wichtigen Schritt zur Angleichung der Rechtstellung eingetragener Lebenspartnerschaften an die Ehe hat das BVerfG mit seiner Entscheidung vom 19.02.2013 zur Sukzessivadoption, das heißt dem Recht eines Lebenspartners das vom anderen Lebenspartner bereits angenommene Kind ebenfalls anzunehmen, getan. Zunächst hat es entschieden, dass § 9 Abs. 7 LPartG sowohl die betroffenen Kinder als auch die betroffenen Lebenspartner in ihrem Recht auf Gleichbehandlung nach Art. 3 Abs. 1 GG verletze, indem es eingetragenen Lebenspartnern im Gegensatz zu Ehegatten die Sukzessivadoption – nicht aber die Stiefkindadoption – verwehre.[822] Der Ausschluss der Sukzessivadoption sei weder durch die behauptete Verschiedenartigkeit der Verbindung zwischen Eheleuten und eingetragenen Lebenspartnern noch durch das Kindeswohl gerechtfertigt.[823] Die eingetragene Lebenspartnerschaft sei vielmehr gleichermaßen wie die Ehe auf Dauer angelegt, durch eine verbindliche Verantwortungsübernahme geprägt und generell zur Erziehung von Kindern geeignet; allgemeine Bedenken gegen das Aufwachsen von Kindern bei gleichgeschlechtlichen Elterngemeinschaften lehnt das Gericht ebenso wie die Überzahl der zu dieser Frage abgegebenen sachverständigen Stellungnahmen ab.[824] Auch das Kindeswohl an sich verbiete die Sukzessivadoption nicht, sondern gebiete sie eher.[825] Letzteres begründet das BVerfG unter Bezugnahme auf die Ergebnisse der sachverständigen Stellungnahmen unter anderem damit, dass die *„behüteten Verhältnisse“* in einer eingetragenen Lebenspartnerschaft das Aufwachsen von Kindern ebenso fördern könnten wie die in einer Ehe.[826] Außerdem verbessere die Adoption durch den Lebenspartner die Rechtsstellung des bereits zuvor in *„familiärer Gemeinschaft“* mit beiden Lebenspartnern aufwachsenden Kindes in unterhaltsrechtlicher und erbrechtlicher Hinsicht sowie bei Auflösung der Lebenspartnerschaft durch Trennung oder Tod, was insbesondere bei der – hinsichtlich der Interessenslage des Kindes gleich zu beurteilenden Stiefkindadoption – ausschlaggebender Grund ihrer Zulassung durch den Gesetzgeber gewesen sei.[827]

Diese Begründung des BVerfG ähnelt sehr der des EGMR in einem Urteil vom selben Tag, das die Unzulässigkeit der Stief- und Sukzessivadoption unverheirateter gleichgeschlechtlicher Paare im Gegensatz zu unverheirateten verschiedengeschlechtlichen Paaren in Österreich betraf.[828] Auch der EGMR ging darin davon aus, dass gleichgeschlechtliche Paare *„für die Adoption von Kindern ebenso geeignet oder ungeeignet sein können, wie verschiedengeschlechtliche Paare“* und betonte darüber

822 BVerfG vom 19.2.2013 – 1 BvL 1/11, 1 BvR 3247/09, Rn. 71, 104, BVerfGE 133, 59, 86, 91.
823 Ebd., Rn. 78 ff., BVerfGE 133, 59, 89 ff.
824 Ebd., Rn. 77, 80, BVerfGE 133, 59, 88 ff.
825 Ebd., Rn. 78, BVerfGE 133, 59, 89.
826 Ebd., Rn. 80, BVerfGE 133, 59, 89 f.
827 Ebd., Rn. 84, BVerfGE 133, 59, 91 f.
828 EGMR vom 19.2.2013 – 19010/07, NJW 2013, S. 2173.

hinaus die Wichtigkeit der Möglichkeit zur rechtlichen Anerkennung von *„de facto Familienleben"* zum Schutz dieser Gemeinschaften.[829] Im Ergebnis stellte er daher einen Verstoß gegen Art. 8 Abs. 1 i.V.m. Art. 14 EMRK durch die Nichtzulassung der Stief- und Sukzessivadoption durch gleichgeschlechtliche Paare fest, da *„keine besonders gewichtigen und überzeugenden Gründe"* vorliegen würden, die eine Ungleichbehandlung wegen der sexuellen Orientierung rechtfertigen könnten.[830]

In seiner Entscheidung zur Sukzessivadoption hat das BVerfG eingetragene Lebenspartner, die mit dem leiblichen oder angenommenen Kind eines Lebenspartners in *„sozial-familiärer Gemeinschaft"* leben, daneben auch erstmals als eine durch Art. 6 Abs. 1 GG geschützte Familie und zwei Personen gleichen Geschlechts, die gesetzliche Elternteile eines Kindes sind, als Eltern im verfassungsrechtlichen Sinn des Art. 6 Abs. 2 Satz 1 GG anerkannt.[831] Diese Aufnahme von eingetragenen Lebenspartnerschaften und den bei ihnen lebenden Kindern in den Schutzbereich von Art. 6 GG stellt eine bemerkenswerte Neuerung im grundrechtlichen Schutzgefüge dar, die ebenfalls auf einen – im weiteren Verlauf noch zu untersuchenden – Verfassungswandel hindeutet.

Das Gericht hatte dem Gesetzgeber eine Frist bis zum 30.06.2014 gesetzt, um dem verfassungswidrigen Zustand abzuhelfen und die Sukzessivadoption für eingetragene Lebenspartner zuzulassen. Der Bundestag hat Ende Mai 2014 einen hierzu von der Bundesregierung vorgelegten Gesetzentwurf verabschiedet, der nach Zustimmung durch den Bundesrat am 26.06.2014 im Bundesgesetzblatt veröffentlicht werden konnte, sodass es eingetragenen Lebenspartnern seit dem 27.06.2014 möglich ist, das angenommene Kind ihres Lebenspartners ebenfalls anzunehmen.[832]

Das bisher letzte Urteil des BVerfG zur Gleichstellung eingetragener Lebenspartnerschaften stammt vom 07.05.2013 und betraf das sogenannte „Ehegattensplitting",[833] das heißt das im deutschen Steuerrecht zur Berechnung der Einkommensteuer von zusammenveranlagten Ehegatten angewendete Splittingverfahren, welches – insbesondere bei einer Einkommensdifferenz zwischen beiden Ehepartnern – zu einer geringeren Steuerlast führt. Das BVerfG hat die Nichtanwendung dieses Splittingverfahrens auf eingetragene Lebenspartnerschaften für mit Art. 3 Abs. 1 GG unvereinbar erklärt und dessen rückwirkende Anwendung auch für eingetragene Lebenspartnerschaften bis zu einer, unverzüglich zu erfolgenden Neuregelung angeordnet.[834] Auch hier begründet das BVerfG seine Entscheidung damit, dass familienpolitische Intentionen die vorliegende Ungleichbehandlung

829 Ebd., Rn. 142, 145, NJW 2013, S. 2173, 2178 f.

830 Ebd., Rn. 99, 151, NJW 2013, S. 2173, 2175, 2179.

831 BVerfG vom 19.2.2013 – 1 BvL 1/11, 1 BvR 3247/09, Rn. 60, BVerfGE 133, 59, 82.

832 BGBl. 2014 I, S. 786.

833 BVerfG vom 7.5.2013 – 2 BvR 909/06, 2 BvR 1981/06, 2 BvR 288/07, BVerfGE 133, 377.

834 BVerfG vom 7.5.2013 – 2 BvR 909/06, 2 BvR 1981/06, 2 BvR 288/07, Rn. 72 ff., BVerfGE 133, 377, 407 ff.

nicht rechtfertigen könnten.[835] Zwar seien solche Intentionen bei Einführung des Splittingtarifs ausschlaggebend gewesen, um die Steuerlast für Familien zu senken, in denen sich ein Partner um die Kindeserziehung kümmere und (teilweise) auf Gehalt verzichte.[836] Allerdings werde der Splittingtarif unabhängig von der Tatsache gewährt, ob in einer Ehe Kinder vorhanden seien, so dass auch in diesem Fall bei einer Ungleichbehandlung nicht auf ursprünglich vorhandene familienpolitische Zwecke abgestellt werden könne.[837] Im Übrigen gebe es auch Lebenspartnerschaften, in denen Kinder aufwachsen würden und denen der Splittingtarif dennoch verwehrt sei.[838]

Das Urteil des BVerfG zum Ehegattensplitting wurde dann auch innerhalb kürzester Zeit vom Gesetzgeber umgesetzt und nicht nur die Anwendung des Splittingverfahrens, sondern durch den neu eingeführten § 2 Abs. 8 EStG die Anwendbarkeit aller für Ehegatten geltenden Regelungen im Einkommenssteuergesetz auf eingetragene Lebenspartner Ende Juni 2013 vom Bundestag beschlossen und am 18.07.2013 im Bundesgesetzblatt verkündet.[839]

Seitens der Länderfinanzverwaltungen ist bereits im Jahr 2012 eine faktische Gleichstellung von eingetragenen Lebenspartnerschaften in der Einkommensteuer erfolgt. Aufgrund mehrerer Urteile von Finanzgerichten und des BFH zu dieser Thematik wurden eingetragenen Lebenspartnerschaften seit 2012 in vierzehn Bundesländern (Ausnahmen: Bayern und Sachsen) im Rechtsbehelfsverfahren durch Aussetzung der Vollziehung das Ehegattensplitting *de facto* gewährt.[840]

3. *Weiterhin bestehende Unterschiede zur Ehe*

Wie im vorherigen Abschnitt dargestellt, ist die Gleichstellung von Ehe und eingetragener Lebenspartnerschaft heute in den meisten Rechtsbereichen erfolgt. Die rechtlich bedeutendste Ungleichbehandlung von Ehe und eingetragener Lebenspartnerschaft besteht bislang noch im Adoptionsrecht. So ist es eingetragenen Lebenspartnern im Unterschied zur Möglichkeit der Sukzessivadoption, der Stiefkindadoption und der gemeinsamen Pflegeelternschaft verwehrt, wie Ehepartner gemeinsam ein Kind anzunehmen (vgl. §§ 1741 Abs. 2 BGB, 9 Abs. 7 LPartG). Eine Entscheidung des BVerfG zur Frage der Zulässigkeit dieser Ungleichbehandlung steht noch aus. Allerdings hat das BVerfG in einem Nichtannahmebeschluss vom 23.01.2014 Andeutungen gemacht, wie die Unzulässigkeit der gemeinschaftlichen Adoption zu beurteilen sei. In der Begründung zur Unzulässigkeit der betreffenden Richtervorlage heißt es:

---

835 Ebd., Rn. 96 ff., BVerfGE 133, 377, 418 ff.
836 Ebd.
837 Ebd.
838 Ebd., Rn. 100, BVerfGE 133, 377, 420.
839 BGBl. 2013 I, S. 2397.
840 Ausführlich: BT-Drs. 17/10740.

„Zwar hat das Bundesverfassungsgericht in dieser Entscheidung [zur Sukzessivadoption] offengelassen, ob der Ausschluss der gemeinschaftlichen Adoption durch zwei eingetragene Lebenspartner mit dem Grundgesetz vereinbar ist, weil dies nicht Gegenstand des dortigen Verfahrens war [...]. Die Prüfung der Verfassungsmäßigkeit des damals zu beurteilenden Ausschlusses der Sukzessivadoption und des hier zu beurteilenden Ausschlusses der gemeinschaftlichen Adoption durch eingetragene Lebenspartner wirft jedoch teilweise ähnliche oder identische verfassungsrechtliche Vorfragen auf. Angesichts der großen sachlichen Nähe hätte sich das vorlegende Gericht daher damit auseinandersetzen müssen, wie sich seine Überzeugung von der Verfassungswidrigkeit der Rechtslage zu den dortigen Erwägungen des Bundesverfassungsgerichts verhält.“[841]

Diese Aussagen lassen vermuten, dass das Gericht die Unzulässigkeit der gemeinschaftlichen Adoption ähnlich wie die früher bestehende Unzulässigkeit der Sukzessivadoption beurteilen und deren Unvereinbarkeit mit Art. 3 Abs. 1 GG feststellen wird, sobald es Gelegenheit dazu erhält.

Auch unter europarechtlichen Gesichtspunkten wäre die Zulassung der gemeinschaftlichen Fremdadoption durch den Gesetzgeber inzwischen ohne Probleme möglich, da Deutschland im Jahr 2015 das revidierte Europäische Übereinkommen über die Adoption von Kindern vom 27.11.2008 ratifiziert hat, nach dem im Gegensatz zum früheren Text des Übereinkommens auch eine Adoption durch zwei gleichgeschlechtliche Partner zulässig sein soll (Art. 7).[842]

Die meisten anderen der derzeit noch bestehenden Ungleichbehandlungen zwischen Ehe und eingetragener Lebenspartnerschaft sind eher formaler Natur und beruhen hauptsächlich darauf, dass mit Einführung der eingetragenen Lebenspartnerschaft keine Pauschalverweisung auf die für Eheleute geltenden Vorschriften erfolgt ist und ehebezogene Begriffe, wie zum Beispiel „Heirat“ oder „Hochzeit“, nicht ohne Anpassung auf die eingetragene Lebenspartnerschaft übertagen werden können. So findet sich in einigen Gesetzesvorschriften bislang nur ein Verweis auf Ehegatten, nicht jedoch auf eingetragene Lebenspartner, ohne dass hierfür ein sachlicher Grund ersichtlich wäre, so dass vermutet werden kann, dass bislang schlicht die Anpassung versäumt wurde. So verhält es sich zum Beispiel bei der Heiratsvermittlung nach § 656 BGB, dem Ende der fortgesetzten Gütergemeinschaft bei Wiederverheiratung nach § 1493 BGB, wo erstaunlicherweise nur im 1. Absatz eine teilweise Angleichung erfolgt ist, der im Gegensatz zu Hochzeitsgesellschaften fehlenden Erlaubnisfreiheit der Züge von Lebenspartnerschaftsgesellschaften nach § 17 VersG und der Fortführung des Betriebes im Todesfall

---

841 BVerfG vom 23.1.2014 – 1 BvL 2/13, 1 BvL 3/13, Rn. 27, FamRZ 2014, 537 f.

842 Das Übereinkommen trat für Deutschland am 01.07.2015 in Kraft. Die Ratifizierung erfolgte in Ausführung eines von der Bundesregierung vorgelegten und im Bundestag angenommenen Gesetzesentwurfs (BT-Drs. 18/2654). Der Text des Übereinkommens sowie der Ratifikationsstand sind verfügbar unter: http://www.conventions.coe.int/Treaty/Commun/QueVoulezVous.asp?NT=202&CM=8&DF=-30/03/2015&CL=GER.

in § 12 SprengG. Demgegenüber ist die ebenfalls noch bis vor kurzem fehlende sprachliche Angleichung in diversen anderen Vorschriften, wie beispielsweise beim Erbrecht in der Höfeordnung, der Pflicht zur Ausstattung aus dem Elternvermögen nach § 1624 BGB, dem Angehörigenstatus nach § 16 Abs. 5 SGB X, dem fehlenden strafrechtlichen Verbot der Doppellebenspartnerschaft im Gegensatz zur Doppelehe nach § 172 StGB sowie bei der Drittwiderspruchsklage des Ehegatten nach § 774 ZPO und § 180 Abs. 3 ZVG, wonach nur der Ehegatte in bestimmten Fällen die einstweilige Einstellung des Zwangsversteigerungsverfahrens beantragen konnte, wenn dies zur Abwendung einer ernsthaften Gefährdung des Wohls eines gemeinschaftlichen Kindes erforderlich ist, durch das Gesetz zur Bereinigung des Rechts der Lebenspartner vom 20.11.2015 erfolgt.[843] Insbesondere diese zuletzt erfolgten Angleichungen lassen vermuten, dass die oben genannten Vorschriften hierbei schlicht vergessen wurden.

Die fehlenden Anpassungen an die Ehe, die durch das Nichtinkrafttreten des LPartGErgG bedingt waren, sind – wie dargestellt – zum größten Teil bereits Gegenstand höchstrichterlicher Entscheidungen gewesen und wurden zwischenzeitlich vom Gesetzgeber vorgenommen. Auch die Zuständigkeit des Standesbeamten zur Eintragung der Lebenspartnerschaft, die aus dem ursprünglichen Entwurf des LPartDisBG herausgenommen wurde und seither bundeslandabhängig geregelt war, wurde mittlerweile durch das Gesetz zur Reform des Personenstandsrechts[844] vom 19.02.2007 mit Wirkung zum 01.01.2009 einheitlich für alle Bundesländer geregelt. § 23 LPartG enthält allerdings eine Länderöffnungsklausel, die abweichende Regelungen durch die Bundesländer ermöglicht, wovon inzwischen allerdings nur noch Bayern (wahlweise Zuständigkeit des Notars oder des Standesbeamten) Gebrauch macht.[845]

V. Zwischenfazit

Die Entwicklung der Rechtsstellung Homosexueller und insbesondere gleichgeschlechtlicher Lebensgemeinschaften seit Inkrafttreten des Grundgesetzes ist enorm. Nicht nur, dass innerhalb der letzten achtundsechzig Jahre die jahrhundertelang bestehende Strafbarkeit männlicher Homosexualität beseitigt wurde, gleichgeschlechtlichen Partnerschaften wurde auch erstmals die Möglichkeit eröffnet, ihre Verbindung auf eine rechtliche Grundlage zu stellen, die inzwischen weitgehend derjenigen der Ehe entspricht.

Diese Entwicklung wurde hauptsächlich durch die sich in den letzten Jahrzehnten in Bezug auf Wesen und sittliche Beurteilung der Homosexualität in erheblichem Maß geänderten Anschauungen der Gesellschaft bedingt. Diese haben zunächst zur Entkriminalisierung und Entpathologisierung der Homosexualität und schließlich

843 BGBl. 2015 I, S. 2010.

844 BGBl. 2007 I, S. 122.

845 Ausführliche Informationen und (frühere) Zuständigkeitsgesetze beim LSVD unter http://www.lsvd.de/recht/lebenspartnerschaft/gleichstellungsgesetze.html#c6302.

auch in weiten Teilen der Bevölkerung zu einer nie da gewesenen Toleranz und Akzeptanz der sexuellen Orientierung Homosexueller, ihrer Lebensweise und ihres Wunsches nach rechtlicher Bindung beigetragen, die sich sowohl in der EU als auch in Deutschland auch auf gesetzlicher Ebene manifestiert haben.

Die in der Folge der Einführung der eingetragenen Lebenspartnerschaft genutzte Möglichkeit zur weitreichenden rechtlichen Angleichung derselben an die Ehe geht insbesondere auf das BVerfG zurück, das die geänderten Ansichten der Gesellschaft aufgenommen und in seinen Entscheidungen berücksichtigt hat. So hat es die eingetragene Lebenspartnerschaft in seiner ersten Entscheidung im Jahr 2002 weder – wie noch im Jahr 1957 bei der Frage zur Verfassungsmäßigkeit der Strafbarkeit homosexueller Betätigung postuliert – als sittenwidrig angesehen, noch ein in Art. 6 Abs. 1 GG liegendes Abstandsgebot zur Ehe bejaht. Das BVerfG stellt hierzu selbst fest, dass „*die Grenzen der damaligen Vorstellungswelt und des dabei unterlegten historischen Begriffsverständnisses [...] indessen mit der Veränderung der rechtlichen Einordnung von Homosexualität nach und nach entfallen [sind]. Gegenüber der Situation bei Inkrafttreten des Grundgesetzes hat sich nicht nur das Gesetzesrecht, sondern auch die Einstellung der Gesellschaft zur Gleichgeschlechtlichkeit und der Lebenssituation gleichgeschlechtlicher Paare erheblich gewandelt*“.[846]

Auch in seinen weiteren Entscheidungen zur eingetragenen Lebenspartnerschaft hat sich das BVerfG immer wieder gegen eine Ungleichbehandlung mit der Ehe ausgesprochen. Dies ist vor allem vor dem Hintergrund, dass nur die Ehe, nicht aber die eingetragene Lebenspartnerschaft unter dem besonderen Schutz der staatlichen Ordnung nach Art. 6 Abs. 1 GG steht, und die für die verfassungsrechtliche Stellung homo- und heterosexueller Paare in diesem Bereich relevanten Verfassungsnormen seit deren Inkrafttreten weitgehend unverändert geblieben sind, äußerst beachtlich. An die Feststellung dieses bemerkenswerten Umstands schließen sich daher die im folgenden Kapitel zu beantwortenden Fragen an, (i) wie die verfassungsrechtliche Stellung von Ehe, Familie und eingetragener Lebenspartnerschaft aus heutiger Sicht zu beurteilen ist, (ii) inwieweit diese Stellung von deren Stellung in früheren Zeiten abweicht, (iii) ob dies einen Verfassungswandel begründet und, wenn ja, (iv) wodurch ein solcher hervorgerufen werden konnte.

846 BVerfG vom 19.2.2013 – 1 BvL 1/11, 1 BvR 3247/09, Rn. 55, BVerfGE 133, 59, 79 f.

3. Kapitel: Der verfassungsrechtliche Schutz Homosexueller, gleichgeschlechtlicher Lebensgemeinschaften und eingetragener Lebenspartnerschaften im Wandel

Wie im vorherigen Kapitel dargelegt, hat sich die Rechtsstellung Homosexueller, gleichgeschlechtlicher Lebensgemeinschaften und eingetragener Lebenspartnerschaften in den vergangenen Jahren und Jahrzehnten stark verändert. Dies hatte vielfältige Ursachen, wobei die Bedeutung des BVerfG wie auch der europäischen Gerichte hierfür nicht zu unterschätzen ist. Die Veränderung der Rechtstellung dieser Personengruppen spiegelt sich allerdings nicht nur in den Änderungen des einfachen Rechts wider, sondern hatte auch Auswirkungen auf deren verfassungsrechtliche Stellung.

In diesem Kapitel soll daher die heutige verfassungsrechtliche Stellung Homosexueller, gleichgeschlechtlicher Lebensgemeinschaften und eingetragener Lebenspartnerschaften herausgearbeitet, mit derjenigen zu Zeiten des Inkrafttretens des Grundgesetzes verglichen und anhand dessen geprüft werden, inwieweit sich an einem insoweit geänderten Schutzstand Verfassungswandlungen beobachten lassen. Dabei gilt es auch die Frage zu beantworten, welche der im 1. Kapitel genannten, möglichen Akteure eines Verfassungswandels hierfür maßgeblich waren und um welche Art von Verfassungswandel es sich im Einzelnen handelt, um eine Interpretationsänderung, das Hinzukommen neuer Schutzbereichsaspekte, die den Norminhalt gegenüber seinem früheren Verständnis geändert haben, oder gar das Obsolet-Werden einer Verfassungsnorm.

Darüber hinaus soll auch untersucht werden, inwieweit die aktuelle Auslegung einzelner Verfassungsnormen die innerhalb des einfachen Rechts erfolgten Veränderungen – insbesondere die Einführung des Instituts der eingetragenen Lebenspartnerschaft – bedingt hat und welche Ansprüche die hier zu untersuchenden Personengruppen aus den einzelnen Verfassungsgarantien herleiten können. Schließlich soll auch ein Blick auf die in Zukunft in diesem Bereich noch möglichen Veränderungen innerhalb des Verfassungsgefüges geworfen werden.

Zwar lässt sich an der dargestellten Rechtsprechung des BVerfG bereits teilweise erahnen, welche Veränderungen es innerhalb einzelner Grundrechtsnormen gegeben hat, allerdings ist die Meinung des BVerfG in diesem Bereich – sogar innerhalb des Gerichts selbst – nicht unumstritten. Außerdem kann das BVerfG immer nur zu Einzelfragen Stellung nehmen, nicht jedoch den verfassungsrechtlichen Schutz eingetragener Lebenspartnerschaften – mit dem Schutz Homosexueller und gleichgeschlechtlicher Lebensgemeinschaften hat es sich meist gar nicht befasst – umfassend darstellen. Des Weiteren geht eine Rechtsprechungsänderung des BVerfG nicht immer mit einer umfassenden Auseinandersetzung der bisher von ihm vertretenen Ansicht einher, was die Frage nach den Hintergründen hierzu, den Folgen und dessen Zulässigkeit aufwirft.

Im Folgenden wird mit der Prüfung der verfassungsrechtlichen Stellung gleichgeschlechtlicher Lebensgemeinschaften und eingetragener Lebenspartnerschaften nach Art. 6 Abs. 1 GG begonnen, da das Ergebnis dieser Prüfung vorgreiflich für die Notwendigkeit und den Umfang der Untersuchung weiterer Grundrechtsnormen ist. Da ein Schutz Homosexueller als Einzelpersonen über das Ehe- und Familiengrundrecht des Art. 6 Abs. 1 GG allerdings von vornherein ausgeschlossen ist, werden im Anschluss – unabhängig von dem für gleichgeschlechtliche Lebensgemeinschaften und eingetragene Lebenspartnerschaften gefundenen Ergebnis – auch noch Art. 2 Abs. 1 GG und Art. 3 GG zu prüfen sein. Am Ende dieses Kapitels sollen dann in einem Exkurs auch noch die für Homosexuelle, gleichgeschlechtliche Lebensgemeinschaften und eingetragene Lebenspartnerschaften maßgeblichen Normen der EMRK und der Grundrechtecharta der EU dargestellt werden, da diese, wie sich zeigen wird, einen nicht zu vernachlässigenden Einfluss auf die nationalen Grundrechtsgewährleistungen und deren Auslegung durch das BVerfG haben.

A. Schutz über Art. 6 Abs. 1 GG

Im Rahmen von Art. 6 Abs. 1 GG soll zunächst geprüft werden, inwieweit heutzutage gleichgeschlechtlichen Gemeinschaften der Schutz des Ehe- und des Familiengrundrechts zugutekommt, welche Entwicklungen hier in Zukunft noch möglich erscheinen und wie sich dieser Schutz gegenüber früheren Zeiten verändert hat. Während, wie erwähnt, ein Schutz Homosexueller als Einzelpersonen im Rahmen von Art. 6 Abs. 1 GG von vornherein ausgeschlossen ist, können nicht verpartnerte, gleichgeschlechtliche Lebensgemeinschaften, wenn bei ihnen Kinder leben, nur innerhalb des Familiengrundrechts eine Rolle spielen. Ein Schutz über das Ehegrundrecht scheidet – wie bei nicht verheirateten, heterosexuellen Paaren – mangels Vorliegens einer rechtlichen Verbindung aus.

Die im Folgenden zunächst durchzuführende Prüfung eines möglicherweise bestehenden Schutzes durch das Ehegrundrecht wird daher auf eingetragene Lebenspartnerschaften beschränkt bleiben.

I. Die eingetragene Lebenspartnerschaft als Ehe?

Auch wenn der Begriff der „Ehe“ weder im Grundgesetz, noch im einfachen Recht ausdrücklich definiert ist, wurde die Ehe in Rechtsprechung und Staatsrechtslehre seit jeher als „*die Vereinigung eines Mannes und einer Frau zur grundsätzlich unauflöslichen Lebensgemeinschaft*“ bzw. „*zu einer auf Dauer angelegten Lebensgemeinschaft, begründet auf freiem Entschluss unter Mitwirkung des Staates*“ definiert.[847] Im

847 So bereits BVerfG vom 29.7.1959 – 1 BvR 205/58, Rn. 27, BVerfGE 10, 59, 66; ständige Rechtsprechung, vgl. BVerfG vom 17.7.2002 – 1 BvF 1/01, 1 BvF 2/01, Rn. 87, BVerfGE 105, 313, 345 m.w.N.

Parlamentarischen Rat verzichtete man nur deshalb auf eine Legaldefinition der Ehe, weil man diese für selbstverständlich hielt.[848] Diese Definition umfasst also die Verschiedengeschlechtlichkeit der Partner, die Einehe, die grundsätzlich lebzeitige Dauer und die Notwendigkeit der Mitwirkung des Staates zu ihrer Wirksamkeit.

Ein kleiner Teil der Literatur geht allerdings inzwischen davon aus, dass eine Öffnung der Ehe für gleichgeschlechtliche Paare verfassungsrechtlich zulässig bzw. sogar geboten sei,[849] sieht das Merkmal der Verschiedengeschlechtlichkeit also nicht (mehr) als konstitutiv an. Das BVerfG hingegen hält noch immer an seiner Definition fest, die Ehe sei *„eine Verbindung zwischen Mann und Frau"*,[850] hält es aber zumindest für möglich, dass sich dieses Begriffsverständnis in Zukunft wandeln könnte.[851]

Im Folgenden soll daher zunächst geprüft werden, ob der verfassungsrechtliche Ehebegriff gleichgeschlechtliche Paare tatsächlich bereits jetzt nicht mehr ausschließt. Dies erscheint angesichts des gewandelten Verhältnisses der Gesellschaft zur Homosexualität und zu homosexuellen Partnerschaften und der im 2. Kapitel dargestellten, umfangreichen Angleichungen der eingetragenen Lebenspartnerschaft an die Ehe zumindest nicht von vornherein ausgeschlossen.

Sollte die eingetragene Lebenspartnerschaft auch weiterhin ein *aliud*[852] zur Ehe sein, wird sich im Anschluss die Frage stellen, ob eine Öffnung des verfassungsrechtlichen Begriffs durch einen Verfassungswandel zumindest in Zukunft möglich ist.

1. Derzeitiger Schutzstand

Das gesellschaftliche Verständnis über den Wert und die Bedeutung von Ehe hat sich in den letzten Jahrzehnten stark verändert. So ist die Ehe heutzutage längst nicht mehr die einzig gesellschaftlich akzeptierte Form des Zusammenlebens. Nichteheliche Lebensgemeinschaften, Alleinwohnende, getrennt Zusammenlebende (*„living apart together"*) und Wohngemeinschaften sind heutzutage allgemein akzeptierte, vorübergehende oder dauerhafte Alternativen zur Ehe, anhand derer die Pluralisierung partnerschaftlicher Lebensformen deutlich wird.[853] Das belegen auch aktuelle Statistiken. So hat sich die Zahl der Eheschließungen je 1.000 Einwohner seit dem Jahr 1950 mehr als halbiert, während sich die Scheidungsraten gegenüber

848 Der Parlamentarische Rat, Bd. 7, S. 138, Anm. des Redaktionsausschusses.

849 So *Bruns/Beck*, MDR 1991, S. 832, 834; *Schimmel*, StAZ 1993, S. 210, 213 f.; *Reiß*, Kritische Justiz, 1994, S. 98, 105; *Wegner*, ZfRSoz 1995, S. 170, 190; *Ott*, NJW 1998, S. 117, 118; *Trimbach*, NJ 1998, S. 63, 65; *Möller*, DÖV 2005, S. 64 ff.; *Bömelburg*, NJW 2012, S. 2753, 2758; *Brosius-Gersdorf*, FamFR 2013, S. 169, 171.

850 Zuletzt in BVerfG vom 7.5.2013 – 2 BvR 909/06, 2 BvR 1981/06, 2 BvR 288/07, Rn. 81, BVerfGE 133, 377, 409.

851 Zu letzterem: BVerfG vom 4.10.1993 – 1 BvR 640/93, Rn. 5, NJW 1993, S. 3058.

852 So das BVerfG in seiner Entscheidung vom 17.7.2002 – 1 BvF 1/01, 1 BvF 2/01, Rn. 103, BVerfGE 105, 313, 351.

853 Hierzu ausführlich: *Peuckert*, Familienformen im sozialen Wandel, S. 47 ff.

dem niedrigsten Wert Anfang der 1960er Jahre verdoppelt haben.[854] Die Zahl der Alleinstehenden ist – vor allem bei den Männern – allein in den letzten zwanzig Jahren um fünfzig Prozent gestiegen und inzwischen fast so hoch wie die Zahl der alleinstehenden Frauen.[855] Zwar bilden Ehen noch immer die mit Abstand häufigste Partnerschaftsform, allerdings ist auch hier der Anteil nichtehelicher Lebensgemeinschaften stetig gestiegen, vor allem im Bereich der Partnerschaften mit Kindern, bei denen wiederum der Anteil der Ehen gesunken ist.[856]

Auch der Versorgungsgedanke der typischen Hausfrauenehe der 1950er Jahre spielt in der heutigen Zeit – insbesondere mit steigendem Bildungsniveau der Frauen – meist nur noch eine untergeordnete Rolle,[857] während der personale Charakter der Ehe, der Zusammenschluss vorrangig aus Zuneigung füreinander, eindeutig überwiegt und zu einem Wandel der (ökonomischen) Funktionen der Ehe geführt hat.[858]

Dies spiegelt sich auch in den zahlreichen Änderungen des Eherechts seit dieser Zeit wieder: Zu nennen sei hier nur der Übergang vom Verschuldens- zum Zerrüttungsprinzip, von der *„nachehelichen Solidarität zu mehr Selbstverantwortung“*[859] und vom gesetzlichen Leitbild des Mannes als Haupt der Familie, dessen Name der Ehename war, zur freien Aufgabenverteilung und Gleichberechtigung der Ehepartner, die sich auch in der Freiheit der Wahl eines gemeinsamen Namens widerspiegelte.[860] Diese Entwicklungen auf einfachgesetzlicher Ebene haben auch auf den verfassungsrechtlichen Ehebegriff eingewirkt. Als normgeprägtes Grundrecht

---

854 Zahlen des statistischen Bundesamtes unter: https://www.destatis.de/DE/ZahlenFakten/GesellschaftStaat/Bevoelkerung/Ehescheidungen/Tabellen_/lrbev06.html.

855 Zahlen des statistischen Bundesamtes unter: https://www.destatis.de/DE/ZahlenFakten/GesellschaftStaat/Bevoelkerung/HaushalteFamilien/Tabellen/4_3_LR_Alleinstehende.html.

856 Zahlen des statistischen Bundesamtes unter: https://www.destatis.de/DE/ZahlenFakten/GesellschaftStaat/Bevoelkerung/HaushalteFamilien/Tabellen/3_3_LR_Paarformen.html.

857 Davon geht auch das BVerfG in seiner Entscheidung zur Hinterbliebenenversorgung aus, wenn es *„das Bild der ‚Versorgerehe‘ […] in der gesellschaftlichen Realität nicht mehr [als] typusbildend“* anerkennen will, BVerfG vom 7.7.2009 – 1 BvR 1164/07, Rn. 112, BVerfGE 124, 199, 228 f.

858 Zu den geänderten Gründen für eine Eheschließung: *Schimmel*, Eheschließungen gleichgeschlechtlicher Paare, S. 114 ff.; *Peuckert*, Familienformen im sozialen Wandel, S. 41 ff.; zu den ökonomischen Funktionen der Ehe: *Becker*, in: Familie, Gesellschaft und Politik – die ökonomische Perspektive, S. 108 f.; zur Entwicklung der Ehe von der Fortpflanzungsgemeinschaft zur Liebesgemeinschaft bereits *Radbruch*, Rechtsphilosophie, S. 252 ff.

859 So treffend beschreiben von: *Benedict*, JZ 2013, S. 477, 482 f.

860 Die wesentlichsten Änderungen erfolgten durch das Erste Gesetz zur Reform des Ehe- und Familienrechts im Jahr 1976 (BGBl. 1976 I, 1421; hierzu auch: *Zuck*, NJW 2009, S. 1449, 1453; allgemein zu den Entwicklungen im Ehe- und Familienrecht siehe auch: *Peschel-Gutzeit*, FPR 2005, S. 167 ff.

ist Art. 6 Abs. 1 GG auf Ausgestaltung durch den Gesetzgeber angewiesen.[861] Zwar gestattet die Institutsgarantie des Art. 6 Abs. 1 GG diese Ausgestaltung nur im Rahmen der wesentlichen Strukturmerkmale der Ehe,[862] solange diese allerdings nicht berührt sind, kann auch der einfachgesetzliche Gesetzgeber durch Änderungen des Eherechts zu einem geänderten Normverständnis auf Verfassungsebene beitragen.

Auch ist die Ehe nicht mehr im gleichen Maße wie früher auf die Zeugung und Erziehung von Kindern ausgerichtet. Auf der einen Seite gab es mit der Emanzipation der Frau und der Entwicklung empfängnisverhütender Mittel immer mehr gewollt kinderlose Ehen (sogenannte DINK-Ehen, *„double income, no kids“*), auf der anderen Seite stieg mit zunehmender Akzeptanz nichtehelicher Lebensgemeinschaften und Stärkung ihrer (Eltern-)Rechte die Zahl von außerhalb der Ehe geborenen Kindern.[863] Zwar werden immer noch gut zwei Drittel aller Kinder innerhalb einer Ehe geboren, während nur ca. zehn Prozent innerhalb einer nichtehelichen Lebensgemeinschaft und ca. zwanzig Prozent bei Alleinstehenden leben,[864] daneben gibt es inzwischen aber auch in über fünfzig Prozent der Ehen keine (minder- oder volljährigen) Kinder.[865] Mit den gesellschaftlichen Veränderungen der letzten Jahrzehnte traten somit die Reproduktionsfunktion der Ehe und mit ihr die ursprüngliche Intention des Grundgesetzes zum Schutz der Ehe als *„Grundlage des Gemeinschaftslebens“*[866] und *„potenzielle Familie“*[867] mehr und mehr in den Hintergrund.

Dieser ursprüngliche Schutzzweck der Ehe lässt sich zwar dem Wortlaut von Art. 6 Abs. 1 GG nicht unmittelbar entnehmen,[868] ergibt sich aber aus den Beratungen des Parlamentarischen Rats. So lautete der erste Entwurf von Art. 6 Abs. 1 GG noch *„Die Ehe als die rechtmäßige Form der fortdauernden Lebensgemeinschaft von Mann und Frau und die mit ihr gegebene Familie [...] stehen unter dem besonderen Schutz der Verfassung.“*[869] Dieser wurde zwar später vom Redaktionsausschuss umformuliert, damit sollte allerdings keine inhaltliche Änderung einhergehen.[870] Auch

861 *Pieroth/Schlink/Kingreen/Poscher*, Grundrechte, Rn. 233 f.

862 BVerfG vom 29.7.1959 – 1 BvR 205/58, Rn. 27, BVerfGE 10, 59, 66.

863 Siehe: *Peuckert*, Familienformen im sozialen Wandel, S. 96 ff.

864 Zahlen des statistischen Bundesamtes unter: https://www.destatis.de/DE/ZahlenFakten/GesellschaftStaat/Bevoelkerung/HaushalteFamilien/Tabellen/FamilienKindern.html.

865 Zahlen des statistischen Bundesamtes unter: https://www.destatis.de/DE/ZahlenFakten/GesellschaftStaat/Bevoelkerung/HaushalteFamilien/Tabellen/3_1_Paare.html.

866 Begründung von *Dr. Weber* bei Einbringung des Vorschlags für Aufnahme des Schutzes von Ehe und Familie ins Grundgesetz, in: Der Parlamentarische Rat, Bd. 5/I, S. 806.

867 *Wächtler*, Die politische Forderung nach der „gleichgeschlechtlichen Ehe“, S. 106.

868 Anders noch in der Vorgängernorm des Art. 119 WRV. Dort hieß es in Abs. 1: *„Die Ehe steht als Grundlage des Familienlebens und der Erhaltung und Vermehrung der Nation unter dem besonderen Schutz der Verfassung“*.

869 Der Parlamentarische Rat, Bd. 7, S. 93.

870 Ebd., S. 138, Anm. des Redaktionsausschusses.

wenn man sich im Grundsatzausschuss des Parlamentarischen Rats einig war, dass es außerhalb von Ehe und Familie auch andere „*Grundlagen der menschlichen Gesellschaft*" gebe, sowie Familien, die keine Ehe als Grundlage hätten,[871] so lässt sich aus der Formulierung der Ehe als „*Grundlage der menschlichen Gesellschaft*" doch schließen, dass man für den Regelfall davon ausging, dass aus der Ehe auch eine Familie erwächst und diese – neben ihrer Solidarfunktion – gerade aus diesem Grund dem Schutz der staatlichen Ordnung unterliegen sollte.[872]

Dass die Ehe heutzutage nicht mehr allein wegen ihrer Reproduktionsfunktion geschützt wird, wird auch anhand der im 2. Kapitel dargestellten Rechtsprechung des BVerfG deutlich: So geht das Gericht inzwischen nicht mehr davon aus, dass allein die Ehe typischerweise auf Kinder ausgerichtet ist und lässt eine Besserstellung gegenüber der eingetragenen Lebenspartnerschaft daher nicht mehr aufgrund ihrer potenziellen Weiterentwicklung zur Familie zu, sondern verlangt das tatsächliche Vorhandensein von Kindern für eine familienbezogene Förderung.[873] Darin wird eine „*Entkoppelung*"[874] des verfassungsrechtlichen Schutzes von Ehe und Familie und eine Verlagerung des Schutzzwecks der Ehe von einer Fortpflanzungsgemeinschaft hin zur Verantwortungs- und Beistandsgemeinschaft deutlich.[875]

In dieser Entkoppelung der Ehe von der Familie könnte ein Verfassungswandel liegen. Dies wäre dann der Fall, wenn die Entkoppelung zu einem Inhaltswandel von Art. 6 Abs. 1 GG aufgrund einer Interpretationsänderung geführt hätte, sich Art. 6 Abs. 1 GG also gegenüber dem früheren Normverständnis geändert hätte.

Ehe und Familie sind in Art. 6 Abs. 1 GG seit Inkrafttreten des Grundgesetzes durch das Wörtchen „*und*" verbunden. Wie die Darstellung der Beratungen im Parlamentarischen Rat gezeigt hat, sollten Ehe- und Familienschutz damals verbunden sein und die Ehe wurde vor allem um der potenziellen Familie wegen und zur Sicherung des Fortkommens der Nation geschützt.[876] Heutzutage entnimmt das BVerfG Ehe und Familie hingegen verschiedene Funktionen. Es geht davon aus, dass „*die Rechtfertigung der Privilegierung der Ehe, und zwar auch der kinderlosen Ehe, insbesondere wenn man sie getrennt vom Schutz der Familie betrachtet, in der auf Dauer übernommenen, auch rechtlich verbindlichen Verantwortung für den Partner*"[877] liegt. Gerade wegen dieses geänderten Schutzzwecks der Ehe hat Familienförderung heute nach dem BVerfG nicht mehr an der Ehe anzusetzen, sondern an der Familie – unabhängig vom Vorliegen einer Ehe. Damit ist die Ehe von der „*Keimzelle jeder*

871 So die Aussagen von *Dr. Greve*, in: Der Parlamentarische Rat, Bd. 5/I, S. 826, 828.
872 Ebenso: *Pauly*, NJW 1997, S. 1955 m.w.N.; *Louven*, ZRP 1993, S. 12; *Wölfl*, Gleichgeschlechtliche Lebenspartnerschaft, S. 113; BVerfG vom 4.10.1993 – 1 BvR 640/93, Rn. 5, NJW 1993, S. 3058.
873 2. Kapitel, C. IV. 2. Durch die Rechtsprechung initiierte Anpassungen.
874 *Henkel*, NJW 2011, S. 259, 261.
875 So auch: *Freytag*, DÖV 2002, S. 445, 451; *Koschmieder*, JA 2014, S. 566, 569.
876 So sogar noch: BVerfG vom 4.10.1993 – 1 BvR 640/93, Rn. 5, NJW 1993, S. 3058.
877 BVerfG vom 7.7.2009 – 1 BvR 1164/07, Rn. 102, BVerfGE 124, 199, 225.

menschlichen Gemeinschaft"[878] zum „*Baustein der Gesellschaft*"[879] geworden. Sie wird also wegen ihrer Funktionen als Beistands- und Verantwortungsgemeinschaft, die die Gesellschaft entlastet und einen unbedingten Einstandswillen rechtsverbindlich dokumentiert, geschützt, während die Familie vor allem wegen ihrer generativen Funktion geschützt wird, deren Vorstufe aber nicht länger die Ehe als potenzielle Familie sein muss.

Das BVerfG entnimmt Art. 6 Abs. 1 GG heutzutage folglich zwei getrennte Schutzgüter. Darin weicht es von dem Inhalt ab, der Art. 6 Abs. 1 GG durch den Parlamentarischen Rat gegeben wurde. In der Trennung der Schutzgüter liegt mithin im Sinne von *Bryde* eine Anpassung des Normsinns, bei der Änderungen im Normbereich zu einer Neudefinition des Normprogramms geführt haben.[880] Diese Änderungen waren durch den umfassenden sozialen Wandel bedingt,[881] mit dem die Pluralisierung der Lebensmuster einherging und der aus der deutschen Gesellschaft gegenüber der von vor fünfzig, sechzig Jahren eine andere gemacht hat, eine Gesellschaft, die zwar immer noch an den Leitbildern von Ehe und Familie festhält, aber, wie aktuelle Studien zeigen,[882] aus anderen Gründen als früher. Diese Änderungen waren, da den Normbereich betreffend, normativ relevant und durften vom BVerfG im Rahmen der Konkretisierung des Normprogramms aufgenommen werden.

Im Ergebnis ist daher vom Vorliegen eines Verfassungswandels im Hinblick auf die Entkoppelung von Ehe und Familie in Art. 6 Abs. 1 GG auszugehen.[883] Dieser bewegt sich auch in den verfassungsrechtlich zulässigen Grenzen. Der Normtext, nach dem „*Ehe und Familie unter dem besonderen Schutze der staatlichen Ordnung stehen*", besagt nichts zu dem Verhältnis der beiden Schutzgüter, unzulässig wäre danach nur die Streichung eines oder beider Schutzgüter, nicht aber deren Entkoppelung. Auch der Kerngehalt des Ehe- und des Familiengrundrechts ist nicht betroffen, wenn lediglich ihre Schutzbereiche voneinander getrennt werden, sie aber nicht in ihrer jeweiligen inhaltlichen Ausgestaltung gemindert werden. Das gleiche gilt für die Grenze des Art. 79 Abs. 3 GG. Denkbar wäre hier lediglich die Verletzung der Menschenwürdegarantie nach Art. 1 Abs. 1 GG, jedoch kann von einem Betroffen sein nicht gesprochen werden, wenn der Schutz gerade nicht geschmälert, sondern nur voneinander getrennt wird. Letztlich ist im Rahmen dieses Verfassungswandels auch die Verfassungskontinuität gewahrt. Die oben beschriebenen weitreichenden

---

878 BVerfG vom 17.1.1957 – 1 BvL 4/54, Rn. 49, BVerfGE 6, 55, 71.

879 *Bruns*, ZRP 1996, S. 6, 7.

880 *Bryde*, Verfassungsentwicklung, S. 286.

881 Mit der Frage nach einem sozialen Wandel im Hinblick auf Ehe und Familie beschäftigte sich bereits die Staatsrechtslehrertagung im Jahr 1986, siehe VVDStRL 45, S. 7 ff., 55 ff., 94 ff.

882 Siehe hierzu beispielsweise die Studie der Konrad-Adenauer-Stiftung, Familienleitbilder in Deutschland von *Henry-Huthmacher*, S. 7 f., 14.

883 Indirekt auch *Zuleeg*, NVwZ 1986, S. 800, 806; a.A. *Lindenberg/Micker*, DÖV 2003, S. 707, 713.

Änderungen innerhalb des Normbereichs von Art. 6 Abs. 1 GG stellen eine ausreichende Rechtfertigung für die geänderte Interpretation der Norm dar.

Im Gegensatz dazu lässt sich ein Verfassungswandel im Hinblick auf die Definition der Ehe selbst, sollte ein solcher überhaupt zulässig sein – was im Hinblick auf zukünftige Entwicklungen im Anschluss zu prüfen sein wird – bisher nicht feststellen.[884] Zwar haben sich die gesellschaftlichen Anschauungen die Ehe betreffend in den letzten Jahrzehnten, wie dargestellt, durchaus stark verändert, aber nicht in solchem Maße, dass sich die verfassungsrechtliche Definition der Ehe mit ihren Merkmalen der Verschiedengeschlechtlichkeit, der Monogamie, der grundsätzlich lebzeitigen Dauer und dem Erfordernis der staatlichen Mitwirkung geändert hätte. Zwar wird dies – gerade in Bezug auf die lebzeitige Dauer und die Verschiedengeschlechtlichkeit – mitunter behauptet,[885] entspricht aber nicht dem tatsächlichen Zustand.

Der Grundsatz der lebzeitigen Dauer kann nicht deshalb als obsolet bezeichnet werden, weil mit dem Übergang vom Verschuldens- zum Zerrüttungsprinzip die Scheidungsfolgen erleichtert wurden.[886] Die Ehe wird auch weiterhin auf Lebenszeit geschlossen und wenn sich ein Partner aus diesem, auf Lebenszeit geschlossenen Ehebund lösen möchte, so kann er dies nur unter bestimmten Voraussetzungen, nach Ablauf einer gewissen Zeit und unter Mitwirkung des Staates. Dies sind qualitativ ganz andere Voraussetzungen als bei einer nichtehelichen Lebensgemeinschaft, die von einem auf den anderen Tag aufgelöst werden kann. Der Grundsatz der lebzeitigen Dauer verlangt keine *„absolute Unauflöslichkeit“*, nur eine *„grundsätzliche“*.[887] Auch die im Gegensatz zu früher höheren Scheidungsraten sprechen nicht gegen den Grundsatz der lebzeitigen Dauer,[888] sie indizieren lediglich, dass dieser Grundsatz heutzutage seltener durchgehalten wird als früher, was auch daran liegt, dass Scheidungen inzwischen gesellschaftlich stärker akzeptiert und die Partner oftmals wirtschaftlich eigenständiger als früher sind.[889] So ist die Erwerbstätigenquote der

884 So auch: *Krings*, ZRP 2000, S. 409, 410; *Frenz*, NVwZ 2013, S. 1200, 1201; *Gade/Thiele*, NVwZ 2013, S. 142, 145; *Friauf*, NJW 1986, S. 2595, 2601; *Bruns*, ZRP 1996, S. 6, 7; *Pauly*, NJW 1997, S. 1955, 1956; *Zuck*, NJW 2009, S. 1449, 1454; *Wölfl*, Gleichgeschlechtliche Lebenspartnerschaft, S. 143; *Grehl*, Das Adoptionsrecht gleichgeschlechtlicher Paare, S. 43; *Schüffner*, Eheschutz und Lebenspartnerschaft, S. 195; *Badura*, in: Maunz/Dürig, Art. 6 GG, Rn. 58; *Robbers*, in: Mangoldt/Klein/Starck, Art. 6 Abs. 1 GG, Rn. 47; zweifelnd: *Koschmieder*, JA 2014, S. 566, 572; a.A. *Wegner*, ZfRSoz 1995, S. 170, 190; *Trimbach*, NJ 1998, S. 63, 65.

885 *Benedict*, JZ 2013, S. 477, 479, 483 f.; *Koschmieder*, JA 2014, S. 566, 572; *Wegner*, ZfRSoz 1995, S. 170, 190; *Trimbach*, NJ 1998, S. 63, 65.

886 So *Benedict*, ebd., S. 479.

887 So auch BVerfG vom 4.5.1971 – 1 BvR 636/68, Rn. 59, BVerfGE 31, 58, 82 f.

888 Im Ergebnis ebenso: *Zuck*, NJW 2009, S. 1449, 1451.

889 Zu den ökonomischen Hintergründen: *Posner*, in: Becker/Posner, Uncommon Sense, S. 12 f.; *Becker*, in: Familie, Gesellschaft und Politik – die ökonomische Perspektive, S. 108 f.

Frauen inzwischen bei über einundsiebzig Prozent, wobei fünfundvierzig Prozent der Frauen von ihrer eigenen Erwerbstätigkeit leben.[890]

Die Verschiedengeschlechtlichkeit hingegen wird mitunter als Definitionsmerkmal abgelehnt, da auch in der Bevölkerung sprachlich nicht mehr zwischen Ehe und eingetragener Lebenspartnerschaft unterschieden werde, sondern sich für die eingetragene Partnerschaft der Begriff „Homo-Ehe" eingebürgert habe und sowohl für den Eheschluss als auch bei Verpartnerung vom „Heiraten" gesprochen werde.[891] Darin allein liegt allerdings noch kein geändertes Begriffsverständnis der Ehe. So zeigt gerade die Verwendung des Begriffs „Homo-Ehe", dass durchaus noch zwischen einer Ehe Verschiedengeschlechtlicher und einer „Ehe" Gleichgeschlechtlicher unterschieden wird, sich die Institute somit in den Augen der Bevölkerung zwar sehr ähneln, weshalb sie beide den Wortstamm „Ehe" enthalten, aber die Verwendung des Wortes „Homo" zur Umschreibung eingetragener Lebenspartnerschaften im Gegensatz zu Ehen, die nicht den Zusatz „Hetero" erhalten, als notwendig erachtet wird. Daran wird deutlich, dass die Verschiedengeschlechtlichkeit auch nach dem allgemeinen Sprachgebrauch weiterhin konstitutives Merkmal des Ehebegriffs ist und dieser Begriff abgewandelt wird, um auf gleichgeschlechtliche Paare anwendbar zu sein. Eine Änderung im Sprachgebrauch alleine wäre indes ohnehin nicht ausreichend zur Begründung eines Verfassungswandels, wenn diese Änderung nicht institutionalisiert und von den Verfassungsinterpreten aufgenommen worden wäre. Das BVerfG[892] und der Gesetzgeber trennen jedoch noch ausdrücklich zwischen der Ehe und der eingetragenen Lebenspartnerschaft. Nur wenige Begriffe werden inzwischen synonym verwendet, wie der der Verlobung oder der Zugewinngemeinschaft. Bei den meisten ehespezifischen Begrifflichkeiten hingegen verwendet der Gesetzgeber für die eingetragene Lebenspartnerschaft andere Begriffe. So spricht er von „Aufhebung" statt von „Scheidung", Verwandte des Lebenspartners „gelten" nur als mit dem anderen Lebenspartner verschwägert und „sind" es nicht, das Wort „Trauung" taucht in Bezug auf die Begründung der Lebenspartnerschaft nicht auf und in der Vorschrift des § 7 Abs. 3 SGB II wurden „eheähnliche Gemeinschaften" in „Einstandsgemeinschaften" geändert, um auch gleichgeschlechtliche Paare erfassen zu können, um nur einige Beispiele zu nennen. Somit scheint weder der Gesetzgeber, dem vor allem bei normgeprägten Grundrechten wie Art. 6 Abs. 1 GG eine bedeutende Funktion für deren Interpretation zukommt,[893] noch die Rechtsprechung davon auszugehen, dass der Begriff der Ehe inzwischen gleichgeschlechtliche Paare mit einbezieht. Folglich liegt hier kein Verfassungswandel aufgrund geänderter Norminterpretation vor.

---

890 Siehe Pressemitteilung des statistischen Bundesamtes vom 07.03.2014 – 082/14 und Zahl der Woche des statistischen Bundesamtes vom 04.03.2014.

891 So *Koschmieder*, JA 2014, S. 566, 572.

892 Dies wird in dem Ausspruch des BVerfG deutlich, die eingetragene Lebenspartnerschaft sei ein „*aliud*" zur Ehe, BVerfG vom 17.7.2002 – 1 BvF 1/01, 1 BvF 2/01, Rn. 103, BVerfGE 105, 313, 351.

893 Hierzu: 1. Kapitel, E. V. 2. Einfacher und verfassungsändernder Gesetzgeber.

2. *Möglichkeit eines künftigen Verfassungswandels*

Ist ein Verfassungswandel im Hinblick auf die Notwendigkeit der Verschiedengeschlechtlichkeit der Ehepartner bisher ausgeblieben, so stellt sich die Frage, ob ein solcher zumindest in Zukunft durch weitere Annäherungen der eingetragenen Lebenspartnerschaft an die Ehe durch das BVerfG oder den Gesetzgeber oder aufgrund einer einfachgesetzlichen Öffnung der Ehe für gleichgeschlechtliche Paare möglich wäre. Da ein Verfassungswandel grundsätzlich bei jeder Verfassungsnorm in Betracht kommt, wäre er nur dann von vornherein ausgeschlossen, wenn in Bezug auf die Verschiedengeschlechtlichkeit die Grenze des zulässigen Verfassungswandels erreicht wäre.

Allgemeine Grenzen des Verfassungswandels sind, wie im 1. Kapitel dargestellt,[894] der Normtext, der Kerngehalt einer Verfassungsnorm, Art. 79 Abs. 3 GG und die Kontinuität der Verfassung. Ob letztere gewahrt ist, lässt sich indes immer erst dann beurteilen, wenn ein Verfassungswandel tatsächlich erfolgt ist, da nur dann das Vorliegen eines ausdrücklich vorgetragenen, nachvollziehbaren und vernünftigen Grundes für den Kontinuitätsbruch geprüft werden kann. Somit kann die Verfassungskontinuität keine absolute Grenze sein, die einen Verfassungswandel von vornherein ausschließen würde. Beim Kerngehalt von Art. 6 Abs. 1 GG sind, da die Norm eine Institutsgarantie enthält, vor allem auch die wesentlichen Strukturprinzipien dieses Instituts zu beachten,[895] die dessen Bedeutungskern vor Änderungen schützen.

a) Normtext

Da der Begriff der Ehe in Art. 6 Abs. 1 GG nicht definiert ist, lässt sich dem Normtext ausdrücklich keine Grenze eines möglichen Verfassungswandels dieses Begriffsverständnisses entnehmen. Dagegen spricht auch nicht die Tatsache, dass die Mitglieder des Parlamentarischen Rats bei Aufnahme des Eheschutzes ins Grundgesetz ganz eindeutig die Verschiedengeschlechtlichkeit der Ehepartner als konstitutives Merkmal ansahen.[896] Da sich dieses Merkmal nach den Beratungen des Parlamentarischen Rats nicht mehr im Normtext wiederfindet, kann es – zumindest im Rahmen der Normtextgrenze – nicht beachtlich sein. Als solche kann nur der tatsächliche niedergelegte Text herangezogen werden, nicht auch dessen Auslegung anhand seiner Entstehungsgeschichte. Diese ist zwar bei Auslegung des Begriffs im Allgemeinen zu beachten, markiert aber keine Grenze des Verfassungswandels.

---

894 1. Kapitel, E. IV. Grundgesetzlich vorgegebene Grenzen des Verfassungswandels.

895 Hierzu: BVerfG vom 29.7.1959 – 1 BvR 205/58, Rn. 27, BVerfGE 10, 59, 66.

896 In den Beratungen des Parlamentarischen Rats ging es nur um eine Abgrenzung der Ehe vom Konkubinat, niemals um die Abgrenzungen von gleichgeschlechtlichen Partnerschaften, an solche hat man nicht einmal gedacht, siehe *von Mangoldt*, in: Der Parlamentarische Rat, Bd. 5/II, S. 827.

Das folgt aus der im 1. Kapitel abgelehnten Gleichstellung von Normtextgrenze und Normprogrammgrenze.[897]

b) Art. 79 Abs. 3 GG

Nach Art. 79 Abs. 3 GG sind, wie im 1. Kapitel ausführlich dargestellt,[898] solche Wandlungen der Verfassung unzulässig, die die bundesstaatliche Ordnung beseitigen, gegen die Menschenwürde verstoßen, die Grundrechte an sich oder ihre generelle Bindungswirkung für die staatlichen Gewalten beseitigen, die maßgeblichen Ausformungen des Demokratieprinzips missachten oder gegen die Prinzipien der Gewaltenteilung, der Verfassungsbindung der Gesetzgebung oder der Gesetzesbindung von Exekutive und Judikative verstoßen.

Auch hier käme lediglich ein Verstoß gegen die Menschenwürdegarantie nach Art. 1 Abs. 1 GG in Betracht. Zwar ist Art. 1 Abs. 1 GG nicht direkt betroffen, sondern nur Art. 6 Abs. 1 GG, der von Art. 79 Abs. 3 GG nicht in seiner konkreten Ausgestaltung geschützt wird, aber der in Art. 6 Abs. 1 GG enthaltene Menschendwürdekern bleibt auch bei einer Aufhebung der Norm über Art. 1 Abs. 1 GG bestehen. Damit müsste der Menschenwürdekern verletzt sein, wenn die Verschiedengeschlechtlichkeit kein konstitutives Merkmal der Ehe mehr wäre. Nach dem BVerfG lässt sich eine Verletzung der Menschenwürde nur in Ansehung des konkreten Falls ausdrücken.[899] Entscheidend ist damit die Bewertung des Verletzungsvorgangs und was diesen als würdeverletzend qualifiziert.[900] Das BVerfG verwendet hierfür die sogenannte Objektformel, nach der es der menschlichen Würde widerspricht, den Menschen zum bloßen Objekt im Staat zu machen.[901] Fiele das Merkmal der Verschiedengeschlechtlichkeit im Rahmen von Art. 6 Abs. 1 GG weg, könnten sich auch eingetragene Lebenspartner auf das Grundrecht berufen. Für diese käme es damit zu einem zusätzlichen Schutz, so dass die Verletzung der Menschenwürde insoweit ausgeschlossen scheint. Aber auch Eheleute würden dadurch nicht in ihrer Würde verletzt und zum Objekt im Staat gemacht. Ihnen käme der gleiche Schutz wie bisher zu, nur, dass sich eine etwas größere Gruppe von Personen auf diesen Schutz berufen könnte. Da diese Gruppe nach Art. 6 Abs. 1 GG aber auch dann noch ganz spezielle Merkmale erfüllen müsste, nämlich die der Einehe, der grundsätzlich lebzeitigen Dauer und der Notwendigkeit der Mitwirkung des Staates zu ihrer Wirksamkeit, wird der Schutz durch den Wegfall eines Merkmals nicht beliebig. Daher stieße ein entsprechender Verfassungswandel von Art. 6 Abs. 1 GG nicht an die Grenze des Art. 79 Abs. 3 GG.

897 Siehe oben: 1. Kapitel, E. IV. 1. Der Normtext.
898 1. Kapitel, E. IV. 3. Art. 79 Abs. 3 GG.
899 BVerfG vom 15.12.1970 – 2 BvF 1/69, 2 BvR 629/68, 2 BvR 308/69, Rn. 81, BVerfGE 30, 1, 25.
900 *Kunig*, in: Münch/Kunig, Art. 1 GG, Rn. 22.
901 BVerfG vom 16.7.1969 – 1 BvL 19/63, Rn. 20, BVerfGE 27, 1, 6.

c) Kerngehalt von Art. 6 Abs. 1 GG

Art. 6 Abs. 1 GG ist nach der bereits recht früh vom BVerfG entwickelten Rechtsprechung ein dreidimensionales Grundrecht: Er enthält nicht nur als klassisches Freiheitsgrundrecht ein Abwehrrecht gegenüber Eingriffen des Staates, sondern darüber hinaus auch eine Instituts- und Einrichtungsgarantie, die einen Normkern des Eherechts verfassungsrechtlich gewährleistet, sowie eine wertentscheidende Grundsatznorm.[902]

Als wertentscheidende Grundsatznorm stellt Art. 6 Abs. 1 GG „*eine verbindliche Wertentscheidung für den gesamten Bereich des Ehe und Familie betreffenden privaten und öffentlichen Rechts*"[903] dar. Daraus ergibt sich über die bereits in der abwehrrechtlichen und institutionellen Gewährleistung enthaltene Pflicht des Staates zur Unterlassung störender Eingriffe die Pflicht zum Schutz und zur Förderung der Ehe.[904] Letztere beinhaltet „*spiegelbildlich*" auch ein Benachteiligungsverbot der Ehe im Verhältnis zu Nicht-Verheirateten.[905] Allerdings zwingt Art. 6 Abs. 1 GG den Gesetzgeber nach dem BVerfG nicht dazu, allen anderen Lebensgemeinschaften „*jedwede rechtliche Anerkennung zu versagen und mit allen Mitteln darauf hinzuwirken, daß ihnen die zu ihrer Führung erforderlichen finanziellen und sonstigen Mittel entzogen werden*".[906] Aus dieser Wertentscheidung des Grundgesetzes mit seiner Schutz- und Förderpflicht kann mithin nicht gefolgert werden, dass sie einem Verfassungswandel hinsichtlich des Eheverständnisses des Grundgesetzes entgegenstünde. Die Wertentscheidung des Art. 6 Abs. 1 GG bedeutet gerade nicht, dass alle anderen Partnerschaftsformen schlechter zu behandeln seien, sondern lediglich, dass nur zugunsten der Ehe eine ausdrückliche Förderpflicht im Grundgesetz verankert ist.[907] Auch kann nicht angenommen werden, allein die Ehe verkörpere eine gegenüber anderen Partnerschaftsformen gesteigerte moralisch-sittliche Werthaftigkeit. Dies könnte man zwar im Verhältnis von Eheleuten zu nichtehelichen Lebenspartnern behaupten, da erstere rechtlich Verantwortung füreinander übernehmen und damit verbindlich gegenüber der Außenwelt kundtun, dass sie füreinander einstehen wollen, während nichteheliche Lebensgemeinschaften diese Bindung gerade ablehnen, dies gilt im Hinblick auf eingetragene Lebenspartner aber nicht. Diese gehen eine der Ehe entsprechende rechtliche Bindung ein. Dass diese Verbindung „sittlich minderwertiger" als die Ehe wäre, nur, weil sie zwischen zwei Personen gleichen anstatt verschiedenen Geschlechts besteht, kann in der

---

902 Erstmals in BVerfG vom 17.1.1957 – 1 BvL 4/54, Rn. 49 ff., BVerfGE 6, 55, 71 ff.

903 BVerfG vom 17.1.1957 – 1 BvL 4/54, Rn. 53, BVerfGE 6, 55, 72.

904 *Schmitt-Kammler/von Coelln*, in: Sachs, Art. 6 GG, Rn. 34; *Coester-Waltjen*, in: Münch/Kunig, Art. 6 GG, Rn. 35; *Seiler*, in: Bonner Kommentar, Art. 6 Abs. 1 GG, Rn. 109.

905 *Schmitt-Kammler/von Coelln*, ebd., Rn. 32; *Coester-Waltjen*, ebd., Rn. 37; *Seiler*, ebd., Rn. 116.

906 BVerfG vom 3.4.1990 – 1 BvR 1186/89, Rn 29, BVerfGE 82, 6, 15.

907 Ebd.

heutigen Zeit nicht mehr überzeugen.[908] Die Wertentscheidung des Grundgesetzes zugunsten der Ehe bestünde also auch dann noch, wenn gleichgeschlechtliche Paare aufgrund eines Verfassungswandels ebenfalls dem Begriff der Ehe unterliegen würden. Der Kerngehalt von Art. 6 Abs. 1 GG wäre mithin nicht verletzt. Daher kann Art. 6 Abs. 1 GG als wertentscheidende Grundsatznorm der Zulässigkeit eines Verfassungswandels im Hinblick auf das Merkmal der Verschiedengeschlechtlichkeit nicht entgegenstehen.[909]

Letztlich könnte auch die Institutsgarantie des Art. 6 Abs. 1 GG der Zulässigkeit eines Verfassungswandels im Hinblick auf die Verschiedengeschlechtlichkeit der Partner entgegenstehen. Zwar hat der Gesetzgeber bei Bestimmung von Form und Inhalt der Ehe einen erheblichen Gestaltungsspielraum,[910] allerdings gewährleistet Art. 6 Abs. 1 GG, wie erwähnt, den Bestand der privatrechtlichen Rechtseinrichtung der Ehe im Rahmen ihrer wesentlichen Strukturprinzipien, also ihres „*überkommenen Kernbestandes*".[911]

Das BVerfG, das die Institutsgarantie des Art. 6 Abs. 1 GG entwickelt hat, leitet die wesentlichen Strukturprinzipien der Ehe, als einem aus der Vergangenheit überlieferten Rechtsinstitut, das in seinem Kern seit damals unverändert geblieben sei, aus der außerrechtlichen Lebensordnung ab.[912] Als Strukturmerkmale nennt es neben der Verschiedengeschlechtlichkeit der Ehepartner und der grundsätzlichen Unauflöslichkeit,[913] die Gleichberechtigung der Geschlechter,[914] die Einehe, die Freiheit[915] und die Freiwilligkeit der Eheschließung,[916] sowie die Ausgestaltung der Ehe als öffentliches Rechtsverhältnis.[917] Wesentlich enger will hingegen entgegen der überwiegenden Ansicht *Brosius-Gersdorf* die Strukturmerkmale der Ehe fassen: Nach ihr „*nehmen an der Institutsgarantie neben der Existenz der Ehe nur diejenigen Strukturprinzipien der Ehe teil, die zur Gewährleistung ihrer Funktion als wechselseitiger Beistands- und Verantwortungsgemeinschaft notwendig sind oder sich aus anderen Verfassungsbestimmungen ergeben*".[918] Dies sind nach ihrer

908 Siehe hierzu noch ausführlich unten: B. Schutz über Art. 2 Abs. 1 GG.
909 Im Ergebnis ebenso: *Koschmieder*, JA 2014, S. 566, 568. Nach ihm ist zwar die Einführung des Instituts der eingetragenen Lebenspartnerschaft an der Wertentscheidung des Art. 6 Abs. 1 GG zu messen, die Öffnung der Ehe für gleichgeschlechtliche Paare hingegen betreffe die Institutsgarantie.
910 BVerfG in BVerfG vom 17.7.2002 – 1 BvF 1/01, 1 BvF 2/01, Rn. 87, BVerfGE 105, 313, 345.
911 *Schmitt-Kammler/von Coelln*, in: Sachs, Art. 6 GG, Rn. 31.
912 BVerfG vom 29.7.1959 – 1 BvR 205/58, Rn. 27, BVerfGE 10, 59, 66.
913 So ebd.
914 Ebd., Rn. 28.
915 Hierzu und der Einehe: BVerfG vom 4.5.1971 – 1 BvR 636/68, Rn. 35, BVerfGE 31, 58, 69 f.
916 BVerfG vom 7.10.1970 – 1 BvR 409/67, Rn. 32, BVerfGE 29, 166, 176.
917 Zu letzterem: BVerfG vom 30.11.1982 – 1 BvR 818/81, Rn. 27, BVerfGE 62, 323, 330.
918 *Brosius-Gersdorf*, in: Dreier, Art. 6 GG, Rn. 77 f.

Auffassung die Verwirklichung der Ehe als auf wechselseitigen Beistand und Verantwortung angelegte Lebensgemeinschaft, der förmliche Eheschluss (der aber nicht notwendig staatliche Mitwirkung erfordere), die Freiheit der Eheschließung, was die Freiwilligkeit bedinge, und die autonome, auf der Gleichberechtigung der Ehegatten beruhende Ehegestaltung.[919] Von den Strukturprinzipien ausnehmen will sie hingegen das Prinzip der Einehe, die grundsätzlich lebzeitige Dauer und die Verschiedengeschlechtlichkeit der Ehepartner.[920] Lediglich *Robbers* scheint die Strukturprinzipien der Ehe ähnlich wie *Brosius-Gersdorf* nicht dem BVerfG folgend der außerrechtlichen Lebensordnung und dem hergebrachten Recht entnehmen zu wollen, sondern bestimmt sie aus den „*für die Verfassung wesentlichen Funktionen der Ehe*".[921] Im Gegensatz zu *Brosius-Gersdorf* zieht er hieraus jedoch nicht den Schluss, die Einehe, die grundsätzlich lebzeitige Dauer oder die Verschiedengeschlechtlichkeit der Ehepartner wären nicht Teil der Strukturprinzipien der Ehe. Er erkennt vielmehr ausdrücklich an, dass Art. 6 Abs. 1 GG auf die „*Bewahrung des Herkömmlichen*" abziele und die Gleichstellung gleichgeschlechtlicher Partnerschaften mit der Ehe daher einer Verfassungsänderung bedürfte.[922]

Die Ansicht von *Brosius-Gersdorf* kann indes insgesamt nicht überzeugen. Die Strukturprinzipien der Ehe folgen aus deren überkommenem Kern, aus dem der Verfassung zugrundeliegenden Bild.[923] Dieses Bild umfasst auch – wie die Darstellung der Beratungen des Parlamentarischen Rates gezeigt hat – die Einehe, die grundsätzlich lebzeitige Dauer und die Verschiedengeschlechtlichkeit der Ehepartner. Nur weil sich die Funktion der Ehe als Beistands- und Verantwortungsgemeinschaft auch ohne diese drei Merkmale denken lässt, können diese nicht einfach aus dem überkommenen Begriffsverständnis ausgenommen werden. Die Strukturprinzipien sollen gerade einen bestimmten Kern sichern, dies lässt sich nicht dadurch umgehen, gewisse Merkmale als diesem Kern nicht mehr zugehörig anzusehen – ohne eine stichhaltige Begründung für diese Änderung. Die Verschiedengeschlechtlichkeit ist somit nach richtigem Verständnis als ein Strukturmerkmal der Ehe anzusehen.

Diese Strukturprinzipien sind für den einfachen Gesetzgeber bindend und können durch ihn nicht verändert oder aufgehoben werden.[924] Dies entspricht bereits dem Willen der Mitglieder des Parlamentarischen Rats[925] und wird darüber hinaus auch in den Formulierungen des BVerfG deutlich:

> „*Dieser Ordnungskern der Institute ist für das allgemeine Rechtsgefühl und Rechtsbewußtsein unantastbar.*"[926]

919 Ebd., Rn. 78.
920 Ebd., Rn. 79 ff.
921 *Robbers*, in: Mangoldt/Klein/Starck, Art. 6 Abs. 1 GG, Rn. 32.
922 Ebd., Rn. 47; ebenso: *Coester-Waltjen*, in: Münch/Kunig, Art. 6 GG, Rn. 9.
923 BVerfG vom 18.4.1989 – 2 BvR 1169/84, Rn. 36, BVerfGE 80, 81, 92.
924 *Robbers*, in: Mangoldt/Klein/Starck, Art. 6 Abs. 1 GG, Rn. 32.
925 *Von Mangoldt,* in: Der Parlamentarische Rat, Bd. 5/II, S. 826.
926 BVerfG vom 29.7.1959 – 1 BvR 205/58, Rn. 27, BVerfGE 10, 59, 66.

„Die Ehe kann nicht ohne Verfassungsänderung abgeschafft oder in ihren wesentlichen Strukturprinzipien verändert werden.“[927]

Wenn die Strukturprinzipien der Ehe aber einen Teil des Kerngehalts des Ehegrundrechts ausmachen und daher für den einfachen Gesetzgeber änderungsresistent sind, so muss in diesem Bereich auch ein stiller Verfassungswandel ausgeschlossen sein.[928] Zwar scheint das BVerfG mit einem Teil der Literatur[929] davon auszugehen, dass ein Verfassungswandel hinsichtlich der Strukturmerkmale der Ehe möglich sei, dies deutet das Gericht jedenfalls in seiner Entscheidung, die nach dem sogenannten „Sturm auf die Standesämter“ ergangen ist,[930] sowie in zwei Entscheidungen zur Wirksamkeit einzelner Regelungen des TSG im Fall einer Eheschließung an,[931] diese Ansicht kann jedoch nicht überzeugen.

Die Strukturmerkmale der Ehe sollen nach einhelliger Auffassung der unantastbare Kern des Ehegrundrechts sein. Allein das spricht schon gegen eine implizite Wandlungsfähigkeit.[932] Zwar hat das BVerfG die Institutsgarantie mit ihren einzelnen Ausprägungen im Rahmen seiner Rechtsprechung selbst entwickelt und ist im Gegensatz zum Gesetzgeber nach § 31 Abs. BVerfGG nicht an seine Entscheidungen gebunden,[933] so dass nicht davon ausgegangen werden kann, er hätte sich hierdurch seiner Änderungsbefugnis entledigt, allerdings ist hier eine kompetenzrechtliche Grenze des Verfassungswandels erreicht. Die grundlegenden Entscheidungen, mit denen eine Verfassungsnorm in ihrem Wesen geändert wird, die also ihren Kerngehalt betreffen, müssen dem verfassungsändernden Gesetzgeber als einzig

927 BVerfG vom 17.7.2002 – 1 BvF 1/01, Rn. 99, BVerfGE 105, 313, 348 f.

928 Im Ergebnis ebenso: *Schüffner*, Eheschutz und Lebenspartnerschaft, S. 195; *Risse*, Der verfassungsrechtliche Schutz der Homosexualität, S. 230; *Frenz*, NVwZ 2013, S. 1200, 1201; *Friauf*, NJW 1986, S. 2595, 2600 f.; *Höfling*, Offene Grundrechtsinterpretation, S. 191; *Schmitt-Kammler/von Coelln*, in: Sachs, Art. 6 GG, Rn. 3.

929 *Schmitt-Kammler/von Coelln*, ebd., Rn. 31; *Robbers*, in: Mangoldt/Klein/Starck, Art. 6 Abs. 1 GG, Rn. 47; *Badura*, in: Maunz/Dürig, Art. 6 GG, Rn. 36; *Krings*, ZRP 2000, S. 409, 410; *Pauly*, NJW 1997, S. 1955, 1956; wohl auch *Gade/Thiele*, NVwZ 2013, S. 142, 145; *Koschmieder*, JA 2014, S. 566, 572; *Wölfl*, Gleichgeschlechtliche Lebenspartnerschaft, S. 419.

930 BVerfG vom 4.10.1993 – 1 BVR 640/93, Rn. 5, NJW 1993, S. 3058; hier geht das BVerfG davon aus, dass *„Anhaltspunkte* für *einen grundlegenden Wandel des Eheverständnisses in dem Sinne, daß der Geschlechtsverschiedenheit der Ehepartner keine prägende Bedeutung zukommt*“, nicht erkennbar seien. Damit spricht es sich zumindest implizit für die Möglichkeit eines solchen Wandels aus.

931 BVerfG vom 6.12.2005 – 1 BvL 3/03, Rn. 60, BVerfGE 115, 1, 18 f.; BVerfG vom 27.5.2008 – 1 BvL 10/05, Rn. 45, BVerfGE 121, 175, 193. Hier stellt das Gericht jeweils fest, dass das Grundgesetz trotz des eingetretenen, gesellschaftlichen Wandels weiterhin von der Verschiedengeschlechtlichkeit der Ehepartner ausgehe.

932 So auch *Schmitt-Kammler/von Coelln*, in: Sachs, Art. 6 GG, Rn. 3; a.A. *Robbers*, in: Mangoldt/Klein/Starck, Art. 6 Abs. 1 GG, Rn. 32.

933 Hierzu ausführlich oben: 1. Kapitel, E. V. 1. BVerfG.

unmittelbar demokratisch legitimiertem Organ überlassen bleiben.[934] Das BVerfG darf diese Änderungshoheit nicht durch Annahme eines Verfassungswandels unterlaufen.[935] Auch *Risse* geht im Hinblick auf die Strukturmerkmale der Ehe zutreffend davon aus, dass *„das, was im formalisierten Gesetzgebungsprozess als Ausdruck der im Grundgesetz angelegten repräsentativen Demokratie der Legislativen verwehrt ist, [...] nicht im informellen Prozeß der gesellschaftlichen Meinungsbildung möglich sein"* kann.[936] Daher ist bei den wesentlichen Strukturmerkmalen der Ehe die Grenze des Verfassungswandels erreicht. Diese bilden den Kerngehalt der Norm, der immun gegen implizite Änderungen ist.

Im Vergleich dazu war die einfachgesetzliche Öffnung der Ehe für gleichgeschlechtliche Paare in anderen europäischen Ländern nur deshalb so einfach möglich, weil diese Länder gerade keine der deutschen entsprechende, verfassungsrechtlich verankerte Institutsgarantie der Ehe, die ihren Definitionskern vorgibt, kennen.[937]

Der Kerngehalt des Art. 6 Abs. 1 GG mit seiner Institutsgarantie geht allerdings nicht so weit, dass er die Einführung eines der Ehe vergleichbaren Instituts für gleichgeschlechtliche Paare insgesamt ausschließen würde. Davon geht *Papier* in seiner abweichenden Meinung zur Verfassungsmäßigkeit des LPartDisBG mit der Begründung aus, dass es Sinn der Institutsgarantie sei, den Gesetzgeber bei Ausgestaltung der Ehe an gewisse Strukturprinzipien zu binden (zu denen auch die Verschiedengeschlechtlichkeit der Partner gehöre), die ihn daran hindern würden, unter einem anderen Namen für gleichgeschlechtliche Paare ein der Ehe im Übrigen entsprechendes Institut einzuführen.[938] Dagegen wendet sich zurecht die Senatsmehrheit:

> *„Die Ehe als Institut ist in ihren verfassungsrechtlichen Strukturprinzipien und ihrer Ausgestaltung durch den Gesetzgeber vom LPartDisBG selbst nicht betroffen. Ihr rechtliches Fundament hat keine Änderung erfahren. Sämtliche Regelungen, die der Ehe einen rechtlichen Rahmen geben und das Institut mit Rechtsfolgen ausstatten, haben nach wie vor Bestand [...]. Der Institutsgarantie kann, gerade weil sie sich nur auf die Ehe bezieht, kein Verbot entnommen werden, gleichgeschlechtlichen Partnern die Möglichkeit einer rechtlich ähnlich ausgestalteten Partnerschaft zu eröffnen."*[939]

Richtigerweise gewährleistet die Institutsgarantie also zwar den Kernbestand der Ehe und schützt ihn vor Veränderungen, sie kann und will aber keinen absoluten Konkurrenzschutz etablieren, der die Schaffung neuer familienrechtlicher Institute mit ähnlichen oder gleichen Rechten für andere Personengruppen von vornherein verhindert.[940]

---

934 Hierzu: 1. Kapitel E. IV. 2. Der Kerngehalt von Verfassungsnormen und V. 2. Einfacher und verfassungsändernder Gesetzgeber.

935 *Schmitt-Kammler/von Coelln*, in: Sachs, Art. 6 GG, Rn. 3.

936 *Risse*, Der verfassungsrechtliche Schutz der Homosexualität, S. 231.

937 Hierzu *Gade/Thiele*, DÖV 2013, S. 142, 151.

938 BVerfG vom 17.7.2002 – 1 BvF 1/01, 1 BvF 2/01, Rn. 125 ff., BVerfGE 105, 313, 357 ff.

939 BVerfG ebd., Rn. 89, BVerfGE 105, 313, 346.

940 Ebenso: Konkurrenzschutz annehmend: *Lindenberg/Micker*, DÖV 2003, S. 707, 709 f.

Teilweise wird allerdings angenommen, die Institutsgarantie des Art. 6 Abs. 1 GG beinhalte zumindest einen relativen Konkurrenzschutz im Sinne eines Differenzierungsgebots, der die Gewährung gleicher Rechte an andere Partnerschaftsformen verhindere, wenn diese nicht die gleichen Funktionen wie die Ehe übernehmen.[941] So sind *Lindenberg/Micker* der Ansicht, die Ehe erfülle die Funktionen der Solidar- und Fortpflanzungsgemeinschaft, während die eingetragene Lebenspartnerschaft nur eine Solidargemeinschaft sei, weshalb insoweit zwischen beiden zu differenzieren sei, was aber nicht gleichbedeutend mit einem einzuhaltenden Schutzabstand sei.[942] Dem ist nicht zuzustimmen. Wie die Darstellung der Rechtsprechungsentwicklung im 2. Kapitel gezeigt hat, ist heutzutage nicht mehr davon auszugehen, dass aus jeder Ehe auch eine Familie erwächst, weshalb eine Förderung entweder bei der Familie direkt anzusetzen hat oder Ehepartnern und eingetragenen Lebenspartnern gleichermaßen, nicht aber allein der Ehe mit dem Verweis auf ihre Funktion als Fortpflanzungsgemeinschaft zu gewähren ist.[943] Darüber hinaus verkennt diese Ansicht, dass auch in der eingetragenen Lebensgemeinschaft Kinder vorhanden sein können.[944] Die Institutsgarantie der Ehe enthält gegenüber der eingetragenen Lebenspartnerschaft somit auch keinen relativen Konkurrenzschutz wegen der Funktion der Ehe als Fortpflanzungsgemeinschaft.

Im Ergebnis bliebe die eingetragene Lebenspartnerschaft also selbst dann das vom BVerfG postulierte *aliud* zur Ehe, wenn für beide Institute exakt dieselben Rechte und Pflichten gelten würden, da die Ehe als wesentliches Strukturprinzip zwingend die Verschiedengeschlechtlichkeit der Partner voraussetzt. Da die eingetragene Lebenspartnerschaft dieses Merkmal nicht erfüllt, kann sie nie der Institutsgarantie der Ehe unterliegen und ist rechtlich als etwas anderes als die Ehe zu qualifizieren. Sollte man in Zukunft die Ehe für gleichgeschlechtliche Partner öffnen wollen, so ist dies aufgrund der einfachgesetzlichen und verfassungsrichterlichen Unabänderbarkeit der wesentlichen Strukturmerkmale der Ehe nur über eine ausdrückliche Änderung der Verfassung innerhalb des hierfür vorgesehenen Verfahrens nach Art. 79 Abs. 1 bis 3 GG möglich.

3. Ergebnis

Die Prüfung hat gezeigt, dass die eingetragene Lebenspartnerschaft weder nach aktuellem Stand vom verfassungsrechtlichen Ehebegriff umfasst ist noch dies in Zukunft sein kann. Da die Verschiedengeschlechtlichkeit der Ehepartner ein wesentliches Strukturmerkmal der Ehe ist und dieses, da von der Institutsgarantie umfasst und zum Kerngehalt der Norm gehörend, nicht wandelbar ist, könnte dieses nur durch eine ausdrückliche Änderung der Verfassung aufgehoben werden.

---

941 Ebd., S. 713.

942 Ebd.

943 2. Kapitel, C. IV. 2. Durch die Rechtsprechung initiierte Anpassungen.

944 Hierzu sogleich: A. II. Eingetragene Lebenspartnerschaften und gleichgeschlechtliche Lebensgemeinschaften mit Kind als Familie.

Da sich eingetragene Lebenspartner also nicht wie Eheleute auf das Schutz- und Fördergebot des Art. 6 Abs. 1 GG berufen können und das ihnen durch den Gesetzgeber zur Verfügung gestellte Institut auch nicht wie die Ehe von Verfassungswegen vor seiner Abschaffung geschützt ist, stellt sich die im weiteren Verlauf zu beantwortende Frage, welchen Schutz sie über andere Verfassungsgarantien erhalten und wie dieser ausgestaltet ist. Bevor dies untersucht wird, soll es aber zunächst noch um die Frage gehen, ob eingetragene Lebenspartnerschaften und die bei ihnen lebenden Kinder zumindest als Familie den Schutz des Art. 6 Abs. 1 GG genießen, wie dieser ausgestaltet ist und inwieweit hier in den letzten Jahrzehnten Veränderungen zu beobachten sind.

II. Eingetragene Lebenspartnerschaften und gleichgeschlechtliche Lebensgemeinschaften mit Kind als Familie

Wie im 2. Kapitel erwähnt, hat das BVerfG in seiner Entscheidung zur Sukzessivadoption vom 19.02.2013 eingetragene Lebenspartner, die mit dem leiblichen oder angenommenen Kind eines Lebenspartners in *„sozial-familiärer Gemeinschaft"* leben, erstmals als eine durch Art. 6 Abs. 1 GG geschützte Familie angesehen und daneben zwei Personen gleichen Geschlechts, die gesetzliche Elternteile eines Kindes sind, als Eltern im verfassungsrechtlichen Sinn des Art. 6 Abs. 2 GG anerkannt.[945]

Diese Entscheidung, ebenso wie die Rechtsprechung des EGMR zu Artt. 8 und 14 EMRK, auf die das BVerfG in seinem Urteil auch ausdrücklich verweist,[946] sollen die Ausgangslage für die im Folgenden zu beantwortende Frage bilden, wie Familie im Sinne von Art. 6 Abs. 1 GG heutzutage definiert wird, welche Familienformen darunter zu fassen sind, und ob den Eltern in einer solchen, verfassungsrechtlich geschützten Familie immer auch das Elternrecht nach Art. 6 Abs. 2 GG zusteht.

Anhand dessen kann dann geprüft werden, ob sowohl eingetragene Lebenspartner mit Kind wie auch nicht verpartnerte, gleichgeschlechtliche Lebenspartner und die bei ihnen lebenden Kinder heute tatsächlich, wie das BVerfG annimmt, unter den verfassungsrechtlichen Familienbegriff fallen.

Im Anschluss daran soll das gefundene Ergebnis mit der Stellung gleichgeschlechtlicher Paare in früheren Zeiten verglichen werden, um feststellen zu können, ob in dieser Entwicklung ein Verfassungswandel liegt und, falls das der Fall ist, wie weit dieser – insbesondere mit Blick auf die verschiedenen Familienformen – reicht.

---

945 Siehe oben, 2. Kapitel, C. IV. 2. Durch die Rechtsprechung initiierte Anpassungen.; BVerfG vom 19.2.2013 – 1 BvL 1/11, 1 BvR 3247/09, Rn. 48, 60, BVerfGE 133, 59, 77, 82.

946 Ebd., Rn. 66, BVerfGE 133, 59, 84.

1. Derzeitiger Schutzstand

a) Definition der Familie

Nach ständiger Rechtsprechung des BVerfG ist „*Familie [...] die umfassende Gemeinschaft von Eltern und Kindern, in der den Eltern vor allem Recht und Pflicht zur Pflege und Erziehung der Kinder erwachsen*".[947] Da die Familie ebenso wie die Ehe eine Institutsgarantie enthält, hält das BVerfG auch diesen Ordnungskern „*für das allgemeine Rechtsgefühl und Rechtsbewußtsein unantastbar*".[948] Das bedeutet nach der Rechtsprechung des BVerfG, dass der Kerngehalt des Familiengrundrechts Änderungen durch den Gesetzgeber entzogen ist:

> *„Art. 6 Abs. 1 GG sichert als Institutsgarantie den Kern der das Familienrecht bildenden Vorschriften insbesondere des bürgerlichen Rechts gegen eine Aufhebung oder wesentliche Umgestaltung und schützt gegen staatliche Maßnahmen, die bestimmende Merkmale des Bildes von der Familie, das der Verfassung zugrunde liegt, beeinträchtigen."*[949]

Nach der oben dargestellten Ansicht ist dieser Kerngehalt aber auch einem Verfassungswandel durch Interpretationsänderung des BVerfG entzogen, da der Kerngehalt einer Verfassungsnorm eine kompetenzrechtliche Grenze des Verfassungswandels darstellt und nur durch den verfassungsändernden Gesetzgeber selbst innerhalb der Grenzen des Art. 79 Abs. 1 bis Abs. 3 GG geändert werden kann.[950] Da die Verschiedengeschlechtlichkeit der Elternteile jedoch im Gegensatz zu der der Eheleute nie Bestandteil der verfassungsrechtlichen Definition war, ist der Begriff der Familie insoweit offener als der der Ehe und impliziten Wandlungen eher zugänglich. So hat das BVerfG von Anfang an zum Beispiel auch die Gemeinschaft von Eltern und ihren „*Stief-, Adoptiv- und Pflegekinder[n] sowie (im Verhältnis zur Mutter) uneheliche[n] Kinder[n]*"[951] – letztere vor allem wegen der Wertung des Art. 6 Abs. 5 GG[952] – als nach Art. 6 Abs. 1 GG geschützte Familie angesehen.

Eine kinderlose Ehe hingegen ist, wie alle reinen Zweiergemeinschaften, in denen nur eine Generation zusammenlebt, keine Familie im Sinne des Grundgesetzes.[953] Das ergibt sich sowohl aus dem generativen Element, das der Familie seit jeher innewohnt,[954] als auch daraus, dass der Schutz der Ehe in Art. 6 Abs. 1 GG überflüssig wäre, wenn sie gleichzeitig unter den Begriff der daneben geschützten Familie fallen würde.[955]

---

947 BVerfG vom 29.7.1959 – 1 BvR 205/58, Rn. 27, BVerfGE 10, 59, 66.
948 Ebd.
949 BVerfG vom 18.4.1989 – 2 BvR 1169/84, Rn. 36, BVerfGE 70, 81, 92.
950 Hierzu oben: 3. Kapitel, A. I. 2. c) Kerngehalt von Art. 6 Abs. 1 GG.
951 BVerfG vom 30.6.1964 – 1 BvL 16/62-25/62, Rn. 38, BVerfGE 18, 97, 106.
952 Implizit auch: *Michael*, NJW 2010, S. 3537, 3538.
953 *Robbers*, in: Mangoldt/Klein/Starck, Art. 6 Abs. 1 GG, Rn. 78; *Jarass*, in: Jarass/Pieroth, Art. 6 GG, Rn. 8.
954 *Schmitt-Kammler/von Coelln*, in: Sachs, Art. 6 GG, Rn. 15.
955 Zu letzterem ähnlich: *Michael*, NJW 2010, S. 3537, 3538.

Weiter geht insoweit die Rechtsprechung des EGMR, der in einer Entscheidung aus dem Jahr 2010 unter Aufgabe seiner bisherigen Rechtsprechung angenommen hat, dass die Beziehung eines gleichgeschlechtlichen Paares, das in einer stabilen *de facto*-Partnerschaft zusammenlebt, – ebenso wie die eines verschiedengeschlechtlichen Paares – nicht nur unter den Begriff des Privatlebens im Sinne von Art. 8 EMRK, sondern auch unter den des Familienlebens falle.[956] Diese weitergehende Rechtsprechung des EGMR liegt vor allem darin begründet, dass Art. 8 EMRK nicht die Familie, sondern das Familienleben schützt, welches vom Gericht und der Kommentarliteratur weit verstanden wird und bei dem weniger auf das generative Element als vor allem auf das faktische Zusammenleben und das Vorliegen enger persönlicher Bindungen abgestellt wird, weshalb es unter anderem auch das beabsichtigte Familienleben zweier Partner umfasst.[957] Vor diesem Hintergrund war es nur konsequent, diesen Schutz nicht nur auf verschiedengeschlechtliche, sondern auch auf gleichgeschlechtliche Paare zu beziehen. Im deutschen Verfassungsrecht werden diese Zweierkonstellationen von anderen Normen erfasst,[958] weswegen eine Ausdehnung des überkommenen Familienbegriffs insoweit weder von der EMRK gefordert wird noch aufgrund der völkerrechtsfreundlichen Auslegung des Grundgesetzes durch das BVerfG notwendig erscheint.[959]

Zumindest anfänglich ebenfalls nicht vom Familienbegriff des Grundgesetzes umfasst war der Vater mit seinem nichtehelichen Kind. Erst nach dem Wegfall von § 1589 Abs. 2 BGB a.F.,[960] der eine Verwandtschaft zwischen dem nichtehelichen Kind und seinem Vater ausschloss, sah das BVerfG auch den Vater und sein nichteheliches Kind als nach Art. 6 Abs. 1 GG geschützte Familie an.[961] Lange Zeit konnte sich das BVerfG – im Gegensatz zum EGMR[962] – jedoch nicht überwinden, beide unverheirateten Elternteile und ihr Kind ausdrücklich als eine gemeinsame Familie anzusehen, selbst wenn alle zusammen unter einem Dach lebten,[963] was zu dem

---

956 EGMR vom 24.6.2010 – 30141/04, Rn. 94, NJW 2011, S. 1421, 1425.

957 *Meyer-Ladewig*, EMRK Kommentar, Art. 8, Rn. 56; *Fahrenhorst*, Familienrecht und Europäische Menschenrechtskonvention, S. 99 ff., 109 f.

958 Insbesondere durch das allgemeine Persönlichkeitsrecht nach Art. 2 Abs. 1 i.V.m. Art. 1 Abs. 1 GG, das auch Schutzpflichten des Staates begründet. Siehe hierzu ausführlich unten: B. Schutz über Art. 2 Abs. 1 GG.

959 Hierzu ausführlich oben: 1. Kapitel, E. V. 4. b) EGMR.

960 Durch Nichtehelichengesetz vom 19.08.1969, in Kraft seit 01.07.1970, BGBl. 1969 I, S. 1243.

961 BVerfG vom 8.6.1977 – 1 BvR 265/75, Rn. 67, BVerfGE 45, 104, 123.

962 So hat der EGMR bereits in seiner *Marckx*-Entscheidung aus dem Jahr 1979, in der es allerdings nur um das Familienleben einer Mutter und ihrer nichtehelichen Tochter ging, festgestellt, *„daß nämlich Art. 8 [EMRK] zwischen einer ‚ehelichen' und einer ‚nichtehelichen' Familie keinen Unterschied macht"*, EGMR vom 13.6.1979 – 6833/74, Rn. 31, EGMR-E 1, 396, NJW 1979, S. 2449, 2450.

963 So für den Fall einer häuslichen Gemeinschaft zwischen der Mutter, ihren Kindern und ihrem nichtehelichen Lebenspartner, der Vater eines Teils der Kinder war und ein Kind der Mutter, das nicht von ihm abstammte, ehelichen wollte

„*seltsame[n] Ergebnis*"[964] von zwei Familien – der zwischen Mutter und Kind sowie der zwischen Vater und Kind – führte. Diese gekünstelt wirkende Konstruktion wurde zu Recht von der rechtswissenschaftlichen Lehre kritisiert.[965] Mit der zunehmenden Entkoppelung von Ehe und Familie,[966] der Pluralisierung der Lebens- und Familienformen sowie der steten Annährung an die Rechtsprechung des EGMR aufgrund der Entwicklung seiner völkerrechtsfreundlichen Auslegung hat dann schließlich auch das BVerfG die nichteheliche Lebensgemeinschaft mit Kind ausdrücklich als Familie im Sinne von Art. 6 Abs. 1 GG anerkannt.[967] Teile der Kommentarliteratur haben sich dieser Rechtsprechungsänderung allerdings bis heute nicht angeschlossen.[968] Dies erscheint indes wenig verständlich. Selbst wenn man die Ehe als beste Grundlage für das Aufwachsen von Kindern ansehen wollte,[969] so geht die Vorstellung, jeder Familie liege in der Regel eine Ehe zugrunde, spätestens in der heutigen Zeit an der Realität vorbei. In einer Gesellschaft, in der Alleinerziehende, „Patchwork Familien" und „Regenbogenfamilien" soziale Realität sind und familiale Funktionen erfüllen, können diese vom verfassungsrechtlichen Familienbegriff nicht ausgeschlossen werden. Ehen erreichen ihre Vorrangstellung bereits dadurch, dass allein sie neben der Familie in Art. 6 Abs. 1 GG verfassungsrechtlich

---

in: BVerfG vom 14.11.1973 – 1 BvR 719/69, Rn. 65, BVerfGE 36, 146, 167 f. Im Hinblick auf die Frage der Wirksamkeit des früher in § 4 Abs. 2 Ehegesetz enthaltenen Eheverbots der Geschlechtsgemeinschaft, hielt das BVerfG dieses für mit Art. 6 Abs. GG unvereinbar, da das hinter dem Verbot stehende Argument der Verwirrung der Verwandtschaftsverhältnisse nicht trage: „*Da infolge der Geschlechtsgemeinschaft selbst bei längerdauerndem Konkubinat kein Familienverband im Rechtssinne entsteht, kann anders als beim Ehehindernis der Schwägerschaft hier von der Umwandlung eines Kindschaftsverhältnisses in ein Ehegattenverhältnis nicht die Rede sein.*" Nach dem BVerfG ist also ein familiäres Verhältnis allein durch das Zusammenleben zwischen dem Vater mit seinen nichtehelichen Kindern und den anderen Kindern seiner nichtehelichen Lebenspartnerin nicht gegeben; zur Rechtsprechungsentwicklung ausführlich: *Kleffmann*, Ehe und andere Lebensgemeinschaften nach Landes- und Bundesverfassungsrecht, S. 90 ff.

964 So treffend *Maunz* noch in: Maunz/Dürig, Art. 6 GG, 18. Lieferung, Stand 1987, Rn. 16a.

965 So bereits im Jahr 1986 auf der Tagung der Staatsrechtslehrer *von Campenhausen* und *Steiger*, VVDStRL 45, S. 23 und 80; *Zippelius*, DÖV 1986, S. 805, 809 f; *Friauf*, NJW 1986, S. 2595, 2602; *Müller-Manger*, Wandel familiärer Lebensmuster, S. 143 ff., 152.

966 Hierzu oben unter A. I. Die eingetragene Lebenspartnerschaft als Ehe?.

967 BVerfG vom 29.10.2002 – 1 BvL 16/95, 1 BvL 17/95, 1 BvL 16/97, Rn. 39, BVerfGE 106, 166, 176.

968 So zum Beispiel *Robbers*, in: Mangoldt/Klein/Starck, Art. 6 Abs. 1 GG, Rn. 77; a.A. *Badura*, in: Maunz/Dürig, Art. 6 GG, Rn. 61; *Schmitt-Kammler/von Coelln*, in: Sachs, Art. 6 GG, Rn. 16 m.w.N. zur Entwicklung.

969 So das BVerfG wohl heute noch, vgl. BVerfG vom 28.2.2007 – 1 BvL 5/03, Rn. 37, BVerfGE 117, 316, 327.

geschützt werden und dieser Schutz auch nur begrenzt wandlungsfähig ist.[970] Im Gegensatz zur Ehe entsteht die Familie aber nicht durch Rechtsakt, sondern beruht hauptsächlich auf *„faktischen"* Gegebenheiten.[971] Deshalb muss der Schutz der Familie dort ansetzen, wo sie entsteht, bei der Gemeinschaft von Eltern und ihren Kindern, unabhängig davon, ob es sich dabei um rechtliche Eltern oder, wie bei der Pflegefamilie, soziale Eltern handelt, ob diese miteinander verheiratet sind oder nicht und ob sie gleichgeschlechtlich sind oder nicht.

Geschützt wird also die *„sozial-familiäre Gemeinschaft"*[972] unabhängig von ihrer rechtlichen Ausgestaltung[973] und unabhängig davon, ob die in dieser Gemeinschaft zusammenlebenden Erwachsenen auch Träger des Elternrechts nach Art. 6 Abs. 2 GG sind. So kann ein *„soziales Elternverhältnis"* zum Kind des Partners zwar mit diesem zusammen zu einer über Art. 6 Abs. 1 GG geschützten Familie führen, begründet aber allein keine verfassungsrechtliche Elternschaft.[974] *„Träger des verfassungsrechtlichen Elternrechts können [nur] Personen sein, die in einem durch Abstammung [...] oder durch einfachgesetzliche Zuordnung [...] begründeten Elternverhältnis zum Kind stehen."*[975]

Der grundrechtliche Schutz der Familie umfasst in erster Linie die moderne Kleinfamilie, also die (nicht immer zwingend häusliche) Gemeinschaft von Eltern und ihren minderjährigen und volljährigen Kindern.[976] Ob darüber hinaus auch Mehrgenerationenfamilien bzw. Großfamilien geschützt werden, die zumindest nach dem allgemeinen Sprachgebrauch und im bürgerlichen Recht ebenfalls als Familien angesehen werden, ist umstritten.[977] Die Befürworter einer Erstreckung dieses Schutzes auf Mehrgenerationenfamilien bzw. Großfamilien machen ihn in der Regel vom Vorhandensein von *„personalen Verantwortungszusammenhängen"*[978] abhängig, wie etwa bei Großeltern, die mit ihren Enkeln in einer Hausgemeinschaft leben und Erziehungsaufgaben übernehmen, oder rechnen ihn nur dem

970 Hierzu vorstehend unter I. 2. Möglichkeit eines künftigen Verfassungswandels.

971 Ähnlich *Schmitt-Kammler/von Coelln*, in: Sachs, Art. 6 GG, Rn. 16. Nach dem BVerfG ist *„der Gesetzgeber nicht aus Art. 6* Abs. *1 GG verpflichtet, in jedem Fall einer* ***faktischen*** *Eltern-Kind-Beziehung das volle Elternrecht zu gewähren"*, das heißt die Möglichkeit einer Adoption zu ermöglichen bzw. *„bei der Ausgestaltung der Familie im rechtlichen Sinne tatsächlich vorgefundene familiäre Gemeinschaften genau nachzuzeichnen"*, BVerfG vom 19.2.2013 – 1 BvL 1/11, 1 BvR 3247/09, Rn. 68 ff., BVerfGE 133, 59, 84 f. (Hervorhebung durch Verf.).

972 So BVerfG vom 19.2.2013 – 1 BvL 1/11, 1 BvR 3247/09, Rn. 60, BVerfGE 133, 59, 82.

973 Ebenso: *Maurer*, FamRZ 2013, S. 752, 755.

974 BVerfG vom 19.2.2013 – 1 BvL 1/11, 1 BvR 3247/09, Rn. 57, BVerfGE 133, 59, 81.

975 Ebd., Rn. 58.

976 *Coester-Waltjen*, in: Münch/Kunig, Art. 6 GG, Rn. 11.

977 Für einen Schutz: *Jarass*, in: Jarass/Pieroth, Art. 6 GG, Rn. 10; *Coester-Waltjen*, ebd.; *Robbers*, in: Mangoldt/Klein/Starck, Art. 6 Abs. 1 GG, Rn. 88; a.A. *Schmitt-Kammler/von Coelln*, in: Sachs, Art. 6 GG, Rn. 17.

978 *Robbers*, in: Mangoldt/Klein/Starck, ebd.

„*Begriffshof*"[979] von Art. 6 Abs. 1 GG zu, der mit abnehmender Bindung schwächer werde. Das BVerfG hatte die Frage nach dem Schutz von Mehrgenerationenfamilien bzw. Großfamilien zunächst offen gelassen[980] und sich später sogar ausdrücklich dagegen ausgesprochen.[981] In einer neueren Entscheidung aus dem Jahr 2008 hat das BVerfG diese Rechtsansicht jedoch aufgrund der *Marckx*-Entscheidung des EGMR, in der dieser die Beziehung zwischen Großeltern und Enkeln als vom Schutz des Familienlebens in Art. 8 Abs. 1 EMRK umfasst ansah,[982] unter Bezugnahme auf diese Rechtsprechung als „*Auslegungshilfe*" zumindest indirekt anerkannt.[983] Diese Entscheidung, die drei Jahre vor dem Beschluss des BVerfG zur Sicherungsverwahrung erging, in dem es erstmals eine „*verfassungsrechtliche Pflicht*" zur völkerrechtsfreundlichen Auslegung des Grundgesetzes angenommen hat,[984] zeigt, dass das BVerfG bereits zuvor in aller Regel bemüht war, seine Auslegung an der des EGMR auszurichten und diese nicht nur „zur Hilfe" zu nehmen.

Im Ergebnis ist Familie im Sinne von Art. 6 Abs. 1 GG heute also die „*sozialfamiliäre Gemeinschaft*" zwischen (rechtlichen oder sozialen) Eltern und ihren Kindern, unabhängig davon in welcher rechtlichen Beziehung die Eltern zueinanderstehen. Kinder mit nur einem Elternteil bilden mit diesem eine Familie. Übernehmen im Einzelfall nicht (nur) die Eltern, sondern (auch) die in häuslicher Gemeinschaft mit dem Kind lebenden anderen Verwandten Erziehungsaufgaben und bilden eine Verantwortungsgemeinschaft, so können auch diese zusammen mit dem Kind eine Familie sein. Den Personen, die in einer solchen „*sozial-familiären Gemeinschaft*" Elternfunktionen wahrnehmen, kommt nicht automatisch auch das Elternrecht nach Art. 6 Abs. 2 GG zu. Hierfür ist eine rechtliche oder biologische Elternstellung erforderlich.

b) Eingetragene Lebenspartnerschaften mit Kind

Nach dem Vorgesagten bilden eingetragene Lebenspartner und die bei ihnen lebenden Kinder, Pflegekinder, (Adoptiv-)Kinder eines Lebenspartners und damit Stiefkinder des anderen Lebenspartners, wenn sie in sozial-familiärer Gemeinschaft zusammenleben und beide Lebenspartner Elternfunktionen übernehmen, heutzutage eine grundrechtlich geschützte Familie gemäß Art. 6 Abs. 1 GG. In aller Regel ist zumindest ein Lebenspartner auch rechtlicher Elternteil, dem das verfassungsrechtliche Elternrecht nach Art. 6 Abs. 2 GG zusteht, während der andere, solange keine Adoption erfolgt ist, sozialer Elternteil ist. Unabhängig von der Frage, ob das

---

979 *Coester-Waltjen*, in: Münch/Kunig, Art. 6 GG, Rn. 11.

980 BVerfG vom 6.5.1975 – 1 BvR 332/72, Rn. 46, BVerfGE 39, 316, 326.

981 BVerfG vom 31.5.1978 – 1 BvR 683/77, Rn. 38, BVerfGE 48, 327, 339; BVerfG vom 10.11.1981 – 1 BvR 894/78, Rn. 31, BVerfGE 59, 52, 63.

982 EGMR vom 13.6.1979 -- 6833/74, Rn. 45, NJW 1979, S. 2449, 2452.

983 BVerfG vom 18.12.2008 – 1 BvR 2604/06, Rn. 22, NJW 2009, S. 1133 f.

984 BVerfG vom 4.5.2011 – 2 BvR 2333/08, 2 BvR 2365/09, 2 BvR 571/10, 2 BvR 740/10, 2 BvR 1152/10, Rn. 86, BVerfGE 128, 326, 366 f.

Kind noch einen anderen, außerhalb dieser Gemeinschaft stehenden rechtlichen Elternteil hat, mit dem es dann ebenfalls eine Familie bildet,[985] wird diese Gemeinschaft allein wegen ihres faktischen Zusammenlebens als Familie und der familialen Funktionen, die sie damit erfüllt, als verfassungsrechtlich schützenswert angesehen. Dies sehen, wie erwähnt, das BVerfG seit seiner Entscheidung zur Sukzessivadoption[986] und der EGMR[987] ebenso.

Fraglich ist allerdings, welche Ansprüche eingetragene Lebenspartner aus dem Schutz über Art. 6 Abs. 1 GG herleiten können. Nach *Grehl* gewährt das von Art. 6 Abs. 1 GG umfasste Recht auf Gründung einer Familie auch den Anspruch eines jeden Grundrechtsträgers, zumindest grundsätzlich mit seinem selbst gewählten Partner die Möglichkeit zur Adoption zu haben, ihm diese Art der Familiengründung also nicht von vornherein verwehrt werden dürfe.[988] Die Regelung des § 1741 Abs. 2 BGB, der die gemeinsame Adoption Ehepaaren vorbehalte, stelle daher einen Eingriff in den Familienschutz des Art. 6 Abs. 1 GG dar.[989] Auch die Möglichkeit der Einzeladoption sei bei Vorhandensein einer Partnerschaft kein gleichwertiger Ersatz, da innerhalb der gelebten Familie in diesem Fall rechtlich immer einer *„außen vor bleibe"*.[990]

Wollte man dem zustimmen, so würde aus Art. 6 Abs. 1 GG nicht nur ein Anspruch eingetragener Lebenspartner, sondern auch nichtehelicher und gleichgeschlechtlicher Partner auf Gewährung eines gemeinsamen Adoptionsrechts folgen. Dies kann indes aus mehreren Gründen nicht überzeugen. Zunächst besteht die Möglichkeit der Adoption eines Kindes nicht, um jedem Paar die Gründung einer Familie zu ermöglichen, sondern aus Gründen des Kindeswohls, um jedem Kind das Aufwachsen in einer Familie – von der es auch Rechte herleiten kann – zu ermöglichen, wenn seine Ursprungsfamilie dies dauerhaft nicht leisten kann.[991] Des Weiteren beschränkt sich das von Art. 6 Abs. 1 GG gewährte Recht zur Familiengründung darauf, dass es dem Staat sowohl untersagt ist, Maßnahmen vorzusehen, die die Bereitschaft Kinder zu bekommen beeinträchtigen als auch Paare zum Kinderbekommen zu zwingen.[992] Er ist darüber hinaus aber nicht verpflichtet, jedem Paar mit allen Mitteln zu einem eigenen Kind zu verhelfen. Das zeigt auch ein Vergleich mit den Parallelnormen auf europäischer Ebene: Hier hat der EGMR ein aus dem in Art. 8 EMRK geschützten Recht auf Achtung des Familienlebens folgendes

985 Ein Kind kann also auch nach Aufgabe der Rechtsprechung des BVerfG zum Vorhandensein von zwei Familien bei der nichtehelichen Lebensgemeinschaft in manchen Fällen verschiedene Familien haben, hierzu auch: *Schmitt-Kammler/von Coelln*, in: Sachs, Art. 6 GG, Rn. 16.

986 BVerfG vom 19.2.2013 – 1 BvL 1/11, 1 BvR 3247/09, Rn. 60, BVerfGE 133, 59, 82.

987 EGMR vom 19.2.2013 – 19010/07, Rn 93 ff., NJW 2013, S. 2173, 2175.

988 *Grehl*, Das Adoptionsrecht gleichgeschlechtlicher Paare, S. 153.

989 Ebd.

990 Ebd.

991 *Dodegge*, FPR 2001, S. 321.

992 *Robbers*, in: Mangoldt/Klein/Starck, Art. 6 Abs. 1 GG, Rn. 92.

Recht auf Familiengründung abgelehnt.[993] Zwar wird dieses Recht daneben durch Art. 12 EMRK ausdrücklich geschützt, auch diese Gewährleistung beinhaltet allerdings kein Recht auf Adoption.[994] Richtigerweise lehnt daher auch das BVerfG einen aus dem Familiengrundrecht folgenden Anspruch auf Adoption ab.[995]

Ein Recht eingetragener Lebenspartner auf gemeinsame Adoption oder Adoption des Kindes eines Lebenspartners folgt daneben auch nicht aus Art. 6 Abs. 1 GG als *„intrainstitutionellem Diskriminierungsverbot"*. Dies nimmt *Brosius-Gersdorf* mit der Begründung an, dieses Diskriminierungsverbot gebiete es, gleiche Familien gleich zu behandeln, was nicht geschehe, wenn Lebenspartner bei Familiengründung durch Adoption anders behandelt würden als Eheleute.[996] Auch hier wird jedoch das Recht auf Familiengründung überstrapaziert. Aus diesem folgt, wie dargelegt, kein unbedingter Anspruch auf Ermöglichung einer Adoption. Wenn also Ehepaaren die Adoption gestattet ist, eingetragenen Lebenspartnern aber nicht, dann ist das eine Frage von Art. 3 GG, nicht eines aus Art. 6 Abs. 1 GG abgeleiteten *„intrainstitutionellen Diskriminierungsverbots"*. Art. 6 Abs. 1 GG schützt insoweit nur vor Benachteiligung von Ehe und Familie gegenüber anderen Lebensformen, nicht aber auch bei einem Vergleich von verschiedenen Ehepaaren bzw. Familien hinsichtlich der ihr zur Verfügung stehenden Mittel ihrer rechtlichen Ausgestaltung.[997]

Ebenso wenig wie das Familiengrundrecht (in welcher Ausformung auch immer) bei der Frage nach einem Adoptionsrecht eingetragener Lebenspartner betroffen ist, ist es das Elternrecht nach Art. 6 Abs. 2 GG. Zwar spricht heutzutage nichts mehr dagegen, auch zwei gleichgeschlechtlichen Partnern das verfassungsrechtliche Elternrecht zuzugestehen,[998] jedoch gewährt die Verfassung dieses Elternrecht, wie oben dargestellt, nicht bereits bei Zusammenleben in sozial-familiärer Gemeinschaft und einer daraus folgenden sozialen Elternstellung, sondern erst im Falle einer auch rechtlichen Elternschaft, da allein diese die aus Art. 6 Abs. 2 GG folgenden Rechte und Pflichten begründen kann.[999] Da eine rechtliche Elternschaft vor einer

---

993 EGMR vom 22.1.2008 – 43546/02, Rn. 41, NJW 2009, S. 3637, 3638.

994 *Meyer-Ladewig*, EMRK Kommentar, Art. 12, Rn. 13.

995 BVerfG vom 19.2.2013 – 1 BvL 1/11, 1 BvR 3247/09, Rn. 70, BVerfGE 133, 59, 85 f. Nach dem Gericht ist der Gesetzgeber aus Art. 6 Abs. 1 GG nicht verpflichtet, in jedem Fall einer faktischen Eltern-Kind-Beziehung das volle Elternrecht zu gewähren, welches nur durch die Ermöglichung einer Adoption zu erlangen wäre.

996 *Brosius-Gersdorf*, FamFR 2013, S. 169, 170.

997 Ständige Rechtsprechung: BVerfG vom 14.4.1959 – 1 BvL 23/57, 1 BvL 34/57, Rn. 22, BVerfGE 9, 237, 242 f.; BVerfG vom 4.5.1960 – 1 BvL 17/57, Rn. 21, BVerfGE 11, 64, 69; BVerfG vom 8.6.1977 – 1 BvR 265/75, Rn. 76, BVerfGE 45, 104, 126; BVerfG vom 11.10.1977 – 1 BvR 343/73, 1 BvR 83/74, 1 BvR 183/75, 1 BvR 428/75, Rn. 56, BVerfGE 47, 1, 19.

998 Siehe hierzu die sehr gute Darstellung des BVerfG in: BVerfG vom 19.2.2013 – 1 BvL 1/11, 1 BvR 3247/09, Rn. 48 ff., BVerfGE 133, 59, 77 f.

999 Hierzu bereits unter a) Definition der Familie; für eine differenziertere Betrachtungsweise: *Maurer*, FamRZ 2013, S. 752, 755.

Adoption aber gerade nicht besteht, kann aus Art. 6 Abs. 2 GG auch kein Anspruch auf Zulassung derselben folgen.

Damit sind eingetragene Lebenspartner und die bei ihnen lebenden Kinder zwar als Familie im Sinne von Art. 6 Abs. 1 GG verfassungsrechtlich geschützt und können daraus Ansprüche auf Schutz und Förderung ableiten, ein Anspruch auf Zulassung von Adoptionsmöglichkeiten, um diese geschützte familiäre Gemeinschaft auch einfachgesetzlich unter Ausschluss der bisherigen Eltern einander zuzuordnen, folgt daraus nicht. In Frage käme hier lediglich der im weiteren Verlauf noch zu prüfende Art. 3 GG, da Eheleute und eingetragene Lebenspartner insoweit unterschiedlich behandelt werden.

c) Gleichgeschlechtliche Lebensgemeinschaften mit Kind

Gleichgeschlechtliche Lebensgemeinschaften, die nicht verpartnert sind, entsprechen nichtehelichen Lebensgemeinschaften. Leben bei letzteren Kinder in einer „*sozial-familiären Gemeinschaft*", so bilden sie eine grundrechtlich geschützte Familie.[1000] Nichts anderes kann für gleichgeschlechtliche Partnerschaften gelten, bei denen Kinder leben. Im Gegensatz zu nichtehelichen Lebensgemeinschaften kann es sich dabei zwar nicht um gemeinsame Kinder handeln,[1001] darauf kommt es aber auch nicht an. Wie bei eingetragenen Lebenspartnern auch ist es ausreichend, wenn Partner einer gleichgeschlechtlichen Lebensgemeinschaft, die in häuslicher Gemeinschaft mit Kindern ihres Partners leben, soziale Elternrechte übernehmen. Folglich bilden Partner einer gleichgeschlechtlichen Lebensgemeinschaft auch mit den (Adoptiv-)Kindern ihres Partners und diesem zusammen im Falle einer häuslichen Gemeinschaft eine Familie im Sinne von Art. 6 Abs. 1 GG.

Dieser Ansicht ist auch das BVerfG.[1002] Damit schließt es sich ausdrücklich der Rechtsprechung des EGMR an,[1003] der, wie bereits dargestellt, unter Abkehr von seiner früheren Ansicht inzwischen ebenfalls davon ausgeht, dass gleichgeschlechtliche Paare (und die bei ihnen lebenden Kinder) unabhängig von einer rechtlichen Bindung zwischen ihnen allein aufgrund ihrer engen persönlichen Bindung und ihres Zusammenlebens als *de facto* Familie ein Recht auf Achtung ihres Familienlebens nach Art. 8 EMRK haben.[1004] Der EGMR begründete seine Rechtssprechungsänderung vor allem mit der schnellen gesellschaftlichen Entwicklung im Hinblick auf die Einstellung zu gleichgeschlechtlichen Paaren und die rechtliche Anerkennung dieser durch eine beträchtliche Anzahl von Konventionsstaaten seit seiner letzten

---

1000 Siehe oben: a) Definition der Familie.

1001 Derzeit sind die einzigen rechtlichen Möglichkeiten für gleichgeschlechtliche Paare, gemeinsame Kinder zu bekommen, die Stiefkind- und die Sukzessivadoption. Beide sind allerdings der eingetragenen Lebenspartnerschaft vorbehalten.

1002 BVerfG vom 19.2.2013 – 1 BvL 1/11, 1 BvR 3247/09, Rn. 65, BVerfGE 133, 59, 83 f.

1003 Ebd., Rn. 66 mit Verweis auf EGMR vom 24.6.2010 – 30141/04, NJW 2011, S. 1421.

1004 Zuletzt: EGMR vom 19.2.2013 – 19010/07, Rn. 93, NJW 2013, S. 3637, 3638.

hierzu ergangenen, sich noch gegenteilig äußernden Entscheidung im Jahr 2001.[1005] Auch an diesem Beispiel wird deutlich, dass das BVerfG durch seine völkerrechtsfreundliche Auslegung des Grundgesetzes immer mehr zu einer Angleichung der grundrechtlichen Gewährleistungen mit denen der EMRK beiträgt.

d) Ergebnis

Aus heutiger Sicht ergibt sich bei der Frage, ob gleichgeschlechtliche Paare und eingetragene Lebenspartner und die bei ihnen lebenden Kinder eine grundrechtlich geschützte Familie bilden, ein recht eindeutiges Bild. Diese inzwischen sehr klare Zuordnung beruht allerdings keineswegs auf alt hergebrachten Ansichten, sondern ist der Rechtsentwicklung der letzten zehn bis fünfzehn Jahre auf deutscher und europäischer Ebene geschuldet. So hat das BVerfG sogar nichteheliche Lebensgemeinschaften mit Kind erstmals im Rahmen einer Entscheidung aus dem Jahr 2002[1006] ausdrücklich als eine gemeinsame Familie angesehen. Die Entscheidung, mit der es gleichgeschlechtliche Paare mit Kind als Familie anerkannt hat,[1007] ist gerade einmal vier Jahre alt. Auch auf europäischer Ebene hat sich diese Entwicklung nicht wesentlich früher abgezeichnet als in Deutschland. So hat der EGMR gleichgeschlechtliche Paare in einer stabilen Partnerschaft – im Gegensatz zu verschiedengeschlechtlichen Partnerschaften – noch im Jahr 2001 nicht unter den Begriff des Familienlebens nach Art. 8 EMRK fassen wollen, diese Entscheidung dann aber im Jahr 2010 revidiert,[1008] nachdem etliche Konventionsstaaten rechtliche Regelungen und familienrechtliche Institute für gleichgeschlechtliche Paare geschaffen hatten und damit die konventionsrechtliche Entwicklung erheblich vorangetrieben haben. Die Annährung von europäischer und nationaler Rechtsprechung in diesem Bereich wird dabei vor allem durch das BVerfG bewirkt und hat insbesondere durch die Anerkennung der verfassungsrechtlichen Pflicht zur völkerrechtsfreundlichen Auslegung im Jahr 2011[1009] enorm an Dynamik gewonnen.

Der Umfang dieser Entwicklung wird bei einem Vergleich mit dem verfassungsrechtlichen Stand dieser Personengruppen in der Anfangszeit des Grundgesetzes noch deutlicher und soll daher im Folgenden kurz dargestellt werden, um anhand dessen das Vorliegen und die Reichweite eines möglichen Verfassungswandels skizzieren zu können.

1005 EGMR vom 24.6.2010 – 30141/04, Rn. 93 f., NJW 2011, S. 1421, 1424 f.
1006 BVerfG vom 29.10.2002 – 1 BvL 16/95, 1 BvL 17/95, 1 BvL 16/97, Rn. 39, BVerfGE 106, 166, 176.
1007 BVerfG vom 19.2.2013 – 1 BvL 1/11, 1 BvR 3247/09, Rn. 64 ff., BVerfGE 133, 59, 83 f.
1008 EGMR vom 24.6.2010 – 30141/04, Rn. 93 f., NJW 2011, S. 1421, 1424 f.
1009 Hierzu ausführlich oben: 1. Kapitel, E. V. 4. b) EGMR.

2. Stand bei Inkrafttreten des Grundgesetzes

Wie bereits erläutert, hat das BVerfG schon recht früh nicht nur die traditionelle Familie aus Eheleuten und ihren biologischen Kindern als Familie anerkannt, sondern auch die Gemeinschaft von Eltern und ihren Adoptiv-, Stief- und Pflegekindern,[1010] also bei rein rechtlicher und sogar nur sozialer Elternschaft. Allerdings ist anzunehmen, dass auch hierbei für das BVerfG konstitutives Element das Bestehen einer Ehe zwischen den Eltern war. Konnte – wie beim Stiefkind Verhältnis – das Kind zwar auch außerhalb der Ehe oder in einer früheren Ehe geboren worden sein, so musste es wohl zumindest jetzt mit beiden Ehepartnern in familiärer Gemeinschaft zusammenleben.[1011] Das erschließt sich aus einem Vergleich mit dem Schutz, den das Gericht nichtehelichen Kindern gewährte und bei dem es eine Familie lediglich *„im Verhältnis zur Mutter“*[1012] sah und zwar unabhängig davon, ob der Vater mit Mutter und Kind in nichtehelicher Gemeinschaft zusammenlebte. Diese Wertung ergibt sich daneben auch aus dem damals geltenden Steuerrecht: So standen Kinderfreibeträge dem Steuerpflichtigen nur für eheliche Kinder, eheliche Stiefkinder, ehelich erklärte Kinder, Adoptivkinder und Pflegekinder zu. Bei nichtehelichen Kindern galt der Kinderfreibetrag ausdrücklich nur im Verhältnis zur leiblichen Mutter.[1013] Der nichteheliche Vater war nach der bis zum Jahr 1969 geltenden Fassung des § 1589 Abs. 2 BGB a.F. nicht einmal mit seinem Kind verwandt.[1014] Wie spät die nichteheliche Lebensgemeinschaft mit Kind als eine gemeinsame Familie anerkannt wurde, wurde weiter oben bereits erläutert.[1015] Aber auch der nichteheliche Vater und sein Kind an sich wurden erst in einer Entscheidung des BVerfG aus dem Jahr 1977 als grundrechtlich geschützte Familie anerkannt.[1016] Dies bedeutete allerdings noch nicht, dass dem nichtehelichen Vater auch umfangreiche Rechte in Bezug auf sein Kind zukamen. Zwar war der Vater seit der erwähnten Reform aus dem Jahr 1969 mit seinem Kind verwandt und bekam erstmals auch ein Umgangsrecht, er hatte jedoch weiterhin grundsätzlich keine Möglichkeit, die (gemeinsame) elterliche Sorge zu erhalten.[1017] Erst mit dem Kindschaftsrechtsreformgesetz aus dem Jahr 1997 wurde für nicht miteinander verheiratete Eltern eines Kindes in § 1626a BGB die Möglichkeit zur gemeinsamen elterlichen Sorge geschaffen.[1018] Diese Möglichkeit war dem Vater allerdings nur bei Zustimmung der Mutter gegeben. Verweigerte

---

1010 BVerfG vom 30.6.1964 – 1 BvL 16/62-25/62, Rn. 38, BVerfGE 18, 97, 106.

1011 Das wird auch anhand der Beschwerdeführer in der Entscheidung des BVerfG vom 30.6.1964 – 1 BvL 16/62-25/62, Rn. 20, 25, 29, BVerfGE 18, 97, 101 deutlich.

1012 BVerfG vom 30.6.1964 – 1 BvL 16/62-25/62, Rn. 38, BVerfGE 18, 97, 106.

1013 Siehe § 32 Abs. 2 EStG in der Fassung vom 10.12.1965.

1014 Dies wurde geändert durch Nichtehelichengesetz vom 19.08.1969, in Kraft seit 01.07.1970, BGBl. 1969 I, S. 1243.

1015 So unter A. II. 1. a) Definition der Familie.

1016 BVerfG vom 8.6.1977 – 1 BvR 265/75, Rn. 67, BVerfGE 45, 104, 123.

1017 Ausführlich zur Rechtslage *Peschel-Gutzeit*, FPR 2005, S. 167, 170.

1018 BGBl. 1997 I, S. 2942, in Kraft seit 01.07.1998.

diese die Zustimmung, hatte der nichteheliche Vater keine rechtliche Möglichkeit, das Sorgerecht zu erlangen, auch wenn dies dem Kindeswohl im Einzelfall dienlicher wäre. Diese Regelung hat das BVerfG erst im Jahr 2010 für verfassungswidrig erklärt.[1019] Damit hat das BVerfG seine bisherige Rechtsprechung, nach der das Elternrecht des nichtehelichen Vaters nach Art. 6 Abs. 2 GG durch die Regelung des § 1626a BGB gerade nicht verletzt sei, aufgegeben.[1020] Dies geschah indes weniger aus eigenem Antrieb, als vielmehr im Hinblick auf die Rechtsprechung des EGMR, auf die das BVerfG in seiner Entscheidung ausdrücklich Bezug nahm. So hatte der EGMR in der Entscheidung *Zaunegger gegen Deutschland* aus dem Jahr 2009 erklärt, dass der grundsätzliche Ausschluss einer gerichtlichen Überprüfung der ursprünglichen Zuweisung der Alleinsorge an die Mutter im Hinblick auf den verfolgten Zweck, nämlich den Schutz des Wohls eines nichtehelichen Kindes, nicht verhältnismäßig und damit Art. 14 i.V.m. Art. 8 EMRK verletzt sei.[1021] Die Entscheidung ist zwar nur hinsichtlich des Tenors und nur für die Parteien des Ausgangsverfahrens unmittelbar rechtlich bindend,[1022] also gerade nicht für das BVerfG, dieses sah aber dennoch die völkerrechtliche Notwendigkeit, die Vorschrift für verfassungswidrig zu erklären und eine Übergangsregelung bis zu einer gesetzlichen Neuregelung zu treffen und das, obwohl die Bundesregierung im Verfahren erklärt hatte, dass es schon Vorüberlegungen für eine solche Neuregelung gab.[1023] Dies begründete das Gericht wie folgt:

> *„Da die Fachgerichte gehalten sind, im Rahmen der Rechtsanwendung die Gewährleistungen der Europäischen Menschenrechtskonvention und die Rechtsprechung des Europäischen Gerichtshofs für Menschenrechte ausreichend zu berücksichtigen (vgl. BVerfGE 111, 307 <323 f.>), und eine Aussetzung einschlägiger Sorgerechtsverfahren dem verfahrensrechtlichen Beschleunigungsgebot in Kindschaftssachen zuwiderlaufen könnte, ist es zur vorübergehenden Sicherstellung eines verfassungs- und konventionsgemäßen Zustandes angezeigt, eine Übergangsregelung zu treffen.“*[1024]

Auch hier zeigt sich das intensive Bemühen des BVerfG um eine völkerrechtsfreundliche Auslegung, das sogar so weit geht, dass das Gericht dem eigentlich durch eine Entscheidung Verpflichteten vorgreift, wenn dies zur Wahrung der verfassungs- und konventionsrechtlichen Gewährleistungen erforderlich erscheint. Vor allem aus kompentenzrechtlicher Sicht ist es dabei nicht unbedenklich, wenn das Gericht nicht nur eine Entscheidung für den konkreten Einzelfall trifft, sondern gesetzgeberisch tätig wird (wenn auch nur im Rahmen einer Übergangsregelung)

1019 BVerfG vom 21.7.2010 – 1 BvR 420/09, Rn. 54, BVerfGE 127, 132, 155.
1020 BVerfG vom 29.1.2003 – 1 BvL 20/99, 1 BvR 933/01, Rn. 47, BVerfGE 107, 150, 169.
1021 EGMR vom 3.12.2009 – 22028/04, Rn. 63 f., NJW 2010, S. 501, 504.
1022 *Meyer-Ladewig*, EMRK Kommentar, Art. 46, Rn. 14 ff.; *Grabenwarter/Pabel*, EMRK, § 16 Rn. 8 ff.
1023 BVerfG vom 21.7.2010 – 1 BvR 420/09, Rn. 77, BVerfGE 127, 132, 165.
1024 Ebd., Rn. 74, BVerfGE 127, 132, 164.

und so in den Aufgabenbereich des Gesetzgebers eingreift, um eine konventionsgemäße Rechtslage sicherzustellen.

Im Ergebnis wird an dem Beispiel der elterlichen Sorge deutlich, wie lange es gedauert hat, bis nichtehelichen Vätern durch Rechtsprechung und Gesetzgeber Rechte zugestanden wurden, die der zumindest seit dem Jahr 1969 bestehenden verfassungsrechtlichen Stellung dieser Väter und ihrer Kinder als Familie im Sinne von Art. 6 Abs. 1 GG und als Elternteil im Sinne von Art. 6 Abs. 2 GG gerecht wurden. Diese schleppende Entwicklung lässt sich auch für andere Bereiche der Rechtsstellung nichtehelicher Väter beobachten.[1025]

Aber nicht nur der nichteheliche Vater, auch die nicht verheiratete Mutter wurde, obwohl sie und ihr Kind von Anfang an dem Schutz des Art. 6 Abs. 1 GG unterlagen, lange Zeit schlechter gestellt als Eheleute. So hatte sie bis zum Familienrechtsänderungsgesetz aus dem Jahr 1961[1026] nicht die elterliche Sorge für ihr Kind, war also nicht zu seiner Vertretung befugt, diese kam von Amts wegen einem Vormund zu, § 1707 BGB a.F., während die Mutter lediglich die Personensorge innehatte. Selbst nach Erlass des Nichtehelichengesetzes aus dem Jahr 1969[1027] benötigte das nichteheliche Kind für die Wahrnehmung bestimmter Angelegenheiten noch einen Pfleger, so zum Beispiel für die Feststellung der Vaterschaft, die Geltendmachung von Unterhaltsansprüchen und die Regelung von Erb- und Pflichtteilsrechten.[1028] Dies wurde erst im Rahmen der Reformen aus den Jahren 1997/1998, mit denen auch die Unterscheidung ehelicher und nichtehelicher Kinder aus dem Gesetz verschwand und dem nichtehelichen Vater die Möglichkeit eines gemeinsamen Sorgerechts eingeräumt wurde, abgeschafft.[1029]

Während nichteheliche Mütter und Väter und deren (verfassungsmäßige) Rechte also seit Inkrafttreten des Grundgesetzes zumindest thematisiert wurden, kann das für gleichgeschlechtliche Lebenspartner nicht festgestellt werden. Auch wenn der homosexuelle Verkehr zwischen Männern seit dem Jahr 1969 nicht mehr strafbar war, waren homosexuelle Beziehungen dennoch bis Ende der achtziger Jahre des letzten Jahrhunderts ein absolutes Tabuthema[1030] und an ein Aufwachsen von Kindern in solchen Gemeinschaften nicht einmal zu denken. Eine der wenigen Fundstellen zu „*homosexuellen Verbindungen*" in der familienrechtlichen Literatur dieser Zeit findet sich im Bericht von *Steiger*, den er im Rahmen der Staatsrechtlehrertagung des Jahres 1986 hielt, die sich mit der Thematik des sozialen Wandels von Ehe und Familie beschäftigte, und in dem er in einem Nebensatz die Gleichstellung

1025 So zum Beispiel bei der Möglichkeit zur Feststellung der Vaterschaft, siehe hierzu: *Peschel-Gutzeit*, NJW 2013, S. 2465.

1026 BGBl. 1961 I, S. 1221.

1027 BGBl. 1969 I, S. 1243.

1028 Hierzu ausführlich: *Peschel-Gutzeit*, FPR 2005, S. 167, 169 f.

1029 Die Abschaffung der Amtspflegschaft in § 1706 BGB a.F. erfolgte durch das Beistandschaftsgesetz vom 04.12.1997, in Kraft seit dem 01.07.1998, BGBl. 1997 I, 2846.

1030 Siehe hierzu oben: 2. Kapitel, C. II. Sukzessiver Abbau der Strafbarkeit und zunehmende Toleranz.

solcher Verbindungen mit der Ehe – im Gegensatz zu nichtehelichen Lebensgemeinschaften– von vornherein ausschloss.[1031]

Zwar rückten homosexuelle Partnerschaften und die Notwendigkeit der Zurverfügungstellung eines Rechtsrahmens für diese Partnerschaften ab Anfang der neunziger Jahre des letzten Jahrhunderts in den Fokus der Politik, vorangetrieben insbesondere durch eine entsprechende Entschließung des Europäischen Parlaments sowie durch die Aktion des „Sturms auf die Standesämter"[1032] – die gleichgeschlechtliche Partnerschaft mit Kind tat dies aber wohl erst nach Erlass des LPartDisBG im Jahr 2001 im Rahmen der weiteren Angleichung des familienrechtlichen Instituts der eingetragenen Lebenspartnerschaft an das der Ehe, nachdem diese Familienform als soziale Realität wahrgenommen wurde.

3. Vorliegen eines Verfassungswandels

Während also die auf der Ehe gegründete Familie aus Eltern und ihren Kindern, Adoptiv-, Stief- und Pflegekindern, sowie – wegen des Gleichstellungsgebots in Art. 6 Abs. 5 GG – die Mutter mit ihrem nichtehelichen Kind bereits seit jeher vom Familienbegriff des Grundgesetzes umfasst waren, waren der Vater mit seinem nichtehelichen Kind, sowie die nichteheliche und die gleichgeschlechtliche „Familie" hiervon zunächst ausgeschlossen.

Den Vater mit seinem nichtehelichen Kind hat das BVerfG nach einer Änderung auf einfachgesetzlicher Ebene – der Streichung des § 1589 Abs. 2 BGB a.F. – in den verfassungsrechtlich gewährleisteten Schutz der Familie aufgenommen. Dies verwundert auf den ersten Blick, steht doch das Verfassungsrecht über einfachem Gesetzesrecht, so dass eine anstandslose Aufnahme von geändertem Gesetzesrecht in die Verfassung mehr als unüblich erscheint.[1033] Bei genauerer Betrachtung wird allerdings deutlich, dass diese Änderung auf einfachgesetzlicher Ebene nicht vom Gesetzgeber, sondern vom BVerfG ausging. In einer Verfassungsbeschwerde aus dem Jahr 1969 zum geltenden Unterhaltsrecht nichtehelicher Kinder hat das Gericht in weiten Teilen des nichteheliche Kinder betreffenden Zivilrechts einen Verstoß gegen das Gleichstellungsgebot des Art. 6 Abs. 5 GG gesehen – so unter anderem auch in dem nichtbestehenden Verwandtschaftsverhältnis zum Vater – und dem Gesetzgeber eine Frist zur Reform des Nichtehelichenrechts mit der Ankündigung gesetzt, ansonsten Art. 6 Abs. 5 GG entgegenstehendes Recht unangewendet zu lassen.[1034] Damit ging die Initiative zur Einbeziehung von Vätern und ihren nichtehelichen Kindern in den verfassungsrechtlichen Familienbegriff im Ergebnis vom BVerfG und seinem geänderten Verständnis der betreffenden verfassungsrechtlichen

1031 *Steiger*, VVDStRL 45 (1987), S. 79.

1032 Siehe hierzu oben: 2. Kapitel, C. II. Sukzessiver Abbau der Strafbarkeit und zunehmende Toleranz.

1033 So auch: *Kleffmann*, Ehe und andere Lebensgemeinschaften nach Landes- und Bundesverfassungsrecht, S. 96 f.

1034 BVerfG vom 29.1.1969 – 1 BvR 26/66, Rn. 44 ff., BVerfGE 25, 167, 182 ff.

Vorschriften aus. Aufgrund dieses geänderten Verständnisses hielt es eine Neudefinition des Normprogramms und den Einbezug von nichtehelichen Vätern und ihren Kindern in den Normbereich von Art. 6 Abs. 1 GG für erforderlich. Diesem geänderten Verständnis stand jedoch die Vorschrift des § 1589 Abs. 2 BGB a.F. entgegen. Zwar hätte das BVerfG die Vorschrift auch für verfassungswidrig und damit unanwendbar erklären können, allerdings wollte es dem Gesetzgeber (zumindest innerhalb einer bestimmten Frist) die Möglichkeit geben, die Vorschrift selbst anzupassen. Dies ist aus kompentenzrechtlicher Sicht zu begrüßen und hat dazu geführt, dass auch dem Gesetzgeber bei der Aufnahme des geänderten Verständnisses in die Verfassung eine wesentliche Rolle zukam.

Unabhängig von der Frage, auf wen diese Interpretationsänderung zurückgeht, hat sich durch die Aufnahme nichtehelicher Väter in den Schutzbereich von Art. 6 Abs. 1 GG das bisherige Normverständnis gewandelt. Dieses gewandelte Normverständnis war durch Änderungen auf gesellschaftlicher Ebene in den siebziger Jahren des letzten Jahrhunderts im Hinblick auf nichteheliche Lebensgemeinschaften sowie durch den technischen Fortschritt bedingt. So war es im Gegensatz zur Anfangszeit des Grundgesetzes inzwischen möglich, die Vaterschaft eines Mannes mittels technischer Hilfsmittel festzustellen, so dass sich dessen Vaterstellung mit einiger Sicherheit nachweisen ließ.[1035] Hier, wie auch bei der weiteren Stärkung der Rechte von Vätern nichtehelicher Kinder, darf darüber hinaus auch der Einfluss der Rechtsprechung des EGMR und die Wirkung der EMRK nicht unterschätzt werden. So konnte an der Rechtsprechungsentwicklung des BVerfG deutlich beobachtet werden, dass dieses seine Rechtsprechung mit zunehmender Intensität an die des EGMR anpasst. Insgesamt haben diese normativ relevanten Entwicklungen zum Einbezug einer weiteren Personengruppe in den verfassungsrechtlichen Familienbegriff geführt, die vorher als Gemeinschaft keinerlei verfassungsrechtlichen Schutz genoss – ob eine familiäre Beziehung vorhanden war oder nicht. Diese Erweiterung des verfassungsrechtlichen Schutzbereichs von Art. 6 Abs. 1 GG und die damit einhergehende Neuinterpretation des Normprogramms stellt einen nach *Bryde* klassischen Fall des Verfassungswandels – ähnlich dem der Aufnahme des Computergrundrechts in Art. 2 Abs. 1 i.V.m. Art. 1 Abs. 1 GG dar.[1036]

Die im vorigen Abschnitt dargestellten geänderten gesellschaftlichen Anschauungen, die sich in der stetigen Verbesserung der rechtlichen Situation nichtehelicher Väter, Mütter und Lebensgemeinschaften auf einfachgesetzlicher Ebene widergespiegelt haben, haben im Ergebnis dann auch zur Einbeziehung der nichtehelichen Lebensgemeinschaft mit Kind in den Schutzbereich von Art. 6 Abs. 1 GG durch das BVerfG geführt. Auch hieran hatte die Rechtsprechung des EGMR ihren Anteil.

1035 Dies sieht *Kleffmann* als einen maßgeblichen Grund für den Wegfall von § 1589 Abs. 2 BGB a.F. an, so in: Ehe und andere Lebensgemeinschaften nach Landes- und Bundesverfassungsrecht, S. 98.

1036 Hierzu ausführlich unter: 1. Kapitel, E. III. Beispiele für gewandelte Teile des Grundgesetzes.

Zwar hat dies einige Zeit gedauert, immerhin hat der EGMR nichteheliche Lebensgemeinschaften bereits im Jahr 1979 als durch Art. 8 EMRK geschützt angesehen,[1037] während sich das BVerfG erst im Jahr 2002 dazu durchringen konnte,[1038] inzwischen besteht aber auch in diesem Bereich ein Gleichlauf, der zu einem insgesamt höheren Schutzniveau für nichteheliche Gemeinschaften geführt hat. Auch diese Neuaufnahme einer Personengruppe in den Schutzbereich von Art. 6 Abs. 1 GG stellt einen Verfassungswandel dar.

Das Gleiche gilt für gleichgeschlechtliche Lebensgemeinschaften mit Kind. Auch dort hat, wie dargelegt, ein auf geänderten gesellschaftlichen Anschauungen, der Verbesserung der Rechtsstellung gleichgeschlechtlicher Paare und den Entwicklungen auf europäischer Ebene beruhender Wandel wiederum eine Neudefinition des Normprogramms erforderlich gemacht und zur Aufnahme dieser Gemeinschaften in den Schutzbereich des Art. 6 Abs. 1 GG durch das BVerfG geführt.

Diese stillschweigenden Veränderungen im Normgefüge des Art. 6 Abs. 1 GG sind insgesamt von weitreichender Bedeutung: Konnte sich bei Inkrafttreten des Grundgesetzes weder die Gesellschaft noch die Rechtswissenschaft auch nur vorstellen, nichteheliche Väter, nichteheliche oder gar gleichgeschlechtliche Lebensgemeinschaften und die bei ihnen lebenden Kinder in den Schutzbereich von Art. 6 Abs. 1 GG aufzunehmen, stellt dies heutzutage geradezu eine Selbstverständlichkeit dar. Diese Entwicklungen sind enorm und haben im Hinblick auf den Schutzbereich der Familie damit auch gleich zu mehreren Verfassungswandlungen geführt. So wurden in verschiedenen Stufen zunächst Väter mit ihren nichtehelichen Kindern in den Schutzbereich aufgenommen, danach nichteheliche Lebensgemeinschaften mit Kind und schließlich auch eingetragene sowie nicht verpartnerte, gleichgeschlechtliche Lebenspartner und die mit ihnen in sozial-familiärer Gemeinschaft lebenden Kinder, so dass Art. 6 Abs. 1 GG heutzutage einen wesentlich weiteren Schutzbereich aufweist als bei Inkrafttreten des Grundgesetzes, der wohl tatsächlich die *„Grenzen der damaligen Vorstellungswelt“*[1039] durchbrochen hätte.

Diese Verfassungswandlungen müssten auch innerhalb der zulässigen Grenzen verlaufen sein. In Betracht kommen hier vor allem der Kerngehalt der Verfassungsnorm – bei der insbesondere die Institutsgarantie des Familiengrundrechts relevant ist – sowie die Verfassungskontinuität. Der Normtext kann hier bereits deshalb nicht verletzt sein, weil der Begriff Familie verfassungsrechtlich nicht definiert ist und ein Verfassungswandel gegen den ausdrücklichen Normtext daher nicht vorstellbar ist.

Nach dem BVerfG sichert die Institutsgarantie des Art. 6 Abs. 1 GG *„den Kern der das Familienrecht bildenden Vorschriften insbesondere des bürgerlichen Rechts*

1037 EGMR vom 13.06.1979 – 6833/74, Rn. 31, EGMR-E 1, 396, NJW 1979, S. 2449, 2450.
1038 BVerfG vom 29.10.2002 – 1 BvL 16/95, 1 BvL 17/95, 1 BvL 16/97, Rn. 39, BVerfGE 106, 166, 176.
1039 So das BVerfG bei Aufnahme eingetragener und gleichgeschlechtlicher Lebensgemeinschaften mit Kind in den Schutzbereich von Art. 6 Abs. 1 GG, BVerfG vom 19.2.2013 – 1 BvL 1/11, 1 BvR 3247/09, Rn. 55, BVerfGE 133, 59, 79 f.

gegen eine Aufhebung oder wesentliche Umgestaltung und schützt gegen staatliche Maßnahmen, die bestimmende Merkmale des Bildes von Ehe und Familie, das der Verfassung zugrunde liegt, beeinträchtigen".[1040] Der Kern der das Familienrecht bildenden Vorschriften wird durch die Aufnahme einer weiteren Personengruppe in den Schutzbereich weder aufgehoben noch wesentlich umgestaltet. Die Vorschriften bleiben zunächst identisch, lediglich der Anwendungsbereich wächst. Im Falle der Aufnahme nichtehelicher Väter und ihrer Kinder in den Schutzbereich von Art. 6 Abs. 1 GG ist sogar zunächst eine ausdrückliche Anpassung der einfachgesetzlichen Vorschriften des Familienrechts und erst im Anschluss eine implizite Wandlung der Verfassung durch das BVerfG erfolgt. Auch das dem Grundgesetz zugrundeliegende Bild ist durch die Aufnahme des Vaters mit seinem nichtehelichen Kind sowie durch die nichtehelichen und gleichgeschlechtlichen Familien in den Schutzbereich von Art. 6 Abs. 1 GG nicht beeinträchtigt worden. Verfassungsrechtlich geschützte Familie bleibt vielmehr weiterhin die „*umfassende Gemeinschaft von Eltern und Kindern*",[1041] die Eltern müssen zwar nicht mehr zwingend verheiratet oder verschiedengeschlechtlich sein, sie müssen aber weiterhin dieselben, aus dem überkommenen Recht entnommenen schützenswerten familiale Funktionen erfüllen.

Von einem unzulässigen Kontinuitätsbruch kann vorliegend ebenfalls nicht ausgegangen werden. Wie die Entwicklung gezeigt hat, erfolgte die Neuaufnahme weiterer Personengruppen in den Schutzbereich von Art. 6 Abs. 1 GG in mehreren Stufen, die mit der Entwicklung gesellschaftlicher Verhältnisse und der Diversifizierung anerkannter Lebensformen konform ging und vom BVerfG in seinen Entscheidungen auch jeweils so begründet wurde. Wo es möglich war, hat es dabei dem Gesetzgeber den Vortritt gelassen, damit dieser die Änderungen auf einfachgesetzlicher Ebene, die das Gericht für notwendig hielt, selbst vornehmen und dabei das ihm zustehende gesetzgeberische Ermessen nutzen konnte. Damit liegt im Hinblick auf den durch die Verfassungswandlungen erfolgten Kontinuitätsbruch jeweils ein ausdrücklich vorgetragener, nachvollziehbarer und vernünftiger Grund vor und die Änderungen waren schließlich auch verhältnismäßig.[1042]

Art. 79 Abs. 3 GG zuletzt könnte hier lediglich insoweit einschlägig sein, als er im Rahmen des Demokratieprinzips kompetenzrechtliche Grenzen für den Verfassungswandel setzt. Wie weiter oben ausgeführt, erschien es zumindest bedenklich, als das BVerfG die fehlende Möglichkeit des nichtehelichen Vaters das Sorgerecht zu erlangen – auch wenn dies dem Kindeswohl im Einzelfall dienlicher wäre – für verfassungswidrig erklärte und eine Übergangsregelung bis zur gesetzlichen Neuregelung schuf.[1043] Hierin lag indes kein Verfassungswandel. Zu diesem Zeitpunkt

1040 BVerfG vom 18.4.1989 – 2 BvR 1169/84, Rn. 36, BVerfGE 80, 81, 92.

1041 Siehe hierzu oben unter 1. a) Definition der Familie, ständige Rechtsprechung des BVerfG.

1042 Kriterien nach *Leisner*, Kontinuität als Verfassungsprinzip, S. 219 ff.

1043 BVerfG vom 21.7.2010 – 1 BvR 420/09, Rn. 54, BVerfGE 127, 132, 155.

war die nichteheliche Lebensgemeinschaft mit ihren Kindern bereits als Familie im verfassungsrechtlichen Sinn anerkannt. Durch die Entscheidung hat das Gericht lediglich eine einfachgesetzliche Vorschrift für verfassungs- und konventionswidrig erklärt, aber keine Inhaltsänderung auf der Ebene der Verfassung bewirkt. Ob das Gericht in einem solchen Fall in die Kompetenz des Gesetzgebers eingreifen und Übergangsregelungen bis zu einer gesetzlichen Neuregelung schaffen darf, ist in der Wissenschaft zwar äußerst umstritten, hat sich bislang aber nicht auf die Akzeptanz in der Praxis ausgewirkt,[1044] und kann hier nicht abschließend bewertet werden, da dies für die vorliegend zu beantwortenden Fragen nicht unmittelbar relevant ist.

III. Ergebnis

Während eingetragene Lebenspartnerschaften weder derzeit noch künftig dem Schutzbereich der Ehe nach Art. 6 Abs. 1 GG unterliegen können, da eine Einbeziehung den Kerngehalt der Ehe betreffen würde, der nur durch eine ausdrückliche Verfassungsänderung angepasst werden kann, sieht dies beim Schutzbereich der Familie anders aus. In diesen sind die eingetragene Lebenspartnerschaft mit Kind sowie gleichgeschlechtliche Lebensgemeinschaften mit Kind aufgrund eines erfolgten Verfassungswandels inzwischen miteinbezogen und können hieraus Schutz- und Förderansprüche geltend machen. Ein Anspruch auf Zulassung der Adoption für gleichgeschlechtliche Paare kann sich aus dieser Grundrechtsgewährleistung allerdings nicht ergeben, so dass insoweit andere Grundrechtsgarantien zu untersuchen sein werden.

Die gleichgeschlechtliche Zweiergemeinschaft an sich genießt nach dem bisherigen Ergebnis indes keinerlei verfassungsrechtlichen Schutz nach Art. 6 Abs. 1 GG, so dass es für diese sowie für Homosexuelle als Einzelpersonen insgesamt darauf ankommen wird, welche sonstigen Grundrechtsgarantien einschlägig sind und wie dieser Schutz ausgestaltet ist.

B. Schutz über Art. 2 Abs. 1 GG

Bereits im Jahr 1957 hat das BVerfG, wie im 2. Kapitel dargelegt, festgestellt, dass die homosexuelle Betätigung grundsätzlich dem Schutzbereich von Art. 2 Abs. 1 GG unterliegen könne, da dieser auch das Gebiet des Geschlechtlichen umfasse.[1045] Die Bestrafung männlicher homosexueller Betätigung nach § 175 StGB a.F. hat es dennoch für verfassungsmäßig erklärt, da diese eindeutig gegen das Sittengesetz verstoße und § 175 StGB a.F. mithin als Teil der verfassungsmäßigen Ordnung geeignet sei, den Schutz nach Art. 2 Abs. 1 GG zu beschränken.[1046] Diese Entscheidung des BVerfG

1044 Siehe hierzu: *Graßhof*, in: Umbach/Clemens/Dollinger, § 78 BVerfGG, Rn. 72 ff.

1045 BVerfG vom 10.5.1957 – 1 BvR 550/52, Rn. 165 ff., BVerfGE 6, 389, 432 ff.; siehe oben: 2. Kapitel, C. I. 2. Das Urteil des BVerfG zur Verfassungsmäßigkeit des § 175 StGB.

1046 Ebd.

zum Sittengesetz ist in seiner Rechtsprechungstätigkeit die einzige geblieben, in der es einen Verstoß hiergegen angenommen hat. In seinen neueren Entscheidungen Homosexuelle, gleichgeschlechtliche Lebensgemeinschaften und eingetragene Lebenspartnerschaften betreffend hat es dieses mit keinem Wort mehr erwähnt.

Im Folgenden soll daher die Frage beantwortet werden, wie der verfassungsrechtliche Schutz Homosexueller sowie gleichgeschlechtlicher Partnerschaften nach Art. 2 Abs. 1 GG heute ausgestaltet ist, welchen Grenzen er unterliegt, inwieweit sich dieser Schutzstandard gegenüber demjenigen verändert hat, der in den Anfangszeiten des Grundgesetzes bestand, und ob sich daraus ein Verfassungswandel ableiten lässt.

I. Derzeitiger Schutzstand

1. Grundrechtstatbestand

Art. 2 Abs. 1 GG schützt nach ständiger Rechtsprechung des BVerfG und der überwiegenden Meinung in der Literatur die allgemeine Handlungsfreiheit im umfassenden Sinn, so dass jedes menschliche Verhalten unabhängig von seiner Bedeutung für die Persönlichkeitsentfaltung erfasst wird.[1047] Der Schutzbereich des Art. 2 Abs. 1 GG ist folglich äußerst weit, allerdings steht dieser umfassenden Grundrechtsgarantie auch eine ebenso umfassende Schrankenregelung gegenüber.[1048] Aus diesem Grund hat das BVerfG im Laufe der Zeit aus einer Zusammenschau von Art. 2 Abs. 1 GG mit der Menschenwürdegarantie in Art. 1 Abs. 1 GG das allgemeine Persönlichkeitsrecht entwickelt, von dem lediglich die *„engere persönliche Lebenssphäre"* umfasst wird, bei dem an Eingriffe in den Schutzbereich aber auch umso höhere Rechtfertigungsanforderungen gelegt werden, je bedeutender der Bereich für die Persönlichkeitsentfaltung ist.[1049] Diesem Schutz der Privatsphäre unterliegen auch die Gestaltung des Geschlechtslebens sowie die sexuelle Orientierung.[1050]

Folglich ist die (homo)sexuelle Orientierung und das Ausleben homosexuellen Verhaltens nicht nur von Art. 2 Abs. 1 GG, sondern, da den Bereich des Geschlechtlichen und damit einen zur Entfaltung der Persönlichkeit essentiellen Teil betreffend, sogar von Art. 2 Abs. 1 i.V.m. Art. 1 Abs. 1 GG erfasst. Dieser gewährt Homosexuellen ein Abwehrrecht gegenüber dem Staat, nicht beim Ausleben ihrer sexuellen Orientierung behindert oder eingeschränkt zu werden.

1047 *Murswiek*, in: Sachs, Art. 2 GG, Rn. 42, 52; ständige Rechtsprechung des BVerfG seit seinem *Elfes*-Urteil (vgl. bereits oben: 1. Kapitel, E. III. Beispiele für gewandelte Teile des Grundgesetzes).

1048 Ebd., Rn. 89.

1049 Erstmals: BVerfG vom 3.6.1980 – 1 BvR 185/77, Rn. 13, BVerfGE 54, 148, 153.

1050 BVerfG vom 21.12.1977 – 1 BvL 1/75, 1 BvR 147/75, Rn. 78, BVerfGE 47, 46, 73 f., 809; BVerfG vom 6.12.2005 – 1 BvL 3/03, Rn. 46, BVerfGE 115, 1, 14; BVerfG vom 11.1.2011 – 1 BvR 3295/07, Rn. 58, BVerfGE 128, 109, 125.

Art. 2 Abs. 1 GG enthält allerdings nicht nur subjektive Abwehrrechte des Einzelnen gegenüber dem Staat, sondern auch eine objektivrechtliche Schutzpflicht des Staates, den Einzelnen gegen Eingriffe Dritter in die grundrechtlichen Schutzgüter zu schützen.[1051] Diese vom BVerfG zu Art. 2 Abs. 2 GG entwickelte Rechtsprechung lässt sich grundsätzlich auf alle Grundrechte anwenden und ist insbesondere im Bereich des allgemeinen Persönlichkeitsrechts zu beachten.[1052] Den staatlichen Organen und insbesondere dem Gesetzgeber kommt bei der Ausfüllung dieser Schutzpflicht allerdings ein weiter Gestaltungsspielraum zu.[1053] Ob mit dieser objektivrechtlichen Schutzpflicht auch ein subjektiver Anspruch des Einzelnen verbunden ist, ist in der Literatur umstritten und wird nur von einer Minderheit vertreten.[1054] Selbst diese Minderheit will indes nicht annehmen, dass sich aus diesem Schutzanspruch grundsätzlich auch Leistungsansprüche des Einzelnen gegenüber dem Staat auf Erlass bestimmter Vorschriften oder Durchführung bestimmter Maßnahmen ergeben.[1055] Richtigerweise wird man also annehmen müssen, dass sich gerade wegen des den staatlichen Organen eingeräumten weiten Gestaltungs- und Abwägungsspielraums bei der Durchsetzung ihrer Schutzpflicht ein subjektiver Anspruch des Einzelnen in aller Regel nicht begründen lässt. Diesem bleibt damit nur die (verfassungs-)gerichtliche Überprüfung, ob der Schutzpflicht im Einzelfall – unter Berücksichtigung des bestehenden Spielraums – Genüge getan wurde.

Homosexuelle haben damit grundsätzlich aus Art. 2 Abs. 1 i.V.m. Art. 1 Abs. 1 GG ein Abwehrrecht gegenüber dem Staat, im Rahmen der Entfaltung ihrer sexuellen Orientierung nicht beeinträchtigt zu werden. Darüber hinaus ist der Staat innerhalb seines Abwägungsspielraums gehalten, Dritten eine Beeinträchtigung dieses Rechts zu untersagen. Einen subjektiven Anspruch auf Durchsetzung dieser staatlichen Verpflichtung bzw. auf den Erlass bestimmter Vorschriften, die der Entfaltung ihrer sexuellen Orientierung dienen, haben Homosexuelle grundsätzlich jedoch nicht.

Darüber hinaus unterliegt dem Schutz von Art. 2 Abs. 1 i.V.m. Art. 1 Abs. 1 GG auch die Begründung und Führung einer nichtehelichen Lebensgemeinschaft.[1056] Alles andere würde dem jedem Einzelnen über Art. 2 Abs. 1 GG gewährten Schutz widersprechen, da dieser dann zwar das Recht erhielte, seine sexuelle Orientierung

---

1051 Erstmals in einer Entscheidung zu Art. 2 Abs. 2 GG: BVerfG vom 25.2.1975 – 1 BvF 1/74 – 6/74, Rn. 151 f., BVerfGE 39, 1,41 f.; in Bezug auf Art. 2 Abs. 1 i.V.m. Art. 1 Abs. 1 GG: BVerfG vom 10.11.1998 – 1 BvR 1531/96, Rn. 45, BVerfGE 99, 185, 194 f.

1052 *Murswiek*, in: Sachs, Art. 2 GG, Rn. 25; *Jarass*, in: Jarass/Pieroth, Art. 2 GG, Rn. 56; *Stern*, Staatsrecht, Bd. III/1, S. 944.

1053 BVerfG vom 6.5.1997 – 1 BvR 409/90, Rn. 29 f., BVerfGE 96, 56, 64.

1054 So *Murswiek*, in: Sachs, Art. 2 GG, Rn. 24 ff., Hinweis auf die entgegenstehende herrschende Meinung unter Rn. 32; a.A. *Sachs*, in: Sachs, Vor Art. 1 GG, Rn. 35 ff.; differenzierend: *Stern*, Staatsrecht, Bd. III/1, S. 987 ff.

1055 *Murswiek*, ebd., Rn. 38.

1056 BVerfG vom 3.4.1990 – 1 BvR 1186/89, Rn. 34, BVerfGE 82, 6, 16 f.; BVerfG vom 17.11.1992 – 1 BvL 8/87, Rn. 104, BVerfGE 87, 234, 267; *Krings*, FPR 2001, S. 7, 11.

zu entfalten, die Wahl eines Partners und die auf diese Weise zustande gekommene Verbindung aber keinerlei verfassungsrechtlichen Schutz genießen würden.[1057] Aus Art. 2 Abs. 1 i.V.m. Art. 1 Abs. 1 GG folgt sowohl ein Abwehrrecht der Partner einer nichtehelichen Lebensgemeinschaft gegen den Staat hinsichtlich unzumutbarer Behinderungen ihrer Lebensgemeinschaft wie auch eine Schutzpflicht des Staates gegenüber unzulässigen Störungen Dritter.[1058] Auch in diesem Fall folgen aus der Schutzpflicht des Staates aber keine konkreten Leistungsansprüche der Partner einer nichtehelichen Lebensgemeinschaft.

Das zur nichtehelichen Lebensgemeinschaft Gefolgerte muss ebenso für die gleichgeschlechtliche Lebensgemeinschaft gelten. Diese dient in gleichem Maße wie die nichteheliche Lebensgemeinschaft dem Ausleben der sexuellen Orientierung zweier Grundrechtsträger in einer gefestigten Verbindung. Somit unterliegt auch die Begründung und Führung einer gleichgeschlechtlichen Lebensgemeinschaft dem Schutz des Art. 2 Abs. 1 i.V.m. Art. 1 Abs. 1 GG.[1059]

2. *Grundrechtsschranken*

Art. 2 Abs. 1 GG enthält, wie bereits erwähnt, eine umfassende Schrankenregelung, die sogenannte Schrankentrias. Diese umfasst die verfassungsmäßige Ordnung, das heißt jeden formell und materiell verfassungsmäßigen Rechtssatz, die Rechte anderer und das Sittengesetz.[1060] Mit den Rechten anderer sind alle subjektiven Rechte des Privatrechts gemeint, nicht aber die Grundrechte anderer.[1061] Diese sind als kollidierendes Verfassungsrecht bei jedem Grundrecht zu beachten.[1062]

a) Einschränkbarkeit von Art. 2 Abs. 1 GG durch das Sittengesetz

Der Begriff des Sittengesetzes wie auch die Frage nach einem derzeit noch vorhandenen eigenständigen Anwendungsbereich sind umstritten.[1063] In der Literatur wird insbesondere die Konturlosigkeit dieser Schranke und ihr offensichtlicher Verweis auf außerhalb des Rechts liegende Moralvorstellungen kritisiert, welche die Bestimmung des Begriffs der Sittenwidrigkeit anhand der ethischen Vorstellungen einer bestimmten Weltanschauung, Religion oder Kirche notwendig mache, was der

---

1057 So für die gleichgeschlechtliche Lebensgemeinschaft: *Risse*, Der verfassungsrechtliche Schutz der Homosexualität, S. 247.

1058 *Krings*, FPR 2001, S. 7, 11.

1059 So wohl auch: *Starck*, in: Mangoldt/Klein/Starck, Art. 2 Abs. 1 GG, Rn. 109.

1060 *Murswiek*, in: Sachs, Art. 2 GG, Rn. 89 ff.

1061 Ebd., Rn. 90.

1062 Für unbeschränkbare Grundrechte: BVerfG vom 26.5.1970 – 1 BvR 83/69, 1 BvR 244/69, 1 BvR 345/69, Rn. 58, BVerfGE 28, 243, 261. Dies muss erst Recht für Grundrechte gelten, die einer Schrankenregelung unterliegen.

1063 Hierzu: *Murswiek*, in: Sachs, Art. 2 GG, Rn. 94 ff.; *Starck*, in: Mangoldt/Klein/Starck, Art. 2 Abs. 1 GG, Rn. 36 ff; *Di Fabio*, in: Maunz/Dürig, Art. 2 GG, Rn. 45 f.

übrigen Schrankenregelung innerhalb des Grundgesetzes gerade widerspreche.[1064] Außerdem wird dem Sittengesetz aufgrund der weiten Auslegung der Schranke der verfassungsmäßigen Ordnung durch das BVerfG keine unmittelbar eigenständige, sondern nur eine *„mittelbare Bedeutung bei der verfassungsrechtlichen Beurteilung der vom Gesetzgeber konkretisierten Schranken"* zugestanden, die an die ethischen Traditionen der grundgesetzlichen Werteordnung erinnern sollen; eine darüber hinausgehende Funktion für Fälle, *„in denen die verfassungsmäßige Ordnung selbst eine Grundrechtsbeschränkung nicht zu rechtfertigen"* vermöge, wird hingegen im Allgemeinen abgelehnt.[1065] Belegt wird diese Ansicht mit einem Verweis auf die Rechtsprechung des BVerfG, bei der das Gericht ausschließlich im Rahmen der Beurteilung der Verfassungsmäßigkeit des § 175 StGB a.F. auf das Sittengesetz rekurriert habe.[1066]

Dieser in der Literatur vorherrschenden Ansicht kann nur zugestimmt werden. Zwar ist die Schranke des Sittengesetzes nicht schon deshalb abzulehnen, weil sie nur anhand der aktuell herrschenden gesellschaftlichen Auffassungen bestimmt werden kann. Im Rahmen der Auseinandersetzung mit den verschiedenen Auslegungsmethoden der Verfassung im 1. Kapitel wurde gerade anerkannt, dass der Inhalt einer Norm stets vorverständnisbezogen ist und Veränderungen auf der Ebene der Wirklichkeit bei der Auslegung berücksichtigt werden dürfen und mitunter müssen, wenn sie normativ relevant sind.[1067] Jedoch verlangt jede Grundrechtseinschränkung, sei es bei Grundrechten mit ausdrücklicher Schrankenregelung, sei es bei schrankenlosen Grundrechten, die nur durch kollidierendes Verfassungsrecht eingeschränkt werden können, für eine solche Einschränkung eine ausdrückliche gesetzliche Grundlage.[1068] Vor diesem Hintergrund ist es nicht einsichtig, wieso gerade Art. 2 Abs. 1 GG als „Auffanggrundrecht" durch das Sittengesetz als ungeschriebenem Rechtssatz eingeschränkt werden können sollte, ohne dass sich dieses in einer gesetzlichen Regelung manifestiert haben müsste. Wenn eine solche gesetzliche Regelung indes vorhanden ist, ist diese als Teil der verfassungsmäßigen Ordnung als Schranke von Art. 2 Abs. 1 GG heranzuziehen und nicht das Sittengesetz an sich, und zwar selbst dann, wenn diese gesetzliche Regelung (wie ehemals § 175 a.F. StGB, hierzu noch unten) vorrangig der Durchsetzung des Sittengesetzes dient.

Das Sittengesetz kann folglich nicht weiter gehen als die Schranke der verfassungsmäßigen Ordnung und hat somit im Ergebnis keinen eigenständigen Anwendungsbereich. Auf eine Auseinandersetzung mit den verschiedenen Definitionsmöglichkeiten des Sittengesetzes soll an dieser Stelle daher verzichtet werden.[1069]

1064 *Di Fabio*, ebd., Rn 45; *Starck*, ebd., Rn. 97.

1065 *Di Fabio*, ebd., Rn. 46; ebenso: *Murswiek*, ebd., Rn. 99; *Starck*, ebd., Rn. 41.

1066 *Di Fabio*, ebd., Rn. 45; ebenso: *Murswiek*, ebd., Rn. 94, Fn. 174; *Starck*, ebd., Rn. 36.

1067 1. Kapitel, E. II. 1. e) Abwägung der Vor- und Nachteile der verschiedenen Methoden im Hinblick auf die Untersuchung des Verfassungswandels.

1068 Siehe nur BVerfG vom 16.1.2003 – 2 BvR 716/01, Rn. 68, BVerfGE 107, 104, 120.

1069 Siehe hierzu: *Murswiek*, in: Sachs, Art. 2 GG, Rn. 94 ff.; *Starck*, in: Mangoldt/Klein/Starck, Art. 2 Abs. 1 GG, Rn. 36 ff; *Di Fabio*, in: Maunz/Dürig, Art. 2 GG, Rn. 45 f.

b) Einschränkbarkeit des allgemeinen Persönlichkeitsrechts

Unabhängig von dem soeben festgestellten Ergebnis eines fehlenden eigenständigen Anwendungsbereichs des Sittengesetzes sind daneben bei Betroffen sein des allgemeinen Persönlichkeitsrechts auch allgemein Einschränkungen bei der Rechtfertigung von Eingriffen in dieses Recht zu beachten. Diese gehen über die Anforderungen bei der Rechtfertigung von Eingriffen in die allgemeine Handlungsfreiheit hinaus. Zum einen gelten innerhalb der Verhältnismäßigkeitsprüfung strengere Anforderungen, zum anderen wird teilweise die Einschränkbarkeit des allgemeinen Persönlichkeitsrechts aufgrund des Sittengesetzes – sollte man diesem entgegen der hier vertretenen Ansicht einen eigenständigen Anwendungsbereich zugestehen – oder der Rechte anderer abgelehnt.[1070] Das BVerfG hat zur Frage der Legitimität von Eingriffen in das allgemeine Persönlichkeitsrecht eine Sphärentheorie entwickelt, nach der Eingriffe in verschiedene Sphären der Persönlichkeitsentfaltung an unterschiedlich hohe Rechtfertigungsanforderungen geknüpft sind, wobei eine Rechtfertigung für Eingriffe in den Kernbereich – dem sogenannten Intimbereich – wegen seiner besonderen Nähe zur Menschenwürdegarantie in Art. 1 Abs. 1 GG ausgeschlossen ist.[1071] Einen solchen Eingriff hat das BVerfG, soweit ersichtlich, bislang allerdings noch in keinem Fall angenommen.

Eingriffe in die sogenannte Privatsphäre sind – wenn auch nur unter besonders strenger Anwendung des Verhältnismäßigkeitsgrundsatzes – grundsätzlich möglich und Eingriffe in die am wenigsten schutzwürdige Sozialsphäre nach den allgemein für Art. 2 Abs. 1 GG geltenden Schranken zulässig.[1072]

Sollte man folglich die Anwendbarkeit des Sittengesetzes als Schranke von Art. 2 Abs. 1 GG nicht schon grundsätzlich ablehnen wollen, so ist diese zumindest bei Einschlägigkeit des allgemeinen Persönlichkeitsrechts mit seinen erhöhten Rechtfertigungsanforderungen für Eingriffe in den Schutzbereich äußerst fraglich. Sollte das Ausleben der sexuellen Orientierung durch Homosexuelle und Partner gleichgeschlechtlicher Lebensgemeinschaften zum Intimbereich der Persönlichkeitsentfaltung zählen, wäre mit dem BVerfG eine Einschränkung des durch Art. 2 Abs. 1 i.V.m. Art. 1 Abs. 1 GG gewährten Schutzes ohnehin gänzlich ausgeschlossen.

1070 *Murswiek*, ebd., Rn. 103.

1071 Erstmals andeutungsweise: BVerfG vom 16.1.1957 – 1 BvR 253/56, Rn. 33, BVerfGE 6, 32, 40 f.; weiterführend: BVerfG vom 16.7.1969 – 1 BvL 19/63, Rn. 25, BVerfGE 27, 1, 8; BVerfG vom 30.1.1973 – 2 BvR 454/71, Rn. 30, BVerfGE 34, 238, 245.

1072 BVerfG vom 15.1.1970 – 1 BvR 13/68, Rn. 17 ff., BVerfGE 27, 344, 350 ff.; BVerfG vom 5.6.1973 – 1 BvR 536/72, Rn. 45, BVerfGE 35, 202, 220 f.; BVerfG vom 14.9.1989 – 2 BvR 1062/87, Rn. 21, BVerfGE 80, 367, 375 f.

c) *Die sexuelle Orientierung als Teil der Intimsphäre im Bereich des allgemeinen Persönlichkeitsrechts*

In Bezug auf den einzelnen Homosexuellen geht es beim Schutz durch Art. 2 Abs. 1 i.V.m. Art. 1 Abs. 1 GG um das Finden, Haben und Ausleben der eigenen sexuellen Orientierung. Bei Partnern einer gleichgeschlechtlichen Lebensgemeinschaft ist Anknüpfungspunkt des Schutzes vor allem das Ausleben der intimen, sexuellen und emotionalen Verbindung zum anderen Partner. Zwar wird das Ausleben der sexuellen Orientierung – gerade bei der gleichgeschlechtlichen Lebensgemeinschaft, beispielsweise durch gemeinsames Auftreten der Partner in der Öffentlichkeit – auch von anderen Menschen wahrgenommen, dies kann aber allein nicht entscheidend sein, diesen Bereich nicht der Intimsphäre zuzuordnen. Auch das BVerfG ist der Ansicht, dass zwar *„schon die Berührung mit der Persönlichkeitssphäre eines anderen Menschen einer Handlung oder Information eine soziale Bedeutung"* verleihe, *„Vorgänge, die sich in Kommunikation mit anderen vollziehen, hoheitlichem Eingriff [dennoch] schlechthin entzogen sein"*[1073] können. Dies begründet es insbesondere damit, dass der Mensch notwendigerweise innerhalb sozialer Bezüge lebe, so dass ein Betroffen sein dieser Bezüge nicht allein maßgeblich für eine Einordnung in den Intim- oder Sozialbereich sein könne, sondern wie intensiv diese sozialen Bezüge im Einzelfall ausgestaltet seien.[1074]

Betrachtet man das Ausleben der sexuellen Orientierung durch Homosexuelle und Partner gleichgeschlechtlicher Lebensgemeinschaften, treten die sozialen Bezüge gegenüber den, den Intimbereich betreffenden Aspekten in den Hintergrund. So ist die sexuelle Orientierung unveränderbarer Teil eines jeden Menschen, gehört zum innersten Bereich der Persönlichkeit und prägt das gesamte menschliche Sein. Die Möglichkeit, der eigenen sexuellen Orientierung gemäß zu leben, ist folglich essentiell für die Persönlichkeitsentwicklung und -entfaltung.

Außerdem beeinträchtigt das Ausleben der sexuellen Orientierung andere Grundrechtsträger in ihrem Persönlichkeitsrecht nicht in relevantem Maße. Unfreiwillig wird die Öffentlichkeit nur in einem sehr geringen Ausmaß mit der Homosexualität konfrontiert, nämlich indem sie Kenntnis davon erhält, dass es homosexuell orientierte Menschen gibt, die ihre Sexualität mit einem Partner ihrer Wahl ausleben und – wie heterosexuelle Paare auch – gemeinsam auftreten. Ein Recht von Grundrechtsträgern, nicht einmal auf diese Art und Weise mit der Existenz homosexueller Menschen konfrontiert zu werden, kann es in einer freiheitlichen Demokratie mit einer pluralistischen Gesellschaft, in der die verschiedensten Lebensmodelle gesellschaftlich akzeptierte Realität sind, nicht geben.

Der geringe soziale Bezug, der mit dem Ausleben der sexuellen Orientierung verbunden ist, kann daher nicht dazu führen, dass diese im Ergebnis nicht dem Intimbereich des Menschen zuzuordnen wäre. Eine Einschränkung Homosexueller

---

1073 Dieses sowie vorheriges Zitat: BVerfG vom 14.9.1989 – 2 BvR 1062/87, Rn. 16, BVerfGE 80, 367, 374.

1074 Ebd.

und Partner gleichgeschlechtlicher Lebensgemeinschaften in ihrem über Art. 2 Abs. 1 i.V.m. Art. 1 Abs. 1 GG gewährten Schutz ist mithin nicht zulässig. Das gilt auch für Eingriffe aufgrund kollidierenden Verfassungsrechts.[1075]

3. *Ergebnis*

Im Ergebnis gewährt Art. 2 Abs. 1 i.V.m. Art. 1 Abs. 1 GG Homosexuellen und Partnern gleichgeschlechtlicher Lebensgemeinschaften heutzutage einen umfassenden Schutz im Hinblick auf das Ausleben ihrer sexuellen Orientierung. Da die sexuelle Orientierung der Intimsphäre privater Lebensgestaltung unterfällt, ist dieser grundrechtliche Schutz auch nicht einschränkbar. Eine Einschränkung aufgrund des Sittengesetzes würde wohl bereits am mangelnden Anwendungsbereich desselben neben der Schranke der verfassungsmäßigen Ordnung scheitern.

Allerdings gewährt Art. 2 Abs. 1 i.V.m. Art. 1 Abs. 1 GG nur ein Abwehrrecht gegenüber dem Staat und begründet eine Schutzpflicht des Staates vor unberechtigten Eingriffen Dritter, bei der den staatlichen Organen ein weiter Abwägungsspielraum zukommt; bestimmte Leistungs- und Förderansprüche können Homosexuelle und Partner gleichgeschlechtlicher Lebensgemeinschaften daraus grundsätzlich nicht ableiten. Eine Ausnahme könnte man nur dann erwägen, wenn diese Leistung unabdingbar wäre, um das ihnen gewährte Grundrecht überhaupt sinnvoll ausüben zu können und sie im Falle der Nichtgewährung einer bestimmten Leistung in ihrer Menschenwürde verletzt wären.

Vor diesem Hintergrund kann allein aus Art. 2 Abs. 1 i.V.m. Art. 1 Abs. 1 GG wohl kein Anspruch auf Konstituierung eines eigenen Rechtsinstituts für gleichgeschlechtliche Lebensgemeinschaften hergeleitet werden. Dies hatte das BVerfG in seiner Entscheidung zur Zulässigkeit der Eheschließung für gleichgeschlechtliche Paare aus dem Jahr 1993[1076] zumindest andeutungsweise in Betracht gezogen. Zum wesentlichen Kernbereich der sexuellen Orientierung gehört es sicherlich, dass Haben und Ausleben dieser Orientierung als Einzelperson wie auch in einer Partnerschaft nicht untersagt, sondern zumindest toleriert wird. Allerdings kann – obwohl Teile der Lehre dies tun – nicht angenommen werden, dass gleichgeschlechtliche Paare in ihrer Menschenwürdegarantie verletzt sind, wenn ihnen darüber hinaus kein eigenes, der Ehe entsprechendes Institut zur Verfügung gestellt wird.[1077] Eine Verletzung der Menschenwürde kommt nur in Ausnahmefällen in Betracht, wenn dem Menschen sein subjektiver Wert insgesamt abgesprochen wird und er zum

---

1075 *Lang*, in: Beck'scher Online-Kommentar GG, Art. 2 Rn. 39.

1076 BVerfG vom 4.10.1993 – 1 BvR 640/93, Rn. 7, NJW 1993, S. 3058, 3059.

1077 I.E. ebenso: *Schüffner*, Eheschutz und Lebenspartnerschaft, S. 386; *Sachs*, JR 2001, S. 45 f.; a.A. *Muscheler*, Das Recht der eingetragenen Lebenspartnerschaft, Rn. 37; *Schimmel/Meier*, StAZ 1993, S. 210, 212; für einen Anspruch zumindest auf Teilregelungen: *Dittberner*, Lebenspartnerschaft und Kindschaftsrecht, S. 66.

Objekt staatlichen Handelns degradiert wird.[1078] Dies ist aber nicht der Fall, wenn ihm lediglich eine bestimmte staatliche Leistung – die Zurverfügungstellung eines eigenen familienrechtlichen Instituts – nicht gewährt wird ohne dass dabei die Ausübung der grundrechtlich geschützten Freiheit (Haben und Ausleben der sexuellen Orientierung, Begründung und Führung einer gleichgeschlechtlichen Lebensgemeinschaft) an sich eingeschränkt würde.

II. Stand bei Inkrafttreten des Grundgesetzes

1. Grundrechtstatbestand

Wie eingangs erläutert, hat das BVerfG bereits im Jahr 1957 festgestellt, dass die Homosexualität grundsätzlich dem Schutzbereich von Art. 2 Abs. 1 GG unterfällt.[1079] Dies ist vor dem Hintergrund, dass das BVerfG kurze Zeit zuvor entschieden hatte, dass die allgemeine Handlungsfreiheit weit zu verstehen sei,[1080] und damit praktisch jedes menschliche Verhalten, das nicht von einem speziellen Freiheitsrecht umfasst ist, über Art. 2 Abs. 1 GG geschützt wird, nur konsequent. Allerdings erwähnt das BVerfG in diesem Urteil auch bereits unter Verweis auf sein Urteil vom 16.01.1957, dass es einen *„letzten, unantastbaren Bereich menschlicher Freiheit [gibt], der der Einwirkung der gesamten öffentlichen Gewalt entzogen*" ist und der aus dem *„Gesichtspunkte der Art. 2 Abs. 1 und Art. 1 Abs. 1 GG*" folgt.[1081] Zwar nimmt das BVerfG im Ergebnis nicht an, dass die Homosexualität in diesen Intimbereich fällt und daher nicht durch die Schranken des Art. 2 Abs. 1 GG eingeschränkt werden könnte, allerdings ist es durchaus beachtlich, dass bereits zu diesem frühen Zeitpunkt die Frage der Legitimität von Eingriffen in verschiedene Bereiche des Rechts auf freie Entfaltung der Persönlichkeit auftaucht. Hierin werden erste Vorläufer der vom BVerfG im Rahmen des allgemeinen Persönlichkeitsrechts entwickelten Sphärentheorie deutlich und das, obwohl die Homosexualität damals noch nicht vom allgemeinen Persönlichkeitsrecht im Sinne des durch Art. 1 Abs. 1 GG verstärkten Schutz umfasst war. Zwar benutzte das BVerfG den Begriff des allgemeinen Persönlichkeitsrechts bereits ab dem Jahr 1954,[1082] sah dieses aber lange Zeit als

1078 Objektformel des BVerfG, siehe zum Beispiel: BVerfG vom 16.7.1969 – 1 BvL 19/63, Rn 20, BVerfGE 27, 1, 6.

1079 BVerfG vom 10.5.1957 – 1 BvR 550/52, Rn. 165 ff., BVerfGE 6, 389, 432 ff.

1080 BVerfG vom 16.1.1957 – 1 BvR 253/56, Rn. 13 ff., BVerfGE 6, 32, 36.

1081 BVerfG vom 10.5.1957 – 1 BvR 550/52, Rn. 165 f., BVerfGE 6, 389, 432 f.

1082 Erstmals: BVerfG vom 20.10.1954 – 1 BvR 527/52, Rn. 19, BVerfGE 4, 52, 57; in dem Urteil ging es um die Frage, ob eine Mutter in ihrem Elternrecht aus Art. 6 Abs. 2 GG verletzt ist, wenn der geschiedene Ehemann zum Pfleger mit dem Recht auf Bestimmung der zu besuchenden Schule bestellt wird und die Mutter sich hierdurch *„in der freien Entfaltung ihrer politischen Anschauung*" verletzt fühlt, da sie aufgrund ihrer politischen Verbundenheit mit der dänischen Minderheit eine dänische, keine deutsche Schule ausgewählt hätte. In diesem Zusammenhang heißt es durch das BVerfG: *„Denn auch wenn man Art. 6* Abs. *2 GG als eine*

nur über Art. 2 Abs. 1 GG geschützt an. Erstmals in einer Entscheidung aus dem Jahr 1980[1083] hat das BVerfG das allgemeine Persönlichkeitsrecht ausdrücklich auf Art. 2 Abs. 1 i.V.m. Art. 1 Abs. 1 GG gestützt und dabei inhaltlich weiterentwickelt.

Fraglich ist, ob auch die Begründung und Führung einer gleichgeschlechtlichen Lebensgemeinschaft zu dieser Zeit bereits vom Schutzbereich des Art. 2 Abs. 1 GG umfasst war. Bei der Frage nach dem heutigen Schutz durch Art. 2 Abs. 1 GG wurde dies aufgrund der ebenfalls geschützten Begründung und Führung einer nichtehelichen Lebensgemeinschaft bejaht. Es ist allerdings bereits unklar, ob letzteres in den Anfangszeiten des Grundgesetzes überhaupt dem Schutz von Art. 2 Abs. 1 GG unterlag. Sollte dies nicht der Fall sein, kann auch die Begründung und Führung einer gleichgeschlechtlichen Lebensgemeinschaft nicht geschützt gewesen sein.

Anders als in der heutigen Zeit wurde in den fünfziger Jahren des letzten Jahrhunderts keine andere Verbindung zwischen Mann und Frau außer der Ehe als rechtmäßig anerkannt. Das sogenannte „Konkubinat“ galt als sittlich abwertig, bis zum Jahr 1973 wurde jeder, der dem „*Unzucht treiben*“ zwischen Unverheirateten Vorschub leistete, nach § 180 StGB a.F. strafrechtlich verfolgt, und das Grundgesetz sollte nach dem Willen der Mitglieder des Parlamentarischen Rats gerade postulieren, dass lediglich die Ehe und keine andere Form des Zusammenlebens zwischen Mann und Frau schutzwürdig ist.[1084] Das spricht zunächst gegen einen verfassungsrechtlichen Schutz der Begründung und Führung einer nichtehelichen Lebensgemeinschaft. Andererseits geht das BVerfG, wie gesehen, selbst davon aus, dass grundsätzlich jedes beliebige menschliche Verhalten unabhängig von seiner Bedeutung für die Persönlichkeitsentfaltung und seiner Bewertung durch die Gesellschaft von Art. 2 Abs. 1 GG umfasst ist. Diese Auffassung des BVerfG zeigt sich auch bei einem Vergleich mit dem Schutz der Homosexualität durch Art. 2 Abs. 1 GG. Diese galt in der damaligen Zeit nicht nur als unsittlich, homosexueller Verkehr

---

Konkretisierung des in Art. 2 Abs. *1 GG begründeten* ***allgemeinen Persönlichkeitsrechts*** *betrachtet, ist neben der Sonderbestimmung des Art. 6* Abs. *2 GG im elterlichen Erziehungsrecht* für *eine Anwendung des Art. 2* Abs. *1 GG kein Raum.*“ (Hervorhebung durch Verf.)

1083 BVerfG vom 3.6.1980 – 1 BvR 185/77, BVerfGE 54, 148; hier ging es um die Frage, ob durch die Nichtgewährung eines Unterlassungsanspruches für den Beschwerdeführer wegen vom politischen Gegner getätigten Tatsachenbehauptungen im Rahmen eines Wahlkampfes durch die Zivilgerichte dessen Persönlichkeitsrecht verletzt worden ist. Das BVerfG hat in dem Urteil eine neue Schutzrichtung des allgemeinen Persönlichkeitsrechts entwickelt und erstmals anerkannt, dass dieses auch einschlägig sein kann, wenn nicht die Schutzgüter der Privatsphäre, Geheimsphäre oder Intimsphäre betroffen sind: „*Sofern ein solches Schutzgut nicht beeinträchtigt ist, bedeutet es gleichfalls einen Eingriff in das allgemeine Persönlichkeitsrecht, wenn jemandem Äußerungen in den Mund gelegt werden, die er nicht getan hat und die seinen von ihm selbst definierten sozialen Geltungsanspruch beeinträchtigen. Dies folgt aus dem dem Schutz des allgemeinen Persönlichkeitsrecht[s] zugrundeliegenden Gedanken der Selbstbestimmung*“ (Rn. 15 f., BVerfGE 54, 148, 155).

1084 *Von Mangoldt,* in: Der Parlamentarische Rat, Bd. 5/II, S. 827.

zwischen Männern war, wie im 2. Kapitel dargestellt,[1085] sogar strafbar, während das Konkubinat an sich nicht strafrechtlich verfolgt wurde, sondern nur diejenigen, die beim Ausleben eines solchen halfen.

Richtigerweise hat somit die Eingrenzung des Schutzbereichs von Art. 2 Abs. 1 GG nicht bereits auf Tatbestandsebene zu erfolgen, sondern innerhalb der Schrankenregelung. Die umfassende Schrankenregelung in Art. 2 Abs. 1 GG ist gerade entwickelt worden, um den weit verstandenen Tatbestand einzugrenzen, damit nicht jedes menschliche Verhalten, unabhängig von seiner Beurteilung durch Gesellschaft und Gesetzgeber und der Beeinträchtigung von verfassungsrechtlich geschützten Rechten anderer uneingeschränkt geschützt ist.

Folglich ist sowohl die Begründung und Führung einer nichtehelichen Lebensgemeinschaft wie auch die Begründung und Führung einer gleichgeschlechtlichen Lebensgemeinschaft bereits in den Anfangszeiten des Grundgesetzes vom Schutzbereich des Art. 2 Abs. 1 GG umfasst gewesen. Dieser Schutz galt allerdings, wie sogleich darzustellen sein wird, keinesfalls schrankenlos.

2. Grundrechtsschranken

Nachdem der Schutz Homosexueller sowie Partner gleichgeschlechtlicher Lebensgemeinschaften über Art. 2 Abs. 1 GG grundsätzlich bejaht wurde, stellt sich nun die Frage, ob dieser Schutz in der Vergangenheit wegen einer der Schranken des Art. 2 Abs. 1 GG, der verfassungsmäßigen Ordnung, den Rechten anderer oder dem Sittengesetz einer Einschränkung unterlag.

In Betracht kommt zunächst die Schranke der verfassungsmäßigen Ordnung. Bis zum Jahr 1969 stand das „*Unzucht treiben*“ zwischen Männern in § 175 StGB a.F. unter Strafe, schränkte also das Ausleben der eigenen Homosexualität – zumindest für Männer – in umfassendem Maße ein. § 175 StGB könnte aber nur dann eine zulässige Einschränkung von Art. 2 Abs. 1 GG gewesen sein, wenn er selbst formell und materiell verfassungsgemäß war.

Von der formellen Verfassungsmäßigkeit wird hier mangels anderweitiger Indizien ausgegangen.

Das BVerfG hat in seiner im 2. Kapitel ausführlich dargestellten Entscheidung aus dem Jahr 1957 auch die materielle Verfassungsmäßigkeit des § 175 StGB a.F. angenommen. Dies begründete das Gericht insbesondere mit dem Verstoß der gleichgeschlechtlichen Betätigung gegen das Sittengesetz, das es als eigenständige rechtliche Schranke für das aus Art. 2 Abs. 1 GG folgende Recht auf freie Entfaltung der Persönlichkeit ansah.[1086] Nach der Ansicht des Gerichts sollte das Sittengesetz darüber entscheiden, welchem Bereich des Rechts auf freie Entfaltung der Persönlichkeit die gleichgeschlechtliche Betätigung unterliegt und ob dieser Bereich einer Einschränkung durch den Gesetzgeber zugängig ist oder nicht:

1085 2. Kapitel, C. I. Weitergeltung des § 175.

1086 BVerfG vom 10.5.1957 – 1 BvR 550/52, Rn. 166, BVerfGE 6, 389, 433 f.

„Für die Entscheidung des Gesetzgebers kann es nun von großer Bedeutung sein, ob die in frage stehende Handlung gegen das Sittengesetz verstößt. Denn es liegt auf der Hand, daß bei einer in dem Grenzbezirk zwischen privaten und sozialem Bereich liegenden Handlung das Bedürfnis nach Bestrafung eher bejaht werden wird, wenn feststeht, daß die soziale Gemeinschaft die Handlung eindeutig als im Widerspruch zu dem Sittengesetz stehend betrachtet, das sie allgemein als für sich verbindlich anerkennt. […] Für die Gesetzgebung in Ihrem Verhältnis zur verfassungsmäßigen Ordnung bedeutet das zweierlei: einerseits darf sie selbst dem Sittengesetz nicht widersprechen – ‚unsittliche' Gesetze gehören nie zur verfassungsmäßigen Ordnung! – und andererseits kann das Sittengesetz ihr selbst zum Richtmaß dienen, insofern es einen ***sonst unzulässigen oder doch in seiner Zulässigkeit zweifelhaften Eingriff des Gesetzgebers in die menschliche Freiheit legitimieren kann****. So wirkt das Sittengesetz, das formal eine selbständige Schranke gegenüber dem Einzelnen bei der freien Entfaltung seiner Persönlichkeit bildet, auf die verfassungsmäßige Ordnung ein, somit diese den Gesetzgeber beschränkt, wenn er seinerseits in die freie Entfaltung der Persönlichkeit eingreifen will.“*[1087]

Anders als in der heutigen Zeit wurde dem Sittengesetz durch das BVerfG also nicht nur eine eigenständige Bedeutung innerhalb der Schranken von Art. 2 Abs. 1 GG beigemessen, das Sittengesetz sollte daneben auch darüber bestimmen können, welche Gesetze Teil der Schranke der verfassungsmäßigen Ordnung waren und welche nicht. Waren Gesetze unsittlich, waren sie nicht Teil der verfassungsmäßigen Ordnung und konnten keine Schranke im Rahmen von Art. 2 Abs. 1 GG bilden. Enthielt ein Gesetz hingegen zwar einen bedenklichen Eingriff in das Recht auf freie Entfaltung der Persönlichkeit, war das Gesetz aber durch das Sittengesetz gerechtfertigt, gehörte es dennoch der verfassungsmäßigen Ordnung an und konnte das aus Art. 2 Abs. 1 GG folgende Recht wirksam einschränken.

Aus heutiger Sicht erscheint es mehr als fraglich, die Verfassungsmäßigkeit eines die allgemeine Handlungsfreiheit einschränkenden Gesetzes, welches das BVerfG selbst einen *„zweifelhaften Eingriff des Gesetzgebers in die menschliche Freiheit“*[1088] nennt, das also aufgrund anderer Erwägungen als verfassungswidrig eingestuft werden könnte, allein aufgrund eines Verstoßes der sanktionierten Handlung gegen das Sittengesetz zu bejahen. So kommt auch ein aktuelles Gutachten von *Burgi* und *Wolff* zu dem Ergebnis, dass *„die durch § 175 StGB hervorgerufene Sanktionierung ‚einfacher' homosexueller Handlungen auch vor dem Hintergrund der dadurch geschaffenen ausweglosen Situation für homosexuelle Männer einen Verstoß gegen Art. 1 Abs. 1 GG dar[stellte]“* und fordert eine Rehabilitierung der seit dem Jahr 1945 nach § 175 StGB a.F. verurteilten Männer.[1089]

1087 Ebd. (Hervorhebungen durch Verf.)

1088 Ebd.

1089 Das Gutachten wurde im Auftrag der Antidiskriminierungsstelle des Bundes erstellt, die sich der Forderung von *Burgi* und *Wolff*, Rehabilitierung der nach § 175 StGB verurteilten homosexuellen Männer, Vorwort und S. 88, anschließt; ähnliche Überlegungen zur Notwendigkeit einer Wiedergutmachung finden sich bei

Für die Frage, ob § 175 StGB a.F. im Jahre 1957 eine rechtmäßige Schranke der allgemeinen Handlungsfreiheit darstellen konnte, muss allerdings auch das zur damaligen Zeit bestehende Verfassungsverständnis der entscheidenden BVerfG Richter berücksichtigt werden. Danach sahen die Richter das Sittengesetz als einen für die soziale Gemeinschaft rechtlich verbindlichen Maßstab bei der Beurteilung der Zulässigkeit bestimmter Verhaltensweisen an und sprachen ihm normative Relevanz für die Bestimmung des Inhalts einer Norm zu. Dem entsprachen auch die Vorstellungen der Mitglieder des Parlamentarischen Rats.[1090] Der Inhalt des Sittengesetzes sollte nach dem BVerfG nicht durch das persönliche sittliche Gefühl des Richters oder aufgrund der Auffassung einzelner Volksteile bestimmt werden, sondern nach dem Urteil der beiden großen christlichen Konfessionen, dem herkömmlichen Umgang mit der entsprechenden Verhaltensweise und den bestehenden Gefahren im Falle einer Akzeptanz.[1091] Das BVerfG versuchte also, das Sittengesetz und seinen Inhalt durch bestimmte Faktoren der Normbereichsebene festzulegen. Selbst wenn sich das Gericht bei der Bestimmung dieser Faktoren nach einer *ex post* Betrachtung geirrt haben sollte – im Rahmen der Beurteilung der gleichgeschlechtlichen Betätigung als gegen das Sittengesetz verstoßend also beispielsweise verkannt haben sollte, dass die als möglich angenommene Gefahr der Verbreitung der Homosexualität im Falle ihrer Straflosigkeit und die damit verbundene Gefährdung der Jugend,[1092] tatsächlich nicht vorlag – kommt es darauf nicht an. Wie im 1. Kapitel dargelegt, führt das Anerkenntnis der Zulässigkeit vorverständnisgeprägter Norminterpretation dazu, dass es in der Regel nicht nur ein für alle Zeiten und in allen Situationen richtiges Auslegungsergebnis gibt und die Abwägung zwischen verschiedenen Möglichkeiten auch zu Fehlern führen kann, die sich durch die Beachtung bestimmter Regeln zwar minimieren, nicht aber ausschließen lassen.[1093] Solange das BVerfG bei seiner Beurteilung aus damaliger Sicht also rechtlich korrekt vorgegangen ist, das heißt für die Frage der Gefährdung Dritter durch die gleichgeschlechtliche Betätigung Sachverständige angehört, deren Aussagen ausgewertet und sich von verschiedenen Deutungsvarianten nach Abwägung der Argumente für eine mögliche entschieden

---

Wasmuth, in: Nationalsozialistischer Terror gegen Homosexuelle, S. 184 ff. Mit Beschluss vom 22.06.2017 hat schließlich auch der Bundestag aufgrund eines Gesetzentwurfes aus dem Bundesjustizministerium die strafrechtliche Rehabilitierung der nach dem 8. Mai 1945 wegen einvernehmlicher homosexueller Handlungen verurteilten Personen beschlossen. Nach Zustimmung des Bundesrates konnte das Gesetz am 22.07.2017 in Kraft treten (BGBl. 2017 I, 2443).

1090 So war man sich im Grundsatzausschuss zwar uneins, was unter „Sittengesetz" zu verstehen sei, und ob man einen solch unklaren Begriff in die Verfassung aufnehmen sollte, dass es Sittengesetze grundsätzliche gebe, war indes Konsens; siehe hierzu die Diskussion in der 23. Sitzung, in: Der Parlamentarische Rat, Bd. 5/II, S. 606.

1091 Ebd., Rn. 167, 176, BVerfGE 6, 389, 434, 437.

1092 Ebd., Rn. 176, BVerfGE 6, 389, 437.

1093 1. Kapitel, E. II. 1. e) Abwägung der Vor- und Nachteile der verschiedenen Methoden im Hinblick auf die Untersuchung des Verfassungswandels.

hat, kann ihm ein Fehler im Ergebnis nicht vorgeworfen werden. Zwar hätte man auch aus damaliger Sicht durchaus die Ansicht vertreten können, dass es zum Schutz von Jugend und Bevölkerung ausreichend ist, gleichgeschlechtliche Betätigung zu untersagen, soweit sie ein öffentliches Ärgernis erregt, mit einem jugendlichen Partner, unter Anwendung von Gewalt oder Ausnutzung eines Abhängigkeitsverhältnisses erfolgt, diese Ansicht war allerdings, wie die unterschiedlichen Stellungnahmen der Sachverständigen belegen, nicht zwingend.[1094]

Eine ablehnende Haltung gegenüber dem Strafgrund der Sittenordnung fand sich daneben auch im Strafrechtskommentar von *Schönke/Schröder* aus dem Jahr 1963 wider. Dieser wird dort als rational nicht begründbar bezeichnet und eine Strafmilderung dadurch versucht, dass dem Richter die Möglichkeit zugesprochen wird, *„den gewandelten Auffassungen der Allgemeinheit über die Strafwürdigkeit Rechnung zu tragen*".[1095]

Das damalige Normverständnis des BVerfG wird hingegen durch eine Entscheidung der Europäischen Kommission für Menschenrechte vom 17.12.1955 gestützt, nach der die Verurteilung des Beschwerdeführers nach §§ 175, 175a StGB keine Verletzung seiner Rechte nach Artt. 2, 8, 14, 17 und 18 EMRK darstellte.[1096] Das BVerfG bezieht sich in seinem Urteil zwar nicht ausdrücklich auf diese Entscheidung der Europäischen Kommission für Menschenrechte und lässt ausdrücklich offen, welche allgemein-rechtliche Bedeutung der Menschenrechtskonvention im deutschen Rechtssystem zukommt, lehnt einen Verstoß gegen Artt. 2, 8, 13 und 14 EMRK aber ebenfalls ab, da die § 175 f. StGB den Grundsätzen eines demokratischen Rechtsstaates entsprechen würden.[1097]

3. Ergebnis

Sowohl Homosexuelle wie auch Partner gleichgeschlechtlicher Lebensgemeinschaften unterlagen somit bereits in den Anfangszeiten des Grundgesetzes dem Schutzbereich von Art. 2 Abs. 1 GG. Dieser Schutz wurde allerdings durch § 175 StGB a.F., der nach der dogmatisch nicht zu beanstandenden Beurteilung des BVerfG aus dem Jahr 1957 einen Teil der verfassungsmäßigen Ordnung bildete, stark eingeschränkt.

1094 Zu den verschiedenen Aussagen der Sachverständigen: 2. Kapitel, C. I. 2. Das Urteil des BVerfG zur Verfassungsmäßigkeit des § 175 StGB.

1095 *Schönke/Schröder*, § 175 StGB, Rn. 2, 14.

1096 W.B. v. Deutschland, Beschwerde Nr. 104/55, abgedruckt in: European Commission of Human Rights, Commission Européenne des Droits de l'Homme, Documents and/et decisions, 1955–1956-1957, S. 228 f.

1097 BVerfG vom 10.5.1957 – 1 BvR 550/52, Rn. 185 ff., BVerfGE 6, 389, 441, die Begründung, nach der ein Eingriff nach Art. 8 Abs. 2 EMRK zulässig sein kann, wenn er in einer demokratischen Gesellschaft zum Schutz der Gesundheit oder der Moral notwendig ist, entspricht dabei der der Europäischen Kommission für Menschenrechte; hierzu auch oben: 2. Kapitel, C. I. 2. Das Urteil des BVerfG zur Verfassungsmäßigkeit des § 175 StGB.

III. Vorliegen eines Verfassungswandels

Im Bereich des Schutzes Homosexueller und Partner gleichgeschlechtlicher Lebensgemeinschaften durch Art. 2 Abs. 1 GG würde ein Verfassungswandel vorliegen, wenn sich der Inhalt der Verfassungsnorm gegenüber einem früheren Inhaltsverständnis innerhalb des Normbereichs oder des Normprogramms gewandelt hätte.

In den fünfziger und sechziger Jahren des letzten Jahrhunderts war in der Rechtsprechung, wie dargestellt, allgemein anerkannt, dass die homosexuelle Betätigung zwischen Männern gegen das Sittengesetz verstößt und die strafrechtliche Verfolgung nach § 175 StGB a.F., der als Teil der verfassungsmäßigen Ordnung eine rechtmäßige Einschränkung von Art. 2 Abs. 1 GG bildete, zulässig war. Diese Auffassung wurde vom BVerfG, dem obersten, zur Auslegung der Verfassung zuständigen Organ, bestätigt. Auch wenn bei der Entscheidung des BVerfG bei einer *ex post* Betrachtung Fehler im Abwägungsergebnis nicht ausgeschlossen erscheinen, so ist die Entscheidung dogmatisch dennoch nicht zu beanstanden und stellt die damalige höchstrichterlich vorgegebene Auslegung von Art. 2 Abs. 1 GG und seiner Schranken dar und ist daher für die Frage des Vorliegens eines Verfassungswandels zu beachten. Nach dieser Auslegung stellte das Sittengesetz eine eigenständige rechtliche Schranke dar, das zwar nicht unabhängig neben der verfassungsmäßigen Ordnung stand, das aber dazu führen konnte, dass Teile der verfassungsmäßigen Ordnung allein aufgrund des Sittengesetzes verfassungsrechtlich gerechtfertigt werden konnten. So wurde damals nicht nur die Bestrafung männlicher Homosexueller mit dem Sittengesetz gerechtfertigt, das Strafgesetzbuch enthielt einen ganzen Abschnitt zu „*Verbrechen und Vergehen wider die Sittlichkeit*“, in dem in den §§ 171 ff. StGB a.F. unter anderem auch Ehebruch und Kuppelei wegen des ihnen zugrundeliegenden Sittlichkeitsvorwurfs bestraft wurden. Dieser Abschnitt wurde erst im Rahmen der Strafrechtsreform von 1973[1098] in den Abschnitt über „*Straftaten gegen die sexuelle Selbstbestimmung*“ umgewandelt und den durch die sexuelle Revolution gewandelten gesellschaftlichen Verhältnissen angepasst.

Auch nachdem die Strafbarkeit einfacher homosexueller Betätigung zwischen erwachsenen Männern im Jahr 1969 abgeschafft wurde, wurde von der Rechtsprechung bisweilen noch auf das Sittengesetz rekurriert, um eine Einschränkung der Rechte Homosexueller und gleichgeschlechtlicher Lebensgemeinschaften zu rechtfertigen,[1099] sodass diesem auch zu dieser Zeit noch ein eigener Anwendungsbereich zukam. Erst nach und nach erkannte die Rechtsprechung an,[1100] dass sich die

1098 Viertes Gesetz zur Reform des Strafrechts (4. StrRG), verkündet am 23.11.1973 (BGBl. 1973 I, S. 1725).

1099 So nach der Begründung eines Gesetzentwurfes zur strafrechtlichen Gleichstellung von Homo- und Heterosexualität aus dem Jahr 1989 (BT-Drs. 11/4153, S. 7) zum Beispiel AG Worms vom 25.3.1982 – 1 C 670/81, allerdings aufgehoben in der nächsten Instanz; einschränkend BVerwG (1. Wehrdienstsenat) vom 25.10.1979 – 1 WB 113/78, BVerwGE 63, 286.

1100 BVerwG, ebd.

Einstellung zu homosexuellen Verhaltensweisen geändert hatte und Urteile, die die Unzulässigkeit einer vorliegenden Rechtsbeeinträchtigung wegen der Homosexualität des Betroffenen aussprachen, mehrten sich.[1101] Im Jahr 1984 stellte der BGH dann im Rahmen einer Entscheidung zum Recht des Mieters auf Aufnahme dritter Personen in die Mietwohnung erstmals fest, dass „*das insoweit nach Art. 2 Abs. 1 GG zu beachtende Sittengesetz [...] den Anschauungen der Zeit unterworfen [ist]. So läßt sich etwa eine allgemein gültige Auffassung, wonach das Zusammenleben unverheirateter Personen gleichen oder verschiedenen Geschlechts zu zweit in einer eheähnlichen Gemeinschaft oder zu mehreren in einer Wohngemeinschaft sittlich anstößig sei, heute nicht mehr feststellen.*“[1102] Auch in anderen Rechtsbereichen setzte sich diese zunehmend tolerante Ansicht zur Frage der Homosexualität als sittlichem Unwert durch und die Bedeutung des Sittengesetzes sank.[1103]

Spätestens mit Einführung eines eigenen familienrechtlichen Instituts für gleichgeschlechtliche Lebensgemeinschaften im Jahr 2001 dürfte der Bezugnahme auf das Sittengesetz im Hinblick auf die Homosexualität endgültig der Boden entzogen worden sein. Wie im 2. Kapitel bereits angeführt,[1104] hat das BVerfG in seiner Entscheidung zur Verfassungsmäßigkeit des LPartDisBG[1105] das Sittengesetz mit keinem Wort erwähnt. Bereits bei seiner Entscheidung zur Offenheit der Ehe für gleichgeschlechtliche Paare im Jahr 1993 hat es dies nicht im Hinblick auf das Sittengesetz verneint, sondern wegen des ehelichen Strukturmerkmals der Verschiedengeschlechtlichkeit, und im Gegenteil dazu sogar die aus Art. 2 Abs. 1 i.V.m. Art. 1 Abs. 1 GG und Art. 3 Abs. 1 GG folgende Verpflichtung des Gesetzgebers zur Schaffung einer rechtlichen Absicherung für gleichgeschlechtliche Paare für möglich gehalten.[1106]

Diese Entwicklungen zeigen die mit der Zeit stetig weiter geminderte Bedeutung des Sittengesetzes, das inzwischen, in der heutigen pluralen und individualistisch geprägten Gesellschaft, in der Lebensmodelle offenkundig immer seltener allein von tradierten Vorstellungen und religiös geprägten Werten abhängig gemacht werden, keinen selbstständigen Rechtfertigungsgrund für Eingriffe des Staates in die Freiheitssphäre des Einzelnen mehr bilden kann. Außerdem haben diese Entwicklungen zu dem eingangs geprüften, derzeitigen Stand des verfassungsrechtlichen Schutzes Homosexueller und Partner gleichgeschlechtlicher Lebenspartnerschaften über Art. 2 Abs. i.V.m. Art. 1 Abs. 1 GG geführt, bei dem – da zum Intimbereich der Persönlichkeitsentfaltung gehörend – Einschränkungen bereits grundsätzlich

1101 Zur Unzulässigkeit der Kündigung wegen Homosexualität: BAG vom 23.6.1994 – 2 AZR 617/93, BAGE 77, 128, NZA 1994, S. 1080.

1102 BGH vom 3.10.1984 – VIII ARZ 2/84, Rn. 15, BGHZ 92, 213, 219.

1103 Zum Beispiel in Bezug auf die Unzulässigkeit des Pflichtteilsentzugs wegen des Zusammenlebens in einer gleichgeschlechtlichen Beziehung: OLG Hamburg vom 11.6.1987 – 10 U 132/86, NJW 1988, S. 977.

1104 2. Kapitel, C. III. Das Rechtsinstitut der eingetragenen Lebenspartnerschaft.

1105 BVerfG vom 17.7.2002 – 1 BvF 1/01, 1 BvF 2/01, BVerfGE 105, 313.

1106 BVerfG vom 4.10.1993 – 1 BvR 640/93, Rn. 7, NJW 1993, S. 3058, 3059.

ausgeschlossen sind, und erst recht nicht aufgrund des Sittengesetzes zugelassen werden können.

Darin, dass das Sittengesetz heutzutage nicht mehr als eigenständige Schranke im Rahmen von Art. 2 Abs. 1 GG herangezogen wird, könnte ein Verfassungswandel in Form des Obsolet-Werdens einer Verfassungsnorm liegen. Wie im 1. Kapitel dargestellt, muss bei einem Wegfall des Regelungssubstrats einer Norm danach unterschieden werden, ob es sich nur um einen Bedeutungsschwund der Norm handelt, sich also lediglich niemand mehr auf diese beruft, sie anwendet oder ihr keine Regelungsbedürftigkeit mehr zukommt, oder ob sich ihr Inhalt in der Weise gewandelt hat, dass ihr der zugehörige Normbereich gänzlich abhanden gekommen ist.[1107] Nur im letzteren Fall ist die Änderung normativ relevant und kann einen Wandel des Norminhalts bewirken. Das Abhandenkommen des Normbereichs beschreibt *Müller* wie folgt:

> *„Ihr [der Norm] ist nicht nur ein bestimmter, sondern auch jeder mögliche Normbereich abhanden gekommen. [...] Die obsolete ‚Norm' ist noch als Text philologisch auslegbar, allgemein geisteswissenschaftlich, etwa historisch verstehbar, aber nicht mehr juristisch konkretisierbar. Obwohl der Wortlaut unversehrt ist, bietet er keinen rechtshermeneutischen Anhalt mehr.“*[1108]

Erforderlich wäre also, dass das Sittengesetz in der heutigen Zeit nicht mehr auf den Einzelfall konkretisierbar ist, ihm folglich jeglicher Normbereich abhanden gekommen ist, und es nicht lediglich nicht mehr angewendet wird, obwohl dies rechtlich möglich wäre. In der Staatsrechtslehre wird, wie weiter oben dargelegt, mehrheitlich angenommen, dass dem Sittengesetz heutzutage kein eigenständiger Anwendungsbereich mehr zukommt, und es – wenn überhaupt – nur eine mittelbare Bedeutung für die Schranke der verfassungsmäßigen Ordnung hat. Aus dieser Aussage wird aber nicht deutlich, ob damit nur ein Verlust des Regelungsbedürfnisses oder auch des Regelungsbereichs gemeint ist. Versucht man indes, das Sittengesetz – unabhängig von der in der Lehre vorherrschenden Ansicht – auf den Einzelfall zu konkretisieren, so mag dies nicht recht gelingen. Es lässt sich auch bei größter Mühe kein Normbereich konstruieren, der dem Sittengesetz als Schranke von Art. 2 Abs. 1 GG heutzutage zugehörig erschiene. Zwar gibt es noch immer Normen, die sich auf die guten Sitten stützen und einen eigenen Anwendungsbereich haben – so vor allem im Zivilrecht § 138 BGB und § 826 BGB – diese regeln indes die Unwirksamkeit von Rechtsgeschäften bzw. die Ersatzpflicht deliktisch Handelnder im Privatrecht aufgrund eines Sittenverstoßes und sind keine Ausprägungen des Sittengesetzes als Schranke von Art. 2 Abs. 1 GG. Zwar schränken auch Normen des Zivilrechts die allgemeine Handlungsfreiheit ein, jedoch können sie dies nur als Teil der verfassungsmäßigen Ordnung tun – nicht allein wegen ihrer Ausrichtung auf die guten Sitten.

1107 Hierzu ausführlich: 1. Kapitel, E. II. 3. Verfassungswandel und Obsolet-Werden von Verfassungsnormen.

1108 *Müller*, Normstruktur und Normativität, S. 154.

Anders als das im 1. Kapitel als Negativbeispiel verwendete Wiedervereinigungsgebot,[1109] das auch nach jahrzehntelanger Nichtanwendung wegen der weiterhin bestehenden Teilung der beiden deutschen Staaten einen Normbereich hatte, lässt sich ein solcher für das Sittengesetz als ungeschriebenem Rechtssatz unabhängig von der verfassungsmäßigen Ordnung nicht mehr finden. Vor allem erscheint es im Gegensatz zu den Anfangszeiten des Grundgesetzes ausgeschlossen, dass das Sittengesetz als eigenständige rechtliche Schranke darüber entscheiden könnte, zu welchem Bereich der allgemeinen Handlungsfreiheit ein bestimmtes Verhalten gehört und welche Rechtfertigungsanforderungen für eine Einschränkung dieses Verhaltens durch die verfassungsmäßige Ordnung vorliegen müssen. Vielmehr ist es inzwischen so, dass ein Verhalten, dass nach der vom BVerfG entwickelten Sphärentheorie dem Kernbereich der allgemeinen Handlungsfreiheit und damit der freien Entfaltung der Persönlichkeit zuzuordnen ist, grundsätzlich nur unter erschwerten Voraussetzungen und schon gar nicht aufgrund eines ungeschriebenen Rechtssatzes eingeschränkt werden kann. Das Sittengesetz ist folglich als eigenständige Schranke von Art. 2 Abs. 1 GG obsolet geworden. Der Inhalt von Art. 2 Abs. 1 GG hat sich insoweit gegenüber früheren Zeiten gewandelt.

Ein weiterer Verfassungswandel lässt sich im Rahmen der Entwicklung des allgemeinen Persönlichkeitsrechts feststellen. Wie im 1. Kapitel bei den Beispielen zu Verfassungswandlungen unter dem Grundgesetz bereits dargestellt,[1110] wohnte dieses Recht Art. 2 Abs. 1 GG nicht von Anfang an inne, sondern wurde vom BVerfG als Reaktion auf neue Gefährdungslagen für die Grundrechtsträger aufgrund veränderter gesellschaftlicher Verhältnisse geschaffen. Diese Veränderungen im Normbereich haben zu einer *„Öffnung durch Anpassung des Normsinns“* geführt, also zu einer – von *Bryde* als einer Kategorie von Verfassungswandlungen beschriebenen – Neudefinition des Normprogramms, die den Normsinn geändert hat.[1111] Vor allem die Schöpfung der Sphärentheorie durch das BVerfG, mit dem es innerhalb des Schutzbereichs des „neuen“ Grundrechts des Art. 2 Abs. 1 i.V.m. Art. 1 Abs. 1 GG eine zusätzliche Schrankenregelung neben der in Art. 2 Abs. 1 GG ausdrücklich vorhandenen geschaffen hat, hat dazu geführt, dass gewisse, zum Intimbereich zählende Teile der Persönlichkeitsentfaltung inzwischen zulässigerweise nicht mehr eingeschränkt werden können. Diese gegenüber der Zeit bei Inkrafttreten des Grundgesetzes insgesamt veränderte Konkretisierung von Art. 2 Abs. 1 (i.V. m. Art. 1 Abs. 1) GG und seiner Schranken hat über die Neudefinition des Normprogramms im Bereich von Homosexuellen und Partnern gleichgeschlechtlicher Lebensgemeinschaften zu einem umfassenden Schutz der sexuellen Orientierung dieser Personengruppen geführt.

1109 1. Kapitel, E. II. 3. Verfassungswandel und Obsolet-Werden von Verfassungsnormen.
1110 1. Kapitel, E. III. Beispiele für gewandelte Teile des Grundgesetzes.
1111 *Bryde*, Verfassungsentwicklung, S. 286.

Bei den soeben festgestellten Verfassungswandlungen müssten auch deren Grenzen gewahrt worden sein. Beim Obsolet-Werden des Sittengesetzes als Schranke von Art. 2 Abs. 1 GG ist dafür insbesondere erforderlich, dass sich dadurch der Kerngehalt der Norm nicht verändert und die änderungsresistenten Strukturgrundsätze von Art. 79 Abs. 3 GG gewährt wurden. Der Normtext kann im Rahmen des Obsolet-Werdens nicht berührt sein, da der Text der Norm sich gerade nicht verändert (auch nicht implizit), sondern nur seines Normbereichs beraubt wird und sich daher nicht mehr konkretisieren lässt. Wie *Müller* es beschreibt, ist *„die so entstandene ‚reine' Norm [...] nur noch Text"*.[1112] Auch die Kontinuität der Verfassung wird beim Obsolet-Werden in aller Regel nicht betroffen, da es dabei nicht um eine durch den Verfassungsinterpreten aktiv bewirkte Umdeutung eines Verfassungssatzes, sondern um den durch eine Änderung der Verhältnisse verlustig gegangenen Anwendungsbereich einer Norm geht. Hierbei ist die Wahrung der Verfassungskontinuität geradezu implizit, denn nur im Rahmen dieser ist es zum Obsolet-Werden der Norm gekommen.

Im vorliegenden Fall wurde auch der Kerngehalt von Art. 2 Abs. 1 GG gewahrt. Wichtigste Schranke von Art. 2 Abs. 1 GG ist seit jeher – korrelierend zum weiten Anwendungsbereich der Norm – die verfassungsmäßige Ordnung. Selbst in der Entscheidung des BVerfG zur Verfassungsmäßigkeit von § 175 StGB a.F., in der das Sittengesetz wie in keinem zweiten Fall zur Rechtfertigung eines Eingriffs in Art. 2 Abs. 1 GG herangezogen und vom BVerfG als eigenständige rechtliche Schranke angesehen wurde, diente es nur der Durchsetzung der Schranke der verfassungsmäßigen Ordnung. Daher kann nicht davon ausgegangen werden, dass Art. 2 Abs. 1 GG in seinem Kerngehalt betroffen wäre, wenn das Sittengesetz, dass zwar ehemals als eigenständige, wohl aber nicht als von den anderen Schranken unabhängige Schranke von Art. 2 Abs. 1 GG betrachtet wurde, keinen eigenen Anwendungsbereich mehr hat. Das gleiche gilt für die Grenze von Art. 79 Abs. 3 GG. Die hierbei insbesondere zu beachtenden Strukturprinzipien der Garantie der Menschenwürde, der Demokratie und der Gewaltenteilung sind vorliegend ersichtlich nicht einschlägig.[1113] Die Rechtfertigung von Eingriffen aufgrund des Sittengesetzes war, wie gezeigt, seit den Anfangszeiten des Grundgesetzes umstritten, ein Wegfall dieser Schranke kann also bereits denklogisch keine Verletzung der Menschenwürde darstellen. Eine Verletzung des Demokratie- oder Gewaltenteilungsprinzips scheidet deshalb aus, weil das Obsolet-Werden des Sittengesetzes nicht von einem Verfassungsinterpreten entschieden wurde, der hierfür die Kompetenz haben müsste, sondern die obsolete Norm schlicht für alle Verfassungsinterpreten keinen Normbereich mehr vorhält und daher nicht mehr konkretisiert werden kann, unabhängig davon, ob eine Anwendung im Einzelfall gewollt wäre.

1112 *Müller*, Normstruktur und Normativität, S. 154.

1113 Zu den einzelnen Gewährleistungen von Art. 79 Abs. 3 GG: 1. Kapitel, E. IV. 3. Art. 79 Abs. 3 GG.

Im Hinblick auf die Wandlung der Verfassung durch die Erfindung des allgemeinen Persönlichkeitsrechts und seiner besonderen Schranken nach Art. 2 Abs. 1 i.V.m. Art. 1 Abs. 1 GG durch das BVerfG ist ebenfalls nicht von einem Verstoß gegen die Grenzen von Verfassungswandlungen auszugehen. Auch hier kann der Normtext, der gerade bei Art. 2 Abs. 1 GG besonders weit gefasst ist und bereits das Wort „Persönlichkeit" enthält, nicht gegen den besonderen, über die allgemeine Handlungsfreiheit hinausgehenden Schutz der freien Entfaltung der Persönlichkeit angeführt werden. Ähnliche Erwägungen gelten für den Kerngehalt der Verfassungsnorm. Da Art. 2 Abs. 1 GG gerade dem Schutz der allgemeinen Handlungsfreiheit und der Persönlichkeit dient, widerspricht die Ausdifferenzierung dieses Schutzes nicht dessen Kerngehalt, sondern unterstützt ihn. Näher zu betrachten war indes die Frage, ob sich das BVerfG bei Entwicklung des neuen Schutzgehalts und seiner Schranken an die Grenzen des Art. 79 Abs. 3 GG und die Verfassungskontinuität gehalten hat. Gerade bei der Erfindung „neuer" Grundrechtsgarantien, die sich nicht aus dem Wortlaut der Verfassung ergeben, kommt es zu Überschneidungen mit der Kompetenz des verfassungsändernden Gesetzgebers. Daher ist es vor allem bei dieser Kategorie der Verfassungswandlung entscheidend, dass diese Grundrechtsgarantien noch als Ableitungen und Weiterentwicklungen aus vorhandenen Garantien angesehen werden können und nicht unabhängig neben diesen stehen. Allerdings wird man gerade im Bereich des allgemeinen Persönlichkeitsrechts, dass vom BVerfG zwar erst seit dem Jahr 1980 auch auf Art. 1 Abs. 1 GG gestützt wird, als Begriff und Rechtsausprägung aber bereits sehr viel früher in der deutschen Rechtsprechung anerkannt war,[1114] und das eng mit dem Schutz der allgemeinen Handlungsfreiheit verbunden ist, vom Einhalten dieser Grenze ausgehen dürfen. Auch die erhöhten Rechtfertigungsanforderungen, die das BVerfG entwickelt hat, wenn es um Eingriffe in den Kernbereich der Persönlichkeitsentfaltung geht, folgen aufgrund der Nähe dieses Kernbereichs zur Menschenwürdegarantie der Struktur der Verfassungsgewährleistungen und lassen sich als zulässige Ableitungen aus diesen qualifizieren. Schließlich wurde bei der Entwicklung und Ausdifferenzierung des Rechts auf freie Entfaltung der Persönlichkeit durch das BVerfG auch die Kontinuität der Verfassung gewahrt. Dies erfordert, dass vom BVerfG ein Grund vorgetragen wurde, der die Notwendigkeit der Schaffung des neuen Rechts nachvollziehbar, vernünftig und verhältnismäßig erscheinen lässt.[1115] Diese Begründung hat das BVerfG in seiner oben genannten Entscheidung aus dem Jahr 1980 geliefert:

> *„Dieses [Art. 2 Abs. 1 i.V.m. Art. 1 Abs. 1 GG] ergänzt als ‚unbenanntes' Freiheitsrecht die speziellen (‚benannten') Freiheitsrechte, die, wie etwa die Gewissensfreiheit oder die Meinungsfreiheit, ebenfalls konstituierende Elemente der Persönlichkeit schützen. Seine Aufgabe ist es, im Sinne des obersten Konstitutionsprinzips der ‚Würde des Menschen' (Art 1 Abs 1 GG) die engere persönliche Lebenssphäre und die Erhaltung ihrer Grundbedingungen zu gewährleisten, die sich durch die traditionellen konkreten Freiheitsgarantien*

1114 Hierzu: 3. Kapitel, B. II. 1. Grundrechtstatbestand.
1115 *Leisner*, Kontinuität als Verfassungsprinzip, S. 219 ff.

nicht abschließend erfassen lassen; diese Notwendigkeit besteht namentlich auch im Blick auf moderne Entwicklungen und die mit ihnen verbundenen neuen Gefährdungen für den Schutz der menschlichen Persönlichkeit. [...] Wegen der dargelegten Eigenart des allgemeinen Persönlichkeitsrechts hat die Rechtsprechung des Bundesverfassungsgerichts, ebenso wie die des Bundesgerichtshofs, den Inhalt des geschützten Rechts nicht abschließend umschrieben, sondern seine Ausprägungen jeweils anhand des zu entscheidenden Falles herausgearbeitet."[1116]

C. Schutz über Art. 3 Abs. 1 und 3 GG

Das BVerfG hat seine Rechtsprechung zu Art. 3 GG in den letzten Jahren, insbesondere seit Inkrafttreten des LPartDisBG, erheblich ausgebaut und dabei in Art. 3 Abs. 1 GG ein ausdifferenziertes System von Rechtfertigungsanforderungen entwickelt und diesen bei Vorliegen bestimmter personenbezogener Merkmale – teils unter ausdrücklichem Hinweis auf die Rechtenwicklungen des Europarechts – immer weiter in die Nähe von Art. 3 Abs. 3 GG gerückt.

Daher gilt es, im Folgenden zunächst zu prüfen, wo in diesem System Diskriminierungen von Homosexuellen, gleichgeschlechtlichen Lebensgemeinschaften und eingetragenen Lebenspartnerschaften wegen ihrer sexuellen Orientierung heutzutage anzusiedeln sind, welchen Rechtfertigungsanforderungen sie inzwischen unterliegen und ob sich das BVerfG bei Ausbildung dieser Anforderungen, insbesondere aufgrund seines inzwischen äußerst europarechtsfreundlichen Kurses, an die ihm vorgegebenen Grenzen gehalten hat.

Nach einem Vergleich mit der Rechtslage bei Inkrafttreten des Grundgesetzes, die recht offenkundig nicht so differenziert ausgestaltet war, wie dies heutzutage der Fall ist, wird das Ausmaß eines möglicherweise in diesem veränderten Schutzgrad liegenden Verfassungswandels zu prüfen sein.

I. Derzeitiger Schutzstand

Zunächst soll also geprüft werden, ob Homosexuelle, gleichgeschlechtliche Lebensgemeinschaften und eingetragene Lebenspartnerschaften nur dem Schutzbereich des allgemeinen Gleichheitssatzes nach Art. 3 Abs. 1 GG unterliegen oder auch dem spezielleren Schutzbereich des Art. 3 Abs. 3 GG. In Art. 3 Abs. 3 GG werden bestimmte personenbezogene Merkmale einem absoluten Differenzierungsverbot unterstellt. Das bedeutet, dass eine Ungleichbehandlung wegen eines dieser Merkmale nie gerechtfertigt sein kann. Im Gegensatz dazu ist der Schutz nach Art. 3 Abs. 1 GG nur relativ ausgestaltet, da er Ungleichbehandlungen nur verbietet, wenn etwas als „*gleich*" zu beurteilen ist und es für diese Ungleichbehandlung keinen sachlichen

---

1116 BVerfG vom 3.6.1980 – 1 BvR 185/77, Rn. 13 f. BVerfGE 54, 148, 153 f.

Grund gibt, wobei die Anforderungen an den sachlichen Grund je nach Anknüpfungspunkt der Ungleichbehandlung variieren.[1117]

Sollte nur der allgemeine Gleichheitssatz anwendbar sein, so sind im weiteren Verlauf der Prüfung für Homosexuelle, gleichgeschlechtliche Lebensgemeinschaften und eingetragene Lebenspartnerschaften die jeweils passenden Vergleichsgruppen zu bilden und zu untersuchen, ob sachliche Gründe denkbar sind, die eine Ungleichbehandlung mit diesen Vergleichsgruppen rechtfertigen können. Dabei wird auch auf die Frage einzugehen sein, welche Anforderungen an solche Gründe zu stellen sind.

1. *Schutzbereich des Art. 3 Abs. 3 GG*

Von den besonderen Differenzierungsverboten des Art. 3 Abs. 3 GG könnte lediglich der des Geschlechts einschlägig sein. So wird in der Literatur teilweise vertreten, eine Ungleichbehandlung zwischen Männern und Frauen im Hinblick auf die ihnen offenstehenden, paarbezogenen Bindungsmöglichkeiten liege zwar nicht auf den ersten Blick vor, da Männer mit Männern eine gleichgeschlechtliche Lebensgemeinschaft oder eine eingetragene Lebenspartnerschaft und mit Frauen eine nichteheliche Lebensgemeinschaft oder eine Ehe eingehen könnten, was für Frauen als Vergleichsgruppe hinsichtlich der Geschlechtskombination ebenso gelte, ergebe sich bei näherer Betrachtung aber aufgrund eines doppelten Vergleichs: So könne ein Mann nur eine Frau heiraten und keinen Mann, eine Frau hingegen könne einen Mann heiraten, allerdings keine Frau, was im Ergebnis zu einer doppelten Ungleichbehandlung wegen des Geschlechts führe.[1118] Diese Argumentation kann indes nicht überzeugen: Anknüpfungspunkt der Ungleichbehandlung zwischen Männern und Frauen ist bei richtiger Betrachtungsweise gerade nicht ihr Geschlecht, beiden Geschlechtern steht dieselbe Anzahl an möglichen Partnerschaftsformen offen, sondern ihre sexuelle Orientierung. Denn diese entscheidet darüber, ob eine der Partnerschaftsformen gewählt wird, die für verschiedengeschlechtliche Paare offensteht oder eine, die gleichgeschlechtliche Paare eingehen können. Wenn diese Partnerschaftsformen nicht jeweils gleich ausgestaltet sind und der betreffende Grundrechtsträger daher wegen seiner sexuellen Orientierung auf die weniger vorteilhafte beschränkt ist, liegt eine Ungleichbehandlung vor, deren Anknüpfungspunkt die sexuelle Orientierung, nicht aber das Geschlecht ist.

Da das Differenzierungsmerkmal der sexuellen Orientierung nicht ausdrücklich in Art. 3 Abs. 3 GG aufgeführt ist, wäre ein Schutz Homosexueller, gleichgeschlechtlicher Lebensgemeinschaften und eingetragener Lebenspartnerschaften über Art. 3 Abs. 3 GG somit nur möglich, wenn die dort aufgeführten Merkmale nicht

1117 Hierzu ausführlich: *Starck*, in: Mangoldt/Klein/Starck, Art. 3 Abs. 3 GG, Rn. 366 ff.

1118 So zum Beispiel *Schüffner*, Eheschutz und Lebenspartnerschaft, S. 391 f.; *Sachs*, JR 2001, S. 45, 46; *Dittberner*, Lebenspartnerschaft und Kindschaftsrecht, S. 61; *Strick*, DEuFamR 2000, S. 82, 85.

abschließend wären. Dagegen sprechen aber sowohl die Entstehungsgeschichte der Norm wie auch die Systematik der grundrechtlichen Gewährleistungen.[1119]

Die in Art. 3 Abs. 3 GG enthaltenen Merkmale wurden vom Parlamentarischen Rat deshalb separat aufgeführt, um nach den Erfahrungen der jüngsten Vergangenheit besonders hervorzuheben, dass eine Ungleichbehandlung wegen dieser Merkmale stets und ohne jede Einschränkung ausgeschlossen sein sollte.[1120] Diese Betonung ausgewählter – gerade in der damaligen Zeit besonders sensibler Differenzierungsverbote – spricht gegen eine nicht abschließende Aufzählung, auch wenn die sexuelle Orientierung mit den in Art. 3 Abs. 3 GG geschützten Merkmalen strukturell vergleichbar sein sollte.[1121]

Auch das System des Grundrechtsschutzes des Grundgesetzes spricht gegen die Aufnahme weiterer Merkmale in den Schutzbereich des Art. 3 Abs. 3 GG. Sowohl die Freiheitsgarantien, wie auch der allgemeine Gleichheitssatz schützen nur bestimmte, für die Persönlichkeit des Menschen besonders wichtige Teile ausdrücklich, gewähren aber mithilfe eines Auffangrechts daneben einen umfassenden Schutz der Freiheit und Gleichheit der Grundrechtsträger. Daher ist immer dann, wenn ein Teilbereich nicht ausdrücklich geschützt ist, auf das Auffangrecht zurückzugreifen und nicht – dogmatisch verfehlt – der Schutzbereich spezieller Grundrechte über ihren Wortlaut hinaus auszudehnen.

Somit sind Ungleichbehandlungen Homosexueller, gleichgeschlechtlicher Lebensgemeinschaften und eingetragener Lebenspartnerschaften nicht vom Schutzbereich des Art. 3 Abs. 3 GG umfasst.

2. Schutzbereich des Art. 3 Abs. 1 GG

Nach Art. 3 Abs. 1 GG sind alle Menschen vor dem Gesetz gleich. Das bedeutet, dass wesentlich Gleiches nicht ungleich und wesentlich Ungleiches nicht gleich behandelt werden darf, es sei denn es gibt einen ausreichenden Grund dafür.[1122]

Für die hier zu untersuchenden Personengruppen bedeutet dies, dass diese grundsätzlich nicht anders behandelt werden dürfen als ihre jeweiligen, als „*wesentlich gleich*" einzustufenden Vergleichsgruppen. Die Vergleichsgruppe für Homosexuelle sind Heterosexuelle, für gleichgeschlechtliche Lebensgemeinschaften sind es nichteheliche Lebensgemeinschaften und für eingetragene Lebenspartnerschaften Eheleute. Diese Vergleichsgruppen sind auch als jeweils wesentlich gleich

---

1119 Im Ergebnis ebenso: *Michael*, NJW 2010, S. 3537, 3538.

1120 So das Mitglied des Grundausschusses des Parlamentarischen Rats *Bergsträsser* in: Der Parlamentarische Rat, Bd. 5/I, S. XXXVII; das Merkmal des Geschlechts wurde erst im weiteren Verlauf der Beratungen in Art. 3 Abs. 3 GG aufgenommen, nachdem der zunächst vorgesehene Abs. 2, der die Gleichheit von Männern und Frauen enthielt, gestrichen wurde.

1121 So *Risse*, Der verfassungsrechtliche Schutz der Homosexualität, S. 137 ff.

1122 Siehe hierzu und den verschiedenen Formeln, die das BVerfG zur Definition verwendet: *Starck*, in: Mangoldt/Klein/Starck, Art. 3 Abs. 1 GG, Rn. 10.

anzusehen: Das Merkmal, das die jeweiligen Gruppen voneinander unterscheidet, ist ihre sexuelle Orientierung. Die homosexuelle Orientierung ist jedoch nichts wesentlich anderes als die heterosexuelle Orientierung, vielmehr sind beide nach heutzutage allgemein anerkannter Auffassung gleichwertige, jeweils als natürlich zu betrachtende mögliche sexuelle Orientierungen eines Menschen.[1123] In Bezug auf gleich- und verschiedengeschlechtliche Paare wird als Unterscheidungsmerkmal daneben mitunter auch die Tatsache genannt, dass gleichgeschlechtliche Paare auf natürlichem Wege keine Kinder bekommen können.[1124] Dies kann allerdings auch bei verschiedengeschlechtlichen Paaren der Fall sein, weshalb diese Tatsache nicht dazu führen kann, gleichgeschlechtliche Paare von vornherein als wesentlich ungleich anzusehen.[1125]

Nachdem also eine Vergleichbarkeit der oben genannten Personengruppen gegeben ist, stellt sich die Frage, bei welchen dieser Personengruppen heutzutage überhaupt noch relevante Ungleichbehandlungen vorliegen, bevor im Anschluss untersucht werden kann, welche Gründe vorhandene Ungleichbehandlungen der jeweiligen Personengruppen rechtfertigen könnten. Eine solche Ungleichbehandlung müsste dem Staat zurechenbar sein und dürfte sich nicht nur auf rein gesellschaftlicher Ebene, auf die der Staat keinen Zugriff hat, abspielen.

In Bezug auf das Vergleichspaar der Homo- und Heterosexuellen lässt eine Ungleichbehandlung zwischen diesen Personengruppen heute im Wesentlichen noch in folgendem Bereich feststellen: Männliche Homosexuelle dürfen im Gegensatz zu männlichen Heterosexuellen kein Blut spenden.[1126] In den meisten übrigen Bereichen des Rechts ist inzwischen eine Rechtsangleichung erfolgt: So wurde im Jahr 1994 jeglicher Bezug zur Homosexualität aus dem StGB gestrichen, so dass spätestens seit diesem Zeitpunkt keinerlei Differenzierungen im Bereich des Strafrechts mehr ersichtlich sind. Das Ausleben der eigenen sexuellen Orientierung war Homosexuellen bereits ab dem Jahr 1969 bzw. 1973 straffrei möglich, nachdem § 175 StGB a.F. abgeschafft wurde. Auch das Eingehen einer Paarbeziehung war dem einzelnen Homosexuellen schon zu diesem Zeitpunkt rechtlich ungehindert möglich. Zwar waren gleichgeschlechtliche Paare gegenüber verschiedengeschlechtlichen zu dieser Zeit noch in den verschiedensten Rechts- und Lebensbereichen schlechter gestellt, die bestehenden Unterschiede wurden vom Gesetzgeber aber nach und nach abgebaut. Mit der Einführung des LPartDisBG im Jahr 2001 wurde Homosexuellen dann

---

1123 Anders nur noch vereinzelt, so zum Beispiel *Braun*, Ehe und Familie am Scheideweg, S. 25 f.

1124 *Braun*, ebd., S. 112 m.w.N.; *Willutzki*, MDR 1993, S. 116, 118; *Schumacher*, FamRZ 1994, S. 857, 858; *Schüffner*, Eheschutz und Lebenspartnerschaft, S. 345 f.

1125 Im Ergebnis ebenso: *Grehl*, Das Adoptionsrecht gleichgeschlechtlicher Paare, S. 158.

1126 Vgl. §§ 12a, 18 TFG in Verbindung mit den Richtlinien zur Gewinnung von Blut und Blutbestandteilen und zur Anwendung von Blutprodukten (Hämotherapie) der Bundesärztekammer, Punkt 2.2.1 (in der Fassung vom 07.08.2017 in etwas abgewandelter Fassung in Punkt 2.2.4.3.2.2 enthalten).

wie Heterosexuellen die Möglichkeit gegeben, eine eingegangene Paarbeziehung rechtlichen Bindungen zu unterwerfen. Dass diese Bindung nicht gleich ausgestaltet war und teilweise noch ist, wie diejenige, die heterosexuelle Personen eingehen können, stellt eine Ungleichbehandlung dieser Partnerschaftsformen, nicht aber Homosexueller als Einzelpersonen dar und ist für die Frage von Ungleichbehandlungen zwischen Homo- und Heterosexuellen daher nicht relevant.[1127]

Mit Einführung des AGG im Jahr 2006 wurde vom Gesetzgeber über die Schaffung des familienrechtlichen Instituts der eingetragenen Lebenspartnerschaft hinaus auch für das Arbeitsrecht und einige Teile des Zivilrechts positivrechtlich ein einfachgesetzliches, ausdrückliches Differenzierungsverbot wegen der *„sexuellen Identität"* geschaffen, so dass heute – bis auf den Bereich der Blutspende – von der im Wesentlichen gleichen rechtlichen Situation Homo- und Heterosexueller ausgegangen werden kann.

Für das Vergleichspaar der verschieden- und gleichgeschlechtlichen Lebensgemeinschaften ergibt sich eine Ungleichbehandlung heutzutage ebenfalls hauptsächlich noch in einem Bereich. Zwar ist es beiden Partnerschaftsformen möglich, ihre Beziehung einer rechtlichen Bindung zu unterstellen, allerdings können gleichgeschlechtliche Partnerschaften keine Ehe eingehen, sondern nur eine eingetragene Partnerschaft. Zwar ist es umgekehrt verschiedengeschlechtlichen Paaren auch nicht möglich, eine eingetragene Partnerschaft einzugehen, allerdings kommt es für die Prüfung einer unzulässigen Ungleichbehandlung gleichgeschlechtlicher Paare schon nicht darauf an, ob auch ihr Vergleichspaar einer relevanten Ungleichbehandlung unterliegt, daneben ist diese Ungleichbehandlung aber auch nach Art. 6 Abs. 1 GG gerechtfertigt. In der Schaffung eines mit der Ehe konkurrierenden, zweiten familienrechtlichen Instituts für verschiedengeschlechtliche Paare durch den Gesetzgeber läge ein Verstoß gegen die aus Art. 6 Abs. 1 GG folgende wertentscheidende Grundsatznorm, die unter anderem auch ein Schutzgebot zugunsten der Ehe enthält.[1128] Eine Ausprägung dieses Schutzauftrages besteht nach der Rechtsprechung des BVerfG darin, dass der Gesetzgeber die Bereitschaft zur Eheschließung nicht beeinträchtigen darf,[1129] was er jedoch tun würde, wenn er verschiedengeschlechtlichen Paaren ein alternatives Rechtsinstitut neben der Ehe zur Verfügung stellen würde.

1127 Rein rechtlich betrachtet sind Homosexuelle nicht von der Ehe ausgeschlossen. Dass diese tatsächlich von ihrer Eheschließungsmöglichkeit keinen Gebrauch machen, weil das ihrer sexuellen Orientierung widerspricht, begründet keine rechtlich relevante Ungleichbehandlung. Im Gegensatz dazu werden homosexuelle Paare, denen die Eheschließungsmöglichkeit gerade nicht gegeben ist, auch rechtlich ungleich behandelt.

1128 Zur Ehe als wertentscheidender Grundsatznorm siehe: 3. Kapitel, A. I. 2. c).

1129 BVerfG vom 21.2.1961 – 1 BvL 29/57, 1 BvL 20/60, Rn. 46, BVerfGE 12, 151, 163; BVerfG vom 27.5.1970 – 1 BvL 22/63, 1 BvL 27/64, Rn. 62, BVerfGE 28, 324, 347; BVerfG vom 21.10.1980 – 1 BvR 179/78, 1 BvR 464/78, Rn. 47, BVerfGE 55, 114, 126 f.

Eine Ungleichbehandlung lässt sich außerhalb des Zugangs zum Institut der Ehe insbesondere nicht mehr zwischen eheähnlichen und partnerschaftsähnlichen Lebensgemeinschaften,[1130] das heißt zwischen auf Dauer angelegten hetero- oder homosexuellen Verantwortungs- und Einstehensgemeinschaften, an dessen Bestehen der Gesetzgeber verschiedene Rechtswirkungen knüpft, feststellen. Dies geschah im Sozialrecht noch bis August 2006, da nur eheähnliche Gemeinschaften eine Bedarfsgemeinschaft nach § 7 Abs. 3 SGB II a.F. bildeten, nicht jedoch partnerschaftsähnliche. Darin lag zwar kein Nachteil für gleichgeschlechtliche Partnerschaften aber dennoch eine Ungleichbehandlung. Seit dem 01.08.2006 werden in § 7 Abs. 3, 3a SGB II Einstehensgemeinschaften unabhängig vom Geschlecht der in dieser Partnerschaft lebenden Personen erfasst, womit auch in diesem Bereich die bisherige Ungleichbehandlung beseitigt wurde.

Hinsichtlich eingetragener Lebenspartnerschaften und Ehen wurden die derzeit noch bestehenden Unterschiede im 2. Kapitel[1131] bereits ausführlich dargestellt. Diese betreffen neben dem inhaltlich bedeutendsten Gebiet der gemeinschaftlichen Fremdadoption im Wesentlichen fehlende sprachliche Angleichungen bei diversen Rechtsnormen, die wohl der Tatsache geschuldet sind, dass bei Einführung des LPartDisBG kein Pauschalverweis auf die für Eheleute geltenden Vorschriften erfolgt ist, sondern die für Lebenspartner anwendbaren Normen einzeln angepasst wurden, wobei einige – auch im Rahmen späterer Gesetzesreformen – schlicht vergessen wurden.

3. Grundrechtsschranken

a) Rechtfertigungsanforderungen des BVerfG

Während das BVerfG in der Anfangszeit seiner Rechtssprechungstätigkeit bei Ungleichbehandlungen nach Art. 3 Abs. 1 GG relativ geringe Anforderungen an die Rechtfertigung einer solchen gelegt hat, diese etwa nur verneint hat, wenn *„sich ein vernünftiger, sich aus der Natur der Sache ergebender oder sonstwie sachlich einleuchtender Grund für die gesetzliche Differenzierung oder Gleichbehandlung nicht finden läßt, kurzum, wenn die Bestimmung als willkürlich bezeichnet werden muß"*,[1132] legt es inzwischen unterschiedlich hohe Rechtfertigungsanforderungen an, je nachdem in welchem Bereich die Ungleichbehandlung erfolgt. In seinem *Transsexuellen*-Urteil aus dem Jahr 1993 heißt es dazu:

> *„Aus dem allgemeinen Gleichheitssatz ergeben sich je nach Regelungsgegenstand und Differenzierungsmerkmalen unterschiedliche Grenzen für den Gesetzgeber, die vom bloßen*

1130 Als eheähnliche Lebensgemeinschaften werden vom BVerfG nur auf Dauer angelegte Verbindungen zwischen Mann und Frau definiert, vgl. zuletzt: BVerfG vom 2.9.2004 – 1 BvR 1962/04, Rn. 6, FamRZ 2004, S. 1950.

1131 2. Kapitel, C. IV. 3. Weiterhin bestehende Unterschiede zur Ehe.

1132 Sogenannte Willkürformel, siehe BVerfG vom 23.10.1951 – 2 BvG 1/51, Rn. 139, BVerfGE 1, 14, 52.

Willkürverbot bis zu einer strengen Bindung an Verhältnismäßigkeitserfordernisse reichen. [...] Diese Bindung ist um so enger, je mehr sich die personenbezogenen Merkmale den in Art. 3 Abs. 3 GG genannten annähern und je größer deshalb die Gefahr ist, daß eine an sie anknüpfende Ungleichbehandlung zur Diskriminierung einer Minderheit führt."[1133]

Das BVerfG hat diese strengen Rechtfertigungsanforderungen – gerade im Bereich von Ungleichbehandlungen wegen der sexuellen Orientierung aufgrund ihrer Nähe zu den Diskriminierungsverboten des Art. 3 Abs. 3 GG und wegen der Gefahr der Diskriminierung einer Minderheit – in seinem Urteil zur Hinterbliebenenversorgung noch einmal ausdrücklich bekräftigt.[1134] In der Literatur wird teilweise sogar vertreten, dies habe in Bezug auf Differenzierungen wegen der sexuellen Orientierung zu einem „*Quasi-Diskriminierungsverbot*"[1135] geführt. Diese Aussage erscheint zunächst äußerst apodiktisch, wird aber zumindest durch die Tatsache gestützt, dass das Gericht seit diesem Urteil keine ihm zur Entscheidung vorgelegte Ungleichbehandlung wegen der sexuellen Orientierung mehr als verfassungsrechtlich gerechtfertigt angesehen hat.

Das Gericht begründet das Anlegen solch hoher Rechtfertigungsanforderungen neben der Vergleichbarkeit des Merkmals der sexuellen Orientierung mit den in Art. 3 Abs. 3 GG genannten in seiner *Hinterbliebenen*-Entscheidung erstmals auch mit den Entwicklungen im Europarecht. So heißt es in der Entscheidung an einer Stelle:

„Ein strenger Kontrollmaßstab bei einer auf die sexuelle Orientierung bezogenen Ungleichbehandlung, der sich dem bei anderen Diskriminierungsverboten geltenden Maßstab annähert, entspricht auch der Rechtsentwicklung im Europarecht. Sowohl Art. 13 EG wie Art. 21 Abs. 1 der Charta der Grundrechte der Europäischen Union beziehen die sexuelle Ausrichtung in den Kreis der Diskriminierungsverbote ein. Auch in der Rechtsprechung des Europäischen Gerichtshofs für Menschenrechte (EGMR) werden für Unterscheidungen, die sich auf die sexuelle Orientierung gründen, genauso ‚ernstliche Gründe' als Rechtfertigung gefordert, wie für solche, die sich auf das Geschlecht gründen."[1136]

Dieser Verweis auf die europäische Rechtsentwicklung lag zunächst insofern nah, als die Frage der betrieblichen Hinterbliebenenversorgung für eingetragene Lebenspartner, wie im 2. Kapitel bereits erwähnt,[1137] auch einen europarechtlichen Hintergrund hatte, betraf sie doch einen von der Richtlinie 2000/78, die in Deutschland

---

1133 BVerfG vom 26.1.1993 – 1 BvL 38/92, 1 BvL 40/92, 1 BvL 43/92, Rn 34 f., BVerfGE 88, 87, 96. In dieser Entscheidung hat das BVerfG die sogenannte „Neue Formel", die es seit einer Entscheidung aus dem Jahr 1980 (BVerfG vom 7.10.1980 – 1 BvL 50/79, 1 BvL 89/79, 1 BvR 240/79, Rn. 47, BVerfGE 55, 72, 88) in bestimmten Fällen anstatt der Willkürformel anwendet, noch verstärkt.

1134 BVerfG vom 7.7.2009 – 1 BvR 1164/07, Rn. 87, BVerfGE 124, 199, 220.

1135 *Kischel* in: Beck'scher Online-Kommentar GG, Art. 3 Rn. 130.

1136 BVerfG vom 7.7.2009 – 1 BvR 1164/07, Rn. 88, BVerfGE 124, 199, 220.

1137 2. Kapitel, C. IV. 2. Durch die Rechtsprechung initiierte Anpassungen.

durch das AGG umgesetzt wurde, umfassten Bereich. Im Rahmen dieser Richtlinie hatte der EuGH in seinem *Maruko*-Urteil sowohl deren Anwendbarkeit auf den Bereich der Hinterbliebenenversorgung bejaht, als auch eine Ungleichbehandlung von Eheleuten und eingetragenen Lebenspartnern als gegen das Diskriminierungsmerkmal der *„sexuellen Ausrichtung"* verstoßend angesehen.[1138] Dies allerdings nur für den Fall, dass sich diese beiden Personengruppen in einer *„vergleichbaren Situation"* befänden, was der EuGH der Beurteilung durch die nationalen Gerichte überließ.[1139] Das BVerfG befand sich somit nicht unmittelbar in der Zwangslage, die vorliegende Ungleichbehandlung von Eheleuten und eingetragenen Lebenspartnern als gegen Art. 3 Abs. 1 GG verstoßend anzusehen, hätte es doch – wie es dies in einer vorherigen Entscheidung auch noch getan hat[1140] – schlicht deren Vergleichbarkeit verneinen können, und erst recht war es nicht gezwungen, dem europarechtlich geschützte Merkmal der sexuellen Orientierung einen derart hohen Stellenwert bei der Prüfung von Ungleichbehandlungen innerhalb von Art. 3 Abs. 1 GG einzuräumen.[1141]

Das wird auch bei einem Vergleich mit den von ihm in Bezug genommenen Rechtsquellen deutlich: Art. 13 EG (inzwischen Art. 19 AEUV) enthält schon keine Bindung der Mitgliedstaaten, sondern ermächtigt lediglich den Rat, geeignete Vorkehrungen zu treffen, um Diskriminierungen aus Gründen unter anderem der sexuellen Ausrichtung zu bekämpfen. Art. 21 GRCh verbietet zwar auch den Mitgliedstaaten Diskriminierungen wegen der sexuellen Ausrichtung, jedoch war die Grundrechtecharta bei Erlass des Urteils im Juli 2009 noch kein verbindliches Recht.[1142] Außerdem gilt sie für die Mitgliedstaaten ausschließlich bei der Durchführung des Rechts der Union (Art. 51 GRCh) nicht aber im Bereich rein nationaler Sachverhalte. Selbst im Rahmen des Vollzugs von Unionsrecht wie bei Umsetzung der Richtlinie 2000/78 durch das AGG bleiben nationale Grundrechte anwendbar, wenn den Mitgliedstaaten hierbei ein Umsetzungsspielraum zukommt.[1143] Die Ausführungen des BVerfG zu den Entwicklungen im Europarecht, die sich nur über einen Absatz der Entscheidungsgründe erstrecken, sind also lediglich als *obiter dicta* des Gerichts zu qualifizieren und begründen keine Verpflichtung, die Rechtfertigungsanforderungen im Bereich von Art. 3 GG allgemein an das auf europäischer Ebene ausdrücklich geschützte Merkmal der sexuellen Orientierung anzupassen. Insbesondere der Verweis auf die Rechtsprechung des EGMR und die Vorschriften

---

1138 EuGH vom 1.4.2008 – C-267/06, Slg 2008, I-1757, Rn. 72 f., NJW 2008, S. 1649, 1653.

1139 Ebd.

1140 BVerfG vom 6.5.2008 – 2 BvR 1830/06, Rn. 12, NJW 2008, S. 2325, 2326.

1141 Hierzu auch: *Michael*, NJW 2010, S. 3537, 3540.

1142 Teil des Primärrechts und damit für die Mitgliedstaaten verbindlich wurde die Grundrechtecharta erst mit Inkrafttreten des Lissabon Vertrags am 01.12.2009 durch die neue Vorschrift des Art. 6 Abs. 1 EUV, siehe auch: 1. Kapitel, E. V. 4. a) EuGH.

1143 BVerfG vom 14.10.2008 – 1 BvF 4/05, Rn. 80 f., BVerfGE 122, 1, 20.

der EMRK zeugen vielmehr erneut von der durch das BVerfG proklamierten völkerrechtsfreundlichen Auslegung des Grundgesetzes.[1144]

Diese völkerrechtsfreundliche Auslegung des Grundgesetzes ist eine Verpflichtung, die sich das BVerfG mit der Zeit selbst auferlegt hat und die nicht unmittelbar aus der EMRK folgt. Damit ist das Gericht mit der Anpassung der Rechtfertigungsanforderungen bei Ungleichbehandlungen wegen der sexuellen Orientierung innerhalb von Art. 3 Abs. 1 GG an die europäischen Standards über das hinaus gegangen, was von ihm wegen seiner unionsrechtlichen und völkerrechtlichen Verpflichtungen gefordert werden kann.[1145] Eine solche Angleichung ist auf der anderen Seite aber auch nicht unzulässig, solange sie sich innerhalb des Auslegungsspielraums bewegt, den der offen gehaltene Art. 3 Abs. 1 GG dem BVerfG gewährt.

Da der Wortlaut des Art. 3 Abs. 1 GG weder etwas zu den Grenzen des Gleichheitssatzes noch zu der Frage, welche Sachverhalte als „*gleich*" zu beurteilen sind, sagt, stand dem BVerfG von Anfang an ein recht weiter Auslegungsspielraum zu, von dem es im Laufe der Zeit lediglich in stärkerem Maße Gebrauch gemacht und so ein inzwischen ausgefeiltes System von Rechtfertigungsanforderungen entwickelt hat, das sich am zugrundeliegenden Differenzierungsmerkmal und dessen Bedeutung für die Grundrechtsausübung des betroffenen Grundrechtsträgers orientiert. In dieses System reiht sich die europa- und völkerrechtsfreundliche Auslegung des Grundgesetzes bei Differenzierungen wegen der sexuellen Orientierung als weitere Rechtfertigungsstufe ein, ohne dass das BVerfG dabei seine Auslegungsbefugnis überschritten hätte.[1146]

So hat das BVerfG, wie dargelegt, bereits vor seinem Urteil zur Hinterbliebenenversorgung strenge Verhältnismäßigkeitsanforderungen aufgestellt, wenn der Grund für eine Differenzierung ein personenbezogenes Merkmal war, das denen des Art. 3 Abs. 3 GG nahekam. Die Gründe dafür sind auch einleuchtend: Im Gegensatz zu verhaltensbezogenen Differenzierungsmerkmalen hat der einzelne Grundrechtsträger bei personenbezogenen Merkmalen keine Möglichkeit, eine Ungleichbehandlung durch eine Änderung seines Verhaltens zu umgehen. Er wird ungleich behandelt wegen etwas, auf das er keinen Einfluss hat bzw. wegen etwas, das – wie zum Beispiel die in Art. 3 Abs. 3 GG geschützten religiösen Anschauungen – Kernbestandteil seiner Persönlichkeit ist. Wird für eine Ungleichbehandlung dennoch an solche Merkmale angeknüpft, so müssen die Rechtfertigungsanforderungen folglich entsprechend hoch sein, um den betroffenen Grundrechtsträger nicht unverhältnismäßig zu belasten. Ein solches personenbezogenes Merkmal ist auch die sexuelle Orientierung. Gerade vor dem Hintergrund, dass dieses Merkmal inzwischen im Primärrecht der EU ausdrücklich geschützt wird und eines der wenigen,

1144 Hierzu oben: 1. Kapitel, E. V. 4. b) EGMR.

1145 Ebenso: *Michael*, NJW 2010, S. 3537, 3539 f.

1146 So auch *Michael*, NJW 2010, S. 3537, 3540 f.; a.A. wohl *Kischel* in: Beck'scher Online-Kommentar GG, Art. 3 Rn. 130.

im europäischen Rechtsraum und vom EGMR[1147] allgemein als schützenswert anerkannten, personenbezogenen Merkmale ist, das in Art. 3 Abs. 3 GG nicht aufgeführt ist, erscheint eine besonders strenge Prüfung innerhalb von Art. 3 Abs. 1 GG nur konsequent. Das BVerfG geht dabei insbesondere auch dogmatisch korrekt und der Struktur der Grundrechtsgarantien entsprechend vor. So versucht es nicht, einen absoluten Schutz der sexuellen Orientierung durch eine Analogie zu Art. 3 Abs. 3 GG oder durch eine europarechtskonforme, erweiternde Auslegung von Art. 3 Abs. 3 GG zu erreichen, sondern es sieht die sexuelle Orientierung weiterhin als nur über Art. 3 Abs. 1 GG geschützt und grundsätzlich einschränkbar an und legt an eine solche Einschränkung lediglich besonders hohe Anforderungen an.[1148] Dass das BVerfG bisher in keiner seiner weiteren Entscheidungen einen ausreichenden Grund für eine Einschränkung gesehen hat, bedeutet nicht, dass es einen solchen nicht geben kann.[1149]

Bei der weiteren Prüfung möglicher Rechtfertigungsgründe für eine Ungleichbehandlung von Homosexuellen, gleichgeschlechtlichen Lebensgemeinschaften und eingetragenen Lebenspartnerschaften wegen ihrer sexuellen Orientierung ist folglich ein besonders strenger Maßstab anzulegen.

b) Mögliche Rechtfertigungsgründe

Für die festgestellten, derzeit noch bestehenden Ungleichbehandlungen von Homosexuellen, gleichgeschlechtlichen Lebensgemeinschaften und eingetragenen Lebenspartnerschaften gegenüber ihren jeweiligen Vergleichsgruppen knüpfen die möglichen Rechtfertigungsgründe je nach Art der Ungleichbehandlung an unterschiedliche Sachverhalte an, so dass es sinnvoll erscheint, diese separat zu untersuchen.

aa) Ungleichbehandlung Homosexueller

Bei männlichen Homosexuellen wurde eine Ungleichbehandlung gegenüber männlichen Heterosexuellen bei der Zulassung zur Blutspende festgestellt. Dies folgt aus Punkt 2.2.1 der Richtlinien zur Gewinnung von Blut und Blutbestandteilen und zur Anwendung von Blutprodukten (Hämotherapie) der Bundesärztekammer in der am 10.07.2010 in Kraft getretenen Fassung. Die Bundesärztekammer stellt auf der Grundlage von §§ 12a und 18 TFG im Einvernehmen mit der zuständigen Bundesoberbehörde und nach Anhörung von Sachverständigen in Richtlinien den allgemeinen Stand der medizinischen Wissenschaft und Technik fest. Diese Richtlinienkompetenz gilt ergänzend zur Verordnungsermächtigung des Bundesministeriums für

---

1147 Siehe nur EGMR vom 27.9.1999 – 33985/96 und 33986/96, Rn. 89, NJW 2001, S. 809.

1148 Dies sieht *Michael*, NJW 2010, S. 3537, 3542, mit Verweis auf die vergleichbare Vorgehensweise des BVerfG bei Erstreckung der Deutschengrundrechte auf Ausländer über den dogmatisch korrekten Weg des Art. 2 Abs. 1 GG, ebenso.

1149 Im Ergebnis ebenso: *Classen*, JZ 2010, S. 411.

Gesundheit nach § 12 TFG.[1150] Damit ist die Richtlinienkompetenz der Bundesärztekammer bezüglich des allgemein anerkannten Standes der medizinischen Wissenschaft und Technik für die Gewinnung von Blut und Blutbestandteilen zwar nach § 12a TFG formal subsidiär und fakultativ,[1151] aber dennoch wird durch die Vorschrift einem privaten Verein (der Bundesärztekammer) die Befugnis zur Gesetzgebung übertragen.[1152] So werden die Richtlinien im Bundesanzeiger veröffentlicht und sind für alle Ärzte im Anwendungsbereich der Richtlinie verbindlich.[1153]

Nach Punkt 2.2.1 der Richtlinie sind Männer, die Sexualverkehr mit Männern haben (MSM) neben heterosexuellen Personen mit sexuellem Risikoverhalten, zum Beispiel bei Geschlechtsverkehr mit häufig wechselnden Partnern, sowie männlichen und weiblichen Prostituierten dauerhaft von der Blutspende ausgeschlossen. Während heterosexuelle Personen also unabhängig von ihrem Geschlecht nur bei sexuellem Risikoverhalten von der Blutspende ausgeschlossen sind, ist dies bei MSM unabhängig davon der Fall, ob sie Sexualverkehr mit verschiedenen Geschlechtspartnern haben – was tatsächlich ein erhöhtes HIV Ansteckungsrisiko bedeuten würde – oder ob sie diesen Sexualverkehr nur innerhalb einer monogam geführten Beziehung ausüben. Begründet wird dieser Dauerausschluss mit einem gegenüber Heterosexuellen erheblich größerem HIV Infektionsrisiko und gesundheitlichen Schutzansprüchen der Empfänger von Blutprodukten.[1154]

Zwar wurde am 07.08.2017 eine novellierte Fassung der Richtlinie auf der Internetseite der Bundesärztekammer veröffentlicht,[1155] in der die Zulassungskriterien zur Blutspende für Personen mit sexuellem Risikoverhalten angepasst wurden und die nur noch einen zeitlich begrenzten Ausschluss dieser Personen von der Blutspende vorsieht, allerdings gilt dieser Ausschluss für MSM nach Punkt 2.2.4.3.2.2 weiterhin unabhängig davon, ob diese – wie dies für heterosexuelle Personen (und neu auch für transsexuelle Personen) geregelt ist – ein sexuelles Risikoverhalten zeigen oder nicht. Die nachfolgenden Ausführungen finden daher insoweit auch für die novellierte Fassung der Richtlinie Anwendung.

Der Schutz der Gesundheit anderer Grundrechtsträger stellt grundsätzlich ein legitimes Ziel dar, das eine Ungleichbehandlung von MSM rechtfertigen könnte. Der

---

1150 Die Ermächtigung des Erlasses von Verordnungen durch die Bundesregierung, durch einen Bundesminister oder durch Landesregierungen folgt aus Art. 80 GG.

1151 *Tag*, in: MüKo StGB, § 12a TFG, Rn. 1.

1152 *Deutsch*, in: Spickhoff, Medizinrecht, § 12a TFG, Rn. 1.

1153 Vgl. Richtlinien zur Gewinnung von Blut und Blutbestandteilen und zur Anwendung von Blutprodukten (Hämotherapie) der Bundesärztekammer, Punkte 1 und 1.1.

1154 Siehe hierzu: Erläuterungen zum Blutspende-Ausschluss von Männern, die Sexualverkehr mit Männern haben (MSM) im Kontext der Zweiten Richtlinienanpassung 2010 der Richtlinien zur Gewinnung von Blut und Blutbestandteilen und zur Anwendung von Blutprodukten (Hämotherapie), Stand 31.03.2010, S. 5.

1155 Richtlinie zur Gewinnung von Blut und Blutbestandteilen und zur Anwendung von Blutprodukten (Richtlinie Hämotherapie), Gesamtnovelle 2017, aufgestellt von der Bundesärztekammer im Einvernehmen mit dem Paul-Ehrlich-Institut.

dauerhafte Ausschluss von MSM bei der Blutspende müsste darüber hinaus aber auch geeignet, erforderlich und angemessen sein, wobei gerade an die Angemessenheit hohe Anforderungen zu stellen sind, da Anknüpfungspunkt der Ungleichbehandlung zumindest mittelbar die sexuelle Orientierung ist. Gegenüber weiblichen Homosexuellen liegt sogar eine Ungleichbehandlung wegen des Geschlechts vor, diese kann hier allerdings außen vor bleiben, da der Verkehr zwischen weiblichen Homosexuellen aufgrund des Übertragungswegs der Krankheit gerade keine gesteigerte Ansteckungsgefahr birgt.

Der dauerhafte Ausschluss von MSM ist geeignet, die Gesundheit der Empfänger von Blutprodukten zu schützen. Homosexuelle Männer, die mit wechselnden Sexualpartnern verkehren, haben ein erhöhtes HIV Infektionsrisiko, so dass eine mögliche Übertragung des HIV Erregers auf die Empfänger von Blutprodukten bei einem dauerhaften Ausschluss von der Blutspende verhindert werden kann.

Erforderlich wäre der dauerhafte Ausschluss, wenn es kein milderes, gleich geeignetes Mittel zum Schutz der Empfänger von Blutprodukten gäbe.[1156] Ein milderes Mittel wäre ein vorübergehender Ausschluss, der nur bestünde, solange tatsächlich ein sexuelles Risikoverhalten vorliegt. Sexuelles Risikoverhalten sollte dabei – wie bei heterosexuellen Personen auch – als Geschlechtsverkehr mit wechselnden Sexualpartnern oder ähnlich riskanten Verhaltensweisen definiert werden, so dass beim Geschlechtsverkehr mit nur einem Sexualpartner, der ebenfalls nur einen Sexualpartner hat, nach Ablauf der diagnostischen Fensterphase[1157] ein Ausschluss nicht mehr erfolgen würde. Dieses Mittel wäre auch gleich geeignet wie der dauerhafte Ausschluss von der Blutspende: Hat ein homosexueller Mann ebenso wie sein Partner nur einen einzigen Sexualpartner und kann die fehlende HIV Erkrankung nach Ablauf der diagnostischen Fensterphase sicher festgestellt werden, so führt ein dauerhafter Ausschluss zu keiner höheren Sicherheit für die Empfänger von Blutprodukten. Genau aus diesem Grund erfolgt bei heterosexuellen Personen schließlich ebenfalls nur dann ein Ausschluss, wenn und solange ein sexuelles Risikoverhalten vorliegt. Folglich ist der dauerhafte Ausschluss von MSM von der Blutspende unabhängig vom tatsächlichen Vorhandensein eines sexuellen Risikoverhaltens zum Schutz der Empfänger von Blutprodukten nicht erforderlich und damit unverhältnismäßig. Die vorliegende Ungleichbehandlung ist somit verfassungsrechtlich nicht gerechtfertigt und stellt einen Verstoß gegen Art. 3 Abs. 1 GG dar.

Zum gleichen Ergebnis kommt auch Generalanwalt *Mengozzi* in seinen Schlussanträgen in einem kürzlich abgeschlossenen Vorabentscheidungsverfahren des

---

1156 Prüfung der Verhältnismäßigkeit durch das BVerfG in ständiger Rechtsprechung, siehe nur BVerfG vom 3.3.2004 – 1 BvR 2378/98, 1 BvR 1084/99, Rn. 204, 223, BVerfGE 109, 279, 335, 340.

1157 Damit ist in Fachkreisen die Zeitspanne zwischen Ansteckung und Nachweisbarkeit der Krankheit gemeint. Bei HIV beträgt diese Zeitspanne heute noch 9,7 Tage. Siehe: Erläuterungen zum Blutspende-Ausschluss von MSM, Stand 31.03.2010, S. 6 f.

EuGH,[1158] das den vergleichbaren Fall des generellen Ausschlusses von MSM von der Blutspende in Frankreich und dessen Vereinbarkeit mit der Richtlinie 2004/33[1159] betraf. Nach dieser Richtlinie sind Personen, deren Sexualverhalten ein hohes Übertragungsrisiko für durch Blut übertragbare schwere Infektionskrankheiten birgt, dauerhaft von der Blutspende ausgeschlossen. Nach Argumentation des Generalanwalts stellt die bloße Tatsache, dass ein Mann eine sexuelle Beziehung mit einem anderen Mann hatte oder hat, kein Sexualverhalten im Sinne der Richtlinie dar, das es rechtfertigen würde, den Betreffenden dauerhaft vom Blutspenden auszuschließen.[1160] Aus diesem Grund sähen auch andere EU Staaten keinen dauerhaften Ausschluss von MSM bei der Blutspende vor.[1161] Zwar könnten die Mitgliedstaaten über das Schutzniveau der Richtlinie hinausgehen, dies allerdings nur bis zur Grenze der primärrechtlich gewährleisteten Grundrechte und -freiheiten.[1162] Daher sei es Sache des vorlegenden Gerichts, sich davon zu überzeugen, dass der generelle Ausschluss keine unverhältnismäßige Diskriminierung von MSM wegen ihres Geschlechts und ihrer sexuellen Orientierung (vor allem Art. 21 Abs. 1 GRCh) darstelle, es also insbesondere nach dem derzeitigen Stand der Wissenschaft nicht möglich sei, die Spenden von MSM bis zum Ablauf der Fensterphase unter Quarantäne zu stellen und damit nur einen vorübergehenden Ausschluss zu bewirken.[1163]

Der EuGH hat sich in seiner Entscheidung vom 29.04.2015 den Schlussanträgen des Generalanwalts im Wesentlichen angeschlossen.[1164] Auch der EuGH sieht einen möglichen Verstoß der französischen Regelung gegen Art. 21 Abs. 1 GRCh aufgrund einer Diskriminierung wegen der sexuellen Ausrichtung.[1165] Die Frage, ob der dauerhafte Ausschluss von MSM gerechtfertigt und damit nach Art. 52 Abs. 1 GRCh zulässig ist, macht der EuGH davon abhängig, ob ein hohes Gesundheitsschutzniveau der Empfänger von Blutprodukten nicht mit wirksamen Techniken zum Nachweis von HIV oder anderen weniger belastenden Methoden als dem dauerhaften Verbot sichergestellt werden könne.[1166] Dabei überlässt es der EuGH dem vorlegenden Gericht zu prüfen, ob es solche wirksamen Techniken gebe – also insbesondere die Möglichkeit einer systematischen Quarantäne für

---

1158 EuGH, Schlussanträge des Generalanwalts vom 17.7.2014, C-528/13, Celex-Nr. 62013CC0528.

1159 Richtlinie 2004/33/EG der Kommission vom 22.03.2004 zur Durchführung der Richtlinie 2002/98/EG des Europäischen Parlaments und des Rates hinsichtlich bestimmter technischer Anforderungen für Blut und Blutbestandteile (ABl. L 91, S. 25).

1160 EuGH, Schlussanträge des Generalanwalts vom 17.7.2014, C-528/13, Celex-Nr. 62013CC0528, Rn. 37.

1161 Ebd., Rn. 51 f.

1162 Ebd., Rn. 44.

1163 Ebd., Rn. 62.

1164 EuGH vom 29.4.2015 – C-528/13, EuGRZ 2015, S. 287.

1165 Ebd., Rn. 50, EuGRZ 2015, S. 287, 290.

1166 Ebd., Rn. 59, EuGRZ 2015, S. 287, 291.

Blutspenden von MSM oder eines systematischen Nachweises von HIV für alle Blutspenden bestehe – oder ob alternativ die Identifikation von Verhaltensweisen, die mit einem Gesundheitsrisiko für die Empfänger verbunden sind, anhand eines Fragebogens und einer persönlichen Befragung möglich sei.[1167] Sollten solche Möglichkeiten vorhanden sein und ließen sich diese mit wirtschaftlich vertretbaren Mitteln umsetzen, so stellt der dauerhafte Ausschluss von MSM von der Blutspende nach dem EuGH einen Verstoß gegen den Grundsatz der Verhältnismäßigkeit nach Art. 52 Abs. 1 GRCh dar.[1168]

Es ist davon auszugehen, dass die Entscheidung des EuGH auch Auswirkungen auf die deutsche Regelung haben wird. Zwar haben Urteile des EuGH zur Auslegung einer Vorschrift des Unionsrechts nur eine eingeschränkte *erga omnes* Wirkung, sie sind für die Mitgliedstaaten aber zumindest insoweit bindend, als dass die Gerichte der Mitgliedstaaten diese Vorschriften grundsätzlich in der vom EuGH vorgegebenen Auslegung auch auf andere Rechtsverhältnisse und Rechtsstreitigkeiten anwenden müssen.[1169] Sofern ein letztinstanzliches Gericht von der Auslegung des EuGH abweichen wollte, wäre es zur erneuten Vorlage an diesen verpflichtet,[1170] unterinstanzliche Gerichte hingegen nur zur Vorlage berechtigt.

Sollte es also in der Bundesrepublik Deutschland mildere, gleich effektive Mittel zum Schutz der Empfänger von Blutprodukten geben – wie etwa der Test von Blutspenden auf HIV in Verbindung mit einem vorübergehenden Ausschluss bei sexuellem Risikoverhalten während der diagnostischen Fensterphase, die anhand eines Fragebogens bzw. einer persönlichen Befragung ermittelt werden kann – wäre der dauerhafte Ausschluss unabhängig vom Vorliegen eines sexuellen Risikoverhaltens mit Art. 52 Abs. 1 GRCh nicht vereinbar. Da hier vom Vorhandensein solch milderer Mittel ausgegangen wird, ist eine Anpassung der Richtlinien zur Gewinnung von Blut und Blutbestandteilen und zur Anwendung von Blutprodukten (Hämotherapie) der Bundesärztekammer notwendig, die ausdrücklich als nationale Umsetzung des europäischen Standards aufgrund von §§ 12a und 18 TFG erfolgt sind.[1171] Dies gilt auch für die inzwischen novellierte Fassung der Richtlinie, da auch diese MSM unabhängig vom Vorliegen eines sexuellen Risikoverhaltens zeitlich begrenzt von der Blutspende ausschließt.

1167 Ebd., Rn. 64, 66, EuGRZ 2015, S. 287, 291.

1168 Ebd., Rn. 68, EuGRZ 2015, S. 287, 291.

1169 *Karpenstein*, in: Grabitz/Hilf/Nettesheim, Recht der Europäischen Union, Art. 267 AEUV, Rn. 104.

1170 Ebd., Rn. 105 f.; *Wegener*, in: Calliess/Ruffert, EUV/AEUV, Art. 267 AEUV, Rn. 51.

1171 Erläuterungen zum Blutspende-Ausschluss von Männern, die Sexualverkehr mit Männern haben (MSM) im Kontext der Zweiten Richtlinienanpassung 2010 der Richtlinien zur Gewinnung von Blut und Blutbestandteilen und zur Anwendung von Blutprodukten (Hämotherapie), Stand 31.03.2010, S. 2.

bb) Ungleichbehandlung gleichgeschlechtlicher Lebensgemeinschaften

In Bezug auf gleichgeschlechtliche Lebensgemeinschaften wurde eine Ungleichbehandlung gegenüber nichtehelichen Lebensgemeinschaften insoweit festgestellt, als dass nur letzteren die Schließung einer Ehe möglich ist, während gleichgeschlechtliche Lebensgemeinschaften auf die eingetragene Lebenspartnerschaft verwiesen sind. Es stellt sich folglich die Frage, ob diese Ungleichbehandlung verfassungsrechtlich gerechtfertigt ist. Zwar können verschiedengeschlechtliche Paare wiederum keine eingetragene Lebenspartnerschaft eingehen, dies ist allerdings, wie bereits dargelegt, durch den in Art. 6 Abs. 1 GG enthaltenen Schutzauftrag gerechtfertigt.[1172]

Auch die Rechtfertigung der Ungleichbehandlung gleichgeschlechtlicher Paare im Hinblick auf die Möglichkeit der Eheschließung könnte zumindest mittelbar aus Art. 6 Abs. 1 GG als kollidierendem Grundrecht folgen.

Das BVerfG hat die Verfassungsmäßigkeit der fehlenden Möglichkeit der Eheschließung für gleichgeschlechtliche Paare in dem Beschluss, der im Jahr 1993 nach dem sogenannten „Sturm auf die Standesämter“ erging, insbesondere mit einem fehlenden Anspruch hierauf aus Art. 2 Abs. 1 i.V.m. Art. 1 Abs. 1 oder Art. 3 Abs. 1 GG begründet.[1173] Da Art. 6 Abs. 1 GG die Eheschließungsfreiheit auf verschiedengeschlechtliche Paare beschränke, könne aus Art. 2 Abs. 1 i.V.m. Art. 1 Abs. 1 oder Art. 3 Abs. 1 GG kein Anspruch auf eben diese Freiheit – nur im Hinblick auf gleich- anstatt verschiedengeschlechtliche Paare folgen.[1174] Wegen des aus Art. 6 Abs. 1 GG folgenden Schutzauftrags sei auch der einfache Gesetzgeber dazu berechtigt, den Zugang zur Ehe verschiedengeschlechtlichen Paaren vorzubehalten.[1175]

Nach dem BVerfG haben gleichgeschlechtliche Lebensgemeinschaften folglich keinen Anspruch darauf, dass der Gesetzgeber die Ehe einfachgesetzlich öffnet. Wenn gleichgeschlechtliche Lebensgemeinschaften nach dem BVerfG aber schon keinen Anspruch auf die einfachgesetzliche Öffnung der Ehe haben, kann der Ausschluss dieser Personengruppe von der Ehe auch nicht verfassungsrechtlich unzulässig sein.

Die Ansicht des BVerfG ist auch folgerichtig: Personen verschiedenen Geschlechts haben allein aufgrund der in Art. 6 Abs. 1 GG enthaltenen Institutsgarantie einen Anspruch gegen den einfachen Gesetzgeber auf Gewährung und Ausgestaltung ihres verfassungsrechtlich verbürgten Rechts auf Schließung und Führung einer Ehe.[1176] Personen gleichen Geschlechts können einen solchen Anspruch *de lege lata* aus Art. 6 Abs. 1 GG nicht herleiten.[1177] Dies ist auch über den Umweg des Gleichstellungsanspruchs aus Art. 3 Abs. 1 GG nicht möglich. Denn

---

1172 Siehe oben: C. I. 2. Schutzbereich des Art. 3 Abs. 1 GG.

1173 BVerfG vom 4.10.1993 – 1 BVR 640/93, Rn. 6, NJW 1993, S. 3058.

1174 Ebd.

1175 Ebd.

1176 BVerfG vom 17.1.1957 – 1 BvL 4/54, Rn 51, BVerfGE 6, 55, 72; *Schmitt-Kammler/von Coelln*, in: Sachs, Art. 6 GG, Rn. 31, ähnlich: *Classen*, JZ 2010, S. 411.

1177 Siehe oben: 3. Kapitel, A. I. 1.Derzeitiger Schutzstand.

eines der Strukturmerkmale der Ehe ist seit jeher die Verschiedengeschlechtlichkeit der Partner und dieses Strukturmerkmal prägt nicht nur den verfassungsrechtlichen Begriff, sondern auch den einfachgesetzlichen.[1178] Eine Öffnung der Ehe wäre daher nur durch Änderung dieses Strukturmerkmals möglich. Da der einfachgesetzliche Ehebegriff allerdings – zumindest innerhalb der wesentlichen Strukturmerkmale – nicht vom verfassungsrechtlichen Begriff abweichen kann[1179] und eine Änderung dieser Strukturmerkmale dem einfachen Gesetzgeber entzogen ist,[1180] ließe sich eine Änderung dieser Merkmale, da in diesem Bereich auch ein Verfassungswandel ausgeschlossen ist,[1181] nur durch eine ausdrückliche Verfassungsänderung bewirken.[1182]

Ein solcher Anspruch auf Änderung der Verfassung kann Art. 3 Abs. 1 GG allerdings nicht entnommen werden. Die Grundrechtsgarantien des Grundgesetzes stehen gleichrangig nebeneinander, so dass ein Grundrecht nicht die Änderung eines anderen erzwingen kann,[1183] um seinen Grundrechtsträgern ausreichenden Schutz zu gewähren. Aus Art. 3 Abs. 1 GG kann daher kein Anspruch auf Öffnung der Ehe für gleichgeschlechtliche Lebensgemeinschaften hergeleitet werden, solange dies mit der Notwendigkeit einer Verfassungsänderung verbunden wäre.

Wenn gleichgeschlechtliche Lebensgemeinschaften aus Art. 3 Abs. 1 GG somit zwar keinen Anspruch haben, dass der verfassungsändernde Gesetzgeber die Strukturmerkmale der Ehe ändert, könnten sie aber zumindest einen Anspruch darauf haben, dass der einfache Gesetzgeber ihnen ein ähnlich ausgestaltetes Rechtsinstitut zur Verfügung stellt. Dies hat das BVerfG in oben genannter Entscheidung zumindest für möglich gehalten. Dagegen spricht allerdings insbesondere folgender Gedanke: Verschiedengeschlechtliche Paare haben – neben ihrem aus Art. 2 Abs. 1 GG i.V.m. Art. 1 Abs. 1 GG folgenden Recht, beim Ausleben ihrer Partnerschaft in Ruhe gelassen zu werden, welches gleichgeschlechtlichen Paaren ebenso zusteht[1184] – nur deshalb einen Anspruch auf Zurverfügungstellung eines familienrechtlichen

---

1178 *Schmitt-Kammler/von Coelln*, in: Sachs, Art. 6 GG, Rn. 6; *Uhle*, in: Beck'scher Online-Kommentar GG, Art. 6 Rn. 4, jeweils m.w.N.

1179 Diese Möglichkeit spricht *Risse* in: Der verfassungsrechtliche Schutz der Homosexualität, S. 294 ff. zumindest an, verneint sie jedoch richtigerweise; im Ergebnis ebenso *Schüffner*, Eheschutz und Lebenspartnerschaft, S. 125 f.; *Möller*, DöV 2005, S. 64, 65; *Zuck*, NJW 2009, S. 1449, 1454; BVerfG vom 4.5.1971 – 1 BvR 636/68, Rn. 35, BVerfGE 31, 58, 69 f.; a.A. wohl *Michael*, NJW 2010, S. 3537, 3542.

1180 Hierzu ausführlich oben: 3. Kapitel, A. I. 2. c) Kerngehalt von Art. 6 Abs. 1 GG.

1181 Siehe oben: A. I. 2. Möglichkeit eines künftigen Verfassungswandels.

1182 Ebenso: *Uhle*, in: Beck 'scher Online-Kommentar GG, Art. 6 Rn. 4 m.w.N.

1183 So wohl auch *Strick*, DEuFamR 2000, S. 82, 86. Allerdings insoweit dogmatisch inkorrekt, als das sie davon auszugehen scheint, dass ein Grundrecht zur Verfassungswidrigkeit eines anderen führen könnte. Dies ist nicht der Fall, die Grundrechte stehen, wie erläutert, gleichrangig nebeneinander.

1184 Für das Zusammenleben Homosexueller: *Starck*, in: Mangoldt/Klein/Starck, Art. 2 Abs. 1 GG, Rn. 109. für das Zusammenleben Heterosexueller kann nichts anderes gelten.

Instituts, mit dem sie gegenseitige Rechte und Pflichte begründen können, weil ihnen dieses Recht über Art. 6 Abs. 1 GG von Verfassungswegen zusteht. Würde man einen solchen Anspruch – zwar nicht auf Öffnung der Ehe, aber auf Schaffung eines entsprechenden Instituts – über Art. 3 Abs. 1 GG auch gleichgeschlechtlichen Paaren gewähren, würde man durch die Hintertür die aus Art. 6 Abs. 1 GG folgende Institutsgarantie, die wesentlich weiter geht als die Ansprüche, die die Freiheits- und Gleichheitsrechte des Grundgesetzes im Übrigen gewähren,[1185] auf gleichgeschlechtliche Paare ausweiten.[1186] Art. 3 Abs. 1 GG gibt aber nur ein Recht auf gleichen Zugang zu vorhandenen Leistungen, nicht aber auf Schaffung solcher.[1187] Wenn der Zugang zu einer Leistung vorliegend aber aus den oben genannten Gründen ausgeschlossen ist, kann über Art. 3 Abs. 1 GG nicht die Schaffung einer dieser entsprechenden Leistung gefordert werden. Die besseren Gründe sprechen somit dagegen, aus Art. 3 Abs. 1 GG einen Anspruch gleichgeschlechtlicher Paare auf Schaffung eines der Ehe ähnlichen Rechtsinstituts zu folgern.[1188]

Dies entspricht auch der Rechtsprechung des EGMR. Nach diesem sind die Konventionsstaaten weder aus Art. 12 EMRK, der neben dem Recht auf Familiengründung auch das Recht auf Eheschließung schützt, noch aufgrund des aus Art. 14 i.V.m. Art. 8 EMRK folgenden Diskriminierungsverbots dazu verpflichtet, gleichgeschlechtlichen Paaren die Eheschließung zu ermöglichen oder ihnen eine andere Form der rechtlichen Anerkennung zur Verfügung zu stellen.[1189]

Da der Gesetzgeber sich aber dazu entschieden hat, gleichgeschlechtlichen Lebensgemeinschaften ein eigenes Institut zur Verfügung zu stellen – was er nicht hätte tun müssen – und dieses Institut in wesentlichen Bereichen der Ehe rechtlich gleich zu stellen, stellt sich im Folgenden die Frage, welcher Gestaltungsspielraum ihm bei der Ausgestaltung dieses Instituts zukommt und inwiefern er dabei *„systemgerecht“*[1190] handeln, das heißt systemfremde Differenzierungen zwischen beiden Instituten vermeiden muss. Die Beantwortung dieser Frage hängt insbesondere davon ab, ob hinreichende Gründe denkbar sind, die eine Ungleichbehandlung der eingetragenen Lebenspartnerschaft mit Ehe rechtfertigen können, insbesondere, ob der Gesetzgeber verpflichtet ist, einen Abstand zum Institut der Ehe zu halten. Dies wird im Folgenden zu prüfen sein.

1185 *Classen*, JZ 2010, S. 411.

1186 Ähnlich: *Risse*, Der verfassungsrechtliche Schutz der Homosexualität, S. 313.

1187 *Starck*, in: Mangoldt/Klein/Starck, Art. 3 Abs. 1 GG, Rn. 141.

1188 Ebenso: *Risse*, Der verfassungsrechtliche Schutz der Homosexualität, S. 313; *Schüffner*, Eheschutz und Lebenspartnerschaft, S. 411; *Sachs*, JR 2001, S. 45, 46; *Freytag*, DÖV 2002, S. 445, 452 f; a.A. wohl *Dittberner*, Lebenspartnerschaft und Kindschaftsrecht, S. 63 f.; *Beck*, Demokratie und Recht 1991, S. 446, 454.

1189 EGMR vom 15.3.2012 – 25951/07, Rn. 66, NJW 2013, S. 2171 f.

1190 So treffend: *Classen*, JZ 2010, S. 411.

cc) Ungleichbehandlung eingetragener Lebenspartnerschaften

Eine Ungleichbehandlung eingetragener Lebenspartnerschaften gegenüber Eheleuten erfolgte bis vor kurzem noch in diversen Rechtsbereichen. Nach mehreren Entscheidungen des BVerfG, das solche Ungleichbehandlungen jeweils als gegen Art. 3 Abs. 1 GG verstoßend und damit für verfassungswidrig erklärt hat, liegt eine Ungleichbehandlung neben dem Adoptionsrecht heute nur noch in wenigen Bereichen, in denen bisher wohl schlicht eine sprachliche Anpassung versäumt wurde, vor.

Trotzdem sollen im Folgenden nicht nur mögliche Rechtfertigungsgründe für eine Differenzierung von eingetragenen Lebenspartnern und Eheleuten im Adoptionsrecht, sondern für alle denkbaren Rechtsbereiche geprüft werden, um das Verhältnis von Ehe und eingetragener Lebenspartnerschaft insgesamt erfassen zu können.

i. Art. 6 Abs. 1 GG als Rechtfertigungsgrund

Teilweise wird vertreten, Art. 6 Abs. 1 GG stelle unabhängig vom Vorliegen weiterer Anforderungen einen Rechtfertigungsgrund für Ungleichbehandlungen eingetragener Lebenspartnerschaften dar, da der Schutz der Ehe dem Diskriminierungsverbot des Art. 3 Abs. 1 GG vorgehe und dessen Anwendung ausschließe.[1191] Diese Argumentation geht im Ergebnis sogar noch weiter als die Annahme eines aus Art. 6 Abs. 1 GG folgenden Abstandsgebots der Ehe gegenüber anderen Partnerschaftsformen. Während in der Literatur vor Einführung des LPartDisBG häufiger vertreten wurde, dass aus Art. 6 Abs. 1 GG nicht nur ein Benachteiligungsverbot von Eheleuten, sondern auch ein aus dem Förderungsgebot abzuleitendes Abstandsgebot folge,[1192] wird dies in Bezug auf das Verhältnis von eingetragener Lebenspartnerschaft und Ehe seit der eindeutigen Positionierung des BVerfG hierzu seltener angenommen.[1193]

Bereits in seiner ersten Entscheidung zur Verfassungsmäßigkeit des LPartDisBG im Jahr 2002 hatte der 1. Senat des BVerfG ein aus dem Fördergebot des

1191 *Schüffner*, Eheschutz und Lebenspartnerschaft, S. 394 f. m.w.N.; so auch noch BVerwG vom 26.1.2006 – 2 C 43/04, Rn. 14, NJW 2006, 1828 f.

1192 *Steiger*, VVDStRL 45 (1987), S. 55, 78; *Pauly*, NJW 1997, S. 1955, 1956; *Krings*, ZRP 2000, S. 409, 413; *Scholz/Uhle*, NJW 2001, S. 393, 398. Das BVerfG hat sich so deutlich nie geäußert, obwohl dies in der Literatur mitunter behauptet wird (so zum Beispiel *Benedict*, JZ 2013, S. 477, 481); die als Nachweis genannten Entscheidungen des BVerfG befassen sich jeweils nur mit der Benachteiligung von Eheleuten, konstatieren aber kein allgemein bestehendes Abstandsgebot zu anderen Partnerschaftsformen.

1193 In der Rechtsprechung zuletzt durch BVerfG vom 20.9.2007 – 2 BvR 855/06, NJW 2008, S. 209. Dort hat der 2. Senat des BVerfG Art. 6 Abs. 1 GG zwar noch als zulässigen Differenzierungsgrund anerkannt, aber trotzdem die Einhaltung des Verhältnismäßigkeitsgrundsatzes bei einer Ungleichbehandlung gefordert.

Art. 6 Abs. 1 GG herzuleitendes Benachteiligungsgebot für andere Lebensgemeinschaften abgelehnt.[1194] Diese Auffassung hat der Senat in seinen weiteren Entscheidungen, insbesondere aufgrund des *Maruko*-Urteils des EuGH,[1195] noch erweitert und präzisiert und geht inzwischen im Allgemeinen von folgender Formel bei Ungleichbehandlungen von Eheleuten und eingetragenen Lebenspartnern aus:

> *„Geht die Privilegierung der Ehe mit einer Benachteiligung anderer Lebensformen einher, obgleich diese nach dem geregelten Lebenssachverhalt und den mit der Normierung verfolgten Zielen der Ehe vergleichbar sind, rechtfertigt der bloße Verweis auf das Schutzgebot der Ehe eine solche Differenzierung nicht. Denn aus der Befugnis, in Erfüllung und Ausgestaltung des verfassungsrechtlichen Förderauftrags die Ehe gegenüber anderen Lebensformen zu privilegieren, lässt sich kein in Art. 6 Abs. 1 GG enthaltenes Gebot herleiten, andere Lebensformen gegenüber der Ehe zu benachteiligen. Es ist verfassungsrechtlich nicht begründbar, aus dem besonderen Schutz der Ehe abzuleiten, dass andere Lebensgemeinschaften im Abstand zur Ehe auszugestalten und mit geringeren Rechten zu versehen sind (vgl. BVerfGE 105, 313 <348>). Hier bedarf es jenseits der bloßen Berufung auf Art. 6 Abs. 1 GG eines hinreichend gewichtigen Sachgrundes, der gemessen am jeweiligen Regelungsgegenstand und -ziel die Benachteiligung anderer Lebensformen rechtfertigt.“*[1196]

Dieser Formel hat sich der 2. Senat inzwischen angeschlossen und erkennt Art. 6 Abs. 1 GG nur noch als Differenzierungsgrund gegenüber Partnerschaftsformen mit einem „*geringere[n] Maß an wechselseitiger Pflichtbindung*“ an, zu der es die eingetragene Lebenspartnerschaft ausdrücklich nicht (mehr) zählt.[1197]

Der Auffassung des BVerfG ist im Ergebnis zu folgen: Wie bereits erläutert, stehen die Grundrechte des Grundgesetzes gleichrangig nebeneinander, so dass weder die Verdrängung des allgemeinen Gleichheitssatzes im Bereich von Ungleichbehandlungen im Zusammenhang mit Art. 6 Abs. 1 GG,[1198] noch ein aus Art. 6 Abs. 1 GG folgendes Abstandsgebot überzeugen kann.

Zwar können einzelne Grundrechte miteinander kollidieren, so dass diese Kollision aufgelöst werden muss. Dies geschieht in der Regel allerdings nicht durch Verdrängung eines der betroffenen Grundrechte durch ein anderes, sondern durch einen schonenden Ausgleich beider Grundrechtsgewährleistungen im Sinne praktischer Konkordanz. Nur ausnahmsweise treten verfassungsrechtliche Normen aufgrund von Spezialitätsgrundsätzen hinter andere zurück. So ist beispielsweise im Bereich von Art. 2 Abs. 1 GG anerkannt, dass dieses als Auffanggrundrecht nicht zur Anwendung kommt, wenn das im Einzelfall betroffene Verhalten von einem

1194 BVerfG vom 17.7.2002 – 1 BvF 1/01, 1 BvF 2/01, Rn. 98, BVerfGE 105, 313, 348.

1195 EuGH vom 1.4.2008 – C-267/06, Slg 2008, I-1757, NJW 2008, S. 1649; zu den Zusammenhängen bereits ausführlich: 2. Kapitel, C. IV. 2. Durch die Rechtsprechung initiierte Anpassungen.

1196 BVerfG vom 7.7.2009 – 1 BvR 1164/07, Rn. 105, BVerfGE 124, 199, 226.

1197 BVerfG vom 19.6.2012 – 2 BvR 1397/09, Rn. 66, BVerfGE 131, 239, 260.

1198 Ähnlich: *Classen*, JZ 2010, S. 411.

anderen Grundrecht ausdrücklich erfasst wird.[1199] Einen solchen Spezialitätsgrundsatz gibt es zwischen Art. 6 Abs. 1 GG und Art. 3 Abs. 1 GG indes nicht. Daher ist nicht ersichtlich, wieso der allgemeine Gleichheitssatz bereits unanwendbar sein sollte, wenn im Einzelfall eine Ungleichbehandlung mit Eheleuten vorliegt.

Auch ein Abstandsgebot von eingetragenen Lebenspartnerschaften gegenüber Eheleuten ist zu verneinen. Dass nichteheliche und nicht verpartnerte, gleichgeschlechtliche Lebensgemeinschaften nicht gleich zur Ehe ausgestaltet werden können, folgt schon daraus, dass die Partner sich bei diesen Lebensformen bewusst gegen eine rechtlich verbindliche, gegenseitige Verantwortungsübernahme entschieden haben.[1200] Das gilt im Vergleich zu eingetragenen Lebenspartnerschaften allerdings gerade nicht: Diese haben sich für eine der Ehe entsprechende, rechtliche Bindung entschieden und der einzige Grund, warum sie keine Ehe führen, ist, dass ihnen diese aufgrund ihrer sexuellen Orientierung verwehrt bleibt. Zwar besteht für eingetragene Lebenspartner im Gegensatz zu Eheleuten keine grundrechtliche Förderpflicht, dies ist allerdings nicht gleichbedeutend mit einem Förderverbot oder Benachteiligungsgebot.[1201] Die Ehe verliert nichts dadurch, dass eine Partnerschaftsform, die sich an einen anderen Personenkreis wendet, gleiche oder ähnliche Rechte erhält.[1202] Vor allem bleibt sie auch weiterhin die einzige, rechtlich umfassend ausgestaltete Form des Zusammenlebens von Mann und Frau, so dass das grundgesetzliche Postulat der Ehe als *„rechtmäßiger Form der dauernden Lebensgemeinschaft zwischen Mann und Frau"*[1203] durch die Schaffung eines familienrechtlichen Instituts für gleichgeschlechtliche Paare nicht unterminiert und ein möglicherweise bestehendes, von der Literatur teilweise angenommenes Exklusivitätsgebot[1204] tatsächlich nicht durchbrochen wäre. Selbst bei Bestehen eines solchen, exklusiven grundgesetzlichen Schutzes der Ehe in Abgrenzung zu anderen möglichen Formen des Zusammenlebens von Mann und Frau würde dieses keinen Konkurrenzschutz gegenüber gleichgeschlechtlichen Partnerschaften beinhalten.[1205] Ein solcher lässt sich auch nicht mit der Intention der Mitglieder des Parlamentarischen Rats begründen: Diese wollten die Ehe ausweislich ihrer Beratungen zwar gegenüber dem Konkubinat als unehelichem Zusammenleben zwischen Mann und Frau abgrenzen,

---

1199 *Starck*, in: Mangoldt/Klein/Starck, Art. 2 Abs. 1 GG, Rn. 49; *Kunig*, in: Münch/Kunig, Art. 2 GG, Rn. 88; *Di Fabio*, in: Maunz/Dürig, Art. 2 GG, Rn. 7.

1200 So auch: *Michael*, NJW 2010, S. 3537, 3541.

1201 Anders: *Schüffner*, Eheschutz und Lebenspartnerschaft, S. 337 ff., der die spezifische Förderung einer Personengruppe nur annehmen will, wenn diese Förderung gerade nicht auch anderen zugutekommt.

1202 So auch BVerfG vom 17.7.2002 – 1 BvF 1/01, 1 BvF 2/01, Rn. 94, BVerfGE 105, 313, 347.

1203 So wollte zumindest der parlamentarische Rat Art. 6 Abs. 1 GG verstanden wissen, siehe *von Mangoldt* in: Der Parlamentarische Rat, Bd. 5/II, S. 827.

1204 So zum Beispiel *Pauly*, NJW 1997, S. 1955, 1956; *Scholz/Uhle*, NJW 2001, S. 393, 397 f.; im Ergebnis auch *Krings*, ZRP 2000, S. 409, 413.

1205 So aber: *Pauly*, ebd.

nicht aber gegenüber gleichgeschlechtlichen Partnerschaften.[1206] Über solche Partnerschaften haben die Mitglieder des Parlamentarischen Rats nicht einmal nachgedacht, war doch die männliche homosexuelle Betätigung damals noch strafbar. Nachdem inzwischen allerdings auch gleichgeschlechtliche Partnerschaften gesellschaftlich akzeptiert sind und für diese sogar ein eigenes familienrechtliches Institut geschaffen wurde, ist eine Schlechterstellung dieser gegenüber der Ehe nicht mit der Begründung möglich, das Grundgesetz habe sich für die Privilegierung einer bestimmten Form des Zusammenlebens von Mann und Frau entschieden. Es ist schließlich unbestritten, dass das Grundgesetz dies getan hat, aber damit hat es gerade keine Aussage über das Verhältnis zu gleichgeschlechtlichen Partnerschaften getroffen.[1207]

Ein Abstandsgebot folgt auch nicht aus dem in Art. 6 Abs. 1 GG postulierten, „besonderen" Schutz der Ehe.[1208] Schon die Beratungen des Parlamentarischen Rats legen nahe, dass dem Wort *„besonders"* keine spezifische Bedeutung in dem Sinn zukommen sollte, dass der Schutz der Ehe gegenüber einem einfachen Schutzgebot in irgendeiner Weise gesteigert sein sollte und ein Abstandsgebot impliziert.[1209] Dies folgt nach überzeugender Argumentation von *Freytag* auch aus einem systematischen Argument: Neben Art. 6 Abs. 1 GG enthält nur die Menschenwürdegarantie des Art. 1 Abs. 1 GG ein ausdrückliches Schutzgebot. Dort wird allerdings kein „besonderer" Schutz der Menschenwürde gefordert, sondern nur ein einfacher. Bedenkt man, dass der Schutz der Menschenwürde das *„oberste Gebot"* des Grundgesetzes ist, diese über allen anderen Grundrechten steht und als einzige der Ewigkeitsgarantie des Art. 79 GG unterliegt, so ist nicht einsichtig, wie der „besondere" Schutz der Ehe über den in Art. 1 Abs. 1 GG gewährten Schutz der Menschenwürde hinausgehen könnte.[1210] Die besseren Argumente sprechen daher dagegen, dem „besonderen" Schutz in Art. 6 Abs. 1 GG einen spezifischen Gehalt zuzuweisen, aus dem ein Abstandsgebot gefolgert werden könnte.

Zuletzt folgt ein Abstandsgebot auch nicht aus der Art. 6 Abs. 1 GG zugrundeliegenden Institutsgarantie. Zwar schützt die Institutsgarantie die wesentlichen Strukturmerkmale der Ehe, zu denen auch die Verschiedengeschlechtlichkeit der Partner zählt,[1211] diese geht allerdings nicht so weit, als dass sie neben der ausdrücklichen Erstreckung der Ehe auf gleichgeschlechtliche Partnerschaften auch eine

1206 So die Erläuterung des Vorsitzenden im Grundsatzausschuss des Parlamentarischen Rats, *von Mangoldt*, Der Parlamentarische Rat, Bd. 5/I, S. 827.

1207 Im Ergebnis ebenso: *Freytag*, DÖV 2002, S. 445, 449 f.; *Sickert*, Die lebenspartnerschaftliche Familie, S. 175 f.

1208 So aber wohl *Krings*, ZRP 2000, S. 409, 412; a.A. *Freytag*, DÖV 2002, S. 445, 451, ebenso wohl *Wölfl*, Gleichgeschlechtliche Lebenspartnerschaft, S. 406.

1209 Siehe: V*on Mangoldt* in: Der Parlamentarische Rat, Bd. 5/I, S. 935; ebenso BVerfG vom 17.7.2002 – 1 BvF 1/01, Rn. 99, BVerfGE 105, 313, 348 f., m.w.N. zu Vertretern der gegenteiligen Ansicht.

1210 *Freytag*, DÖV 2002, S. 445, 450.

1211 Hierzu bereits oben: A. I. 2. c) Kerngehalt von Art. 6 Abs. 1 GG.

inhaltlich gleiche Ausgestaltung unter anderem Namen verböte.[1212] Die Institutsgarantie gewährleistet nur den Bestand der Ehe mit ihren Strukturmerkmalen und schützt diese vor einer Änderung durch den einfachen Gesetzgeber,[1213] sagt aber gerade nichts zum Verhältnis zu anderen Instituten mit anderen Strukturmerkmalen aus. Wie könnte das eheliche Strukturmerkmal der Verschiedengeschlechtlichkeit auch gefährdet sein durch ein anderes Institut mit anderem Namen und anderem, gerade nicht verschiedengeschlechtlichem Personenkreis?

Ungleichbehandlungen zwischen Eheleuten und eingetragenen Lebenspartnern können folglich nicht durch pauschalen Verweis auf Art. 6 Abs. 1 GG gerechtfertigt werden. Hinzukommen muss vielmehr ein sachlicher Grund für die Differenzierung, der diese *„systemgerecht“*[1214] erscheinen lässt, wobei die Anforderungen an diesen besonders hoch sind, da die Ungleichbehandlung dieser Personengruppen an das Merkmal der sexuellen Orientierung der Partner anknüpft.

ii. Die Förderung potenzieller Familien als Rechtfertigungsgrund

Für die Bevorzugung der Ehe in finanzieller Hinsicht werden als Rechtfertigungsgründe regelmäßig ihr Ausgerichtet sein auf Kinder und die im Gegensatz zur eingetragenen Lebenspartnerschaft vorhandene natürliche Zeugungsfähigkeit genannt.[1215] Da aus einer Ehe typischerweise Kinder entstehen würden, die für den Fortbestand der Gesellschaft von enormen Wert seien, sollen die damit verbundenen Erwerbseinbußen ausgeglichen werden. Dieser Ansatz berücksichtigt allerdings zwei elementare Gesichtspunkte nicht: Zum einen werden Ehen finanziell bevorzugt, ohne dass es auf das tatsächliche Vorhandensein von Kindern ankäme, so dass auch bewusst kinderlosen Ehen ein finanzieller Vorteil verschafft wird, ohne dass diese ihren Teil als Fortpflanzungsgemeinschaft beitragen würden, zum anderen gibt es auch eingetragene Lebenspartnerschaften, in denen Kinder aufwachsen, denen diese finanziellen Vorteile aber dennoch versagt bleiben.[1216] Die klassische Familie der fünfziger Jahre des letzten Jahrhunderts von miteinander verheirateten Eltern, in der sich die Frau und Mutter um Heim und Herd kümmert, ist, wie weiter oben dargelegt,[1217] heutzutage längst nicht mehr das vorherrschende Familienmodell. Daher ist es auch nicht mehr gerechtfertigt, typisierend auf diese

---

1212 So jedoch: *Scholz/Uhle*, NJW 2001, S. 393, 397; diese Ansicht findet sich auch in den abweichenden Meinungen der Richter *Papier* und *Haas* in der Entscheidung des BVerfG zur Verfassungsmäßigkeit des LPartDisBG in BVerfG vom 17.7.2002 – 1 BvF 1/01, 1 BvF 2/01, Rn. 127 und 138, BVerfGE 105, 313, 357 f. und 361 f.

1213 *Schmitt-Kammler/von Coelln*, in: Sachs, Art. 6 GG, Rn. 31.

1214 Hierzu: *Classen*, JZ 2010, S. 411.

1215 Hierzu ausführlich: *Sickert*, Die lebenspartnerschaftliche Familie, S. 178 ff.; ähnlich *Leisner*, Kontinuität als Verfassungsprinzip, S. 282.

1216 So und nachfolgend auch die Argumentation des BVerfG in BVerfG vom 7.7.2009 – 1 BvR 1164/07, Rn. 112 f., BVerfGE 124, 199, 228 f.

1217 3. Kapitel, A. I. 1. Derzeitiger Schutzstand.

Form der Eheführung und das ausgerichtet sein der Ehe auf Kinder abzustellen – unabhängig von deren tatsächlicher Ausgestaltung – und daneben allen anderen Partnerschaftsformen, in denen Kinder aufwachsen, eine Förderung zu versagen.[1218]

Eine Ungleichbehandlung mit der Ehe kann somit nicht an mögliche Kinder anknüpfen, sondern nur an tatsächlich vorhandene. In einem solchen Fall ist Anknüpfungspunkt aber gerade nicht die Ehe, sondern die in Art. 6 Abs. 1 GG separat geschützte Familie. Als solche sind aber nicht nur Eheleute mit ihren Kindern, sondern auch eingetragene Lebenspartnerschaften mit ihren Kindern und sogar nichteheliche und nicht verpartnerte, gleichgeschlechtliche Lebensgemeinschaften und die mit diesen in *„sozial familiärer Gemeinschaft"* lebenden Kinder verfassungsrechtlich geschützt.[1219]

Wenn eine Bevorzugung der Ehe heutzutage folglich nicht mehr mit ihrer typischen Ausrichtung auf Kinder und den damit verbundenen Erwerbseinbußen gerechtfertigt werden kann, dann sind alle finanziellen Vorteile, die Eheleuten unabhängig vom tatsächlichen Vorhandensein von Kindern gewährt werden, eingetragenen Lebenspartnern ebenfalls zu gewähren. Eingetragene Lebenspartner bilden eine ebensolche Beistands- und Verantwortungsgemeinschaft, wie es Eheleute tun. Sie übernehmen füreinander die gleichen Rechte und Pflichten und entlasten damit die Solidargemeinschaft. Der einzige Unterschied zwischen diesen beiden Personengruppen ist ihre sexuelle Orientierung. Darauf allein kann eine Ungleichbehandlung aber gerade nicht gestützt werden. Somit waren die Entscheidungen des BVerfG, mit denen es die Unzulässigkeit der Nichtgewährung von Hinterbliebenenrente, Familienzuschlag und Ehegattensplitting an eingetragene Lebenspartner, sowie die Unzulässigkeit der Ungleichbehandlung im Erbschaftsteuer- und Schenkungsteuergesetz sowie bei der Grunderwerbssteuerpflicht festgestellt hat, konsequent und richtig.[1220] All diese finanziellen Vorteile werden Ehegatten unabhängig davon gewährt, ob in der Ehe tatsächlich Kinder aufwachsen oder in Zukunft aufwachsen sollen, so dass sie eingetragenen Lebenspartnern in gleichem Maße zukommen müssen.

Zum gleichen Ergebnis kommt auch eine Analyse des wissenschaftlichen Dienstes des Deutschen Bundestages, die zur *Hinterbliebenen*-Entscheidung des BVerfG ergangen ist.[1221] Danach sei die eingetragene Lebenspartnerschaft nach dem Urteil des BVerfG grundsätzlich genauso zu behandeln wie die Ehe, da Art. 6 Abs. 1 GG eine Bevorzugung dieser nur gegenüber Lebensgemeinschaften gestatte, die weniger verbindlich ausgestaltet seien als die Ehe, was für die eingetragene Lebenspartnerschaft

---

1218 So im Ergebnis auch das BVerfG, siehe BVerfG vom 7.7.2009 – 1 BvR 1164/07, Rn. 112, BVerfGE 124, 199, 228 f.

1219 Siehe hierzu oben bei Prüfung von Art. 6 Abs. 1 GG: A. II. 1. Derzeitiger Schutzstand b) und c).

1220 Siehe hierzu die ausführliche Entscheidungsbesprechung im 2. Kapitel, C. IV. 2. Durch die Rechtsprechung initiierte Anpassungen.

1221 *Hoppe*, Wissenschaftliche Dienste des Deutschen Bundestages, Infobrief WD 3 – 429/09.

gerade nicht zutreffe. Auch an die abstrakte Vermutung, dass die Ehe zur Gründung einer Familie führe, dürfe der Gesetzgeber keine Vorteile knüpfen, sondern müsse solche Vorteile vom tatsächlichen Vorhandensein von Kindern abhängig machen. Nach der Analyse hat die Entscheidung des BVerfG auf alle Regelungsbereiche, die Ehe und eingetragene Lebenspartnerschaft betreffen, Auswirkungen und erfordert eine Anpassung der vorhandenen Regelungen.[1222]

Ausgenommen von dieser Analyse war lediglich der Bereich der Adoption. Grund dafür ist, dass diesem Bereich der Ungleichbehandlung von Eheleuten und eingetragenen Lebenspartnern ein anderer Rechtfertigungsgrund als der in der *Hinterbliebenen*-Entscheidung einschlägige zugrunde liegt. Dieser betrifft gerade nicht den Schutz der Ehe nach Art. 6 Abs. 1 GG oder die durch den Gesetzgeber intendierten Vorteile der Ehe für die Gesellschaft. Im Adoptionsrecht geht es vor allem um die Rechte und Interessen eines dritten Grundrechtsträgers, denen des Adoptivkindes, also dem Kindeswohl.

iii. Das Kindeswohl als Rechtfertigungsgrund

Das Kindeswohl[1223] kann durchaus ein zulässiger Grund für eine Ungleichbehandlung sein. Im Adoptionsrecht sind gerade nicht die Rechte der potenziellen Eltern auf ein eigenes Kind vorrangig, sondern die des Adoptivkindes auf vollwertige Eingliederung in eine lebenstüchtige und beschützende Familiengemeinschaft.[1224] Damit stellt das Adoptionsrecht in materieller Hinsicht allein auf das Wohl des Kindes ab.[1225] Für die Zulassung der Stiefkind-, Sukzessiv- und gemeinschaftlichen Adoption durch eingetragene Lebenspartner kommt es folglich entscheidend darauf an, ob diese Adoption dem Kindeswohl dient. Dabei geht es allerdings nicht um eine Einzelfallbetrachtung, da sowohl Eheleute wie auch eingetragene Lebenspartner im Einzelfall zur Erziehung eines Kindes ungeeignet sein können, sondern darum, ob sich generell feststellen lässt, dass das Kindeswohl beeinträchtigt ist, wenn ein Kind von einem gleichgeschlechtlichen Paar und nicht von einem verschiedengeschlechtlichen erzogen wird.

Während dies in früheren Zeiten auch von wissenschaftlicher Seite aus verschiedentlich angenommen wurde, kommen neuere Studien überwiegend zu gegenteiligen Ergebnissen.[1226] Beispielhaft sei hier eine Forschungsstudie aus dem Jahr 2009 genannt, die vom Bundesministerium der Justiz in Auftrag gegeben wurde, nach

---

1222 Zu vorstehenden Argumenten: Ebd., S. 4 f.

1223 Zur Definition des Begriffs „Kindeswohl" ausführlich: *Grehl*, Das Adoptionsrecht gleichgeschlechtlicher Paare, S. 20 ff.

1224 *Dodegge*, FPR 2001, S. 321.

1225 Ebd.

1226 Ausführlich zur Beschäftigung der Wissenschaft mit der Thematik, vorliegenden (allerdings hauptsächlich US-amerikanischen) Studien und deren Ergebnissen: *Dittberner*, Lebenspartnerschaft und Kindschaftsrecht, S. 153 ff.; siehe auch *Dethloff*, FPR 2010, S. 208, 209 f.

der sich die Entwicklung von Kindern in sogenannten „Regenbogenfamilien", also Familien mit gleichgeschlechtlichen Eltern, von der in anderen Familienformen kaum unterscheide. In der Zusammenfassung der Studie heißt es dazu:

> *„Kinder und Jugendliche in Regenbogenfamilien [entwickeln sich] ebenso gut [...] wie Kinder in anderen Familienformen. Unabhängig von der Familienform wirken sehr ähnliche Einflussfaktoren. Entscheidend für die Entwicklung der Kinder ist nicht die Struktur der Familie, sondern die Qualität der innerfamilialen Beziehungen. Für die betrachteten Entwicklungsdimensionen von Kindern und Jugendlichen erwies es sich somit als nicht bedeutsam, ob sie bei einem allein erziehenden Elternteil, zwei Müttern oder Vätern oder bei Vater und Mutter aufwachsen, sondern wie die Beziehungsqualität in diesen Familien ist."*[1227]

Auch in Bezug auf die Eltern-Kind-Beziehungen bestünden keine grundlegenden Unterschiede, vielmehr sei bei gleichgeschlechtlichen Familien sogar eine erhöhte Fürsorglichkeit festzustellen, um den eigenen Kindern Nachteile zu ersparen.[1228] Als Vorteile des Aufwachsens in Regenbogenfamilien wurden darüber hinaus die größere Bandbreite und Offenheit gegenüber anderen Lebens- und Familienformen, die den Kindern Toleranz vermittle, gesehen.[1229] Zwar gebe es durchaus auch erhöhte Diskriminierungsgefahren bei Kindern aus Regenbogenfamilien, diese seien allerdings in der Regel nicht als schwerwiegend einzustufen und würden oftmals sogar zu einer höheren Durchsetzungsfähigkeit und einem höheren Selbstwertgefühl der betroffenen Kinder führen.[1230] Weiterhin empfahlen einige im Rahmen der Studie befragte Experten ausdrücklich die Zulassung der gemeinsamen Adoption für eingetragene Lebenspartner. Zur Begründung führten diese neben der Ungleichbehandlung von Lebenspartnerschaften und Ehepaaren als zentrales Argument das Kindeswohl an: So sei *„eine rechtliche Beziehung zu beiden Elternteilen und eine Absicherung durch beide [...] gerade im Falle von Trennung oder Tod eines Elternteils im Interesse des Kindes und dienten dem Kindeswohl."*[1231]

Eine sehr ähnliche Begründung weist das Urteil des BVerfG vom 19.02.2013 auf, mit dem es, wie im 2. Kapitel bereits dargestellt,[1232] das Verbot der Sukzessivadoption durch eingetragene Lebenspartner für unzulässig erklärt hat. So sieht auch das Gericht die dem Kindeswohl dienende, verbesserte rechtliche und sozial-familiäre Stellung des Kindes, wenn beide Lebenspartner als rechtliche Elternteile anerkannt seien.[1233] Darüber hinaus verneint auch das BVerfG unter Bezugnahme

1227 *Rupp*, Die Lebenssituation von Kindern in gleichgeschlechtlichen Lebenspartnerschaften, S. 308.

1228 Ebd., S. 294.

1229 Ebd.

1230 Ebd., S. 297 f.; ebenso *Dittberner*, Lebenspartnerschaft und Kindschaftsrecht, S. 164 f.

1231 *Rupp*, ebd., S. 303.

1232 2. Kapitel, C. IV. 2. Durch die Rechtsprechung initiierte Anpassungen.

1233 BVerfG vom 19.2.2013 – 1 BvL 1/11, 1 BvR 3247/09, Rn. 84 f., BVerfGE 133, 59, 91 f.

auf die im Verfahren eingeholten sachverständigen Stellungnahmen die mangelnde Erziehungsfähigkeit gleichgeschlechtlicher Elterngemeinschaften und erkennt diese Familienform im Gegenteil sogar positiv als grundsätzlich gleichwertig zur verschiedengeschlechtlichen an.[1234] Für die gemeinschaftliche Adoption kann in dieser Hinsicht nichts anderes gelten als für die in der Entscheidung zur Debatte stehende Sukzessivadoption.[1235]

Auch der EGMR geht inzwischen davon aus, dass weder die sexuelle Orientierung eines Adoptionswilligen,[1236] noch der *„Schutz der traditionellen Familie"* oder das Kindeswohl generell gegen die Zulassung einer Adoption durch homosexuelle Personen sprechen, sondern im Einzelfall besonders gewichtige und überzeugende Gründe für einen Ausschluss vorgetragen werden müssten.[1237]

Somit stellt im Ergebnis auch das Kindeswohl keinen ausreichenden Grund für eine generelle Ungleichbehandlung eingetragener Lebenspartnerschaften mit Eheleuten dar, da dieses tatsächlich nicht gefährdet ist. Eingetragene Lebenspartner sind im Allgemeinen für die Kindeserziehung ebenso gut geeignet wie Ehepaare. Dass es im Einzelfall zu Diskriminierungen kommen kann, wird von den Experten nicht als so schwerwiegend für die Entwicklung des betroffenen Kindes eingeschätzt, als dass dies den generellen Ausschluss eingetragener Lebenspartnerschaften von der Adoption rechtfertigen könnte.[1238] Davon unabhängig ist bei jeder Adoption einzelfallspezifisch zu prüfen, welche Maßnahme dem Wohl des betroffenen Kindes am besten dient und bei welcher Adoptivfamilie eine Kindeswohlgefährdung ausgeschlossen erscheint.

Neben den bisher genannten – im Ergebnis abzulehnenden – möglichen Rechtfertigungsgründen für eine Ungleichbehandlung von eingetragenen Lebenspartnern und Eheleuten kommen vorliegend keine weiteren Rechtfertigungsgründe in Betracht. Es bestehen keine Unterschiede von solchem Gewicht zwischen diesen beiden Personengruppen, als dass dies eine unterschiedliche Behandlung rechtfertigen könnte. Sowohl in personenbezogener wie auch in finanzieller Hinsicht bestehen weitestgehend die gleichen Rechte und Pflichten, beide Personengruppen bilden jeweils vergleichbare Beistands- und Verantwortungsgemeinschaften. Auch in Bezug auf das Zusammenleben von gleich- und verschiedengeschlechtlichen Paaren mit Kindern zeigen die erwähnten neueren Studien keine grundlegenden Unterschiede bei der Entwicklung der betroffenen Kinder. Vor diesem Hintergrund erscheint die umfassende Gleichstellung eingetragener Lebenspartnerschaften mit

---

1234 Ebd., Rn. 80, BVerfGE 133, 59, 89 f.

1235 Ebenso: *Maurer*, FamRZ 2013, S. 752, 757.

1236 Unter Aufgabe seiner früheren Rechtsprechung erstmals EGMR vom 22.1.2008 – 43546/02, Rn. 91 ff., NJW 2009, S. 3637, 3641.

1237 So unter Bekräftigung seiner geänderten Rechtsprechung EGMR vom 19.2.2013 – 19010/07, Rn. 146 ff., NJW 2013, S. 2173, 2179, siehe hierzu auch die Darstellung im 2. Kapitel, C. IV. 2. Durch die Rechtsprechung initiierte Anpassungen.

1238 *Rupp*, Die Lebenssituation von Kindern in gleichgeschlechtlichen Lebenspartnerschaften, S. 296 ff.

Eheleuten zwingend.[1239] Dies betrifft vor allem das Adoptionsrecht, aber auch die im 2. Kapitel[1240] genannten, noch immer fehlenden sprachlichen Anpassungen in diversen Rechtsbereichen. Mögen letztere auch keine besonders schwerwiegende Rechtsbeeinträchtigung für eingetragene Lebenspartnerschaften bedeuten, so stellen sie doch gekünstelte und nicht zu rechtfertigende Differenzierungen zwischen eingetragenen Lebenspartnern und Eheleuten dar.

Um solche sprachlichen Versäumnisse in Zukunft zu vermeiden und die von Art. 3 Abs. 1 GG geforderte vollständige Gleichstellung eingetragener Lebenspartnerschaften mit der Ehe herbeizuführen, böte sich eine Pauschalverweisung auf die für Eheleute geltenden Vorschriften als der einfachste, effizienteste und rechtssicherste Weg an.

4. Ergebnis

Die Untersuchung hat gezeigt, dass gleichgeschlechtliche Lebensgemeinschaften aus Art. 3 Abs. 1 GG zwar weder einen Anspruch auf Öffnung der Ehe noch auf Zurverfügungstellung eines eigenen familienrechtlichen Instituts haben, bei Einführung eines solchen durch den Gesetzgeber aber eine umfassende Gleichstellungspflicht von eingetragenen Lebenspartnern mit Eheleuten nach Art. 3 Abs. 1 GG besteht.

Dieses Ergebnis mag zwar zunächst verwundern, folgt indes aus dem Gedanken der Systemgerechtigkeit.[1241] Wenn der Gesetzgeber sich entschließt, gleichgeschlechtlichen Paaren ein familienrechtliches Institut zur Verfügung zu stellen, und dieses der Ehe rechtlich im Wesentlichen gleichstellt, so schafft er dadurch eine Eheleuten vergleichbare Personengruppe. Bei dieser so geschaffenen Personengruppe hat der Gesetzgeber in der Folge dann auch die Anforderungen von Art. 3 Abs. 1 GG zu beachten, das heißt er darf diese Personengruppe – da das Rechtsinstitut der eingetragenen Lebenspartnerschaft durch seine Ausgestaltung als wesentlich gleich wie das Institut der Ehe zu qualifizieren ist – nicht ungleich behandeln, es sei denn es gibt einen ausreichenden Grund für die Ungleichbehandlung. Einen solchen Grund hat die obige Prüfung indes nicht hervorgebracht.

Zwar ist nur die Ehe über Art. 6 Abs. 1 GG ausdrücklich verfassungsrechtlich geschützt, aus diesem Schutz folgt allerdings kein Abstandsgebot für die Ausgestaltung des Instituts der eingetragenen Lebenspartnerschaft. Für Ungleichbehandlungen dieses Instituts gegenüber dem der Ehe – wie auch für Ungleichbehandlungen Homosexueller und gleichgeschlechtlicher Lebensgemeinschaften – folgen im Gegenteil aus Art. 3 Abs. 1 GG besonders strenge Rechtfertigungsanforderungen, da Differenzierungsmerkmal das personenbezogene Merkmal der sexuellen Orientierung ist, das den in Art. 3 Abs. 3 GG absolut geschützten Merkmalen nahe kommt. Diese hohen Rechtfertigungsanforderungen bei Ungleichbehandlungen wegen der

---

1239 Im Ergebnis ebenso: *Benedict*, JZ 2013, S. 477, 486; *Michael*, NJW 2010, S. 3537, 3541.

1240 2. Kapitel, C. IV. 3. Weiterhin bestehende Unterschiede zur Ehe.

1241 Hierzu: *Classen*, JZ 2010, S. 411.

sexuellen Orientierung gehen nicht zuletzt auf die Anpassung der Auslegung deutschen Rechts durch das BVerfG an die Gewährleistungen des europäischen Rechts sowie dessen Auslegung durch EuGH und EGMR zurück.

Diese Weiterentwicklung der im Rahmen von Art. 3 Abs. 1 GG zu beachtenden Rechtfertigungsanforderungen haben zur Folge, dass – außer bei der Ungleichbehandlung gleichgeschlechtlicher Lebensgemeinschaften beim Zugang zur Ehe – in keinem der Bereiche, in denen derzeit noch eine Ungleichbehandlung von Homosexuellen, gleichgeschlechtlichen Lebensgemeinschaften oder eingetragenen Lebenspartnerschaften vorliegt, ein zulässiger Grund für eine solche Ungleichbehandlung gegeben ist. Selbst im Bereich des Adoptionsrechts, in dem es nicht nur um die Rechte eingetragener Lebenspartner, sondern vor allem auch um die eines dritten Grundrechtsträgers geht, hat sich nach obiger Prüfung kein potenziell zulässiger Rechtfertigungsgrund als tragfähig für eine Ungleichbehandlung erwiesen.

Im Ergebnis führen diese hohen Rechtfertigungsanforderungen von Art. 3 Abs. 1 GG im Bereich der sexuellen Orientierung – mangels denkbarer Gründe für eine zulässige Ungleichbehandlung – außerhalb des Zugangs zur Ehe faktisch zu einem umfassenden Gleichstellungsgebot Homosexueller, gleichgeschlechtlicher Lebensgemeinschaften oder eingetragener Lebenspartnerschaften mit ihrem jeweiligen Vergleichspaar.

II. Stand bei Inkrafttreten des Grundgesetzes

1. *Schutzbereich*

Wie bereits dargestellt, ist bei einer Ungleichbehandlung von Homosexuellen, gleichgeschlechtlichen Lebensgemeinschaften und eingetragenen Lebenspartnerschaften Differenzierungsmerkmal das der sexuellen Orientierung, nicht das des Geschlechts. Daher ist auch nicht der Schutzbereich des Art. 3 Abs. 3 GG, sondern nur der von Art. 3 Abs. 1 GG eröffnet.

Damit stellt sich auch hier die Frage nach den Vergleichsgruppen für Homosexuelle, gleichgeschlechtliche Lebensgemeinschaften und eingetragene Lebenspartnerschaften und ob diese bereits in den Anfangszeiten des Grundgesetzes dieselben wie die oben bestimmten waren, das heißt Heterosexuelle, nichteheliche Lebensgemeinschaften und Eheleute. Das wäre der Fall, wenn diese bereits damals als „*wesentlich gleich*" wie Homosexuelle, gleichgeschlechtliche Lebensgemeinschaften bzw. eingetragene Lebenspartnerschaften eingestuft worden wären. Dies erscheint indes fraglich. Eingetragene Lebenspartnerschaften gab es zu dieser Zeit noch gar nicht, weshalb eine Vergleichsziehung insoweit schon von vornherein ausgeschlossen erscheint.

Beim Vergleich von gleichgeschlechtlichen mit nichtehelichen Lebensgemeinschaften ist zu beachten, dass letztere in den fünfziger und sechziger Jahren des letzten Jahrhunderts weder gesellschaftlich geschweige denn rechtlich anerkannt waren, so dass an das Vorliegen einer solchen Gemeinschaft weder zivil- noch sozialversicherungsrechtliche Rechtswirkungen geknüpft wurden. Während heutzutage zum Beispiel nach § 563 Abs. 2 BGB beim Tod des Mieters ein Eintrittsrecht für Personen besteht, die mit dem Mieter einen auf Dauer angelegten gemeinsamen Haushalt führen, fiel das Vermieten einer Wohnung an Unverheiratete bis zum Jahr 1973 noch unter den Straftatbestand der Kuppelei gemäß § 180 StGB a.F. Auch hier scheint daher ein Vergleich der beiden Personengruppen nicht zielführend, da diese bestenfalls ähnlich rechtlos gestellt waren. Hinzu kam bei männlichen gleichgeschlechtlichen Paaren im Vergleich zu verschiedengeschlechtlichen zwar, dass das sexuelle Ausleben ihrer Beziehung für beide Partner nach § 175 StGB a.F. strafbar war, allerdings erscheint es insoweit zielführender, auf das Vergleichspaar Homo- und Heterosexueller abzustellen, da Anknüpfungspunkt dieser Ungleichbehandlung nicht das Führen einer gleichgeschlechtlichen Beziehung an sich, sondern das Ausleben der eigenen sexuellen Orientierung im sexuellen Bereich war.

Für die Frage einer relevanten Ungleichbehandlung kommt es daher maßgeblich darauf an, ob männliche Homosexuelle und männliche Heterosexuelle als wesentlich gleich einzustufen waren. Das BVerfG jedenfalls hat dies zur damaligen Zeit offensichtlich nicht so gesehen: In seiner Entscheidung zur Verfassungsmäßigkeit des § 175 StGB a.F. aus dem Jahr 1957 hat es die Frage einer Ungleichbehandlung von homo- und heterosexuellen Männern nicht einmal angesprochen.[1242] Es hat im Hinblick auf Art. 3 GG, wie im 2. Kapitel bereits dargestellt,[1243] lediglich geprüft, ob eine unzulässige Ungleichbehandlung von männlichen und weiblichen Homosexuellen vorliege, da nur die sexuelle Betätigung zwischen Männern, nicht aber die zwischen Frauen strafbar war. Auch dies hat das BVerfG im Ergebnis allerdings verneint und das, obwohl die Ungleichbehandlung von männlichen und weiblichen Homosexuellen nicht nur an Art. 3 Abs. 1 GG, sondern sogar an Art. 3 Abs. 3 GG zu messen war. Begründet hat es dies damit, dass der *„biologische Geschlechtsunterschied den Sachverhalt hier so entscheidend prägt, daß etwa vergleichbare Elemente daneben vollkommen zurücktreten"*,[1244] männliche und weibliche Homosexuelle sowie die Art und Weise ihrer geschlechtlichen Befriedigung also so sehr voneinander abweichen würden, dass schon biologisch gesehen keine relevanten Gemeinsamkeiten bestünden. Zur Verdeutlichung nennt es als Beispiel die Mutterschutzregeln, die ebenfalls nur ein Geschlecht betreffen würden, was dennoch keinen Gleichheitsverstoß darstelle, da eben nur eine Frau Mutter werden könne.[1245]

Unterschiedliche Behandlungen von Homo- und Heterosexuellen wurden in dem Urteil nur mittelbar und ganz am Rande im Rahmen der unterschiedlichen Schutzalter in § 175 a Nr. 3 StGB a.F. (Unzucht Treiben eines Mannes über 21 Jahren mit einem Mann unter 21 Jahren) und § 182 StGB a.F. (Verführung eines Mädchens unter 16 Jahren zum Beischlaf) angesprochen. Auch dort hielt das Gericht schon

1242 BVerfG vom 10.5.1957 – 1 BvR 550/52, BVerfGE 6, 389.

1243 Hierzu ausführlich 2. Kapitel, C. I. 2. Das Urteil des BVerfG zur Verfassungsmäßigkeit des § 175 StGB.

1244 BVerfG vom 10.5.1957 – 1 BvR 550/52, Rn. 141, BVerfGE 6, 389, 422.

1245 Ebd., Rn. 142.

die Vergleichbarkeit für ausgeschlossen, da *„§ 175 a Nr. 3 StGB ein gleichgeschlechtliches, § 182 StGB ein heterosexuelles Delikt"* behandele, *„die beiden Straftatbestände [...] also - auch abgesehen von dem Geschlecht des Geschützten wesensverschieden und daher im Sinne des Art. 3 Abs. 2 und 3 GG nicht vergleichbar"* seien.[1246] Das lässt darauf schließen, dass das BVerfG homosexuelle und heterosexuelle Personen und deren Verhaltensweisen zu dieser Zeit nicht nur im Sexualbereich, sondern auch im Allgemeinen nicht für vergleichbar hielt.

Es spricht somit viel dafür, dass in den Anfangszeiten des Grundgesetzes Homo- und Heterosexuelle nicht einmal als vergleichbare Personengruppen angesehen wurden, so dass es einer Rechtfertigung für vorhandene Ungleichbehandlungen nicht bedurfte.

2. Verfassungsmäßige Rechtfertigung

Selbst wenn man allerdings entgegen des eben gefundenen Ergebnisses davon ausgehen wollte, dass Homo- und Heterosexuelle damals vergleichbare Personengruppen darstellten, so wäre eine vorliegende Ungleichbehandlung – hier im Wesentlichen also die Strafbarkeit männlicher homosexueller Betätigung im Gegensatz heterosexueller Betätigung – nur dann mit Art. 3 Abs. 1 GG unvereinbar, wenn sie willkürlich erfolgt wäre. Grund dafür ist, dass das BVerfG, wie bereits erläutert,[1247] in den Anfangszeiten seiner Rechtsprechungstätigkeit relativ niedrige Rechtfertigungsanforderungen an vorhandene Ungleichbehandlungen angelegt hat und solche nach der damals vertretenen Willkürformel nur für verfassungswidrig hielt, wenn sich keinerlei sachliche Gründe für die Differenzierung oder Gleichbehandlung finden ließen, so dass diese als willkürlich bezeichnet werden musste.[1248]

Ausweislich der Begründungen des E62,[1249] der die in Regierung und Legislative in den fünfziger und sechziger Jahren des letzten Jahrhunderts mehrheitlich vertretene Auffassung widerspiegelt, war Homosexualität zu dieser Zeit noch nicht einmal von allen Kreisen als von den Betroffenen nicht zu beherrschender Trieb, geschweige denn als eine von verschiedenen, als gleichwertig anzusehenden sexuellen Orientierungen anerkannt. Unabhängig von der Frage der Triebhaftigkeit dieses Verhaltens hielt man dessen Ausleben für eine erhebliche Gefahr für das gesamte deutsche Volk, so dass dessen Eindämmung über den Interessen der Betroffenen stand und eine Bestrafung zulässig machte. Diese Erwägungen rechtfertigten nicht nur die Strafbarkeit männlicher homosexueller Betätigung, sondern erst recht eine Ungleichbehandlung von männlichen Homosexuellen und männlichen Heterosexuellen, stellten nach damaliger Ansicht doch nur erstere eine Gefahr für das Volk und die gesunde Entwicklung der Jugend dar. Daher scheidet selbst bei Annahme

1246 Ebd., Rn. 136, BVerfGE 6, 389, 421.
1247 3. Kapitel, C. I. 3. a) Rechtfertigungsanforderungen des BVerfG.
1248 BVerfG vom 23.10.1951 – 2 BvG 1/51, Rn. 139, BVerfGE 1, 14, 52.
1249 BT-Drs. IV/650; siehe hierzu ausführlich oben, 2. Kapitel, C. I. 3. Gescheiterte Reformentwürfe der 1960er Jahre.

der Vergleichbarkeit von Homo- und Heterosexuellen aus damaliger Perspektive ein Verstoß gegen Art. 3 Abs. 1 GG aus.

3. Ergebnis

In den Anfangszeiten des Grundgesetzes genossen Homosexuelle und gleichgeschlechtliche Lebensgemeinschaften folglich keinen besonders hohen Schutz über Art. 3 Abs. 1 GG, während eingetragene Lebenspartnerschaften nicht einmal existierten. Es kann wohl nicht einmal angenommen werden, dass Homo- und Heterosexuelle oder gleich- und verschiedengeschlechtliche Lebensgemeinschaften als wesentlich gleich im Sinne von Art. 3 Abs. 1 GG angesehen wurden. So wurden damals nicht einmal männliche und weibliche Homosexuelle wegen ihrer „*biologische[n] Verschiedenheiten*"[1250] als vergleichbare Personengruppen angesehen. Da nichteheliche Lebensgemeinschaften zu dieser Zeit allerdings ohnehin keinerlei Rechte genossen, lagen auch keine für diese Arbeit relevanten Ungleichbehandlungen zwischen diesen und gleichgeschlechtlichen Lebensgemeinschaften vor.

Aber selbst wenn man die Vergleichbarkeit Homo- und Heterosexueller nicht von vornherein ausschließen wollte, so konnten sich Homosexuelle in diesen Zeiten dennoch nicht auf die Verfassungswidrigkeit vorhandener Ungleichbehandlungen berufen. Als sachliche Gründe für diese Ungleichbehandlungen hielten diverse, mehr oder weniger wissenschaftlich begründete Gefahren für Ehe, Familie, Volk und Jugend her, die Ungleichbehandlungen nach damaligem Verständnis zumindest nicht als willkürlich erscheinen ließen.

III. Vorliegen eines Verfassungswandels

Auch im Rahmen des verfassungsrechtlichen Schutzes Homosexueller, gleichgeschlechtlicher Lebensgemeinschaften und eingetragener Lebenspartnerschaften nach Art. 3 Abs. 1 GG stellt sich die Frage, ob in den dargestellten Entwicklungen ein Verfassungswandel gesehen werden kann, das heißt der Inhalt der Verfassungsnorm sich gegenüber einem früheren Inhaltsverständnis innerhalb des Normbereichs oder des Normprogramms oder aufgrund eines geänderten Vorverständnisses geändert hat.

Zunächst einmal haben sich die Rechtfertigungsanforderungen innerhalb von Art. 3 Abs. 1 GG mit der Zeit stark verändert. Nahm das BVerfG in den Anfangszeiten des Grundgesetzes bei Ungleichbehandlungen – gleich welcher Art – nur bei Willkür einen Verstoß gegen Art. 3 Abs. 1 GG an, so hat es diese Rechtfertigungsanforderungen stetig weiterentwickelt und damit gerade im Bereich der personenbezogenen Merkmale dazu beigetragen, dass der erreichte Schutzstand inzwischen an denjenigen von Art. 3 Abs. 3 GG heranreicht. Die Tragweite dieser Veränderungen zeigt sich gerade in dem hier geprüften Bereich des Schutzes Homosexueller und gleichgeschlechtlicher Paare besonders deutlich: Wurden diese in den

1250 BVerfG vom 10.5.1957 – 1 BvR 550/52, Rn. 141, BVerfGE 6, 389, 422.

Anfangszeiten des Grundgesetzes – falls bei Ungleichbehandlungen gegenüber ihren heterosexuellen Pendants überhaupt unter Art. 3 Abs. 1 GG fallend – faktisch so gut wie gar nicht geschützt, da sich irgendein Grund für eine vorhandene Ungleichbehandlung immer finden ließ, sind heute so strenge Rechtfertigungsanforderungen einzuhalten, dass sie Ungleichbehandlungen in weiten Teilen unzulässig machen. Darin zeigt sich eine über die Zeit erfolgte Weiterentwicklung des Grundrechts und seiner Schranken. Diese Weiterentwicklung folgte einer Interpretationsänderung aufgrund eines geänderten Normverständnisses. Zwar wird diese Interpretationsänderung durch das BVerfG vor allem mit geänderten gesellschaftlichen Anschauungen und den Rechtsentwicklungen im Europarecht begründet,[1251] sie ist aber dennoch nicht nur das Ergebnis einer Änderung der tatsächlichen Umstände, sondern auch einer Änderung des Vorverständnisses des Verfassungsinterpreten und damit als normative zu qualifizieren.

Auch *Bryde*, der bei Verfassungsnormen, die auf außerrechtliche Tatbestände und Bewertungsmaßstäbe verweisen, oftmals die Kategorie der Verfassungswandlung aufgrund einer „Öffnung durch Verweisung" eröffnet sieht, geht nicht davon aus, dass eine Änderung der tatsächlichen Umstände den verfassungsrechtlichen Kontrollmaßstab unbeeinflusst ließe:

> *„Rechtsprechungsänderungen zum Gleichheitssatz oder vergleichbaren Normen werden zwar mit tatsächlichen Änderungen begründet werden, aber in Wirklichkeit handelt es sich zumindest auch um ‚gewandelte Gleichheitsvorstellungen' oder eine gewandelte Einstellung zum zulässigen Ausmaß staatlicher Eingriffe, die durch die tatsächlichen Änderungen lediglich angeregt oder mitbestimmt worden sind."*[1252]

Somit ist auch in diesem Fall von einem Verfassungswandel aufgrund geänderter Interpretation von Art. 3 Abs. 1 GG auszugehen. Die heutige Interpretation des Gleichheitssatzes und seiner Schranken lag Art. 3 Abs. 1 GG nicht von Anfang an inne, sondern konnte erst aufgrund eines geänderten Normverständnisses des Verfassungsinterpreten entwickelt werden. Damit ist sie eine Folge normativ relevanter Veränderungen der zur Normkonkretisierung wesentlichen Faktoren und nur vordergründig durch eine Änderung der tatsächlichen Verhältnisse bedingt.

Das BVerfG hat allerdings die Rechtfertigungsanforderungen im Rahmen von Art. 3 Abs. 1 GG nicht nur allgemein erheblich weiterentwickelt, es hat darüber hinaus auch dem auf europäischer Ebene geschützten Diskriminierungsmerkmal der sexuellen Orientierung einen enorm hohen Stellenwert bei der Prüfung von Ungleichbehandlungen innerhalb von Art. 3 Abs. 1 GG eingeräumt,[1253] ohne dass dies aufgrund unionsrechtlicher oder völkerrechtlicher Verpflichtungen notwendig gewesen wäre.[1254] So hat es die sexuelle Orientierung nicht schlicht im Rahmen von

---

1251 Hierzu: 3. Kapitel, C. 3. a) Rechtfertigungsanforderungen des BVerfG.
1252 *Bryde*, Verfassungsentwicklung, S. 285 f.
1253 *Michael* spricht sogar von einem *„Hineinlesen"* ins Grundgesetz, NJW 2010, S. 3537.
1254 Ebenso: Ebd., S. 3539 f.

Art. 3 Abs. 1 GG als eines von diversen Merkmalen, an das eine Ungleichbehandlung anknüpfen kann und für die es eines sachlichen Grundes bedarf, angesehen, sondern es hat diese faktisch auf eine Ebene mit den in Art. 3 Abs. 3 GG abschließend aufgezählten Merkmalen gestellt, ohne dass dies aus dem Normtext ersichtlich würde. Zwar bewegt sich das BVerfG damit, wie dargelegt,[1255] noch in den verfassungsrechtlich zulässigen Grenzen und geht dabei insbesondere auch dogmatisch korrekt vor, neben des Ausmaßes der damit bewirkten Veränderung im Bereich von Art. 3 GG ist diese Entwicklung aber auch deshalb bemerkenswert, weil sie erst vor zwanzig Jahren im *Transsexuellen*-Urteil[1256] und der Entscheidung zur Eheschließungsfreiheit gleichgeschlechtlicher Paare[1257] ihren Ursprung fand und dann über eine relativ kurze Zeitspanne mit jeder neuen Entscheidung des BVerfG zu dieser Thematik zu schubweisen Änderungen im Verfassungsgefüge geführt hat.

Grund für diese Entwicklung waren innerstaatlich – wie auch auf europäischer Ebene – die weitreichenden gesellschaftlichen Veränderungen in den achtziger und neunziger Jahren des letzten Jahrhunderts, in denen die Homosexualität allmählich als normale sexuelle Orientierung, die weder krankhaft noch strafwürdig ist, anerkannt wurde und in Folge dessen Homosexuellen und gleichgeschlechtlichen Paaren europaweit immer mehr Rechte zugestanden wurden. Diese Veränderungen waren gerade vor dem Hintergrund der jahrhundertelangen Verfolgung und Diskriminierung Homosexueller so grundlegend, dass sie einer umfassenden Neuinterpretation der gesellschaftlichen Situation auf rechtlicher Ebene – unter anderem auch durch Entwicklung eines Diskriminierungsmerkmals der sexuellen Orientierung – bedurften.

Die Schnelligkeit dieser Entwicklung zeigt sich dann auch an der Rechtsprechung des BVerfG: Hatte dieses im Jahr 1957 eine Vergleichbarkeit Homo- und Heterosexueller nicht einmal in Betracht gezogen,[1258] und erst im *Transsexuellen*-Urteil[1259] überhaupt begonnen, sich mit der Problematik von Ungleichbehandlungen wegen der sexuellen Orientierung ernsthaft auseinanderzusetzen, findet sich seit Inkrafttreten des LPartDisBG im Jahr 2001 kaum eine Entscheidung des Gerichts, in der es eine vorliegende Ungleichbehandlung von eingetragenen Lebenspartnern und Eheleuten für zulässig gehalten hat. Nachdem das BVerfG jüngst auch für das Adoptionsrecht hat durchblicken lassen, dass es nicht einmal im Bereich des Kindeswohls eine generelle Ungleichbehandlung von eingetragenen Lebenspartnern mit Eheleuten für gerechtfertigt hält,[1260] ist es wohl nur noch eine Frage der Zeit, bis Ehe und eingetragene Lebenspartnerschaft rechtlich vollständig gleichgestellt sind.

1255 3. Kapitel, C. 3. a) Rechtfertigungsanforderungen des BVerfG.

1256 BVerfG vom 26.1.1993 – 1 BvL 38/92, BVerfGE 88, 87.

1257 BVerfG vom 4.10.1993 – 1 BvR 640/93, NJW 1993, S. 3058.

1258 Zu den Ausführungen des BVerfG in seiner Entscheidung vom 10.5.1957 – 1 BvR 550/52, BVerfGE 6, 389 siehe vorstehenden Abschnitt.

1259 BVerfG vom 26.1.1993 – 1 BvL 38/92, BVerfGE 88, 87.

1260 BVerfG vom 19.2.2013 – 1 BvL 1/11, 1 BvR 3247/09, BVerfGE 133, 59 und BVerfG vom 23.1.2014 – 1 BvL 2/13, 1 BvL 3/13, Rn. 27, FamRZ 2014, S. 537 f.; ausführlich

Die Entwicklung des Diskriminierungsmerkmals der sexuellen Orientierung und seine Ansiedelung im Bereich zwischen Art. 3 Abs. 1 GG und Art. 3 Abs. 3 GG ist ähnlich wie die Erfindung neuer Grundrechtsgarantien durch das BVerfG zu qualifizieren. Diese führen, wie *Bryde* es umschreibt, zu einer *„Öffnung durch Anpassung des Normsinns"*, bei der Entwicklungen im Regelungsbereich eine Neudefinition des Normprogramms bewirken, wodurch sich der Normsinn ändert.[1261] Das gleiche gilt im Rahmen der Entwicklung des Diskriminierungsmerkmals der sexuellen Orientierung, denn auch dieses hat zu einer Neudefinition des Normprogramms, vor allem der bei Art. 3 Abs. 1 GG anzulegenden Rechtfertigungsanforderungen geführt. Diese neuen Rechtfertigungsanforderungen haben indes nicht nur Auswirkungen auf die Interpretation von Art. 3 Abs. 1 GG, sie beeinflussen mittelbar auch Art. 6 Abs. 1 GG. So kann dieser nicht mehr als ein genereller Rechtfertigungsgrund für die Privilegierung der Ehe gegenüber anderen Lebensgemeinschaften angesehen werden, zumindest nicht, wenn diese – wie die eingetragene Lebenspartnerschaft – mit der Ehe vergleichbar sind.

Hier, wie auch bei Schaffung des ausdifferenzierten Rechtfertigungssystems in Art. 3 Abs. 1 GG, sind der gestiegene Einfluss des europäischen Rechts und der Rechtsprechung von EuGH und EGMR nicht zu verkennen. Wenn dies auch nicht allein zu einem Verfassungswandel auf nationaler Ebene führen kann, kann die Aufnahme dieser europäischen Einflüsse durch das BVerfG bei der Auslegung des Grundgesetzes durchaus dazu führen, wenn sich dadurch die Interpretation der betroffenen Normen gegenüber dem früheren Normverständnis ändert.

Die dargestellten Veränderungen im Bereich von Art. 3 Abs. 1 GG gehen aber nicht allein auf die Rechtsprechung des BVerfG und der europäischen Gerichte zurück, auch der Gesetzgeber hatte hieran durch Einführung des Instituts der eingetragenen Lebenspartnerschaft seinen Anteil: Gleichgeschlechtliche Paare konnten, wie obige Prüfung ergeben hat, auch nach den umfangreichen gesellschaftlichen Veränderungen der letzten Jahrzehnte keinen Anspruch aus dem Grundgesetz herleiten, dass ihnen ein der Ehe entsprechendes Institut zur Verfügung gestellt wird. Dies hat der Gesetzgeber freiwillig, wenn auch durch die europäischen Entwicklungen angestoßen, getan. Erst aufgrund der Einführung dieses Instituts der eingetragenen Lebenspartnerschaft war er bei Ausgestaltung desselben an das Gebot der *„Systemgerechtigkeit"*[1262] gebunden, dessen Einhaltung dann der Überprüfung durch das BVerfG oblag und diesem die Weiterentwicklung seiner Rechtsprechung innerhalb von Art. 3 Abs. 1 GG und Art. 6 Abs. 1 GG ermöglichte.

Auch im Rahmen der innerhalb von Art. 3 Abs. 1 GG festgestellten Verfassungswandlungen wurden die hierfür geltenden Grenzen gewahrt. Zu dem im Rahmen von Art. 79 Abs. 3 GG zu beachtenden Demokratie- und Gewaltenteilungsprinzip,

---

zum Adoptionsrecht und der Argumentation des BVerfG siehe oben: 2. Kapitel C. IV. 3. Weiterhin bestehende Unterschiede zur Ehe.

1261 *Bryde*, Verfassungsentwicklung, S. 286.

1262 *Classen*, JZ 2010, S. 411.

das insbesondere erfordert, dass das BVerfG bei der Schaffung neuer Grundrechtsgehalte innerhalb seiner Kompetenzen handelt, wurden bereits Ausführungen gemacht.[1263] Wie schon bei den im bisherigen Verlauf geprüften Verfassungswandlungen liegt auch bei den innerhalb von Art. 3 Abs. 1 GG festgestellten weder ein Verstoß gegen den Normtext noch gegen den Kerngehalt der Verfassungsnorm vor. Grund dafür ist wiederum der äußerst weit und abstrakt gehaltene Normtext, der lediglich konstatiert: „*Alle Menschen sind vor dem Gesetz gleich*". Wie diese Gleichheit im Einzelfall auszugestalten ist und welche Anforderungen an Rechtfertigungen für mögliche Ungleichbehandlungen zu stellen sind, lässt der Text völlig offen. Im Ergebnis kann daher auch der Kerngehalt der Norm nicht betroffen sein, wenn diese Rechtfertigungsanforderungen durch das BVerfG lediglich konkretisiert werden ohne bereits vorhandene Rechte der geschützten Grundrechtsträger einzuschränken. Ein Verstoß wäre folglich nur in solchen Fällen denkbar, in denen die Ausgestaltung von Art. 3 Abs. 1 GG und seiner Schranken durch das BVerfG dem von Art. 3 Abs. 1 GG verfolgten Gleichheitsziel widersprechen würde. Letztlich wurde auch das Gebot der Verfassungskontinuität gewahrt. Wie die dargestellte Rechtsprechung des BVerfG gezeigt hat, hat das BVerfG die Weiterentwicklung des durch Art. 3 Abs. 1 GG gewährten Schutzes in mehreren, jeweils als verhältnismäßig erscheinenden Stufen entsprechend der Veränderungen auf gesellschaftlicher und europäischer Ebene vorgenommen und diese Veränderungen im Rahmen der Begründung seiner Entscheidungen dargelegt.

D. Exkurs: Schutz über EMRK und EU-Grundrechtecharta

Wie im bisherigen Verlauf der Prüfung festgestellt, wirken die Normen des europäischen Rechts – insbesondere die der Grundrechtecharta und der EMRK – ebenso wie die Rechtsprechung von EuGH und EGMR auf verschiedene Arten auch auf das nationale Verfassungsgefüge ein. Zwar ist die Bundesrepublik Deutschland nur bei Durchführung des Rechts der Union unmittelbar an die Grundrechtecharta gebunden (Art. 51 GRCh), und die EMRK hat als völkerrechtlicher Vertrag nur die Wirkung einfachen Bundesrechts (Art. 59 Abs. 2 GG), allerdings entfalten beide, wie bereits an anderer Stelle erwähnt, neben ihrer unmittelbaren Wirkung auch eine „*Ausstrahlungswirkung als Rechtserkenntnisquellen*"[1264] auf das nationale Recht. Dieser Bedeutung versucht das BVerfG zunehmend Rechnung zu tragen und auf diese Weise die nationalen verfassungsrechtlichen Gewährleistungen europäischen Auslegungsentwicklungen mittels einer völkerrechtsfreundlichen Auslegung des Grundgesetzes anzupassen.[1265] Dieser Anpassungsdrang wurde insbesondere anhand der aufgrund des *Maruko*-Urteils des EuGH[1266] erfolgten Änderungen innerhalb

1263 3. Kapitel, C. 3. a) Rechtfertigungsanforderungen des BVerfG.

1264 *Michael*, NJW 2010, S. 3537, 3540.

1265 Hierzu ausführlich: 1. Kapitel, E. V. 4. b) EGMR.

1266 EuGH vom 1.4.2008 – C-267/06, Slg 2008, I-1757, NZA 2008, S. 459.

des Schutzbereichs von Art. 3 Abs. 1 GG deutlich. So hat das BVerfG die Rechtfertigungsanforderungen bei Ungleichbehandlungen wegen der sexuellen Orientierung nicht nur im Anwendungsbereich der Richtlinie 2000/78 und des AGG an die Rechtsprechung des EuGH angepasst, sondern für alle Bereiche.[1267] Daneben hat es mit der Anerkennung von Eheleuten und eigetragenen Lebenspartnern als *„vergleichbare Personengruppen"* Art. 6 Abs. 1 GG als Rechtfertigungsgrund für Ungleichbehandlungen zwischen diesen Personengruppen den Boden entzogen,[1268] obwohl der EuGH ausdrücklich offen gelassen hat, ob im Einzelfall eine Vergleichbarkeit gegeben ist.[1269]

Daher sollen die für den Schutz Homosexueller, gleichgeschlechtlicher Lebensgemeinschaften und eingetragener Lebenspartnerschaften wesentlichen Normen der EMRK und der Grundrechtecharta im Folgenden kurz dargestellt werden, um neben der bereits innerhalb der Prüfung der verschiedenen nationalen Grundrechtsgarantien erfolgten Erwähnung der korrelierenden Normen auf europäischer Ebene einen Gesamtüberblick über diese Normen und ihren Inhalt zu erhalten.

I. EMRK

1. Schutz über Art. 12 EMRK

Art. 12 EMRK schützt das Recht auf Eheschließung und auf Gründung einer Familie. Der Wortlaut der Norm *„Männer und Frauen [...] haben das Recht"* suggeriert zunächst, dass nur verschiedengeschlechtliche Paare den Schutz des Art. 12 EMRK genießen. Dies war auch lange Zeit die Ansicht des EGMR und der überwiegenden Literatur.[1270] In einer Entscheidung aus dem Jahr 2010 hat der EGMR allerdings unter Abkehr von seiner bisherigen Rechtsprechung – insbesondere unter Verweis auf die insoweit weitergehende Norm des Art. 9 GRCh – entschieden, dass das in Art. 12 EMRK garantierte Recht der Eheschließung nicht unter allen Umständen auf Partner unterschiedlichen Geschlechts beschränkt sei.[1271] In dieser Auslegungsanpassung zeigt sich, dass auch die europäischen Gerichte untereinander bemüht sind, die verschiedenen grundrechtlichen Gewährleistungen auf europäischer Ebene und ihre Auslegung aneinander anzugleichen. Da es derzeit aber keinen europäischen Konsens über die Zulässigkeit der gleichgeschlechtlichen Ehe gebe, sieht der EGMR keine aus Art. 12 EMRK folgende Verpflichtung der Konventionsstaaten, gleichgeschlechtliche Ehen zu ermöglichen.[1272]

Da Deutschland – wie die meisten Konventionsstaaten – zunächst nicht den Weg gegangen ist, die Ehe für gleichgeschlechtliche Paare zu öffnen, sondern ihnen ein

---

1267 Hierzu oben: 3. Kapitel, C. I. 3. Grundrechtsschranken.
1268 Ebd.
1269 EuGH vom 1.4.2008 – C-267/06, Slg 2008, I-1757, Rn. 72 f., NZA 2008, S. 459, 463.
1270 Siehe hierzu: *Grabenwarter/Pabel*, EMRK, § 22, Rn. 78 f.
1271 EGMR vom 24.6.2010 – 30141/04, Rn. 61, NJW 2011, S. 1421, 1423.
1272 Ebd., Rn. 58, 61.

eigenes Institut zur Verfügung zu stellen, fallen eingetragene Lebenspartnerschaften somit nicht unter den Schutz von Art. 12 EMRK. Sie können daneben aus der Norm auch keinen Anspruch gegen den nationalen Gesetzgeber herleiten, ihnen den Zugang zur Ehe zu ermöglichen.

Zwar stellen das Recht auf Eheschließung und das auf Familiengründung zwei unterschiedliche Rechtsinhalte dar, diese sind aber inhaltlich miteinander verbunden, was auch durch den Wortlaut indiziert wird, weshalb sich das Recht auf Familiengründung aus Art. 12 EMRK nach herrschender Meinung auf verheiratete Paare beschränkt, auch wenn zunehmend darüber nachgedacht wird, aufgrund der sich wandelnden gesellschaftlichen Verhältnisse auch andere Personen als Eheleute in den Schutzbereich aufzunehmen.[1273] Aus Art. 12 EMRK lässt sich allerdings – auch für miteinander verheiratete Paare – kein Recht auf Adoption herleiten.[1274] Für eingetragene Lebenspartnerschaften ist Art. 12 EMRK daher auch für den Bereich der Familiengründung nicht anwendbar, brächte ihnen wegen des Fehlens eines daraus folgenden Anspruchs auf Adoption jedoch ohnehin keinen, über die Gewährleistungen des sogleich zu untersuchenden Art. 8 EMRK hinausgehenden Mehrwert.

2. Schutz über Art. 8 Abs. 1 EMRK

Art. 8 Abs. 1 EMRK schützt unter anderem das Recht auf Achtung des Privat- und Familienlebens. Der Begriff des Privatlebens wird vom EGMR nicht so weit ausgelegt, wie Art. 2 Abs. 1 GG vom BVerfG, so dass dieser nicht jede Tätigkeit einer Person umfasst, sondern nur solche, die eine gewisse Relevanz zur Verwirklichung der Persönlichkeit haben.[1275] Dabei haben sich insbesondere drei Gruppen herausgebildet: Das Selbstbestimmungsrecht über den eigenen Körper, der Schutz der Privatsphäre und die freie Gestaltung der persönlichen Lebensführung.[1276] Zum ersten Bereich gehört unter anderem das Recht des Einzelnen auf Achtung der sexuellen Selbstbestimmung, aus dem dieser ein Abwehrrecht gegenüber dem Staat auf Unterlassen von Beschränkungen der sexuellen Selbstbestimmung, wie etwa bei der Wahl eines homosexuellen Partners herleiten kann.[1277] Der dritte Bereich umfasst insbesondere auch den Schutz des besonderen Lebensstils von Minderheiten sowie die Achtung von zwischenmenschlichen Beziehungen.[1278] Während also der

1273 *Grabenwarter/Pabel*, EMRK, § 22, Rn. 81; *Meyer-Ladewig*, Europäische Menschenrechtskonvention, Art. 12, Rn. 13.

1274 *Grabenwarter/Pabel*, ebd., m.w.N.; *Meyer-Ladewig*, ebd.

1275 EGMR vom 24.11.2009 – 16072/06, 27809/08, Rn. 42, InfAuslR 2010, S. 178 f.

1276 Aufteilung nach *Grabenwarter/Pabel*, EMRK, § 22, Rn. 6.

1277 EGMR vom 22.10.1981 – 7525/76, Rn. 41, NJW 1984, S. 541 f.; EGMR vom 26.10.1988 – 10581/83, Rn. 38 f., EGMR-E 4, 156, 165.

1278 Zur indirekten Anerkennung des Rechts, eine Minderheitensprache zu sprechen: EGMR vom 23.7.1968 – 1474/62, EGMR-E 1, 31; zum Schutz zwischenmenschlicher Beziehungen: EGMR vom 16.12.1992 – 72/1991/324/394, Rn. 29, NJW 1993, S. 718: *„Der Gerichtshof hält es weder* für *notwendig noch* für *möglich, den Versuch einer*

erste Bereich mit dem Schutz der sexuellen Selbstbestimmung vornehmlich Homosexuelle als Einzelpersonen beim Ausleben ihrer sexuellen Orientierung umfasst, schützt der dritte Bereich mit der freien Gestaltung der persönlichen Lebensführung vor allem auch gleichgeschlechtliche Partner in ihrer Gemeinschaft.

Der Begriff des Familienlebens in Art. 8 Abs. 1 EMRK umfasst eheliche sowie nichteheliche Paare mit und ohne Kinder.[1279] Wie bei der Prüfung von Art. 6 Abs. 1 GG bereits festgestellt,[1280] geht die EMRK insoweit weiter als der Schutz der Familie nach Art. 6 Abs. 1 GG, der gerade keine reinen Zweiergemeinschaften umfasst, da er vor allem auf das generative Element innerhalb des grundrechtlichen Familienschutzes abstellt und den Schutz der Zweiergemeinschaft anderen Grundrechten zuordnet. Da Art. 8 Abs. 1 EMRK folglich auch nichteheliche Lebensgemeinschaften an sich schützt, war die ebenfalls bereits erwähnte Entscheidung des EGMR aus dem Jahr 2010, mit der er neben verschiedengeschlechtlichen Paaren auch die gefestigte Beziehung gleichgeschlechtlicher Paare unter den Begriff des Familienlebens gefasst hat,[1281] nur konsequent und folgerichtig. Homosexuelle Paare genießen mithin nicht nur den Schutz über das Privat- sondern auch über das Familienleben in Art. 8 Abs. 1 EMRK.

Aus Art. 8 Abs. 1 EMRK folgt allerdings nach der Rechtsprechung des EGMR weder ein Anspruch auf Gründung einer Familie noch ein Recht auf Adoption, da der Schutz der Norm an einer bereits vorhandenen Familie ansetze.[1282] Hier geht der Familienschutz des Grundgesetzes weiter, denn nach Art. 6 Abs. 1 GG wird – wenn auch kein Recht auf Adoption[1283] – so doch zumindest die Freiheit zur Familiengründung erfasst.[1284] Spätestens seit der Entkoppelung des grundrechtlichen Schutzes von Ehe und Familie gilt dieser auch für nicht auf der Ehe gegründete Familien,[1285] während die EMRK das Recht zur Familiengründung nur über Art. 12 EMRK und, wie dargelegt, nur für Ehegatten schützt. Eine der Entkoppelung des grundrechtlichen Ehe- und Familienbegriffs entsprechende Entwicklung hat auf Ebene der EMRK bisher nicht stattgefunden.

Aus dem Schutz über Art. 8 Abs. 1 EMRK folgen für Homosexuelle und gleichgeschlechtliche Paare insbesondere Abwehrrechte gegenüber dem Staat. Positive

erschöpfenden Definition des Begriffs des ‚Privatlebens' zu geben. Es wäre indessen zu eng, es auf den ‚inneren Kreis' zu beschränken, in dem jedermann sein persönliches Leben nach eigenen Vorstellungen führen kann, und hiervon die Außenwelt vollständig auszunehmen. Die Achtung des Privatlebens muß in gewissem Umfang auch das Recht des einzelnen einbeziehen, Beziehungen zu anderen Menschen anzuknüpfen und fortzuentwickeln".

1279 *Grabenwarter/Pabel*, EMRK, § 22, Rn. 16.
1280 Siehe oben: 3. Kapitel, A. II. 1. a) Definition der Familie.
1281 EGMR vom 24.6.2010 – 30141/04, Rn. 94, NJW 2011, S. 1421, 1425.
1282 EGMR vom 22.1.2008 – 43546/02, Rn. 41, NJW 2009, S. 3637, 3638.
1283 Hierzu oben: 3. Kapitel, A. II. 1. b) Eingetragene Lebenspartnerschaften mit Kind.
1284 *Robbers*, in: Mangoldt/Klein/Starck, Art. 6 Abs. 1 GG, Rn. 92.
1285 Hierzu bereits oben: 3. Kapitel, A. II. 1. a) Definition der Familie.

Ansprüche werden nur in Teilbereichen, vor allem im Rahmen des Rechts auf Führung eines gemeinsamen Lebens gewährt.[1286] Darüber hinaus können sich positive Ansprüche auch bei einem Recht auf Gleichbehandlung mit anderen Familienformen aus einer Zusammenschau mit Art. 14 EMRK ergeben. So hat der EGMR beispielsweise für den Bereich der Adoption entschieden, dass aus Art. 8 Abs. 1 EMRK zwar kein Anspruch auf Adoption folge, in Verbindung mit Art. 14 EMRK bei Ungleichbehandlungen von gleich- und verschiedengeschlechtlichen Paaren innerhalb des nationalen Adoptionsrechts aber gewichtige Gründe vorliegen müssten, um diese rechtfertigen zu können.[1287]

3. Schutz über Art. 14 EMRK

Art. 14 EMRK enthält keinen allgemeinen Gleichheitssatz,[1288] sondern verbietet Diskriminierungen nur im Rahmen *„der in dieser Konvention anerkannten Rechte und Freiheiten"*, setzt also voraus, dass der einer Diskriminierung zugrundeliegende Sachverhalt in den Regelungsbereich eines Konventionsrechts fällt, und kommt mithin stets nur in Verbindung mit einer anderen Norm der EMRK zum Tragen.[1289] Erforderlich ist allerdings nicht, dass diese andere Konventionsnorm auch verletzt ist. Der EGMR hält es insoweit für ausreichend, wenn die andere Konventionsgarantie einschlägig ist, der Sachverhalt also innerhalb des Regelungsbereichs dieser Garantie liegt, was dazu führen kann, dass die Konventionsgarantie allein nicht verletzt ist, in Verbindung mit dem Diskriminierungsverbot des Art. 14 EMRK allerdings schon.[1290] Das zeigt sich, wie soeben dargelegt, auch im Bereich von Art. 8 Abs. 1 EMRK. Auch wenn bei der fehlenden Zurverfügungstellung einzelner Rechte das durch Art. 8 Abs. 1 EMRK geschützte Privat- oder Familienleben nicht tangiert ist, da sich diese Rechte aus der Norm nicht ableiten lassen, so kann in Verbindung mit Art. 14 EMRK durchaus eine Rechtsverletzung vorliegen, wenn anderen Personen diese Rechte gewährt werden und in der Ungleichbehandlung mit diesen Personen eine nach Art. 14 EMRK unzulässige Diskriminierung liegt.

Eine unzulässige Diskriminierung nach Art. 14 EMRK setzt voraus, dass es sich um vergleichbare Sachverhalte handelt, die wegen eines der in Art. 14 EMRK genannten Merkmale unterschiedlich behandelt werden und diese Ungleichbehandlung nicht

---

1286 *Grabenwarter/Pabel*, EMRK, § 22, Rn. 19.

1287 EGMR vom 22.1.2008 – 43546/02, Rn. 41, 91, NJW 2009, S. 3637, 3638, 3641.

1288 Einen solchen enthält nur Art. 1 des am 01.04.2005 in Kraft getretenen Zwölften Zusatzprotokolls zur EMRK, dieses wurde bislang allerdings nicht von Deutschland ratifiziert. Der aktuelle Ratifizierungsstand findet sich unter: http://www.coe.int/en/web/conventions/full-list/-/conventions/treaty/177/signatures?p_auth=Ihz5C5iv.

1289 *Grabenwarter/Pabel*, EMRK, § 26, Rn. 4.

1290 EGMR vom 28.5.1985 – 9214/80, Rn. 71, NJW 1986, S. 3007, 3009; *Grabenwarter/Pabel*, ebd., Rn. 5.

gerechtfertigt, das heißt unverhältnismäßig ist.[1291] Dabei sind die in Art. 14 EMRK genannten Merkmale nicht abschließend, weitere personenbezogene Merkmale können über den ausdrücklich aufgeführten „*sonstigen Status*" in den Schutzbereich aufgenommen werden. Dies hat der EGMR im Hinblick auf die sexuelle Orientierung getan.[1292] Darüber hinaus verlangt er für eine Rechtfertigung bei Ungleichbehandlungen wegen der sexuellen Orientierung ebenso überzeugende und gewichtige Gründe wie bei Ungleichbehandlungen wegen des Geschlechts,[1293] legt also besonders hohe Rechtfertigungsanforderungen an.[1294] Dies entspricht, wie bereits dargelegt, der Entwicklung innerhalb von Art. 3 Abs. 1 GG, bei dem das BVerfG – gerade unter Verweis auf die Rechtsprechung der europäischen Gerichte – ebenfalls hohe Rechtfertigungsanforderungen an festgestellte Ungleichbehandlungen wegen der sexuellen Orientierung anlegt.[1295]

Somit haben Homosexuelle und gleichgeschlechtliche Paare aus Art. 8 Abs. 1 i.V.m. Art. 14 EMRK einen ebenso hohen Schutz gegen Ungleichbehandlungen wegen ihrer sexuellen Orientierung wie ihnen inzwischen durch das Grundgesetz gewährt wird. Allerdings folgt auch aus Art. 8 Abs. 1 i.V.m. Art. 14 EMRK kein Recht auf Eheschließung[1296] oder Zurverfügungstellung anderer rechtsverbindlicher Partnerschaftsformen.[1297] Dies entspricht dem für das Grundgesetz gefundenen Ergebnis, nach dem auch keine der nationalen Grundrechtsgewährleistungen einen solchen Anspruch gleichgeschlechtlicher Paare begründet.

II. EU-Grundrechtecharta

1. Schutz über Art. 9 GRCh

Art. 9 GRCh schützt das Recht, eine Ehe einzugehen und eine Familie zu gründen. Nach den Erläuterungen zu dieser Norm stützt sich Art. 9 GRCh auf Art. 12 EMRK, daher darf er nicht hinter dem durch die EMRK Vorschrift gewährten Schutz zurück bleiben, kann aber darüber hinausgehen (Art. 52 Abs. 3 GRCh).[1298] Dies ist nach den Erläuterungen zur Charta auch intendiert: Zum einen soll der fehlende Verweis auf das Geschlecht der Eheleute im Wortlaut von Art. 9 GRCh auch gleichgeschlechtliche Ehen mit einschließen, zum anderen sollen im Bereich des Familiengrundrechts auch Fälle erfasst werden, in denen nach den einzelstaatlichen Rechtsvorschriften

1291 *Grabenwarter/Pabel*, ebd., Rn. 8 ff.

1292 EGMR vom 22.1.2008 – 43546/02, Rn. 50, NJW 2009, S. 3637, 3639 m.w.N. zu seiner Rechtsprechung.

1293 EGMR vom 19.2.2013 – 19010/07, Rn. 99, NJW 2013, S. 2173, 2175.

1294 Zu den verschiedenen Rechtfertigungsanforderungen des EGMR: *Grabenwarter/ Pabel*, EMRK, § 26, Rn. 16 f.

1295 Ausführlich unter: 3. Kapitel, C. I. 3. a) Rechtfertigungsanforderungen des BVerfG.

1296 EGMR vom 19.2.2013 – 19010/07, Rn. 106, NJW 2013, S. 2173, 2176.

1297 Zu letzterem: EGMR vom 24.6.2010 – 30141/04, Rn. 106, NJW 2011, S. 1421, 1425.

1298 *Jarass*, Charta der Grundrechte, Art. 9, Rn. 1.

andere Formen als die Heirat zur Gründung einer Familie anerkannt werden.[1299] Aber auch Art. 9 GRCh enthält keine Verpflichtung, gleichgeschlechtliche Ehen zuzulassen[1300] oder umfasst im Rahmen des Rechts auf Familiengründung ein Recht auf Adoption.[1301]

Die durch Art. 9 GRCh gewährten Rechte gehen nach dem Wortlaut der Norm ohnehin nicht weiter als sie *„nach den einzelstaatlichen Gesetzen gewährleistet"* werden, so dass Homosexuelle und gleichgeschlechtliche Paare durch Art. 9 GRCh keinen weitergehenden Schutz als nach dem nationalen Recht genießen.

Die in dieser Norm ausdrücklich enthaltene Beschränkung ist insbesondere der Tatsache geschuldet, dass die Grundrechtecharta nach Art. 51 Abs. 1 GRCh im Allgemeinen für die Mitgliedstaaten nur bei der Durchführung von Unionsrecht gilt und die in der Grundrechtecharta festgelegten Rechte und Grundsätze die Zuständigkeiten der Union nicht erweitern (Art. 51 Abs. 2 GRCh). Das hat zur Folge, dass all jene Grundsätze, zu denen sich die EU in der Grundrechtscharta bekennt, für die sie nach den Unionsverträgen aber keine Kompetenz hat – was vor allem bei den in Titel IV niedergelegten sozialen Rechten, aber auch im Bereich des Familienrechts der Fall ist[1302] – und welche die Mitgliedstaaten daher nicht binden, weil sie insoweit kein Unionsrecht durchführen, sogenannte *„leer laufende Grundrechtsnormen"*[1303] sind. Diese Grundrechtsnormen bilden lediglich Programmsätze ohne konkreten Anwendungsbereich, was sich allerdings, solange in dieser Norm keine ausdrückliche Beschränkung wie in Art. 9 GRCh enthalten ist, implizit ändern könnte, wenn der EU in Zukunft weitere Kompetenzen übertragen werden.

2. *Schutz über Art. 7 GRCh*

Die in Art. 7 GRCh garantierten Rechte, unter anderem die Achtung des Privat- und Familienlebens, sind fast wörtlich der Vorschrift des Art. 8 Abs. 1 EMRK entnommen und sollen dieser auch inhaltlich entsprechen, so dass insbesondere der Rechtsprechung des EGMR in diesem Bereich einige Bedeutung zukommt.[1304] Daher kann bezüglich des Schutzes Homosexueller und gleichgeschlechtlicher Paare auf das zu Art. 8 Abs. 1 EMRK Gesagte verwiesen werden, der nach Art. 52 Abs. 3 GRCh den Mindestschutzstandard vorgibt. Während Homosexuelle als Einzelpersonen nur ein Recht auf Schutz ihres Privatlebens haben, fallen gleichgeschlechtliche

---

1299 *Mayer*, in: Grabitz/Hilf/Nettesheim, Recht der Europäischen Union, nach Art. 6 EUV, Rn. 150 f.

1300 Ebd.

1301 Zu letzterem: *Jarass*, Charta der Grundrechte, Art. 9, Rn. 7, 12 mit dem Verweis auf Art. 12 EMRK in Fn. 45.

1302 Für diese Bereiche wurden der EU insbesondere in den Artt. 3 bis 6 AEUV keine Zuständigkeiten übertragen, weshalb diese nach Art. 4 Abs. 1 EUV bei den Mitgliedstaaten verbleiben.

1303 *Lindner*, EuR 2007, S. 160, 175.

1304 *Jarass*, Charta der Grundrechte, Art. 7, Rn. 2, 19.

Paare aufgrund der neueren Rechtsprechung des EGMR auch unter den Begriff des Familienlebens, der ihnen allerdings weder ein Recht auf Familiengründung noch auf Adoption gibt.[1305] Ein Recht auf Familiengründung gibt zwar, wie eben dargestellt, Art. 9 GRCh und das – im Gegensatz zu Art. 12 EMRK – unabhängig vom Bestehen einer Ehe, dieser gilt aber nur im Rahmen der einzelstaatlichen Gesetze.

Auch für Art. 7 GRCh gilt, dass dieser die Mitgliedstaaten nur bei Durchführung des Rechts der Union binden kann, Art. 51 Abs. 1 GRCh. Da die Achtung des Privat- und Familienlebens jedoch wesentlich weiter ausgestaltet ist, als das Recht eine Ehe einzugehen und eine Familie zu gründen, kann dieses durchaus in diversen Rechtsbereichen, in denen die EU Zuständigkeiten besitzt, zu beachten sein.

3. Schutz über Art. 33 GRCh

Art. 33 GRCh enthält neben Artt. 7 und 9 GRCh eine dritte Gewährleistung hinsichtlich des Schutzes der Familie. Die Norm befindet sich allerdings in Teil IV der Grundrechtecharta, der größtenteils Grundsätze im Sinne von Art. 52 Abs. 5 GRCh enthält, die einer Umsetzung durch die Organe der EU bzw. die Mitgliedstaaten bedürfen und lediglich einer eingeschränkten gerichtlichen Geltendmachung unterliegen. Dies wird auch im Rahmen von Art. 33 GRCh für die Gewährleistungen des Absatz 1 angenommen, während in dem wesentlich präziser formulierten Absatz 2 durchaus ein unmittelbares Recht erblickt wird.[1306] Darüber hinaus wird Art. 33 Abs. 1 GRCh aber auch als gegenüber Artt. 7 und 9 GRCh subsidiär angesehen,[1307] weshalb dem Schutz nach dieser Vorschrift in der Praxis keine große Bedeutung zukommt und sie für die Bewertung im Rahmen dieser Arbeit entbehrlich erscheint.

Art. 33 Abs. 2 GRCh hingegen enthält mit dem Anspruch auf Mutterschaftsurlaub bzw. Elternurlaub zwar ein unmittelbares Recht, ist für den Schutz gerade Homosexueller und gleichgeschlechtlicher Paare allerdings – vor allem auch im Hinblick auf die Einwirkung dieses Schutzes auf nationale Grundrechte – nicht besonders charakteristisch. Denn zwar hat jeder Mensch nach dieser Norm einen Anspruch auf Mutter- oder Elternschutz bei Geburt oder Adoption eines Kindes, hier steht allerdings nicht die sexuelle Orientierung der Eltern im Vordergrund, sondern das Bekommen oder Adoptieren eines Kindes. Dass dieses Recht ebenso für Homosexuelle gelten muss, ist genauso einleuchtend wie die Tatsache, dass Homosexuellen bei Vorliegen einer rechtlichen Elternstellung auch das Elternrecht nach Art. 6 Abs. 2 GG zusteht.[1308]

1305 Siehe oben: D. I. 2. Schutz über Art. 8 Abs. 1 EMRK; *Jarass*, ebd., Art. 7, Rn. 19.
1306 *Jarass*, Charta der Grundrechte, Art. 33, Rn. 3.
1307 Ebd., Rn. 5.
1308 Hierzu ausführlich unter: 3. Kapitel, A. II. 1. a) Definition der Familie.

4. *Schutz über Art. 21 Abs. 1 GRCh*

Art. 21 Abs. 1 GRCh enthält ein Diskriminierungsverbot für bestimmte personenbezogene Merkmale. Zwar ist die Norm Art. 14 EMRK entlehnt, geht aber über diese Vorschrift hinaus. Zunächst enthält Art. 21 Abs. 1 GRCh nach seinem Wortlaut ein allgemeines Diskriminierungsverbot und kommt nicht nur im Anwendungsbereich der anderen in der Grundrechtecharta gewährten Rechte zum Tragen. Des Weiteren enthält die Norm über die in Art. 14 EMRK aufgeführten Merkmale hinaus weitere Merkmale, an die eine Diskriminierung nicht ansetzen darf, wie die Weltanschauung, die Behinderung, das Alter und die sexuelle Ausrichtung. Diese Merkmale werden im Rahmen von Art. 14 EMRK allerdings über den „*sonstigen Status*" erfasst. Eine solche ausdrückliche Auffangregelung wiederum fehlt zwar bei Art. 21 Abs. 1 GRCh, das Wörtchen „*insbesondere*" zeigt jedoch, dass die in Art. 21 Abs. 1 GRCh aufgezählten Merkmale ebenfalls nicht abschließend sein sollen.[1309]

Homosexuelle und gleichgeschlechtliche Paare genießen über Art. 21 Abs. 1 GRCh folglich einen allgemeinen Schutz vor ungerechtfertigten Diskriminierungen wegen ihrer sexuellen Ausrichtung, der bei allen Handlungen der Organe der EU und bei Durchführung des Rechts der Union durch die Mitgliedstaaten zu beachten ist (Art. 51 Abs. 1 GRCh).

Dass den Gewährleistungen der Grundrechtecharta neben ihrem unmittelbaren Anwendungsbereich auch eine Ausstrahlungswirkung ins nationale Recht zukommt, zeigt sich, wie bereits erwähnt, gerade im Bereich von Art. 21 GRCh besonders deutlich. So hat das BVerfG bei Auslegung des nationalen Gleichheitssatzes ausdrücklich auf die durch Art. 21 Abs. 1 GRCh gewährten Rechte Bezug genommen und bei Einschlägigkeit derselben besonders hohe Rechtfertigungsanforderungen angelegt.[1310]

Diese hohen Rechtfertigungsanforderungen im Bereich der sexuellen Orientierung entsprechen auch der dargestellten Rechtsprechung des EGMR zu Art. 14 EMRK und sind daher im Rahmen von Art. 21 Abs. 1 GRCh ebenfalls zu beachten.

Das *Maruko*-Urteil des EuGH[1311] mit dem dieser Ungleichbehandlungen von Eheleuten und eingetragenen Lebenspartnern im Bereich der Hinterbliebenenvorsorge bei einer zwischen diesen bestehenden, vergleichbaren Sachlage für unzulässig gehalten hat, kann für diese Beurteilung allerdings nur indirekt herangezogen werden. Denn zwar ging es auch in dieser Entscheidung um das Diskriminierungsmerkmal der sexuellen Ausrichtung, Anknüpfungspunkt war jedoch die Richtlinie 2000/78, nicht die Grundrechtecharta, die bei Erlass des Urteils noch nicht rechtsverbindlich

---

1309 So auch: *Jarass*, Charta der Grundrechte, Art. 21, Rn. 9.

1310 BVerfG vom 7.7.2009 – 1 BvR 1164/07, Rn. 88, BVerfGE 124, 199, 220; ausführlich hierzu: 3. Kapitel, C. I. 3. a) Rechtfertigungsanforderungen des BVerfG.

1311 EuGH vom 1.4.2008 – C-267/06, Slg 2008, I-1757, Rn. 72 f., NZA 2008, S. 459, 463.

und bei Inkrafttreten der Richtlinie nicht einmal existent war.[1312] Da die Richtlinie, mit der ein allgemeiner Rahmen für die Verwirklichung der Gleichbehandlung in Beschäftigung und Beruf geschaffen werden sollte, insbesondere unter Verweis auf Art. 13 EGV (heute Art. 19 AEUV) erlassen wurde, der ebenfalls das Diskriminierungsmerkmal der sexuellen Ausrichtung enthält, lassen sich aus der Entscheidung des EuGH aber zumindest Rückschlüsse über die Wertung dieses Diskriminierungsmerkmals durch den EuGH ziehen. Hinter der Auslegung des EGMR kann der EuGH in diesem Bereich wegen Art. 52 Abs. 3 GRCh ohnehin nicht zurückbleiben.

Das Diskriminierungsmerkmal der sexuellen Ausrichtung wird folglich nicht nur im Rahmen der Grundrechtecharta ausdrücklich geschützt, sondern nach Art. 19 AEUV ist auch der Rat ermächtigt, innerhalb der Zuständigkeiten der EU Maßnahmen zur Bekämpfung von Diskriminierungen wegen der sexuellen Ausrichtung zu treffen, weshalb diesem Merkmal auf Ebene der EU durchaus einige Bedeutung zukommt. Daher verwundert es nicht, dass dieses auch ins nationale Recht ausstrahlt.

III. Ergebnis

Dieser kurze Überblick hat gezeigt, dass auf europäischer Ebene neben der Grundrechtecharta vor allem den Grundrechtsgewährleistungen der EMRK einige Bedeutung zukommt. Zwar hat diese in Deutschland nur den Rang einfachen Bundesrechts, während die Grundrechtecharta die deutschen Staatsorgane bei Durchführung von Unionsrecht unmittelbar bindet, die EMRK ist aber auch bei Durchführung nationalen Rechts zu beachten und gibt darüber hinaus im Bereich der Grundrechtecharta in der Regel den Mindestschutzstandard vor. So konnte bei den meisten der innerhalb der Grundrechtecharta geprüften Gewährleistungen auf die entsprechende Norm der EMRK und die Auslegung dieser durch den EGMR verwiesen werden. Lediglich dem Gleichheitssatz des Art. 21 Abs. 1 GRCh, der entgegen dem der EMRK allgemeine Gültigkeit hat, und dem dort ausdrücklich aufgeführten Merkmal der sexuellen Ausrichtung kommt wohl eine über die EMRK hinausgehende Bedeutung zu, was auch die Bezugnahme des BVerfG hierauf – wie auch auf Art. 19 AEUV – zur Bestimmung der nationalen Bedeutung dieses Diskriminierungsmerkmals zeigt.

Insgesamt lässt sich inzwischen in weiten Bereichen eine Vereinheitlichung des Schutzstandes der grundrechtlichen Gewährleistungen auf europäischer und nationaler Ebene beobachten, der insbesondere durch eine Angleichung der Auslegung durch die verschiedenen Gerichte bewirkt wurde. Dies ist insofern bemerkenswert, als dass dieses nicht nur in Bereichen erfolgt ist, in denen der Anwendungsvorrang des Unionsrechts es erfordert. In diesen Bereichen haben BVerfG und EGMR

1312 Die Grundrechtecharta wurde am 07.12.2000 erstmals feierlich proklamiert und erhielt ihre Rechtsverbindlichkeit durch den Vertrag von Lissabon, der am 01.12.2009 in Kraft trat.

– zumindest wenn dem Mitgliedstaat kein Umsetzungsspielraum bleibt – ihre Prüfungskompetenz im Hinblick auf die Verletzung von Grundrechten ohnehin zurückgenommen.[1313] Eine zunehmende Tendenz, einheitliche Grundrechtsstandards zu schaffen, ist vielmehr auch in den Bereichen, in denen nationale Grundrechte und die EMRK anwendbar bleiben, festzustellen und wird vor allem durch die inzwischen vom BVerfG angenommene Verpflichtung zur völkerrechtsfreundlichen Auslegung des Grundgesetzes verstärkt.[1314] Dabei bleibt den nationalen Gerichten in der Regel dennoch ein ausreichender Beurteilungsspielraum, der insbesondere dann zum Tragen kommt, wenn es – wie im Bereich der Öffnung der Ehe für gleichgeschlechtliche Paare[1315] – noch keinen europaweiten Konsens gibt. Zur weiteren Vereinheitlichung des Grundrechtsschutzes und zur Errichtung einer verbindlichen europäischen Kontrollinstanz in diesem Bereich wäre insbesondere die Umsetzung der seit dem Vertrag von Lissabon in Art. 6 Abs. 2 EUV enthaltenen Verpflichtung der EU der EMRK beizutreten, notwendig und sinnvoll.

1313 Vom BVerfG in seiner *Solange*-Rechtsprechung entwickelt, hierzu ausführlich oben: 1. Kapitel, E. V. 4. a) EuGH. Der EGMR wiederum hat in seiner *Bosphorus*-Entscheidung eine Vermutungsregel aufgestellt, nach der staatliches Handeln in Erfüllung völkerrechtlicher Verpflichtungen solange gerechtfertigt ist, wie die jeweilige Organisation Grundrechte schützt, die einen zur EMRK gleichwertigen Schutz bieten (EGMR vom 30.6.2005 – 45036/98, Rn. 155 ff., NJW 2006, S. 197, 202). Dies war notwendig, da die EMRK nach Rechtsprechung des EGMR die Mitgliedstaaten der EU auch bei der Durchführung von Unionsrecht bindet und zwar selbst dann, wenn den Mitgliedstaaten kein Umsetzungsspielraum bleibt (zuletzt in: EGMR vom 30.6.2005 – 45036/98, Rn. 153, NJW 2006, S. 197, 202).

1314 Zu letzterem ausführlich: 1. Kapitel, E. V. 4. b) EGMR.

1315 Dies hat sowohl der EuGH in seinem *Maruko*-Urteil deutlich gemacht, indem er die Beantwortung der Frage nach Vorliegen einer vergleichbaren Situation den nationalen Gerichten überließ (EuGH vom 1.4.2008 – C-267/06, Slg 2008, I-1757, Rn. 72 f., NZA 2008, S. 459, 463), wie auch der EGMR, indem er in einem Urteil aus dem Jahr 2010 konstatierte, dass es derzeit keinen europäischen Konsens über die Zulässigkeit der gleichgeschlechtlichen Ehe gebe (EGMR vom 24.6.2010 – 30141/04, Rn. 58, NJW 2011, S. 1421, 1423).

4. Kapitel: Ergebnisse und Ausblick

In diesem Kapitel sollen zunächst die wesentlichen Ergebnisse dieser Arbeit noch einmal zusammengetragen und in einen Zusammenhang gestellt werden. Anhand dessen können dann zunächst diejenigen Schlussfolgerungen gezogen werden, die sich aus dem Vergleich der heutigen gesellschaftlichen und verfassungsrechtlichen Stellung Homosexueller, gleichgeschlechtlicher Lebensgemeinschaften und eingetragener Lebenspartnerschaften im Gegensatz zu früheren Zeiten unter dem Gesichtspunkt des Verfassungswandels ergeben, und im Anschluss daran in einem Ausblick mögliche weitere Veränderungen in der Zukunft dargestellt werden. Diese sind vorgreiflich für die im letzten Teil dieser Arbeit vorgeschlagenen Verfassungsänderungen.

A. Ergebnisse

I. Verfassungsrechtliche Grundlagen

Im 1. Kapitel wurden zunächst die Unterschiede der früheren deutschen Verfassungen zum Inhalt und zur Struktur des Grundgesetzes dargestellt. Sowohl in der Reichsverfassung des Deutschen Kaiserreichs von 1871 als auch in der Weimarer Reichsverfassung war im Gegensatz zum Grundgesetz keine unabhängige, mit umfassenden Befugnissen ausgestattete Verfassungsgerichtsbarkeit vorgesehen. Dies führte neben der Möglichkeit der Verfassungsänderung durch von der Verfassung abweichendes einfaches Gesetzesrecht dazu, dass diese Verfassungen ihre Stellung als höherrangiges Recht nicht wahren konnten und der Verfassungstext mit der Zeit den Verfassungsinhalt nicht mehr vollständig wiederspiegelte, was erstmals zur Auseinandersetzung mit dem Begriff der Verfassungswandlung führte.

Dass dieser Begriff, wie er durch *Laband* im Jahr 1895 geprägt und durch *Jellinek* und *Dau Lin* weiterentwickelt wurde, bei den gravierenden Unterschieden der früheren deutschen Verfassungen zum Grundgesetz nicht die gleichen Phänomene beschreiben konnte wie unter letzterem, obwohl er stets die im Kern gleiche Bedeutung der Verfassungsänderung ohne Textänderung innehatte, wurde bei der Untersuchung seines Vorkommens in der heutigen Zeit deutlich: Während der Begriff vor Inkrafttreten des Grundgesetzes genutzt wurde, um von der Verfassung abweichendes Gesetzesrecht zu rechtfertigen, das durch fehlende Schutzmechanismen, wie die Kontrolle der Legislativen durch eine Verfassungsgerichtsbarkeit oder in der Verfassung ausdrücklich enthaltene Voraussetzungen und Grenzen für Verfassungsänderungen bedingt war, will der Verfassungswandel ein solches Auseinanderfallen „*Verfassungszustand und Verfassungsgesetz*“[1316] heutzutage gerade verhindern.

1316 *Laband*, Wandlungen der deutschen Reichsverfassung, S. 3.

Er meint nicht mehr eine der Verfassung oder dessen Intention widersprechende Staatspraxis oder Gesetzgebung am Text der Verfassung vorbei, der durch Art. 79 Abs. 1 GG ausdrücklich der Boden entzogen wurde, sondern die Inhaltsänderung einer Verfassungsnorm aufgrund einer Interpretationsänderung oder durch das Herauslesen neuer Inhalte, sofern diese Inhalte der Verfassung nicht schon vorher innewohnten. Es kommt also heute darauf an, dass sich das Verständnis der Verfassungsnorm gegenüber einem früheren Verständnis geändert hat. Dieses geänderte Verfassungsverständnis kann auf Änderungen des Normbereichs, des Normprogramms oder des Vorverständnisses des Verfassungsinterpreten beruhen. Meist haben Veränderungen im tatsächlichen Bereich – sofern sie normativ relevant sind –Auswirkungen auf mehr als einen dieser Bereiche. Dies hat sowohl die Kategorisierung von *Bryde* wie auch die Untersuchung verschiedener Beispiele für erfolgte Verfassungswandlungen unter dem Grundgesetz gezeigt.

Ein Verfassungswandel ist sowohl bei geschriebenem als auch bei ungeschriebenem Verfassungsrecht möglich und erfolgt – sofern er sich als Interpretationsänderung darstellt – durch die verschiedenen Verfassungsinterpreten. Dem BVerfG kommt dabei als Letztinterpret der Verfassung sicher eine herausgehobene Stellung zu, aber keinesfalls eine Monopolstellung. Auch der einfache und der verfassungsändernde Gesetzgeber sowie die europäischen Gerichte haben Einfluss auf die Interpretation der Verfassung. Die gesellschaftlichen Anschauungen und die Verhältnisse innerhalb der Rechtswirklichkeit, die sich ändernden gesellschaftlichen, technischen oder sozioökonomischen Bedingungen auf deutscher und europäischer Ebene hingegen bleiben für die Interpretation der Verfassung so lange unbeachtlich, wie sie nicht normativ relevant sind und institutionell aufgenommen werden.

Der Verfassungswandel ist trotz der Möglichkeit ausdrücklicher Verfassungsänderungen gerade bei rigiden Verfassungen wie dem Grundgesetz ein notwendiges Mittel, um die Verfassung solchen normativ relevanten Veränderungen innerhalb der gesellschaftlichen Verhältnisse oder neuen Erkenntnissen über die richtige Auslegung der Verfassung in angemessenem Maße anpassen zu können und eine ausreichende Flexibilität zu schaffen. Dass es kein in allen Zeiten und für alle Situationen unveränderbares Normverständnis geben kann, hat die Untersuchung der Regeln juristischer Hermeneutik belegt. Auch für den Verfassungswandel gelten dabei allerdings gewisse Grenzen, wie der Normtext, der Kerngehalt einer Verfassungsnorm Art. 79 Abs. 3 GG und die Kontinuität der Verfassung.

II. Die Entwicklung der Rechtsstellung der untersuchten Personengruppen

Um in die, im 3. Kapitel anhand der herausgearbeiteten Definition des Verfassungswandels vorzunehmende Prüfung der verfassungsrechtlichen Stellung Homosexueller, gleichgeschlechtlicher Lebensgemeinschaften und eingetragener Lebenspartnerschaften, einzuleiten und die gesellschaftlichen Hintergründe für die Veränderung dieser Stellung im Laufe der Zeit erklären zu können, wurde im

2. Kapitel zunächst die Entwicklung der Rechtstellung dieser Personengruppen im einfachen Recht, insbesondere im Strafrecht dargestellt.

Anhand dieser Darstellung konnte festgestellt werden, dass die Homosexualität in der jüngeren Menschheitsgeschichte stets verachtet und pönalisiert wurde. Am liberalsten verhielten sich noch die antiken Griechen und Römer, die zumindest die Liebe eines Mannes zu einem Jüngling unter gewissen, strengen Voraussetzungen akzeptierten. Auch in dieser Zeit galt allerdings die homosexuelle Beziehung zwischen zwei erwachsenen Männern als verpönt und wurde bestraft. Wie auch in späteren Zeiten war Hintergrund dieser Ablehnung homosexuellen Verhaltens von Männern, dass sich diese dadurch in die untergeordnete Stellung der Frau begaben, was ihrer aktiven Stellung in Staat und Familie widersprach. Später kamen als Rechtfertigung der Ablehnung noch Gefahren für Staat und Familie sowie die Krankhaftigkeit homosexuellen Verhaltens hinzu.

Diese Ablehnung und Pönalisierung homosexuellen Verhaltens hielt sich bis in die Anfangszeiten der BRD. Bestätigt durch die Rechtsprechung des BVerfG, nach der die Bestrafung männlicher homosexueller Betätigung verfassungsgemäß sei, wurde die seit dem Jahr 1935 verschärfte Fassung des § 175 StGB ins Strafgesetzbuch übernommen und erst im Jahr 1969 auf qualifizierte, homosexuelle Handlungen beschränkt. Jeglicher Bezug zur Homosexualität wurde erst im Jahr 1994 unter dem Eindruck der europaweiten Gleichstellungsbestrebungen von homo- und heterosexuellen Paaren aus dem StGB entfernt.

Interessanterweise war in dieser ganzen Zeit der Pönalisierung der homosexuelle Verkehr zwischen Frauen kaum von Bedeutung und meist nicht strafbar, was zum einen sicherlich an ihrer untergeordneten Stellung im Staat, die sich erst mit der sexuellen Revolution und der Frauenbewegung allmählich änderte, zum anderen aber wohl auch an der erschwerten Nachweisbarkeit homosexueller Handlungen zwischen Frauen lag.

Mit der Schaffung des Instituts der eingetragenen Lebenspartnerschaft kam es für gleichgeschlechtliche Paare zu einem wichtigen Schritt in Richtung Gleichstellung. Zwar wich das neue Institut anfangs noch in diversen Punkten vom Institut der Ehe ab, durch eine Novelle des LPartG im Jahr 2005 und aufgrund diverser Entscheidungen des BVerfG zu vorhandenen Ungleichbehandlungen von Eheleuten mit eingetragenen Lebenspartnern ist inzwischen allerdings in den meisten Rechtsbereichen eine Angleichung erfolgt. Der inhaltlich bedeutendste Bereich, in dem eine Gleichbehandlung bisher noch aussteht, ist das Recht zur gemeinsamen Fremdadoption, das nur Eheleuten offensteht.

Diese weitreichenden Entwicklungen innerhalb der Rechtsstellung Homosexueller und gleichgeschlechtlicher Lebensgemeinschaften, die vor allem in den letzten zwanzig Jahren stattgefunden haben, weichen so sehr von der Pönalisierung und Pathologisierung dieser Personengruppen in den vorangegangen Jahrzehnten ab, dass sich unweigerlich die im Rahmen dieser Arbeit zu prüfende Frage stellte, ob und wie die in diesem Bereich unverändert gebliebenen Verfassungsnormen diesen gesellschaftlichen Wandel aufnehmen konnten.

III. Der verfassungsrechtliche Schutz der untersuchten Personengruppen

Im dritten Teil dieser Arbeit wurden die Auswirkungen der beschriebenen Entwicklungen im Bereich Homosexueller und gleichgeschlechtlicher Paare auf gesellschaftlicher und einfachgesetzlicher Ebene auf das Verfassungsrecht dargestellt und anhand der im ersten Teil gefundenen Definition das Vorliegen von Verfassungswandlungen geprüft. Daneben wurde auch ein Blick auf die in diesem Bereich in Zukunft noch möglichen Entwicklungen geworfen, sowie in einem Exkurs die korrespondierenden Normen auf europäischer Ebene und deren Schutzinhalte dargestellt.

1. Art. 6 Abs. 1 GG

Im Bereich des Eheschutzes nach Art. 6 Abs. 1 GG wurde festgestellt, dass dieser trotz weitreichender, gesellschaftlicher und gesetzlicher Veränderungen in den letzten Jahrzehnten auch weiterhin nur verschiedengeschlechtliche Paare umfasst. Ein Verfassungswandel ließ sich hier derzeit nur in Bezug auf das Verhältnis von Ehe und Familie beobachten.

Ein die Verschiedengeschlechtlichkeit der Eheleute betreffender Verfassungswandel ist nach der erfolgten Prüfung auch in Zukunft ausgeschlossen, da hier die Grenze des zulässigen Verfassungswandels erreicht ist. Dies ergibt sich zwar weder aus dem Normtext, noch aus Art. 79 Abs. 3 GG oder der Funktion von Art. 6 Abs. 1 GG als wertenscheidender Grundsatznorm, aber aus der aus Art. 6 Abs. 1 GG folgenden Institutsgarantie. Diese schützt die wesentlichen Strukturprinzipien der Ehe vor ihrer Abänderung. Hieran ist nicht nur der einfache Gesetzgeber, sondern auch das BVerfG selbst bei Auslegung und impliziter Fortentwicklung der Verfassung gebunden, da die Institutsgarantie Teil des Kerngehalts von Art. 6 Abs. 1 GG ist und deren Inhalte somit für das BVerfG bindend sind. Das Merkmal der Verschiedengeschlechtlichkeit der Ehepartner kann folglich nur durch eine ausdrückliche Änderung der Verfassung aufgehoben werden.

Für gleichgeschlechtliche Paare bedeutet dies, dass ohne Änderung der Verfassung weder eine einfachgesetzliche noch eine verfassungsrechtliche Öffnung der Ehe möglich ist, sie also bis auf Weiteres ein *aliud* zur Ehe bleiben wird und als Zweiergemeinschaft keinerlei verfassungsrechtlichen Schutz über Art. 6 Abs. 1 GG genießt.

Als sozial familiäre Gemeinschaft hingegen genießen inzwischen sowohl eingetragene Lebenspartner als auch gleichgeschlechtliche Lebensgemeinschaften mit ihren gemeinsamen Kindern, Pflegekindern oder den (Adoptiv-)Kindern eines Partners, mit dem beide Partner zusammenleben, den Familienschutz des Art. 6 Abs. 1 GG. Damit soll das tatsächliche Zusammenleben als Familie und die Übernahme von Erziehungsfunktionen verfassungsrechtlich anerkannt werden. Ein Anspruch auf Adoption ergibt sich aus diesem Schutz der faktischen Familie allerdings nicht. Gerade, weil auch die faktische Familie unabhängig der innerhalb dieser herrschenden, rechtlichen Beziehungen verfassungsrechtlich abgesichert ist, ist es von Verfassungswegen nicht geboten, es jeder dieser Familienformen darüber hinaus zu ermöglichen, die verfassungsrechtliche Zuordnung zu einer Familie auch zivilrechtlich unter Ausschluss der bisherigen Eltern zu manifestieren. Das zeigt auch ein Vergleich zum Elternrecht aus Art. 6 Abs. 2 GG: Dieses ergibt sich ebenfalls nicht bereits aus dem faktischen Zusammenleben als Familie, sondern besteht nur bei rechtlicher oder biologischer Elternschaft, ist zum Schutz der familiären Gemeinschaft als solcher aber auch nicht erforderlich.

Im Gegensatz zu dem für die heutige Zeit festgestellten Ergebnis war nicht nur die gleichgeschlechtliche „Familie" zunächst nicht vom Schutzbereich des Art. 6 Abs. 1 GG erfasst, sondern auch der Vater mit seinem nichtehelichen Kind sowie die nichteheliche „Familie" nicht geschützt. Verfassungsrechtlich anerkannte Familie war damals nur die auf der Ehe gegründete Gemeinschaft von Eltern mit ihren Kindern, Stief-, Adoptiv- und Pflegekindern sowie die nichteheliche Mutter mit ihrem Kind. Erst aufgrund diverser familienrechtlicher Reformen vornehmlich Ende der sechziger und in den neunziger Jahren des letzten Jahrhunderts, mit denen nichtehelichen Familienformen zunehmend mehr Rechte gegeben wurden, und aufgrund gewandelter, gesellschaftlicher Anschauungen zur Ehe als notwendiger Grundlage jeder Familie hat auch das BVerfG nach und nach weitere Familienformen in den Schutzbereich des Art. 6 Abs. 1 GG aufgenommen und damit Verfassungswandlungen bewirkt.

2. Art. 2 Abs. 1 GG

Ein Verfassungswandel ließ sich auch im Rahmen von Art. 2 Abs. 1 GG feststellen: So ist das Sittengesetz als Schranke von Art. 2 Abs. 1 GG inzwischen obsolet geworden. Dieses wurde vom BVerfG früher als eigenständige rechtliche Schranke anerkannt, auch wenn es nur ein einziges Mal, nämlich im Rahmen der Prüfung der Verfassungsmäßigkeit des § 175 StGB a.F. zur Anwendung kam. Zwar war die verfassungsmäßige Rechtfertigung dieser Norm allein aufgrund des Sittengesetzes aus heutiger Sicht rechtlich bedenklich, sie erfolgte indes in dogmatisch nicht zu beanstandender Weise und war daher für die Frage nach dem Vorliegen eines Verfassungswandels zu beachten.

Neben der heutigen Unanwendbarkeit des Sittengesetzes als eigenständige Schranke von Art. 2 Abs. 1 GG wurde auch im Rahmen der Ausbildung des allgemeinen Persönlichkeitsrechts inklusive seiner nicht aus dem Normtext folgenden, über Art. 2 Abs. 1 GG hinausgehenden Schrankenregelung, die im Bereich der Intimsphäre in Anlehnung an die Menschenwürde des Art. 1 Abs. 1 GG jegliche Beschränkung unzulässig macht, das Vorliegen eines Verfassungswandels bejaht.

Bestimmte Leistungs- und Förderansprüche können Homosexuelle und gleichgeschlechtliche Lebenspartnerschaften aus Art. 2 Abs. 1 i.V.m. Art. 1 Abs. 1 GG allerdings auch heute nicht ableiten. Dies wäre nur möglich, wenn der Menschenwürdekern im Falle der Nichtgewährung einer bestimmten Leistung verletzt wäre, wovon in der Regel – insbesondere auch im Rahmen der Frage nach der

Verpflichtung des Staates zur Zurverfügungstellung eines eigenen familienrechtlichen Instituts – nicht ausgegangen werden kann. Ein Anspruch gleichgeschlechtlicher Paare auf Einführung eines Partnerschaftsgesetzes konnte sich daher aus Art. 2 Abs. 1 i.V.m. Art. 1 Abs. 1 GG nicht ergeben.

3. Art. 3 GG

Da sich aus der Prüfung von Art. 6 Abs. 1 GG nur Schutz- und Förderansprüche der Familie und aus Art. 2 Abs. 1 GG über Abwehransprüche hinaus nur bestimmte Schutzpflichten des Staates gegenüber Eingriffen Dritter, aber keine damit korrelierenden Schutzansprüche Homosexueller und gleichgeschlechtlicher Paare ergeben haben, kam es für die Frage nach möglichen, aus der Verfassung folgenden Gleichstellungsansprüchen von homosexuellen mit heterosexuellen Personen und Paaren entscheidend auf Art. 3 GG und die aus ihm heutzutage folgenden Ansprüche für die untersuchten Personengruppen an.

Untersucht wurden, nachdem das Vorliegen eines absoluten Diskriminierungsschutzes nach Art. 3 Abs. 3 GG verneint wurde – da Diskriminierungsmerkmal bei den relevanten Personengruppen nicht das dort ausdrücklich aufgeführte Geschlecht, sondern die nur nach Art. 3 Abs. 1 GG geschützte sexuelle Orientierung ist – mögliche Rechtfertigungsgründe für Ungleichbehandlungen Homosexueller, gleichgeschlechtlicher Lebensgemeinschaften und eingetragener Lebenspartnerschaften mit ihren jeweiligen Vergleichspaaren. Dabei wurde entsprechend der Rechtsprechung des BVerfG ein besonders strenger Maßstab an die Verhältnismäßigkeit vorliegender Ungleichbehandlungen angelegt, da Anknüpfungspunkt dieser Ungleichbehandlungen mit der sexuellen Orientierung ein personenbezogenes Merkmal ist, auf das die Betroffenen keinen Einfluss haben, und die sexuelle Orientierung auch auf europäischer Ebene – an die das BVerfG seine Rechtsprechung zunehmend anzunähern sucht – besonders geschützt ist.

Bei der Prüfung wurde festgestellt, dass mit einer Ausnahme keine der derzeit noch bestehenden Ungleichbehandlungen zwischen homo- und heterosexuellen Personen und Paaren verfassungsrechtlich gerechtfertigt ist. Die Ungleichbehandlung Homosexueller als Einzelpersonen, die im Wesentlichen noch im Bereich der Blutspende erfolgt, wurde mangels Verhältnismäßigkeit des dauerhaften Ausschlusses des männlichen Teils dieser Personengruppe unabhängig vom Vorliegen eines sexuellen Risikoverhaltens von der Blutspende abgelehnt.

Eine Ungleichbehandlung von eingetragenen Lebenspartnern mit Eheleuten war weder pauschal aufgrund von Art. 6 Abs. 1 GG und dem dortigen Fördergebot gerechtfertigt, da dieses gerade kein Abstandsgebot in Bezug auf die eingetragene Lebenspartnerschaft enthält, noch aus der Intention zur Privilegierung der Ehe als potenzieller Familie. Da die Ehe heutzutage nicht mehr generell als Vorstufe zur Familie angesehen werden kann, hat eine Familienförderung am tatsächlichen Vorliegen einer Familie (unabhängig vom gleichzeitigen Bestehen einer Ehe), und nicht mehr an einer künftig möglichen und vom Gesetzgeber gewünschten Familie anzusetzen. Das Kindeswohl hingegen konnte zwar grundsätzlich ein zulässiger Rechtfertigungsgrund für Ungleichbehandlungen von Eheleuten und eingetragenen Lebenspartnern sein, ist aber beim Aufwachsen von Kindern bei gleichgeschlechtlichen Eltern tatsächlich nicht verletzt. Damit verstößt die Nichtzulassung der gemeinschaftlichen Adoption durch eingetragene Lebenspartner gegen Art. 3 Abs. 1 GG und ist vom Gesetzgeber zu beseitigen.

Weitere mögliche Rechtfertigungsgründe für eine Ungleichbehandlung von Eheleuten und eingetragenen Lebenspartnern konnten nicht gefunden werden.

Eine Ausnahme von diesem, aus Art. 3 Abs. 1 GG im Ergebnis folgenden, umfassenden Gleichstellungsgebot von Homosexuellen, gleichgeschlechtlichen Lebensgemeinschaften und eingetragenen Lebenspartnerschaften mit ihren jeweiligen Vergleichspaaren ergab sich lediglich im Bereich der Eheschließung: So ist der Ausschluss gleichgeschlechtlicher Paare im Gegensatz zu verschiedengeschlechtlichen Paaren von der Möglichkeit der Eheschließung aufgrund von Art. 6 Abs. 1 GG gerechtfertigt. Dieser schützt als Institutsgarantie die wesentlichen Strukturmerkmale der Ehe vor einer Änderung durch den einfachen Gesetzgeber, so dass für einen Einbezug gleichgeschlechtlicher Paare in die Eheschließungsfreiheit zunächst die Verfassung geändert werden müsste, damit die Verschiedengeschlechtlichkeit nicht mehr Teil dieser wesentlichen Strukturmerkmale wäre. Dies stellt eine Besonderheit der deutschen Verfassung dar, die die Möglichkeit einer Öffnung der Ehe im Gegensatz zu anderen europäischen Ländern erschwert. Eine solche Verfassungsänderung steht dem verfassungsändernden Gesetzgeber frei und kann nicht aufgrund von Art. 3 Abs. 1 GG gefordert werden. Eine Verfassungsnorm kann nicht die Änderung einer anderen erzwingen, um ihren Grundrechtsträgern ausreichenden Schutz zu gewähren.

Daneben wurde auch ein Anspruch gleichgeschlechtlicher Paare auf Zurverfügungstellung eines der Ehe entsprechenden Instituts verneint. Für verschiedengeschlechtliche Paare ergibt sich ein Anspruch auf einfachgesetzliche Ausgestaltung eines solchen Instituts allein aufgrund dessen verfassungsrechtlicher Absicherung in Art. 6 Abs. 1 GG. Eine entsprechende Norm für gleichgeschlechtliche Paare fehlt und kann auch nicht über den Umweg des Art. 3 Abs. 1 GG begründet werden, da dieser nur eine Gleichbehandlung bei bestehenden Leistungen, nicht aber auch deren Schaffung verlangt. Der Gesetzgeber unterlag daher erst, nachdem er sich zur Zurverfügungstellung eines solchen Instituts auf einfachgesetzlicher Ebene entschieden hatte, aufgrund des Gebots der Systemgerechtigkeit den Bindungen des Art. 3 Abs. 1 GG.

Das inzwischen bis auf den Zugang zur Ehe aus Art. 3 Abs. 1 GG folgende, umfassende Gleichstellungsgebot der untersuchten Personengruppen bei Betroffen sein des Diskriminierungsmerkmals der sexuellen Orientierung, ist – wie die Prüfung ergeben hat – das Ergebnis verschiedener Verfassungswandlungen im Bereich von Art. 3 Abs. 1 GG.

Zum einen sind die Rechtfertigungsanforderungen bei Ungleichbehandlungen nach Art. 3 Abs. 1 GG heutzutage wesentlich enger als in den Anfangszeiten des Grundgesetzes: Während das BVerfG Ungleichbehandlungen früher nur nach der Willkürformel überprüft hat, hat es inzwischen ein ausdifferenziertes

System geschaffen, nach dem es, ähnlich der innerhalb von Art. 2 Abs. 1 i.V.m. Art. 1 Abs. 1 GG entwickelten Sphärentheorie, unterschiedlich hohe Rechtfertigungsanforderungen anlegt, je nachdem wie bedeutend das vorliegende Differenzierungskriterium für die Persönlichkeitsentfaltung ist. Im Rahmen dieser Entwicklung hat das BVerfG dann auch Art. 6 Abs. 1 GG, der früher anerkannter Rechtfertigungsgrund für festgestellte Ungleichbehandlungen von Eheleuten gegenüber anderen Personengruppen war – zumindest bei einer Vergleichbarkeit dieser Personengruppen mit Eheleuten – nicht mehr pauschal anerkennen wollen, sondern darüber hinausgehende, sachliche Gründe für eine Ungleichbehandlung verlangt.

Zum anderen hat das BVerfG mit der sexuellen Orientierung ein auf europäischer Ebene geschütztes Diskriminierungsmerkmal, das dem Grundgesetz bis *dato* fremd war, in Art. 3 Abs. 1 GG aufgenommen und – den europäischen Gerichten folgend – bei Ungleichbehandlungen aufgrund dieses Merkmals besonders hohe Rechtfertigungsanforderungen angelegt, so dass der hierdurch gewährleistete Schutz inzwischen weitgehend demjenigen bei Betroffen sein eines der absoluten Diskriminierungsmerkmale in Art. 3 Abs. 3 GG entspricht.

B. Schlussfolgerungen

Die Untersuchung der verfassungsrechtlichen Stellung Homosexueller, gleichgeschlechtlicher Lebensgemeinschaften und eingetragener Lebenspartnerschaften hat gezeigt, dass das Grundgesetz dank der Möglichkeit und Zulässigkeit von impliziten Verfassungswandlungen, die vor allem das BVerfG im Rahmen seiner Aufgabe zur Interpretation der Verfassung zu Tage bringt, ausreichend wandlungsfähig ist, um auch große gesellschaftliche Veränderungen aufzunehmen.

Da das BVerfG indes nur die Aufgabe hat, die Verfassung zu interpretieren (und in gewissem Maße systemgerecht fortzuentwickeln), nicht aber selbstständig neues Verfassungsrecht schaffen können soll, sind der Wandlungsfähigkeit der Verfassung Grenzen gesetzt. Bei der Prüfung der verschiedenen, erfolgten Verfassungswandlungen ist deutlich geworden, dass insbesondere der Normtext als Grenze des Verfassungswandels in der Regel zu vernachlässigen ist, da dieser nur betroffen ist, wenn eine Fortbildung der Verfassung durch das BVerfG dem Verfassungstext ausdrücklich widerspricht, was angesichts der Weite der meisten Verfassungsnormen selten vorkommt. Von größerer Bedeutung ist das Gebot der Kontinuität der Verfassung, da es das BVerfG dazu zwingt, Interpretationsänderungen in ausreichendem Maße zu begründen und so eine gewisse Transparenz schafft, sowie Art. 79 Abs. 3 GG. Auch wenn innerhalb von Art. 79 Abs. 3 GG kaum je Art. 1 Abs. 1 GG betroffen sein wird, da hierfür Anpassungen erheblicher Tragweite erforderlich wären, gewinnen vor allem die durch Art. 20 GG gesetzten kompetenzrechtlichen Grenzen des Demokratie- und Gewaltenteilungsprinzips für Verfassungswandlungen an Bedeutung. Diese sorgen dafür, dass besonders gewichtige Veränderungen im Grundrechtsgefüge dem verfassungsändernden Gesetzgeber und damit einer ausdrücklichen Verfassungsänderung vorbehalten bleiben. Letztlich ist auch die Grenze der Wahrung des Kerngehalts einer Verfassungsnorm nur selten betroffen, da auch hier wegen der Weite der meisten Verfassungsnormen besonders tiefgreifende Veränderungen erforderlich sind. Dass dennoch keine der genannten Grenzen im Rahmen von Verfassungswandlungen unnötig ist, hat die Prüfung von Art. 6 Abs. 1 GG gezeigt, bei dem es gerade um die Sicherung seines Kerngehalts ging.

Im Bereich der hier untersuchten Stellung Homosexueller, gleichgeschlechtlicher Lebensgemeinschaften und eingetragener Lebenspartnerschaften war vor allem Art. 3 GG für den gegenüber früher wesentlich verstärkten Schutz dieser Personengruppen verantwortlich.

Art. 6 Abs. 1 GG hingegen hat sich aufgrund seiner Struktur und der aus ihm folgenden Institutsgarantie als eher statischer Natur erwiesen. Zwar war er in der Lage, über die Zeit weitere Familienformen in seinen Schutzbereich aufzunehmen, da die Definition der Familie im Vergleich zur Ehe offener gehalten ist, für den Schutzbereich der Ehe war dies jedoch ohne ausdrückliche Verfassungsänderung ausgeschlossen. Damit ist der Eheschutz des Grundgesetzes in seinen wesentlichen Strukturprinzipien, die den Kerngehalt der Norm ausmachen, im Gegensatz zu den meisten anderen Grundgesetznormen einem Verfassungswandel von vornherein entzogen, was vor allem im Hinblick auf die festgestellte Notwendigkeit einer gewissen Wandlungsfähigkeit der Verfassung zu einer Sonderstellung von Art. 6 Abs. 1 GG führt.

Zwar hat auch Art. 2 Abs. 1 GG einen Anteil an der gestärkten verfassungsrechtlichen Stellung der untersuchten Personengruppen – insbesondere aufgrund des Wegfalls der Sittenwidrigkeitsschranke – aus diesem konnten sich allerdings keine Leistungsansprüche homosexueller Personen und Paare ergeben.

Solche positiven Ansprüche auf Gleichstellung mit einer vergleichbaren Personengruppe konnten nur aus Art. 3 Abs. 1 GG folgen. Für Homosexuelle und gleichgeschlechtliche Paare geschah dies unabhängig von der Einführung des Instituts der eingetragenen Lebenspartnerschaft. Die zunehmende Gleichbehandlung war insbesondere durch die Änderung der gesellschaftlichen Auffassung, die zu einem geänderten Verständnis über die richtige Verfassungsauslegung geführt hat, und die Entwicklung strenger Rechtfertigungsanforderungen bei Betroffen sein des Diskriminierungsmerkmals der sexuellen Orientierung durch das BVerfG bedingt.

Diese Weiterentwicklung der Rechtfertigungsanforderungen im Rahmen von Art. 3 Abs. 1 GG durch das BVerfG lag in nicht zu unterschätzendem Maße in der immer stärkeren Verzahnung von europäischem und nationalem Recht begründet: Denn auch wenn das BVerfG nicht unmittelbar gezwungen war, das Diskriminierungsmerkmal der sexuellen Orientierung ins nationale Verfassungsrecht aufzunehmen, so war es doch aufgrund diverser Entscheidungen des EuGH und des EGMR veranlasst, seine Grundgesetzauslegung völkerrechtsfreundlich anzupassen. Besonders deutlich wurde dies im Bereich der eingetragenen Lebenspartnerschaft: Der Gesetzgeber war zwar zu keiner Zeit verfassungsrechtlich verpflichtet, gleichgeschlechtlichen Paaren ein eigenes Institut zur Verfügung zu stellen, er befand sich aufgrund der Entwicklungen in anderen europäischen Ländern aber doch unter gewissem Zugzwang. Und nachdem er sich für die Einführung eines solchen Instituts entschieden hatte, wurde nicht nur durch das BVerfG, sondern auch durch die Rechtsprechung der europäischen Gerichte deutlich, dass sich Ungleichbehandlungen dieses Instituts mit der Ehe bei vergleichbarer Ausgestaltung durch den Gesetzgeber nicht allein durch die nationale „*Besonderheit*"[1317] eines Art. 6 Abs. 1 GG rechtfertigen lassen würden.

Wie weit der Gleichlauf nationaler und europäischer Verfassungsgewährleistungen inzwischen gediehen ist, wurde auch bei der Darstellung der für Homosexuelle, gleichgeschlechtliche Lebensgemeinschaften und eingetragene Lebenspartnerschaften wesentlichen Vorschriften der EMRK und der Grundrechtecharta im Vergleich zum Grundgesetz deutlich. Auch wenn einzelne Normen in ihrem Schutzumfang voneinander abweichen, so ergab sich auf allen drei Ebenen der grundrechtlichen Gewährleistungen in Summe doch ein vergleichbarer Schutzstand. Auch bei der Gewährung von Ansprüchen folgten auf allen drei Ebenen meist die gleichen Ergebnisse: So gewähren zum Beispiel weder das Grundgesetz, noch die EMRK noch die Grundrechtecharta Ansprüche gleichgeschlechtlicher Paare auf Öffnung der Ehe, Zurverfügungstellung eines eigenen Instituts oder Zulassung zur Adoption. In diesen Bereichen bleibt es den nationalen Gesetzgebern überlassen, inwieweit sie gleichgeschlechtliche Paare Eheleuten rechtlich gleichstellen wollen. Für den Bereich der Adoption ergab die Prüfung aber jeweils auch, dass zumindest dann, wenn verschiedengeschlechtlichen Paaren ein Adoptionsrecht gegeben wurde, ein Ausschluss gleichgeschlechtlicher Paare gegen Art. 3 Abs. 1 GG, Art. 21 Abs. 1 GRCh bzw. Art. 8 Abs. 1 i.V.m. Art. 14 EMRK verstoßen kann.

Das Grundgesetz und seine Gewährleistungen stehen in der heutigen Zeit folglich nicht unbeeinflusst im Raum, sondern bilden mit den Gewährleistungen auf europäischer Ebene ein aufeinander bezogenes Gesamtsystem, dessen Verzahnung in Zukunft eher noch zu- als abnehmen wird. Zwar ist in diesem System auch Platz für nationale Besonderheiten wie Art. 6 Abs. 1 GG, der in Deutschland beispielsweise eine Verfassungsänderung zur Öffnung der Ehe notwendig werden lässt, auch diese Besonderheiten bleiben allerdings von den Einflüssen des europäischen Rechts nicht verschont und müssen gewisse Anpassungen hinnehmen.

C. Ausblick

Betrachtet man die derzeitige verfassungsrechtliche Stellung von Homosexuellen, gleichgeschlechtlichen Lebensgemeinschaften und eingetragenen Lebenspartnerschaften so wird man konstatieren können, dass für diese inzwischen ein ausreichender Schutzstand erreicht ist, der sich – zumindest durch implizite Wandlungen – wohl auch kaum noch steigern lassen wird. So sind gleichgeschlechtliche Paare mit ihren Kindern inzwischen in den Familienschutz des Art. 6 Abs. 1 GG aufgenommen – in den Eheschutz können sie ohne ausdrückliche Verfassungsänderung nicht aufgenommen werden – Art. 2 Abs. 1 GG gewährt ihnen einen kaum zulässig einschränkbaren Grundrechtsschutz beim Ausleben ihrer sexuellen Orientierung

1317 So auch *Michael*, NJW 2010, S. 3537.

und über Art. 3 Abs. 1 GG genießen sie einen umfassenden Gleichstellungsanspruch, der auch noch den letzten großen Bereich der Ungleichbehandlung – den der gemeinschaftlichen Fremdadoption – zu Fall bringen wird.

Darin zeigt sich, dass sich das Grundgesetz – ebenso wie die Gesellschaft – erheblich weiterentwickelt hat und in Anbetracht der verschiedenen Lebens- und Familienmodelle inzwischen sehr viel bunter geworden ist, als es noch in seinen Anfangszeiten war. Dadurch droht indes weder ein Sittenverfall noch die Abschaffung des überkommenen Instituts der Ehe, wie mitunter befürchtet wird,[1318] sondern bewirkt lediglich eine zeitgemäße Anpassung der grundrechtlichen Gewährleistungen in diesem Bereich. Homosexuelle und gleichgeschlechtliche Paare mit und ohne Kinder schätzen und verteidigen die gleichen Werte wie ihre heterosexuellen Pendants, so dass durch einen Einbezug dieser Personengruppe in die familienrechtlichen Gewährleistungen des Grundgesetzes gerade kein Verfall dieser Gewährleistungen droht, sondern eine Aufwertung erfolgt.

Da sich die gesellschaftlichen Verhältnisse stetig weiterentwickeln und die Verfassung diese Veränderungen – zumindest in begrenzter Weise – auch in Zukunft ohne ausdrückliche Änderung aufnehmen können muss, besteht auch künftig die Möglichkeit weiterer Verfassungswandlungen sowohl im Bereich Homosexueller und gleichgeschlechtlicher Paare wie auch im allgemeinen Verfassungsgefüge.

Das BVerfG ist in seiner Interpretation der entsprechenden Grundgesetznormen – solange es sich innerhalb der dargelegten Auslegungsgrenzen bewegt – relativ frei. Zwar hat das Gericht dabei vor allem auch gewisse kompetenzrechtliche Grenzen zu beachten, die Einhaltung dieser kann indes von keiner weiteren Instanz verbindlich geprüft werden, weshalb dem BVerfG eine große Macht über das Grundgesetz zukommt. Diese Macht lässt sich nur durch die Entscheidung des verfassungsändernden Gesetzgebers zur ausdrücklichen Änderung des Grundgesetzes und Festschreibung eines bestimmten Verfassungsverständnisses begrenzen.

Vor diesem Hintergrund kann sich der verfassungsrechtliche Schutzstand der untersuchten Personengruppen wieder ändern so lange er nicht ausdrücklich im Grundgesetz festgeschrieben ist. Wie die Prüfung gezeigt hat, kann das Grundgesetz ohne die Notwendigkeit einer ausdrücklichen Änderung im Hinblick auf Homosexuelle und gleichgeschlechtliche Paare von einer annähernden Schutzlosigkeit bis hin zu einem fast unbeschränkbaren Schutz alles abbilden. Sollte die Interpretation der verfassungsrechtlichen Stellung dieser Personengruppen durch das BVerfG entgegen der Liberalisierungstendenzen der letzten zwanzig, dreißig Jahre wieder – wie bereits in früheren Zeiten – eine entgegengesetzte Richtung einschlagen, so ist der derzeitige Schutzstand für Homosexuelle und gleichgeschlechtliche Paare keineswegs festgeschrieben, da er sich allein aus der Auslegungspraxis des BVerfG, nicht aber ausdrücklich aus den Grundgesetznormen ergibt. Auch ein inzwischen obsoletes Sittengesetz könnte auf diese Weise wiederaufleben.

1318 So *Braun*, Ehe und Familie am Scheideweg, S. 110 ff.

Eine solche Entwicklung ist derzeit zwar innerhalb der Rechtsprechung des BVerfG nicht absehbar und auch aufgrund der europäischen Grundrechtsgewährleistungen – vor allem Art. 21 Abs. 1 GRCh, der die sexuelle Ausrichtung ausdrücklich schützt – sowie der Rechtsprechungslinie von EuGH und EGMR nicht zu erwarten, kann aber auch nicht ausgeschlossen werden. Der europarechtsfreundliche Auslegungskurs des BVerfG ist keine Einbahnstraße und wird von den europäischen Regelungsvorgaben – jedenfalls in diesem Ausmaß – nicht unmittelbar verlangt.

Das zeigt auch der Vergleich mit der Rechtsprechung des 2. Senats des BVerfG zur Gleichstellung der eingetragenen Lebenspartnerschaft mit der Ehe bis zum Jahr 2008: So ist dieser erst nach diversen personellen Wechseln in seiner Entscheidung zum Familienzuschlag[1319] auf die Linie des 1. Senats umgeschwenkt und hat die Zulässigkeit einer Ungleichbehandlung wegen der Privilegierung der Ehe in Art. 6 Abs. 1 GG fortan verneint. Es ist daher also durchaus möglich, dass der 1. oder der 2. Senat des BVerfG nach erneuten personellen Wechseln eine restriktivere Linie als bisher verfolgt. Dies mag eine unbefriedigende Feststellung sein – vor allem vor dem Hintergrund der Aufgabe des BVerfG zur Letztinterpretation der Verfassung, der hierfür erforderlichen Objektivität der Richter und der diesen zugestandenen Macht – sie ist aber der Tatsache geschuldet, dass jede Interpretation vorverständnisgebunden und damit subjektiv ist. Dass dies zulässig ist und die aufgrund dessen möglicherweise entstehenden Fehler im Auslegungsergebnis hinzunehmen sind, solange nur die bestehenden Auslegungsregeln gewahrt sind, wurde im 1. Kapitel bereits als Bestandteil jeder juristischen Interpretation von Normen anerkannt.[1320] Nur durch sie ist überhaupt eine Anpassung des Normverständnisses an gewandelte Vorstellungen möglich.

Eine Abschwächung des erreichten verfassungsrechtlichen Schutzstandes Homosexueller, gleichgeschlechtlicher Lebensgemeinschaften und eingetragener Lebenspartnerschaften sowie eine Abschaffung des nicht wie die Ehe verfassungsrechtlich abgesicherten Instituts der eingetragenen Lebenspartnerschaft ließe sich folglich nur durch eine ausdrückliche Festschreibung des derzeitigen Schutzstandes in der Verfassung durch den verfassungsändernden Gesetzgeber erreichen. Dies wäre auch der kompetenzrechtlich zu begrüßende Weg, für diese Personengruppen die besondere Schutzstellung im Grundgesetzgefüge dauerhaft zu gewährleisten. Welche Änderungen des Grundgesetzes hierzu nötig wären, soll als Abschluss dieser Arbeit im folgenden Kapitel dargestellt werden.

1319 BVerfG vom 6.5.2008 – 2 BvR 1830/06, NJW 2008, S. 2325.

1320 1. Kapitel, E. II. 1. e) Abwägung der Vor- und Nachteile der verschiedenen Methoden im Hinblick auf die Untersuchung des Verfassungswandels.

5. Kapitel: Vorschläge zur Absicherung des derzeitigen verfassungsrechtlichen Schutzes Homosexueller, gleichgeschlechtlicher Lebensgemeinschaften und eingetragener Lebenspartnerschaften

Im letzten Teil dieser Arbeit sollen die zur Festschreibung des aufgrund von diversen Verfassungswandlungen erlangten, verfassungsrechtlichen Schutzes für Homosexuelle, gleichgeschlechtliche Lebensgemeinschaften und eingetragene Lebenspartnerschaften notwendigen Verfassungsänderungen dargestellt werden. Hierfür soll zunächst in einem ersten Schritt geklärt werden, ob die Verfassung eine solche Änderung in irgendeiner Weise gebietet oder ob sie lediglich rechtspolitisch sinnvoll erscheint, bevor die einzelnen Änderungen erläutert werden.

A. Verfassungsrechtliche Notwendigkeit zur Änderung des Grundgesetzes

Wie im Rahmen dieser Arbeit gezeigt, stehen die grundrechtlichen Gewährleistungen grundsätzlich gleichrangig nebeneinander. Daher kann aus einer Verfassungsnorm in der Regel nicht die Pflicht zur Änderung einer anderen Verfassungsnorm folgen.[1321]

Auch die grundrechtlichen Gewährleistungen auf europäischer Ebene können keine Änderung der deutschen Verfassung erzwingen. Zunächst einmal gehen die Gewährleistungen auf europäischer Ebene in Bezug auf die Gleichstellung homosexueller Personen und Paare derzeit nicht weiter als die nationalen und enthalten insbesondere auch keinen Anspruch auf Öffnung der Ehe.[1322] Des Weiteren ist die Grundrechtecharta für Deutschland zwar im Anwendungsbereich des Unionsrechts vorrangig und verdrängt insoweit die nationale Verfassung, sie erzwingt aber keine Änderung dieser in Bereichen, in denen die nationale Verfassung weiterhin autonom anwendbar ist, während die EMRK in Deutschland ohnehin nur den Rang einfachen Bundesrechts hat und damit unter dem Grundgesetz steht.[1323] Zwar erkennt das BVerfG im Hinblick auf die EMRK und deren Auslegung durch den EGMR neuerdings eine verfassungsrechtliche Pflicht zur völkerrechtsfreundlichen Auslegung des Grundgesetzes an, auch aus dieser kann indes keine Verpflichtung zur

1321 Ausführlich: 3. Kapitel, C. I. 3. b) bb) Ungleichbehandlung gleichgeschlechtlicher Lebensgemeinschaften.
1322 3. Kapitel, D. Exkurs: Schutz über EMRK und EU-Grundrechtecharta.
1323 Hierzu bereits: 1. Kapitel, E. IV. 4. b) EGMR.

ausdrücklichen Änderung des Grundgesetzes durch den verfassungsändernden Gesetzgeber folgen.[1324] Andere Handlungen europäischer Akteure, wie zum Beispiel die Entschließung des Europäischen Parlaments „*zur Gleichberechtigung von Schwulen und Lesben in der EG*“[1325] aus dem Jahr 1994 haben lediglich Appellcharakter und lösen innerhalb der Mitgliedstaaten keine Verpflichtungen aus.

Auch zur Anpassung des Grundgesetzes an die geänderten gesellschaftlichen Anschauungen ist eine ausdrückliche Änderung der Verfassung nicht generell erforderlich, da diese auch im Wege der Interpretationsänderung und dadurch bewirkter Verfassungswandlungen Eingang ins Grundgesetz finden können. Zwar unterliegt die Verfassungswandlung dabei gewissen Grenzen, weshalb durch sie insbesondere keine Aufnahme gleichgeschlechtlicher Paare in den verfassungsrechtlichen Ehebegriff erfolgen konnte, und sie gewährt keinen dauerhaft gleichbleibenden Schutz, sie hat im Ergebnis aber dennoch zu einem im Allgemeinen ausreichenden Schutzstand der untersuchten Personengruppen in der heutigen Zeit beigetragen.

Damit ist eine Änderung der Verfassung zur Festschreibung des erlangten Schutzgrades zwar nicht von Verfassungswegen vorgeschrieben, sie ist aber dennoch rechtspolitisch wünschenswert, um diesen Schutzstand zu konservieren und vor künftigen, gegensätzlichen Änderungen, die bis zu einer Aufhebung des einfachgesetzlichen Instituts der eingetragenen Lebenspartnerschaft gehen könnten, zu bewahren. Denn zwar genießen eingetragene Lebenspartner einen umfassenden Gleichstellungsanspruch aus Art. 3 Abs. 1 GG solange dieses Institut existiert, es gibt allerdings – im Gegensatz zur Ehe – keine Verfassungsnorm, die dieses Institut vor seiner einfachgesetzlichen Abschaffung schützt.

Die Gleichbehandlung von Minderheiten und der Schutz dieser im Rahmen der Verfassung sollte in der heutigen, pluralen und aufgeklärten Gesellschaft zu einer Selbstverständlichkeit geworden sein und sich daher auch ausdrücklich in der Verfassung wiederfinden und als Grundlage für das Zusammenleben künftiger Generationen dienen. Zwar können diese die Verfassung jederzeit wieder ändern, weshalb es nie einen absoluten Schutz vor Änderungen geben wird, allerdings unterliegt die Abschaffung verfassungsrechtlich ausdrücklich gewährter Rechte einer wesentlich höheren Hemmschwelle und Hürde als die Abschaffung lediglich einfachgesetzlicher Rechte oder eine Interpretationsänderung durch das BVerfG und ist daher auch vor diesem Hintergrund sinnvoll.

Im Ergebnis wird der Verfassung durch die Festschreibung des verfassungsrechtlichen Schutzes für Homosexuelle, gleichgeschlechtliche Lebensgemeinschaften und eingetragene Lebenspartnerschaften zwar auch ein Stück ihrer Offenheit und Wandlungsfähigkeit genommen, der verfassungsändernde Gesetzgeber ist indes nach der ihm zugewiesenen Aufgabe im Staatsgefüge gerade dazu berufen, solche politischen Entscheidungen für die Zukunft zu treffen, wenn dies – wie hier – geboten erscheint.

1324 Ebd.
1325 Dokument A3-0028/94, ABl. EG Nr. C 61/42 vom 28.02.1994.

B. Vorschläge zur Änderung des Grundgesetzes

I. Aufnahme des Diskriminierungsmerkmals „sexuelle Orientierung" in Art. 3 Abs. 3 GG

In Art. 3 Abs. 3 GG sollte als weiteres ausdrückliches Diskriminierungsmerkmal die sexuelle Orientierung aufgenommen werden. Diese entspricht von ihrer Wertigkeit und ihrer Bedeutung für die Persönlichkeitsentfaltung den übrigen, dort ausdrücklich geschützten Merkmalen. Sie wurde in den Anfangszeiten des Grundgesetzes nur deshalb nicht aufgenommen, weil die Homosexualität zu dieser Zeit noch nicht als gleichwertige sexuelle Ausrichtung eines Menschen anerkannt war, sondern fälschlicherweise als etwas Krankhaftes und sittlich Anstößiges angesehen wurde. Diese heutzutage insoweit geänderten Vorstellungen sollten sich auch im Text des Grundgesetzes widerspiegeln.

Die Aufnahme dieses Merkmals ist auch nicht, wie die damalige Regierungskoalition aus CDU, CSU und FDP im Rahmen eines Gesetzentwurfs der SPD aus dem Jahr 2011[1326] hierzu behauptet hat, unnötig. Nach der Argumentation der Regierungskoalition sei der angestrebte Diskriminierungsschutz bereits erreicht, da das Grundgesetz, das einfache Recht, die Grundrechtecharta sowie die EMRK Diskriminierungen wegen der sexuellen Identität (der Antrag der SPD bezog sich auf diese, nicht auf die sexuelle Orientierung) bereits verbieten würden.[1327] Im Rahmen des Grundgesetzes erfolge dies zwar nicht über Art. 3 Abs. 3 GG, aber über Art. 3 Abs. 1 GG, der sich inzwischen mit dem Schutzbereich des Art. 3 Abs. 3 GG decke.[1328]

Diese Argumentation kann indes nicht überzeugen. Zunächst einmal schützen von den genannten Rechtsquellen nur die Grundrechtecharta und das AGG im einfachen Recht die sexuelle Identität bzw. die sexuelle Ausrichtung ausdrücklich. Bei den anderen Rechtsquellen wird dieses Merkmal lediglich aus einzelnen Vorschriften herausgelesen, ist also künftigen, gegenteiligen Entwicklungen unterworfen. Des Weiteren entspricht der Schutzbereich des Art. 3 Abs. 1 GG heutzutage keineswegs dem des Art. 3 Abs. 3 GG, ansonsten wäre Art. 3 Abs. 3 GG überflüssig und könnte abgeschafft werden. Wie die Prüfung von Art. 3 GG im Rahmen dieser Arbeit gezeigt hat, gibt es durchaus Unterschiede innerhalb des Schutzgrades von Absatz 1 und Absatz 3.[1329] In Absatz 1 wird gerade kein absoluter Diskriminierungsschutz gewährt, der sich jeder Rechtfertigung entzieht, sondern nur ein relativer, der, je nachdem ob das Anknüpfungsmerkmal der Diskriminierung verhaltens- oder personenbezogen ist, unterschiedlich hohen Rechtfertigungsanforderungen unterliegt. Zwar wurden in der Tat im Hinblick auf die Ungleichbehandlung von Eheleuten

1326 BT-Drs. 17/4775
1327 Ebd., S. 5
1328 Ebd.
1329 Hierzu: 3. Kapitel, C. I. 1. Schutzbereich des Art. 3 Abs. 3 GG und 2. Schutzbereich des Art. 3 Abs. 1 GG.

und eingetragenen Lebenspartnern keine zulässigen Rechtfertigungsgründe für eine solche gefunden, dies bedeutet aber nicht, dass es solche Gründe in anderen Konstellationen nicht geben kann.

Außerdem stellt die eingetragene Lebenspartnerschaft im Rahmen der ihr über Art. 3 Abs. 1 GG durch das BVerfG gewährten Schutzhöhe einen Sonderfall dar, der aber nicht dazu führt, dass der Schutz von Art. 3 Abs. 1 GG allgemein dem von Art. 3 Abs. 3 GG entspräche.

Darüber hinaus geht es bei der Aufnahme des Diskriminierungsmerkmals der sexuellen Orientierung in Art. 3 Abs. 3 GG nicht vorrangig darum, für Diskriminierungen wegen der sexuellen Orientierung erstmalig einen Art. 3 Abs. 3 GG entsprechenden Schutzgrad zu erreichen, sondern diesen allein durch die Rechtsprechung des BVerfG gewährten Schutzgrad festzuschreiben und künftigen Änderungen zu entziehen. Dies ist indes nur durch eine ausdrückliche Aufnahme in die abschließend aufgeführten Merkmale des Art. 3 Abs. 3 GG durch den verfassungsändernden Gesetzgeber möglich und wäre im Übrigen – wie bereits erwähnt – auch kompetenzrechtlich der begrüßenswertere Weg.

Das in Art. 3 Abs. 3 GG aufzunehmende Diskriminierungsmerkmal sollte allerdings nicht das im Gesetzentwurf der SPD genannte und daneben im AGG geschützte Merkmal der sexuellen Identität, sondern das der sexuellen Orientierung sein. Das ist entgegen der von der CDU in der entsprechenden Gesetzesvorlage geäußerten Ansicht auch nicht unzulässig. Denn die sexuelle Orientierung ist tatsächlich keine *„bloße Orientierung“* die keinen Verfassungsrang haben kann,[1330] sondern bezeichnet die sexuelle Grundausrichtung eines Menschen auf ein bestimmtes Geschlecht, die zum Intimbereich der Persönlichkeit gehört und für die Entfaltung dieser von essenzieller Bedeutung ist, weshalb sie durchaus Verfassungsrang haben kann.[1331]

Die sexuelle Orientierung bzw. die sexuelle Ausrichtung (diese Begriffe sind insoweit austauschbar) hat eine andere Bedeutung als die sexuelle Identität. Dies wurde vom Gesetzgeber bei Einführung des AGG und von Teilen der Literatur zwar anders gesehen,[1332] diese Ansicht kann indes nicht überzeugen. Während die sexuelle Orientierung nur die personenbezogene Grundausrichtung eines Menschen auf ein bestimmtes Geschlecht meint, geht der Begriff der sexuellen Identität darüber hinaus und meint die gesamte *„Selbstbestimmung im sexuellen Bereich“*, umfasst also die gesamte selbstbestimmte Identität eines Menschen zu der auch die Ausrichtung des eigenen Verhaltens im Rahmen dieser Selbstbestimmung zählt.[1333] Verfassungsrechtlich auf einer Ebene mit den anderen in Art. 3 Abs. 3 GG genannten absoluten Diskriminierungsmerkmalen schützenswert ist jedoch nur die sexuelle

1330 So der Vertreter der CDU Fraktion, ebd.

1331 Siehe hierzu bereits die ausführlichen Erläuterungen im Rahmen des allgemeinen Persönlichkeitsrechts, 3. Kapitel, B. 2. c) Die sexuelle Orientierung als Teil der Intimsphäre im Bereich des allgemeinen Persönlichkeitsrechts.

1332 Hierzu: *Däubler*, in: Däubler/Bertzbach, Allgemeines Gleichbehandlungsgesetz, § 1, Rn. 88.

1333 So zutreffend: *Annuß*, BB 2006, S. 1629, 1630 f.

Orientierung als wesentlicher Teil der Persönlichkeit eines Menschen, nicht auch das sexuelle Selbstverständnis innerhalb einer sexuellen Orientierung, das bereits über Art. 2 Abs. 1 i.V.m. Art. 1 Abs. 1 GG ausreichend geschützt werden kann.

Im Ergebnis sollte Art. 3 Abs. 3 GG also künftig wie folgt lauten:

> *„Niemand darf wegen seines Geschlechtes, seiner Abstammung, seiner Rasse, seiner Sprache, seiner Heimat und Herkunft, seines Glaubens, seiner religiösen oder politischen Anschauungen* ***oder seiner sexuellen Orientierung*** *benachteiligt oder bevorzugt werden. Niemand darf wegen seiner Behinderung benachteiligt werden."*

Eine Aufhebung der Schranke des Sittengesetzes in Art. 2 Abs. 1 GG ist daneben nicht erforderlich. Zwar könnte diese durch einen erneuten Verfassungswandel in Zukunft theoretisch wiederaufleben, allerdings kann etwas, dass in der Verfassung ausdrücklich vor Diskriminierungen geschützt wird, nicht gleichzeitig gegen die guten Sitten verstoßen, so dass eine Änderung von Art. 3 Abs. 3 GG insoweit einen ausreichenden Schutz auch vor der Schranke des Sittengesetzes gewähren würde.

II. Aufnahme gleichgeschlechtlicher Paare in den Schutzbereich des Art. 6 Abs. 1 GG

Da der verfassungsrechtliche Ehebegriff, wie im Rahmen dieser Arbeit festgestellt, in seinen wesentlichen Strukturmerkmalen – zu denen auch die Verschiedengeschlechtlichkeit der Eheleute zählt – nicht wandlungsfähig ist, ist für eine Aufnahme gleichgeschlechtlicher Paare in den Schutzbereich des Art. 6 Abs. 1 GG wie auch für eine Öffnung der Ehe auf einfachgesetzlicher Ebene eine Änderung der Verfassung erforderlich.

Eine Änderung der Verfassung wäre auf zweierlei Weise möglich, je nachdem, ob man sich politisch mit einer Zweidrittelmehrheit in Bundestag und Bundesrat (Art. 79 Abs. 2 GG) für eine Öffnung der Ehe für gleichgeschlechtliche Paare entschließen könnte oder ob man anstatt dessen das Institut der eingetragenen Lebenspartnerschaft beibehalten wollte. Der durch die Änderung erlangte Schutzstand für gleichgeschlechtliche Paare wäre bei beiden Varianten identisch. Die Aufnahme gleichgeschlechtlicher Paare in den Schutzbereich würde jeweils zu einer über Art. 6 Abs. 1 GG gewährten, ausdrücklichen Schutz- und Förderpflicht führen, die auch einer Abschaffung des gleichgeschlechtlichen Paaren zur Verfügung gestellten Instituts auf einfachgesetzlicher Ebene entgegenstehen würde.

Diese Änderung ist neben der Aufnahme des Diskriminierungsmerkmals in Art. 3 Abs. 3 GG auch erforderlich, da – wie die Untersuchung gezeigt hat – allein Art. 6 Abs. 1 GG einen positiven Anspruch auf Zurverfügungstellung und Ausgestaltung eines durch die Norm gewährten Instituts geben und vor dessen einfachgesetzlicher Abschaffung schützen kann.

So würde Art. 6 Abs. 1 GG künftig bei einer Öffnung der Ehe folgendermaßen lauten:

> *„**Die Ehe zwischen Personen gleichen und verschiedenen Geschlechts** und **die** Familie stehen unter dem besonderen Schutze der staatlichen Ordnung.“*

Bei Beibehaltung des Instituts der eingetragenen Lebenspartnerschaft wäre folgende Änderung vorzunehmen:

> *„Ehe, **eingetragene Lebenspartnerschaft** und Familie stehen unter dem besonderen Schutze der staatlichen Ordnung.“*

Da eingetragene Lebenspartner heutzutage die gleichen gesellschaftlichen Funktionen als Beistands- und Verantwortungsgemeinschaft übernehmen wie Eheleute und die Ehe nach ihrer Entkoppelung von der Familie auch nicht mehr vorrangig aufgrund ihrer generativen Funktion – die im Übrigen auch die eingetragene Lebenspartnerschaft übernehmen kann und übernimmt – verfassungsrechtlichen Schutz genießt,[1334] ist eine Aufnahme der eingetragenen Lebenspartnerschaft in den Schutzbereich von Art. 6 Abs. 1 GG nur konsequent. Die darüberhinausgehende Variante der Öffnung der Ehe für gleichgeschlechtliche Paare und die damit einhergehende Abschaffung des einfachgesetzlichen Instituts der eingetragenen Lebenspartnerschaft wäre unter Gleichheitsgesichtspunkten sicher der wünschenswertere Weg, allerdings kann die derzeitige politische Durchsetzbarkeit dieser Variante bezweifelt werden. Zwar wäre auch bei einer Aufnahme der eingetragenen Lebenspartnerschaft in Art. 6 Abs. 1 GG eine spätere Entscheidung für eine Öffnung der Ehe noch möglich und über eine weitere Verfassungsänderung zu erreichen, allerdings ist nicht zu erwarten, dass sich dazu in absehbarer Zeit ein politischer Wille bilden würde, wenn erst einmal ein anderer Weg eingeschlagen worden ist.

Beide Varianten der Änderung von Art. 6 Abs. 1 GG würden sich auch in den Grenzen des Art. 79 Abs. 3 GG bewegen, insbesondere wäre die darüber geschützte Menschenwürdegarantie des Art. 1 Abs. 1 GG nicht verletzt, wenn in den Schutzbereich von Art. 6 Abs. 1 GG eine weitere Personengruppe aufgenommen würde, da dies für die bisher geschützten Personengruppen zu keinen negativen Auswirkungen führen würde, sondern allein positive Auswirkungen für die hinzukommende Personengruppe hätte. Auch würde der grundrechtliche Schutz durch Aufnahme einer weiteren Personengruppe nicht entwertet werden. Zum einen würde dieser Schutz noch immer nur einem bestimmten, abgrenzbaren Teil der Bevölkerung zukommen. Zum anderen handelt es sich bei der aufzunehmenden Personengruppe um eine der Ehe in Struktur, Rechtsverbindlichkeit und Wertigkeit vergleichbare Personengruppe, nicht um eine weniger schützenswerte, wie beispielsweise die nichteheliche Lebensgemeinschaft, deren Partner sich gerade gegen das Eingehen rechtlicher Verpflichtungen und eine gegenseitige Verantwortungsübernahme entschieden haben.

1334 Hierzu ausführlich: 3. Kapitel, A. II. 1. b) Eingetragene Lebenspartnerschaften mit Kind und C. I. 3. cc) Ungleichbehandlung eingetragener Lebenspartnerschaften.

Literaturverzeichnis

Alber, Siegbert; Widmaier, Ulrich: Mögliche Konfliktbereiche und Divergenzen im europäischen Grundrechtsschutz In: EuGRZ 2006, 113.

Anschütz, Gerhard: Die Verfassung des Deutschen Reichs vom 11. August 1919 13. Auflage, Berlin 1930.

–: Die Verfassung des Deutschen Reichs vom 11. August 1919 14. Auflage, Berlin 1933.

–: Entscheidungsbesprechung von RG 25.3.197 – 307/26 III. In: JW 1927, 2692.

–; Thoma, Richard: Handbuch des deutschen Staatsrechts, Band 1 Tübingen, 1930.

–: Handbuch des deutschen Staatsrechts, Band 2 Tübingen, 1932.

Annuß, Georg: Das Allgemeine Gleichbehandlungsgesetz im Arbeitsrecht In: BB 2006, 1629.

Arndt, Adolf: Verfassung des Deutschen Reiches Berlin 1911.

Arnold, Hans Joachim: Begriff und Verfahren der Verfassungsänderung nach der Weimarer Reichsverfassung Berlin, 1932.

Austermann, Philipp: Die Streichung rechtlich entbehrlicher Grundgesetznormen In: DÖV 2012, 227.

Bachof, Otto: Verfassungswidrige Verfassungsnormen? Tübingen, 1951.

Bauer, Hartmut: Europäisierung des Verfassungsrechts In: JBl 2000, 750.

Baumann, Jürgen: Paragraph 175 – Über die Möglichkeit, die einfache, nichtjugendgefährdende und nichtöffentliche Homosexualität unter Erwachsenen straffrei zu lassen Berlin und Neuwied am Rhein, 1968.

Baumeister, Peter: Das Rechtswidrigwerden von Normen – Eine rechtsdogmatische Untersuchung der Grenzen der Wirksamkeit von Normen – Probleme des Spannungsverhältnisses von Recht und Zeit Berlin, 1996.

Beck, Volker: Legalisierung schwuler und lesbischer Lebensgemeinschaften In: Demokratie und Recht 1991, 446.

–; Bruns Manfred: Das Eheverbot bei Gleichgeschlechtlichkeit In: MDR 1991, 832.

Becker, Gary S.: Eine ökonomische Analyse der Familie In: Familie, Gesellschaft und Politik – die ökonomische Perspektive, S. 101 ff. Tübingen, 1996.

–; Posner, Richard A.: Uncommon Sense – Economic Insights, from Marriage to Terrorism Chicago, 2009.

Beckers, Tilo: Homosexualität und Humanentwicklung: Genese, Struktur und Wandel der Ablehnung und Akzeptanz gleichgeschlechtlicher

Sexualkontakte in einer international vergleichenden Kontextanalyse Köln, 2008.

Benedict, Jörg: Die Ehe unter dem besonderen Schutz der Verfassung – Ein vorläufiges Fazit In: JZ 2013, 477.

Bergbohm, Karl: Jurisprudenz und Rechtsphilosophie, Band 1 Glashütten am Taunus, 1973, unveränderter Neudruck der Ausgabe Leipzig, 1892.

Beseler, Georg: Kommentar über das Strafgesetzbuch für die preußischen Staaten und das Einführungsgesetz vom 14. April 1851 Leipzig, 1851.

Bettermann, Karl August; Nipperdey, Hans Carl; Scheuner, Ulrich: Die Grundrechte, Band III/2 Berlin 1959.

Bilfinger, Karl: Verfassungsumgehung In: AöR 1926, 163.

–: Der Reichssparkommissar Berlin und Leipzig, 1928.

Blazek, Helmut: Rosa Zeiten für rosa Liebe – Zur Geschichte der Homosexualität Frankfurt am Main, 1996.

Böckenförde, Ernst Wolfgang: Anmerkungen zum Begriff Verfassungswandel In: Festschrift für Peter Lerche, S. 3 ff. München, 1993.

–: Staat, Verfassung, Demokratie – Studien zur Verfassungstheorie und zum Verfassungsrecht Frankfurt am Main, 1991.

–: Staat, Nation, Europa Frankfurt am Main, 1999.

–: Zur Lage der Grundrechtsdogmatik nach 40 Jahren Grundgesetz Carl Friedrich von Siemens Stiftung, 1989.

Bömelburg, Regina: Die eingetragene Lebenspartnerschaft – ein überholtes Rechtsinstitut? In: NJW 2012, 2753.

Bornhak, Conrad: Wandlungen der Reichsverfassung In: AöR 1910, 373.

–: Grundriß des Deutschen Staatsrechts 4. Auflage, Leipzig, 1916.

Braun, Johann: Ehe und Familie am Scheideweg – Eine Kritik des sogenannten Lebenspartnerschaftsgesetzes Regensburg, 2002.

Brosius-Gersdorf, Frauke: Gleichstellung von Ehe und Lebenspartnerschaft In: FamFR 2013, 169.

Bruns, Manfred: Art. 6 I GG und gesetzliche Regelungen für gleichgeschlechtliche Lebensgemeinschaften In: ZRP 1996, 6.

Bryde, Brun-Otto: Verfassungsentwicklung Baden-Baden, 1982.

Buba, Hans-Peter; Vaskovics, Laszlo A.: Benachteiligung gleichgeschlechtlich orientierter Personen und Paare Studie im Auftrag des Bundesministeriums der Justiz Bundesanzeiger, Jahrgang 53 (2001), Nummer 4a.

Bullinger, Martin: Ungeschriebene Kompetenzen im Bundesstaat – Die Rechtsprechung des Bundesverfassungsgerichts zur Zuständigkeit von

Bund und Ländern kraft Sachzusammenhangs und kraft Natur der Sache In: AöR 96 (1971), 237.

Burgi, Martin; Wolff, Daniel: Rehabilitierung der nach § 175 StGB verurteilten homosexuellen Männer: Auftrag, Optionen und verfassungsrechtlicher Rahmen Antidiskriminierungstelle des Bundes, 2016.

Buschke, Albrecht: Die Grundrechte der Weimarer Verfassung in der Rechtsprechung des Reichsgerichts Berlin, 1930.

Bushart, Christoph: Verfassungsänderung in Bund und Ländern München, 1989.

Callewaert, Johan: Die EMRK und die EU-Grundrechtecharta In: EuGRZ 2003, 198.

Calliess, Christian; Ruffert, Matthias: EUV/AEUV 5. Auflage, München, 2016.

Campenhausen, von, Axel: Verfassungsgarantie und sozialer Wandel – Das Beispiel von Ehe und Familie In: VVDStRL 45 (1987), 7.

Classen, Claus Dieter: Erwiderung – Der besondere Schutz der Ehe – aufgehoben durch das BVerfG? Zu Hillgruber, JZ 2010, 41 In: JZ 2010, 411.

Cremer, Hans-Joachim: Anwendungsorientierte Verfassungsauslegung – Der Status des Bundestagsabgeordneten im Spiegel der Rechtsprechung des Bundesverfassungsgerichts Baden-Baden, 2000.

–: Zur Bindungswirkung von EGMR Urteilen In: EuGRZ 2004, 683.

–: Die Wirkungen verfassungsgerichtlicher Entscheidungen In: Grundfragen der Verfassungsgerichtsbarkeit in Mittel- und Osteuropa, S. 237 ff.

Däubler, Wolfgang; Bertzbach, Martin: Allgemeines Gleichbehandlungsgesetz 3. Auflage, Baden-Baden, 2013.

Dau Lin, Hsü: Die Verfassungswandlung Berlin und Leipzig, 1932.

Depenheuer, Otto: Der Wortlaut als Grenze – Thesen zu einem Topos der Verfassungsinterpretation Heidelberg, 1988.

Dethloff, Nina: Adoption und Sorgerecht – Problembereiche für eingetragene Lebenspartner In: FPR 2010, 208.

Deutscher Bundestag und Bundesarchiv: Der Parlamentarische Rat 1948–1949, Akten und Protokolle Band 2: Der Verfassungskonvent auf Herrenchiemsee Boppard am Rhein, 1981.

Deutscher Bundestag und Bundesarchiv: Der Parlamentarische Rat 1948–1949, Akten und Protokolle Band 5 I und II: Ausschuss für Grundsatzfragen Boppard am Rhein, 1993.

Deutscher Bundestag und Bundesarchiv: Der Parlamentarische Rat: 1948 – 1949, Akten und Protokolle Band 7: Entwürfe zum Grundgesetz München, 1995.

Deutscher Bundestag und Bundesarchiv: Der Parlamentarische Rat 1948–1949, Akten und Protokolle Band 13 I und II: Ausschuss für Organisation des Bundes, Ausschuss für Verfassungsgerichtshof und Rechtspflege München, 2002.

Deutscher Bundestag und Bundesarchiv: Der Parlamentarische Rat 1948–1949, Akten und Protokolle Band 14 I und II: Hauptausschuss München, 2009.

Dittberner, Mareike: Lebenspartnerschaft und Kindschaftsrecht – Die rechtliche Situation gleichgeschlechtlicher Paare unter besonderer Berücksichtigung kindschaftsrechtlicher Regelungen Frankfurt am Main, 2004.

Dodegge, Georg: Das formelle und materielle deutsche Adoptionsrecht In: FPR 2001, 321.

Dohna, Alexander, Graf zu: Zulässigkeit und Form von Verfassungsänderungen ohne Änderung der Verfassungsurkunde In: Verhandlungen des 33. Deutschen Juristentages, Bericht des Berichterstatters, S. 31 ff. Berlin, Leipzig, 1925.

Dörr, Oliver; Grote, Rainer; Marauhn, Thilo: EMRK/GG Konkordanzkommentar zum europäischen und deutschen Grundrechtsschutz, Band I 2. Auflage, Tübingen, 2013.

Dreier, Horst: Grundgesetz Kommentar, Band I und II 3. Auflage, Tübingen, 2013 und 2015.

Dürig, Günter: Der Grundrechtssatz von der Menschenwürde – Entwurf eines praktikablen Wertsystems der Grundrechte aus Art. 1 Abs. I in Verbindung mit Art. 19 Abs. II des Grundgesetzes In: AöR 81 (1956), 117.

Ehlers, Dirk: Europäische Grundrechte und Grundfreiheiten, 3. Auflage Berlin 2009.

Ehmke, Horst: Grenzen der Verfassungsänderung Berlin, 1952.

–: Prinzipien der Verfassungsinterpretation In: VVDStRL 20 (1963), 53.

Engisch, Karl: Logische Studien zur Gesetzesanwendung In: Sitzungsberichte der Heidelberger Akademie der Wissenschaften, Band XXXII, Jahrgang 1941/1942 Heidelberg, 1943.

Epping, Volker; Hillgruber, Christian: Beck 'scher Online-Kommentar GG Stand: 01.06.2017.

Esser, Josef: Vorverständnis und Methodenwahl in der Rechtsfindung Frankfurt am Main, 1970.

Fahrenhorst, Irene: Familienrecht und Europäische Menschenrechtskonvention: das Ehe- und Familienrecht der Bundesrepublik Deutschland und seine Vereinbarkeit mit der Europäischen Konvention zum Schutz der Menschenrechte und Grundfreiheiten - dargestellt anhand von ausgewählten Beispielen Paderborn, München, Wien, Zürich, 1994.

Feustel, Gotthard: Die Geschichte der Homosexualität Düsseldorf, 2003.

Fiedler, Wilfried: Sozialer Wandel, Verfassungswandel, Rechtsprechung Freiburg/München, 1972.

Forsthoff, Ernst: Die Umbildung des Verfassungsgesetzes In: Festschrift für Carl Schmitt, S. 35 ff. Berlin, 1959.

–: **Zur Problematik der Verfassungsauslegung** Stuttgart, 1961.

Frenz, Walter: Eheschutz ade? BVerfG stärkt gleichgeschlechtliche Paare In: NVwZ 2013, 1200.

Freytag, Christiane: Lebenspartnerschaftsgesetz, Eheschutzgebot und Differenzierungsverbot In: DÖV 2002, 445.

Friauf, Karl Heinrich: Verfassungsgarantie und sozialer Wandel – das Beispiel von Ehe und Familie In: NJW 1986, 2595.

Frotscher, Werner; Pieroth, Bodo: Verfassungsgeschichte 15. Auflage, München, 2016.

Frowein, Jochen: Änderungen der Rechtsprechung des Bundesverfassungsgerichts als Rechtsproblem In: DÖV 1971, 793.

Gade, Gunther; Thiele, Christoph: Ehe und eingetragene Lebenspartnerschaft: Zwei namensverschiedene Institute gleichen Inhalts? In: DÖV 2013, 142.

Gollner, Günther: Homosexualität – Ideologiekritik und Entmythologisierung einer Gesetzgebung Berlin, 1974.

–: **Disziplinarsanktionen gegenüber Homosexuellen im öffentlichen Dienst** In: Seminar: Gesellschaft und Homosexualität, S. 105 ff. Frankfurt am Main, 1977.

Grabenwarter, Christoph; Pabel, Katharina: Europäische Menschenrechtskonvention 6. Auflage, München, 2016.

Grabitz, Eberhard; Hilf, Meinhard; Nettesheim, Martin: Das Recht der Europäischen Union 61. Ergänzungslieferung, München, 2017.

Grau, Günter: Homosexualität in der NS-Zeit Überarbeitete Neuauflage, Frankfurt am Main, 2004.

Grehl, Claudia: Das Adoptionsrecht gleichgeschlechtlicher Paare unter verfassungsrechtlichen Gesichtspunkten Hamburg, 2008.

Grimm, Dieter: Verfassung – Zur Geschichte des Begriffs von der Antike bis zur Gegenwart In: Schriften zur Verfassungsgeschichte, Band 47 Berlin, 2002.

Gusy, Christoph: Die Grundrechte in der Weimarer Republik In: ZNR 1993, 163.

Häberle, Peter: Zeit und Verfassung, Prolegomena zu einem „zeit-gerechten" Verfassungsverständnis In: ZfP 1974, 111.

–: **Verfassungsgerichtsbarkeit als politische Kraft** In: Verfassungsgerichtsbarkeit zwischen Politik und Rechtswissenschaft, Königstein im Taunus, 1980.

Hanack, Ernst-Walter: Empfiehlt es sich, die Grenzen des Sexualstrafrechts neu zu bestimmen? In: Verhandlungen des siebenundvierzigsten Juristentages, Band 1, Gutachten München, 1968.

Hatschek, Julius: Konventionalregeln oder über die Grenzen der naturwissenschaftlichen Begriffsbildung im öffentlichen Recht In: JöR 1909, Band III, 1.

Haug, Hans: Die Schranken der Verfassungsrevision: das Postulat der richtigen Verfassung als normative Schranke der souveränen verfassungsgebenden Gewalt Zürich, 1947.

Heckmann, Dirk: Geltungskraft und Geltungsverlust von Rechtsnormen: Elemente einer Theorie der autoritativen Normengeltungsbeendigung Freiburg, 1997.

Held, Joseph von: Die Verfassung des Deutschen Reiches vom staatsrechtlichen Standpunkt aus betrachtet: ein Beitrag zu deren Kritik Leipzig, 1872.

Henkel, Jörg: Fällt nun auch das Fremdkindadoptionsverbot? In: NJW 2011, 259.

Henry-Huthmacher, Christine: Familienleitbilder in Deutschland Konrad Adenauer Stiftung, 2014.

Hensel, Albert: Grundrechte und Rechtsprechung In: Die Reichsgerichtspraxis im deutschen Rechtsleben – Festgabe der juristischen Fakultäten zum 50jährigen Bestehen des Reichsgerichts, Band 1, S. 1 ff. Berlin und Leipzig, 1929.

Hesse, Konrad: Grundzüge des Verfassungsrechts der Bundesrepublik Deutschland 20. Auflage, Heidelberg, 1995.

– : Grenzen der Verfassungswandlung In: Festschrift für Ulrich Scheuner, S. 123 ff. Berlin, 1973.

–: Bundesstaatsreform und Grenzen der Verfassungsänderung In: Ausgewählte Schriften, Heidelberg, 1984, S. 164 ff.

–: Funktionelle Grenzen der Verfassungsgerichtsbarkeit In: Ausgewählte Schriften, Heidelberg, 1984, S. 311 ff.

–: Verfassungsrechtsprechung im geschichtlichen Wandel In: JZ 1995, 265.

Heun, Werner: Die Stellung des Bundespräsidenten im Licht der Vorgänge um die Auflösung des Bundestages In: AöR 109 (1984), 13.

Heydte, Friedrich August, von der: Stiller Verfassungswandel und Verfassungsinterpretation In: ARSP 1950/51, 461.

Hildesheimer, Walther: Über die Revision moderner Staatsverfassungen – eine Studie über das Prinzip der Starrheit und die Idee eines pouvoir constituant in den heutigen Verfassungen Tübingen, 1918.

Hillgruber, Christian: Richterliche Rechtsfortbildung – demokratische und rechtsstaatliche Bedenken gegen eine scheinbare Selbstverständlichkeit In: Journal für Rechtspolitik 2001, 281.

Hirschfeld, Magnus: Die Homosexualität des Mannes und des Weibes Nachdruck der Erstauflage von 1914, Berlin, New York, 1984.

Hoffmann, Gerhard: Verfassungsbezogenes Richterrecht und Verfassungsrichterrecht In: Festschrift für Ernst Wolf, Köln, Berlin, Bonn, München, 1985.

Höfling, Wolfram: Offene Grundrechtsinterpretation – Grundgesetzauslegung zwischen amtlichem Interpretationsmonopol und privater Konkretisierungskompetenz Berlin, 1987.

Hollerbach, Alexander: Auflösung der rechtsstaatlichen Verfassung? In: AöR 85 (1960), 241.

Hönnige, Christoph; Kneip, Sascha; Lorenz, Astrid: Verfassungswandel im Mehrebenensystem Wiesbaden 2011.

Hoppe, Tilman: Gleichstellung eingetragener Lebenspartnerschaften: Zu den Auswirkungen der Entscheidung des Bundesverfassungsgerichts zur Hinterbliebenenrente Wissenschaftliche Dienste des Deutschen Bundestages Infobrief WD 3 – 429/09.

Huber, Ernst Rudolf: Wesen und Inhalt der politischen Verfassung Hamburg, 1935.

Huber, Hans: Der Formenreichtum der Verfassung und seine Bedeutung für ihre Auslegung In: Verfassung, Beiträge zur Verfassungstheorie Darmstadt 1978.

–: Wesen und Inhalt der politischen Verfassung Hamburg, 1935.

Hufen, Friedhelm: Entstehung und Entwicklung der Grundrechte In: NJW 1999, 1504.

Ipsen, Jörn: Der Staat der Mitte München, 2009.

Isensee, Josef; Kirchhof, Paul: Handbuch des Staatsrechts der Bundesrepublik Deutschland Band I: Historische Grundlagen Heidelberg, 2003.

–: Handbuch des Staatsrechts der Bundesrepublik Deutschland Band VII: Normativität und Schutz der Verfassung – Internationale Beziehungen Heidelberg, 1992.

Jacobi, Erwin: Die Diktatur des Reichspräsidenten nach Art. 48 der Reichsverfassung In: VVDStRL 1 (1924), 105.

–: Reichsverfassungsänderung In: Die Reichsgerichtspraxis im deutschen Rechtsleben – Festgabe der juristischen Fakultäten zum 50jährigen Bestehen des Reichsgerichts, Band 1, S. 233 ff. Berlin und Leipzig, 1929.

Jarass, Hans: Charta der Grundrechte der Europäischen Union 3. Auflage, München, 2016.

–; Pieroth, Bodo: **Grundgesetz für die Bundesrepublik Deutschland** 14. Auflage, München, 2016.

Jacqué, Jean Paul: The Accession Of The European Union To The European Convention On Human Rights And Fundamental Freedoms In: CMLR 2011, 995.

Jellinek, Georg: Verfassungsänderung und Verfassungswandlung Berlin, 1906.

–: Allgemeine Staatslehre 3. Auflage, Berlin, 1921.

Jellinek, Walter: Grenzen der Verfassungsgebung Berlin, 1931.

Jellonnek, Burkhard: Staatspolizeiliche Fahndungs- und Ermittlungsmethoden gegen Homosexuelle In: Nationalsozialistischer Terror gegen Homosexuelle, S. 149 ff. Paderborn, 2002.

Jestaedt, Matthias: Verfassungsgerichtspositivismus – Die Ohnmacht des Verfassungsgebers im verfassungsgerichtlichen Jurisdiktionsstaat In: Nomos und Ethos, Hommage an Josef Isensee zum 65. Geburtstag von seinen Schülern, Berlin, 2002.

Kahl, Wolfgang; Waldhoff, Christian; Walter, Christian: Bonner Kommentar zum Grundgesetz Heidelberg, Stand März 2017.

Kenntner, Markus: Grundgesetzwandel – Überlegungen zur Veränderung des Grundgesetzes und seines Bezugsrahmens In: DÖV, 1997, 450.

Kisker, Gunter: Vertrauensschutz im Verwaltungsrecht In: VVDStRL 32 (1974), 149.

Kleffmann, Gunnar: Ehe und andere Lebensgemeinschaften nach Landes- und Bundesverfassungsrecht – Art. 26 Abs. 2 Brandenburgische Landesverfassung im Verhältnis zu Art. 6 Abs. 1 Grundgesetz Frankfurt am Main, 2000.

Klein, Hans: „... die Einheit und Freiheit Deutschlands zu vollenden" – Geltung und Bestand des Wiedervereinigungsgebots In: Festschrift für Willi Geiger zum 80. Geburtstag, Tübingen, 1989.

Köbler, Gerhard: Juristisches Wörterbuch 16. Auflage, München, 2016.

Koschmieder, Norman: Aktuelle verfassungsrechtliche Probleme zum Schutz von Ehe und Familie In: JA 2014, 566.

Krafft-Ebing, Richard von: Nachwort zu § 175 des Deutschen Strafgesetzbuches und die Urningsliebe In: ZStW 1892, 34 (52).

Kriele, Martin: Theorie der Rechtsgewinnung 2. Auflage, Berlin, 1976.

Krings, Günter: Verfassungsrechtliche Vorgaben für eine rechtliche Ordnung nichtehelicher Lebensgemeinschaften In: FPR 2001, 7.

–: Die „eingetragene Lebenspartnerschaft" für gleichgeschlechtliche Paare In: ZRP 2000, 409.

Kröger, Klaus: Einführung in die jüngere deutsche Verfassungsgeschichte (1806–1933) München, 1988.

–: Einführung in die Verfassungsgeschichte der Bundesrepublik Deutschland München, 1993.

Krüger, Herbert: Verfassungsänderung und Verfassungsauslegung In: DÖV 1961, 721.

–: Verfassungswandlung und Verfassungsgerichtsbarkeit In: Festgabe für Rudolf Smend, S. 151 ff. Tübingen, 1962.

Kulwicki, Christine: Verfassungswandel – Die Wechselwirkung zwischen Grundrechten und informationstechnischen Ermittlungsmethoden Frankfurt a.M., 2011.

Laband, Paul: Die Wandlungen der deutschen Reichsverfassung In: Jahrbuch der Gehe-Stiftung zu Dresden, Band 1 Dresden, 1896.

Lautmann, Rüdiger; Grikschat, Winfried; Schmidt, Egbert: Der rosa Winkel in den nationalsozialistischen Konzentrationslagern In: Seminar: Gesellschaft und Homosexualität, S. 325 ff. Frankfurt am Main, 1977.

Lechner, Hans; Zuck, Rüdiger: Bundesverfassungsgerichtsgesetz 7. Auflage, München, 2015.

Leibholz, Gerhard: Strukturprobleme der modernen Demokratie Karlsruhe, 1967.

Leisner, Anna: Kontinuität als Verfassungsprinzip Tübingen, 2002.

Leisner, Walter: „Werteverlust", „Wertewandel" und Verfassungsrecht In: JZ 2001, 313.

Lerche, Peter: Stiller Verfassungswandel als aktuelles Politikum In: Festgabe für Theodor Maunz, S. 285 ff. München, 1971.

Lindenberg, Maria; Micker, Lars: Die Vereinbarkeit des Lebenspartnerschaftsgesetzes mit Art. 6 Abs. 1 GG In: DÖV 2003, 707.

Lindner, Josef Franz: Grundrechtsschutz in Europa – System einer Kollisionsdogmatik In: EuR 2007, 0160.

Lock, Tobias: Walking On A Tightrope: The Draft ECHR Accession Agreement And The Autonomy Of The EU Legal Order In: CMLR 2011, 1025.

Louven, Klaus: Eheverbot für gleichgeschlechtliche Paare In: ZRP 1993, 12.

Mangoldt, Hermann; Klein, Friedrich; Starck, Christian: Kommentar zum Grundgesetz, Band 1 bis 3 6. Auflage, München, 2010.

Maunz, Theodor; Dürig Günter: Grundgesetz-Kommentar München, Stand Dezember 2016.

–; Schmidt-Bleibtreu, Bruno: Bundesverfassungsgerichtsgesetz, Band 1 München, Stand Januar 2017.

–; Zippelius, Reinhold: Deutsches Staatsrecht 28. Auflage, München, 1991.

Maurer, Hans-Ulrich: Zum Recht gleichgeschlechtlicher Partner auf Adoption In: FamRZ 2013, 752.

Meyer, Friedrich: Strafgesetzbuch für den Norddeutschen Bund vom 31. Mai 1870 Berlin, 1871.

Meyer, Georg: Lehrbuch des Deutschen Staatsrechts 6. Auflage (bearbeitet von Gerhard Anschütz), Leipzig, 1905.

Meyer-Ladewig, Jens: Europäische Menschenrechtskonvention 4. Auflage, Baden-Baden, 2017.

Michael, Lothar: Lebenspartnerschaften unter dem besonderen Schutz einer (über-)staatlichen Ordnung – Legitimation und Grenzen eines Grundrechtswandels kraft europäischer Integration In: NJW 2010, 3537.

Mildenberger, Florian: ... in der Richtung der Homosexualität verdorben – Psychiater, Kriminalpsychologen und Gerichtsmediziner über männliche Homosexualität 1850–1970 Hamburg, 2002.

Moll, Albert: Die konträre Sexualempfindung 3. Auflage, Berlin, 1899.

Möller, Kai: Der Ehebegriff des Grundgesetzes und die gleichgeschlechtliche Ehe In: DöV 2005, 64.

Müller, Friedrich: Normstruktur und Normativität Berlin, 1966.

–; Christensen, Ralph: Juristische Methodik, Band I 8. Auflage, Berlin, 2002.

Müller-Manger, Petra: Artikel 6 Grundgesetz, Wandel familiärer Lebensmuster, dargestellt an Beispielen aus dem Sozialrecht – die eheähnliche Lebensgemeinschaft im Sozialrecht Würzburg, 1987.

Münch, Ingo, von; Kunig, Philip: Grundgesetz Kommentar, Band 1 und 2 6. Auflage, München, 2012.

Muscheler, Karlheinz: Das Recht der eingetragenen Lebenspartnerschaft – Handbuch für die gerichtliche, anwaltliche und notarielle Praxis 2. Auflage, Berlin, 2004.

Naumann, Kolja: Art. 52 Abs. 3 GrCh zwischen Kohärenz des europäischen Grundrechtsschutzes und Autonomie des Unionsrechts In: EuR 2008, 0424.

Nieden, Susanne, zur: Homophobie und Staatsräson In: Homosexualität und Staatsräson, S. 16 ff. Frankfurt am Main, 2005.

–: Aufstieg und Fall des virilen Männerhelden – Der Skandal um Ernst Röhm und seine Ermordung In: Homosexualität und Staatsräson, S. 147 ff. Frankfurt am Main, 2005.

Obwexer, Walter: Der Beitritt der EU zur EMRK: Rechtsgrundlagen, Rechtsfragen und Rechtsfolgen In: EuR 2012, 115.

Ossenbühl, Fritz: Verfassungsgerichtsbarkeit und Gesetzgebung In: Verfassungsgerichtsbarkeit und Gesetzgebung, Symposium aus Anlass des 70. Geburtstags von Peter Lerche München 1998.

Ott, Sieghart: Die Begriffe „Ehe und Familie“ in Art. 6 I GG In: NJW 1998, 117.

Pache, Eckhard: Die Europäische Menschenrechtskonvention und die deutsche Rechtsordnung In: EuR 2004, 393.

–; Rösch, Franziska: Europäischer Grundrechtsschutz nach Lissabon – die Rolle der EMRK und der Grundrechtecharta in der EU In: EuZW 2008, 519.

Pätzold, Juliane : Die gemeinschaftliche Adoption Minderjähriger durch eingetragene Lebenspartner Hamburg, 2006.

Pauly, Walter: Sperrwirkungen des verfassungsrechtlichen Ehebegriffs In: NJW 1997, 1955.

Peschel-Gutzeit, Lore Maria: Die geschichtliche Entwicklung der Vaterstellung im deutschen Recht seit 1900 In: FPR 2005, 167.

–: Der doppelte Vater – Kritische Überlegungen zum Gesetz zur Stärkung der Rechte des leiblichen, nicht rechtlichen Vaters In: NJW 2013, 2465.

Peuckert, Rüdiger: Familienformen im sozialen Wandel 8. Auflage, Wiesbaden, 2012.

Pfizenmayer, Katharina: Die Rechtsstellung gleichgeschlechtlicher Lebenspartner in der deutschen Rechtsordnung – Eine kritische Würdigung des Gesetzes zur Beendigung der Diskriminierung gleichgeschlechtlicher Gemeinschaften: Lebenspartnerschaften Hamburg, 2007.

Pieroth, Bodo; Schlink, Bernhard; Kingreen, Thorsten; Poscher, Ralf: Staatsrecht: 2. Grundrechte 32. Auflage, Heidelberg, 2016.

Preuß, Hugo: Die Themen des Deutschen Juristentags in Heidelberg In: DJZ 1924, Sp. 650.

Reichs-Justizamt: Vorentwurf zu einem Deutschen Strafgesetzbuch Berlin, 1909.

Reiß, Stefan: Öffnung der Ehe für Lesben und Schwule? In: Kritische Justiz 1994, 98.

Richter, Ingo: Bildungsverfassungsrecht Stuttgart, 1973.

Riedel, Eibe: Methoden der Verfassungsinterpretation im Wandel In: Festschrift für Peter Schneider, S. 382 ff. Frankfurt am Main, 1990.

Risse, Jörg: Der verfassungsrechtliche Schutz der Homosexualität Baden-Baden, 1998.

Robbers, Gerhard: Obsoletes Verfassungsrecht durch sozialen Wandel? In: Festschrift für Ernst Benda zum 70. Geburtstag, Heidelberg, 1995, S. 209 ff.

Roßnagel, Alexander: Die Änderungen des Grundgesetzes – Eine Untersuchung der politischen Funktion von Verfassungsänderungen Frankfurt am Main, 1981.

Roßnagel, Andreas: Verfassungsänderung und Verfassungswandel in der Verfassungspraxis In: Der Staat 22 (1983), 551.

Rottmann, Joachim: Über das Obsolet-Werden von Verfassungsnormen In: Festschrift für Wolfgang Zeidler, Band 2, Berlin 1987, S. 1097 ff.

Rupp, Hans Georg: Wandel der Grundrechte In: AöR 101 (1976), 101.

Rupp, Marina: Die Lebenssituation von Kindern in gleichgeschlechtlichen Lebenspartnerschaften Köln, 2009.

Sachs, Michael: Grundgesetz Kommentar 7. Auflage, München, 2014.

–: Rechtsförmliche Lebenspartnerschaften für Menschen gleichen Geschlechts – Verfassungsgebot oder Verfassungsverstoß? In: JR 2001, 45.

Savigny, Friedrich Carl von; Heuser, Otto Ludwig: System des heutigen römischen Rechts, Band 1 Berlin, 1840.

Schenke, Wolf-Rüdiger: Verfassung und Zeit – von der „entzeiteten" zur zeitgeprägten Verfassung In: AöR 103 (1978), 567.

–: 40 Jahre Grundgesetz In: JZ 1989, 653.

Scheuner, Ulrich: Pressefreiheit In: VVDStRL 22 (1965), 31.

Schimmel, Roland: Eheschließungen gleichgeschlechtlicher Paare? Berlin, 1996.

–; Meier, Christian: Gleichgeschlechtliche Ehen schon nach geltendem Recht? In: StAZ 1993, 210.

Schlink, Bernhard: Bemerkungen zum Stand der Methodendiskussion in der Verfassungsrechtswissenschaft In: Der Staat 19 (1980), 73.

–: Abschied von der Dogmatik. Verfassungsrechtsprechung und Verfassungswissenschaft im Wandel In: JZ 2007, 157.

Schlothauer, Reinhold: Zur Krise der Verfassungsgerichtsbarkeit Frankfurt am Main, 1979.

Schmidt-Jortzig, Edzard: Außerkrafttreten von Gesetzen wegen „Völliger Veränderung der Verhältnisse"? In: Rechtstheorie 12 (1981), 395.

Schmitt, Carl: Das Reichsgericht als Hüter der Verfassung In: Die Reichsgerichtspraxis im deutschen Rechtsleben – Festgabe der juristischen Fakultäten zum 50jährigen Bestehen des Reichsgerichts, Band 1, S. 154 ff. Berlin und Leipzig, 1929.

–: Verfassungslehre 5. unveränderte Auflage zur Erstauflage von 1928, Berlin 1970.

–: Hüter der Verfassung 2. unveränderte Auflage zur Erstauflage von 1931, Berlin 1969.

–: Grundrechte und Grundpflichten In: Verfassungsrechtliche Aufsätze, 3. unveränderte Auflage zur Erstauflage von 1958, Berlin, 1985.

Scholz, Rupert; Uhle, Arnd: „Eingetragene Lebenspartnerschaft" und Grundgesetz In: NJW 2001, 393.

Schönke, Adolf; Schröder Horst: Strafgesetzbuch Kommentar 11. Auflage, Berlin, 1963.

Schramm, Theodor: Staatsrecht, Band III 4. Auflage, Köln, Berlin, Bonn, München, 1988.

Schüffner, Marc: Eheschutz und Lebenspartnerschaft – Eine verfassungsrechtliche Untersuchung des Lebenspartnerschaftsrechts im Lichte des Art. 6 GG Berlin, 2007.

Schumacher, Klaus: Zum gesetzlichen Regelungsbedarf für nichteheliche Lebensgemeinschaften In: FamRZ 1994, 857.

Schuppert, Gunnar, Folke: Rigidität und Flexibilität von Verfassungsrecht – Überlegungen zur Steuerungsfunktion von Verfassungsrecht in normalen wie in „schwierigen Zeiten“ In: AöR 120 (1995), 32.

–: **Funktionell-rechtliche Grenzen der Verfassungsinterpretation** Königstein im Taunus, 1980.

Schulze, Hermann: Lehrbuch des Deutschen Staatsrechts, zweites Buch Leipzig, 1886.

Seyfarth, Georg: Die Änderung der Rechtsprechung durch das Bundesverfassungsgericht Berlin, 1998.

Sickert, Ariane: Die lebenspartnerschaftliche Familie – Das Lebenspartnerschaftsgesetz und Art. 6 Abs. 1 GG Berlin, 2005.

Smend, Rudolf: Verfassung und Verfassungsrecht München, 1928.

–: **Staatsrechtliche Abhandlungen** 3. Auflage, Berlin, 1994.

Somló, Felix: Juristische Grundlehre Leipzig, 1917.

Spickhoff, Andreas: Medizinrecht 2. Auflage, München, 2014.

Ständige Deputation des Deutschen Juristentages: Verhandlungen des siebenundvierzigsten Juristentages Band 2, Sitzungsberichte München, 1969.

Starck, Christian: Der Gesetzesbegriff des Grundgesetzes: ein Beitrag zum juristischen Gesetzesbegriff Baden-Baden, 1970.

Steiger, Heinhard: Verfassungsgarantie und sozialer Wandel – Das Beispiel von Ehe und Familie In: VVDStRL 45 (1987), 55.

Stern, Klaus: Das Staatsrecht der Bundesrepublik Deutschland, Band I 2. Auflage, München, 1984.

–: **Das Staatsrecht der Bundesrepublik Deutschland, Band III/1** München, 1988.

–: **Das Staatsrecht der Bundesrepublik Deutschland, Band III/2** München, 1994.

Stier-Somlo, Fritz: Deutsches Reichs- und Landesstaatsrecht, Band I Berlin und Leipzig, 1924.

–: **Die Verfassung des Deutschen Reiches vom 11. August 1919** 3. Auflage, Bonn, 1925.

Strick, Kerstin: Gleichgeschlechtliche Partnerschaft – Vom Straftatbestand zum Status? In: DEuFamR 2000, 82.

Struck, Gerhard: Topische Jurisprudenz Frankfurt am Main, 1971.

Stümke, Hans-Georg: Homosexuelle in Deutschland – Eine politische Geschichte München, 1989.

Thoma, Richard: Grundrechte und Polizeigewalt In: Festgabe zur Feier des fünfzigjährigen Bestehens des Preußischen Oberverwaltungsgerichts, S. 182 ff. Berlin, 1925.

–: **Die Staatsgerichtsbarkeit des Deutschen Reiches** In: Die Reichsgerichtspraxis im deutschen Rechtsleben – Festgabe der juristischen Fakultäten zum 50jährigen Bestehen des Reichsgerichts, Band 1, S. 179 ff. Berlin und Leipzig, 1929.

Tomuschat, Christian: Verfassungsgewohnheitsrecht: eine Untersuchung zum Staatsrecht der Bundesrepublik Deutschland Heidelberg, 1972.

Triepel, Carl Heinrich: Die Reichsaufsicht –Untersuchungen zum Staatsrecht des Deutschen Reiches Berlin, 1917 Hier verwendet: Nachdruck 1964, Darmstadt.

–: **Zulässigkeit und Form von Verfassungsänderungen ohne Änderung der Verfassungsurkunde** In: Verhandlungen des 33. Deutschen Juristentages, Bericht des Berichterstatters, S. 45 ff. Berlin, Leipzig, 1925.

–: **Das Abdrosselungsgesetz** In: DJZ 31 (1926), Sp. 845.

Trimbach, Herbert: Ist die Homo-Ehe noch verfassungswidrig? In: NJ 1998, 63.

Umbach, Dieter; Clemens, Thomas; Dollinger, Wilhelm: Bundesverfassungsgerichtsgesetz – Mitarbeiterkommentar und Handbuch 2. Auflage, Heidelberg, 2005.

Voß, Hans-Jürgen: Biologie & Homosexualität – Theorie und Anwendung im gesellschaftlichen Kontext 1. Auflage, Münster, 2013.

Voßkuhle, Andreas: Gibt es und wozu nutzt eine Lehre vom Verfassungswandel In: Der Staat 43, 450.

Wächtler, Achim Gernot: Die politische Forderung nach der „gleichgeschlechtlichen Ehe“ und deren rechtliche Umsetzung in deutsches Recht – mit Berücksichtigung ausländischer Rechtsentwicklungen – Frankfurt am Main, 2000.

Wahl, Rainer: Verfassungsänderung – Verfassungswandel – Verfassungsinterpretation I und II In: Verfassungsänderung, Verfassungswandel, Verfassungsinterpretation, S. 29 ff. und 65 ff. Berlin, 2008.

Walter, Christian: Hüter oder Wandler der Verfassung? In: AöR 125, 517.

Wasmuth, Johannes: Strafrechtliche Verfolgung Homosexueller in BRD und DDR In: Nationalsozialistischer Terror gegen Homosexuelle, S. 173 ff. Paderborn, 2002.

Wedekind, Georg Christian Gottlieb von: Die Rechte des Menschen und des Bürgers, wie sie die französische konstituirende Nationalversammlung 1791 proklamirte, mit Erläuterungen Mainz, 1793.

Wegner, Jörg: Die Ehe für gleichgeschlechtliche Lebensgemeinschaften In: ZfRSoz 1995, 170.

Weiß, Wolfgang: Grundrechtsquellen im Verfassungsvertrag In: ZEuS 2005, 323.

Willoweit, Dietmar: Deutsche Verfassungsgeschichte – Vom Frankenreich bis zur Wiedervereinigung Deutschlands 7. Auflage, München 2013.

Willutzki, Siegfried: Die Zulässigkeit der gleichgeschlechtlichen Eheschließung In: MDR 1993, 116.

Wolff, Heinrich Amadeus: Ungeschriebenes Verfassungsrecht unter dem Grundgesetz Tübingen, 2000.

Wolff, Martin: Reichsverfassung und Eigentum In: Festgabe der Berliner Juristischen Fakultät für Wilhelm Kahl zum Doktorjubiläum, Tübingen, 1923.

Wölfl, Thomas: Gleichgeschlechtliche Lebenspartnerschaft – Das Recht in Deutschland und im europäischen Ausland – Hamburg, 2005.

Würtenberger, Thomas: Verfassungsänderung und Verfassungswandel: Von der nationalen zu einer globalen Perspektive In: Verfassungsänderung, Verfassungswandel, Verfassungsinterpretation, S. 49 ff. Berlin, 2008.

Ziekow, Jan: Die Bindungswirkung der Entscheidungen des Bundesverfassungsgerichts In: JURA 1995, 522.

Zippelius, Reinhold: Verfassungsgarantie und sozialer Wandel – Das Beispiel von Ehe und Familie In: DÖV 1986, 805.

–: **Juristische Methodenlehre** 11. Auflage, München, 2012.

Zuck, Rüdiger: Die verfassungsrechtliche Gewährleistung der Ehe im Wandel des Zeitgeistes In: NJW 2009, 1449.

Zuleeg, Manfred: Verfassungsgarantie und sozialer Wandel – das Beispiel von Ehe und Familie In: NVwZ 1986, 800.

Mannheimer Beiträge zum Öffentlichen Recht und Steuerrecht

Herausgegeben von Thomas Fetzer
Begründet von Hans-Wolfgang Arndt

Band 1 Hans-Wolfgang Arndt/Klaus Fischer/Klaus Richrath/Hanns-Stephan Wüst: Umwelterhaltung und Umweltgestaltung im kommunalen Bereich. Das Umweltstatut Alsenz-Obermoschel. 1994.

Band 2 Helmuth Beck: Die Differenzierung von Rechtspflichten in den Beziehungen zwischen Industrie- und Entwicklungsländern. Eine völkerrechtliche Untersuchung für die Bereiche des internationalen Wirtschafts-, Arbeits- und Umweltrechts. 1994.

Band 3 Michael Riotte: Die ertragsteuerliche Behandlung der Spaltung von Unternehmen. Eine steuersystematische Analyse der zugrundeliegenden Gewinnrealisierungstatbestände. 1994.

Band 4 Andreas Birk: Die Besteuerung der Grundstücksnutzung in Deutschland. Eine steuersystematische Analyse unter besonderer Berücksichtigung der Verhältnisse in Frankreich. 1994.

Band 5 Bettina Kempka: Gewinnrealisierung bei der Überführung von Wirtschaftsgütern zwischen Stammhaus und Betriebsstätte. Eine Analyse der systemkonformen steuerlichen Behandlung stiller Reserven. 1995.

Band 6 Hans-Wolfgang Arndt: Rechtsfragen einer deutschen CO_2-/Energiesteuer entwickelt am Beispiel des DIW-Vorschlages. 1995.

Band 7 Roland Mörsdorf: Das belgische Bundesstaatsmodell im Vergleich zum deutschen Bundesstaat des Grundgesetzes. 1996.

Band 8 Christian Göbes: Die Unternehmensbesteuerung in Deutschland und Großbritannien vor dem Hintergrund des europäischen Integrationsprozesses. Eine qualitative und quantitative Analyse unter besonderer Berücksichtigung der steuerlichen Gewinnermittlung. 1996.

Band 9 Andreas Schumacher: Erträge aus privaten Kapitalforderungen im Einkommensteuerrecht. 1996.

Band 10 Gerhard Schmidt: Die Rechnungslegung nach der Equity-Methode im konsolidierten Abschluß. Ein Beitrag zur Entstehung, Anwendung und Ausgestaltung des Verfahrens vor dem Hintergrund der Bestimmungen in der Europäischen Union und der Verlautbarungen internationaler Organisationen. 1996.

Band 11 Jürgen Haun: Hybride Finanzierungsinstrumente im deutschen und US-amerikanischen Steuerrecht. Eine Analyse ihres grenzüberschreitenden Einsatzes aus steuersystematischer und ökonomischer Sicht. 1996.

Band 12 Horst Schaefer: Der verfassungsrechtliche Steuerbegriff. 1997.

Band 13 Arno Probst: Die Behandlung der Anteile von Minderheitsgesellschaftern innerhalb der Besteuerung der Konzernunternehmung. Eine steuersystematische Analyse konzerninduzierter betriebswirtschaftlicher Interessenvielfalt. 1997.

Band 14 Marion Winkelmann: Steuerumgehung durch die Einschaltung ausländischer Kapitalgesellschaften. Eine Untersuchung des Normenkonkurrenzverhältnisses zwischen § 42 AO und den §§ 7 ff. AStG sowie § 50 d Abs. 1 a EStG. 1997.

Band 15 Karin Brodhag: Vergleich der Besteuerung deutscher und französischer Kapitalgesellschaften unter besonderer Berücksichtigung der ertragsunabhängigen Besteuerung. 1997.

Band 16 Stefan Jeß: Die Übertragung privaten Grundbesitzes im Wege vorweggenommener Erbfolge. Eine Analyse der steuerlichen Folgen verschiedener Gestaltungsformen vor und nach der Reform des Erbschaftsteuer- und Schenkungsteuergesetzes 1996. 1997.

Band 17 Kirsten Kaltenhäuser: Möglichkeiten und Perspektiven einer Reform der Organisation der Wirtschaftsverwaltung – eine rechtshistorische, rechtsvergleichende und rechtspolitische Betrachtung des Industrie- und Handelskammerwesens. 1998.

Band 18 Hans-Christian Bärtels: Die erbschaft- und schenkungsteuerliche Behandlung der deutsch-französischen Unternehmensnachfolge. 1998.

Band 19 Michaela Boll: Die Gebührenpflicht des Nichtstörers für polizeiliche Maßnahmen. Zur Zulässigkeit der Erhebung staatlicher Schutzgebühren. 1998.

Band 20 Holger Jenzen: Energiesteuern im nationalen und internationalen Recht. Eine verfassungs-, europa- und welthandelsrechtliche Untersuchung. 1998.

Band 21 Michael R. Wiesbrock: Die Verlustrückstellung im Steuer- und Verfassungsrecht. 1999.

Band 22 Matthias Leist: Verfassungsrechtliche Schranken des steuerlichen Auskunfts- und Informationsverkehrs. 2000.

Band 23 Timo Kieser: Sonderabgaben als Steuern. 2000.

Band 24 Thomas Fetzer: Die Besteuerung des Electronic Commerce im Internet. 2000.

Band 25 Johannes Beil: Der Belastungsgrund des steuerstaatlichen Synallagmas. Zur Zulässigkeit des Welteinkommensprinzips im deutschen internationalen Einkommensteuerrecht. 2001.

Band 26 Monika Reimer: Die steuerliche Erfassung privater Veräußerungsgewinne. Reformüberlegungen für die deutsche Besteuerung unter Berücksichtigung der Rechtslage in Österreich, Großbritannien und den USA. 2001.

Band 27 Andreas Schirra: Die Indienstnahme Privater im Lichte des Steuerstaatsprinzips. 2002.

Band 28 Jürgen Vogt: Neutralität und Leistungsfähigkeit. Eine verfassungs- und europarechtliche Untersuchung der Unternehmensbesteuerung nach dem StSenkG. 2003.

Band 29 Thomas Groß: Eine unendliche Geschichte: Transferregelungen im lizenzierten Fußballsport. Zugleich ein Plädoyer für einen beitragsfinanzierten Solidarfonds. 2004.

Band 30 Stefan Tichy: Gemeinnützigkeitsrechtliche und ertragsteuerliche Besonderheiten gemeinnütziger Kapitalgesellschaften bei der Gewinnermittlung, der Gewinnausschüttung und der Einbeziehung in Konzernstrukturen. 2007.

Band 31 Claus Möllinger: Eigentumsrechtliche Entflechtung der Übertragungsnetze. Unter besonderer Berücksichtigung des 3. Binnenmarktpaketes für Energie. 2009.

Band 32 Karoline Schwarz: Die steuerliche Behandlung von Windenergieanlagen. 2015.

Band 33 Franziska Kramer: Über die Wandlungsfähigkeit des Grundgesetzes am Beispiel gleichgeschlechtlich orientierter Personen und Paare. 2017.

www.ingramcontent.com/pod-product-compliance
Ingram Content Group UK Ltd.
Pitfield, Milton Keynes, MK11 3LW, UK
UKHW021837290926
8980IPUK00004B/507

9 783631 737583